2025

BRUNA
FEITOSA

FRANCISCO
EGITO

EDISON
PARENTE NETO

TENDÊNCIAS IMOBILIÁRIAS

MERCADO, DIREITO E NEGÓCIOS

ALEXANDRE PARENTE G. DE OLIVEIRA
ARNALDO RIZZARDO FILHO
BRUNA DOS SANTOS FEITOSA DE CARVALHO
CARLOS GABRIEL FEIJÓ DE LIMA
DAIANA DE OLIVEIRA STAUDT
DANIEL CARIUS
DANIEL LASCANI
DANIEL MAEDA
DANIEL MORCILLO SOARES
EDISON PARENTE DA ROCHA MARTINS NETO
ELUAR SEBOULD
ÉRIKA RODRIGUES DE SOUZA LÓCIO
FELIPE BERGE
FERNANDO AMORIM WILLRICH
FRANCISCO MACHADO EGITO
JOÃO PEDRO LAMANA PAIVA
JULIO CESAR ROGÉRIO
LAILA LAMEIRA VIEIRA NUNES
LEANDRO SENDER
LUIZ CLAUDIO OLIVEIRA MOREIRA
MARCELO SILVEIRA DE MOURA
MÁRIO AUGUSTO REIS DE AMORIM
MURILO GOUVÊA DOS REIS
RAFAEL NUNES SIEIRO
WILLIAM LIMA ROCHA
WILSON GOMES MARTINS

Dados Internacionais de Catalogação na Publicação (CIP) de acordo com ISBD

T291

Tendências Imobiliárias: Mercado, Direito e Negócios / Alexandre Parente G. de Oliveira ... [et al. ; coordenado por Bruna Feitosa, Francisco Egito, Edison Parente. - Indaiatuba, SP : Editora Foco, 2025.

372 p. ; 16cm x 23cm.

Inclui bibliografia e índice.

ISBN: 978-65-6120-240-4

1. Direito. 2. Mercado imobiliário. 3. Negócios. I. Oliveira, Alexandre Parente G. de. II. Rizzardo Filho, Arnaldo. III. Carvalho, Bruna dos Santos Feitosa de. IV. Lima, Carlos Gabriel Feijó de. V. Staudt, Daiana de Oliveira. VI. Carius, Daniel. VII. Lascani, Daniel. VII. Maeda, Daniel. VIII. Soares, Daniel Morcillo. IX. Parente Neto, Edison. X. Sebould, Eluar. XI. Lócio, Érika Rodrigues de Souza. XII. Berge, Felipe. XIII. Willrich, Fernando Amorim. XIV. Egito, Francisco Machado. XV. Paiva, João Pedro Lamana. XVI. Rogério, Julio Cesar. XVII. Nunes, Laila Lameira Vieira. XVIII. Sender, Leandro. XIX. Moreira, Luiz Claudio Oliveira. XX. Moura, Marcelo Silveira de. XXI. Amorim, Mário Augusto Reis de. XXII. Reis, Murilo Gouvêa dos. XXIII. Sieiro, Rafael Nunes. XXIV. Rocha, William Lima. XXV. Martins, Wilson Gomes. XXVI. Título.

2024-4574   CDD 347   CDU 347

Elaborado por Vagner Rodolfo da Silva - CRB-8/9410

Índices para Catálogo Sistemático:

1. Direito civil 347

2. Direito civil 347

BRUNA
FEITOSA

FRANCISCO
EGITO

EDISON
PARENTE NETO

TENDÊNCIAS IMOBILIÁRIAS

MERCADO, DIREITO E NEGÓCIOS

ALEXANDRE PARENTE G. DE OLIVEIRA
ARNALDO RIZZARDO FILHO
BRUNA DOS SANTOS FEITOSA DE CARVALHO
CARLOS GABRIEL FEIJÓ DE LIMA
DAIANA DE OLIVEIRA STAUDT
DANIEL CARIUS
DANIEL LASCANI
DANIEL MAEDA
DANIEL MORCILLO SOARES
EDISON PARENTE DA ROCHA MARTINS NETO
ELUAR SEBOULD
ÉRIKA RODRIGUES DE SOUZA LÓCIO
FELIPE BERGE
FERNANDO AMORIM WILLRICH
FRANCISCO MACHADO EGITO
JOÃO PEDRO LAMANA PAIVA
JULIO CESAR ROGÉRIO
LAILA LAMEIRA VIEIRA NUNES
LEANDRO SENDER
LUIZ CLAUDIO OLIVEIRA MOREIRA
MARCELO SILVEIRA DE MOURA
MÁRIO AUGUSTO REIS DE AMORIM
MURILO GOUVÊA DOS REIS
RAFAEL NUNES SIEIRO
WILLIAM LIMA ROCHA
WILSON GOMES MARTINS

2025 © Editora Foco

Coordenadores: Bruna Feitosa, Francisco Egito e Edison Parente
Autores: Alexandre Parente G. de Oliveira, Arnaldo Rizzardo Filho, Bruna dos Santos Feitosa de Carvalho, Carlos Gabriel Feijó de Lima, Daiana de Oliveira Staudt, Daniel Carius, Daniel Lascani, Daniel Maeda, Daniel Morcillo Soares, Edison Parente Neto, Eluar Sebould, Érika Rodrigues de Souza Lócio, Felipe Berge, Fernando Amorim Willrich, Francisco Machado Egito, João Pedro Lamana Paiva, Julio Cesar Rogério, Laila Lameira Vieira Nunes, Leandro Sender, Luiz Claudio Oliveira Moreira, Marcelo Silveira de Moura, Mário Augusto Reis de Amorim, Murilo Gouvêa dos Reis, Rafael Nunes Sieiro, William Lima Rocha e Wilson Gomes Martins

Diretor Acadêmico: Leonardo Pereira
Editor: Roberta Densa
Coordenadora Editorial: Paula Morishita
Revisora Sênior: Georgia Renata Dias
Capa Criação: Leonardo Hermano
Diagramação: Ladislau Lima e Aparecida Lima
Impressão miolo e capa: FORMA CERTA

DIREITOS AUTORAIS: É proibida a reprodução parcial ou total desta publicação, por qualquer forma ou meio, sem a prévia autorização da Editora FOCO, com exceção do teor das questões de concursos públicos que, por serem atos oficiais, não são protegidas como Direitos Autorais, na forma do Artigo 8º, IV, da Lei 9.610/1998. Referida vedação se estende às características gráficas da obra e sua editoração. A punição para a violação dos Direitos Autorais é crime previsto no Artigo 184 do Código Penal e as sanções civis às violações dos Direitos Autorais estão previstas nos Artigos 101 a 110 da Lei 9.610/1998. Os comentários das questões são de responsabilidade dos autores.

NOTAS DA EDITORA:

Atualizações e erratas: A presente obra é vendida como está, atualizada até a data do seu fechamento, informação que consta na página II do livro. Havendo a publicação de legislação de suma relevância, a editora, de forma discricionária, se empenhará em disponibilizar atualização futura.

Erratas: A Editora se compromete a disponibilizar no site www.editorafoco.com.br, na seção Atualizações, eventuais erratas por razões de erros técnicos ou de conteúdo. Solicitamos, outrossim, que o leitor faça a gentileza de colaborar com a perfeição da obra, comunicando eventual erro encontrado por meio de mensagem para contato@editorafoco.com.br. O acesso será disponibilizado durante a vigência da edição da obra.

Impresso no Brasil (3.2025) – Data de Fechamento (3.2025)

2025
Todos os direitos reservados à
Editora Foco Jurídico Ltda.
Rua Antonio Brunetti, 593 – Jd. Morada do Sol
CEP 13348-533 – Indaiatuba – SP

E-mail: contato@editorafoco.com.br
www.editorafoco.com.br

SUMÁRIO

A PLATAFORMIZAÇÃO DO MERCADO IMOBILIÁRIO, A REPER-
CUSSÃO NO DIREITO BRASILEIRO, E OS PONTOS OBSCUROS
AINDA EXISTENTES

Arnaldo Rizzardo Filho 1

LEILÕES EXTRAJUDICIAIS DE IMÓVEIS NO ÂMBITO DOS CON-
TRATOS DE FINANCIAMENTO COM ALIENAÇÃO FIDUCIÁRIA

Bruna dos Santos Feitosa de Carvalho e Marcelo Silveira de Moura 15

DESONERAÇÃO DA RETOMADA DE IMÓVEIS: UMA ETAPA INDIS-
PENSÁVEL NA EVOLUÇÃO DO MERCADO DE LOCAÇÕES

Carlos Gabriel Feijó de Lima 27

A NEGOCIAÇÃO IMOBILIÁRIA NO DIREITO: DAS PRIMEIRAS
CONVERSAS ATÉ A ESCRITURA DEFINITIVA DE COMPRA E VENDA

Daiana de Oliveira Staudt.. 47

MERCADO IMOBILIÁRIO & PIRÂMIDE DE MASLOW

Daniel Lascani.. 59

O MERCADO DE CAPITAIS E O MERCADO IMOBILIÁRIO

Daniel Maeda... 71

HOLDING FAMILIAR PATRIMONIAL NO MERCADO IMOBILIÁRIO:
UMA ANÁLISE CRÍTICA SOBRE AS VANTAGENS E DESVANTAGENS

Daniel Morcillo Soares 87

DICAS VALIOSAS PARA GESTÃO DE LOCAÇÃO EM ALTA PERFOR-
MANCE

Edison Parente Neto e Alexandre Parente G. de Oliveira............................ 109

EXCLUSIVIDADE IMOBILIÁRIA: UM GUIA PARA CORRETORES DE SUCESSO

Felipe Berge 123

A EXTRAJUDICIALIZAÇÃO DOS PROCEDIMENTOS DE REGULA-RIZAÇÃO IMOBILIÁRIA – OPORTUNIDADES PARA O MERCADO

Eluar Sebould 141

A INFLUÊNCIA FEMININA NO MERCADO IMOBILIÁRIO: UMA ANÁLISE JURÍDICA E ECONÔMICA

Érika Rodrigues de Souza Lócio 163

EVOLUÇÃO DA PROFISSÃO DE CORRETOR DE IMÓVEIS: DESA-FIOS NA FORMAÇÃO E SOLUÇÕES FUTURAS

Francisco Machado Egito 181

A RELAÇÃO JURÍDICA ENTRE O CORRETOR DE IMÓVEIS E A IMOBILIÁRIA – O CORRETOR ASSOCIADO

Fernando Amorim Willrich e Murilo Gouvêa dos Reis 205

FINANCIAMENTO IMOBILIÁRIO: A PERSPECTIVA DOS BANCOS E AS SOLUÇÕES PARA ALAVANCAR O MERCADO IMOBILIÁRIO

Laila Lameira Vieira Nunes 215

TOKENIZAÇÃO DOS DIREITOS ECONÔMICOS DE IMÓVEIS: A RE-VOLUÇÃO DAS PROPRIEDADES DESCENTRALIZADAS

Leandro Sender e Daniel Carius 225

LOCAÇÃO – A EVOLUÇÃO DO MERCADO NAS ÚLTIMAS TRÊS DÉCADAS – DA LEI DO INQUILINATO AO PÓS-PANDEMIA

Luiz Claudio Oliveira Moreira 239

DA ATRAÇÃO À CONVERSÃO: O PAPEL VITAL DO MARKETING NA JORNADA DO CLIENTE ATÉ O CONTRATO IMOBILIÁRIO

Julio Cesar Rogério 255

TOKENIZAÇÃO IMOBILIÁRIA

João Pedro Lamana Paiva 281

COMO RECEBER E CAPACITAR NOVOS PROFISSIONAIS PARA O MERCADO IMOBILIÁRIO

Mário Augusto Reis de Amorim 293

CAPTAÇÃO, PERSUASÃO E NEGOCIAÇÃO: TÉCNICAS DE ALTA PERFORMANCE PARA CORRETORES DE IMÓVEIS

Rafael Nunes Sieiro 307

REVOLUÇÃO DIGITAL NO MERCADO IMOBILIÁRIO, TENDÊNCIAS TECNOLÓGICAS E REGULATÓRIAS

William Lima Rocha 327

ANÁLISE DE RISCOS NOS NEGÓCIOS IMOBILIÁRIOS E A CONCENTRAÇÃO DOS ATOS NA MATRÍCULA (ART. 54 DA LEI 13097/15)

Wilson Gomes Martins 341

A PLATAFORMIZAÇÃO DO MERCADO IMOBILIÁRIO, A REPERCUSSÃO NO DIREITO BRASILEIRO, E OS PONTOS OBSCUROS AINDA EXISTENTES

Arnaldo Rizzardo Filho

Doutorando em Administração de Empresas. Mestre em Direito. Professor, Autor e. Advogado.

Sumário: 1. Introdução – 2. A definição de plataformas digitais – 3. A economia de plataformas e a economia do compartilhamento – 4. A plataforma AIRBNB e sua lógica multiescalar em uma sociedade integrada em rede – 5. A locação atípica através das plataformas digitais: jurisprudência e proposta de atualização do Código Civil – 6. Conclusão – 7. Referências.

1. INTRODUÇÃO

A transformação digital é a fase de mudança mais recente da sociedade, que lhe afeta em vários aspectos, como econômico, gerencial, jurídico e cultural. Trata-se de uma onda transformadora que trouxe avanços significativos que beneficiaram as empresas em termos de rentabilidade. A tecnologia digital desencadeou inúmeras inovações, incluindo o surgimento do comércio eletrônico e dos mercados digitais a partir de plataformas *online* inovadoras que facilitam a compra e venda de bens e a prestação de serviços (Saputra et al., 2023). A "era digital" é marcada pelas inovações em termos de tecnologias digitais, plataformas digitais e infraestruturas digitais (Nambisan; Wright; Feldman, 2019), que transformaram e ainda transformam diversos campos organizacionais[1] e o mercando como um todo (Mountford; Geiger, 2021). A transformação digital afetou grande parte das empresas e outros tipos de organizações – como os entes e órgão públicos, cooperativas e associações comerciais, por exemplo – a partir de novos modelos de negócios, novos tipos de produtos e serviços, e novos tipos de consumo (Reuter, 2022).

---

1. Campo organizacional significa o conjunto de organizações que constituem um segmento específico do mercado: fornecedores-chaves, consumidores de recursos e produtos, agências reguladoras e outras organizações que produzem serviços ou produtos similares (DiMaggio e Powell, 1983).

Esse novo paradigma é chamado de economia digital, que proporciona ganhos de eficiência econômica elevadíssimos,[2] em razão da redução severa dos custos de transação que proporciona (Trindade, 2020). Em termos empresariais, o surgimento da tecnologia digital trouxe oportunidades para a criação de novas formas organizacionais, como nos exemplos das plataformas Airbnb e Uber, que adotaram formas digitais e reestruturaram os limites da empresa e do setor, mudando o desenho da venda de produtos e da prestação de serviços, e facilitando as trocas econômicas (Zhao, 2020). Tratam-se de modelos de negócios baseados em tecnologia digital que mediam interações econômicas e, portanto, diferem das empresas tradicionais que controlam uma série linear de atividades, bem como das plataformas de manufatura que orquestram uma rede de fornecedores (Eckhardt; Ciuchta; Carpenter, 2018). A tecnologia digital mudou a forma de organizar e fazer negócios, os modelos e as estratégias de negócios,[3] e consequentemente o Direito.

Neste trabalho, o foco estará nos novos modelos de negócio da economia de plataformas relacionados à hospedagem. Nesse sentido, o problema que este ensaio pretende responder é o seguinte: "quais os reflexos das plataformas digitais no direito imobiliário?" O objetivo, portanto, é investigar os efeitos das plataformas digitais no direito imobiliário. Crê-se que a transformação digital dos negócios imobiliários ainda não tenha sido completamente compreendida pelo Direito, o que causará transtornos que já podem ser antevistos.

O presente trabalho segue a forma de ensaio teórico. Como refere Meneghetti (2011), o ensaio é um meio de análise e elucubrações em relação ao objeto; é a forma como são incubados novos conhecimentos científicos ou pré-científicos. A radicalidade do ensaio teórico está no seu não radicalismo dogmático, não se seguindo a mesma lógica metodológica de pesquisas qualitativas e quantitativas. Assim, o ensaio não requer um sistema ou modelo específico, pois seu princípio está nas reflexões em relação aos próprios sistemas ou modelos, permitindo a busca por novos enfoques sob forte subjetividade do ensaísta (Meneghetti, 2011). Por tais razões, Bertero (2011) adverte que o ensaio tem posicionamento difícil enquanto modo de produção científica, devido à hegemonia da ciência positiva.

A justificativa para este trabalho é teórica e prática. Em termos teóricos, este trabalho está radicado na mudança na forma e no conteúdo dos negócios a partir da transformação digital da economia. Essas mudanças irritam o Direito, fazendo-o evoluir, segundo Luhmann (2017). Sobre essa irritação, Bonfada e Rocha

---

2. Muito embora também apresente diversos novos desafios. Por exemplo, igualmente no que tange à temática das falhas de mercado, no paradigma da Economia de Plataforma, o poder de mercado não é mais exercido por aquele que detém o capital, mas sim por aquele que controla os dados.

3. Conforme Grabowska; Krzywda; Krzywda (2015), os modelos de negócios estão voltados para a criação de valor para clientes, enquanto as estratégias são motivadas pela concorrência e pela rentabilidade gerada pelas vendas, tendo foco no valor para todas as partes envolvidas no negócio.

(2024) explicam que o Direito, embora entendido como uma estrutura, é dinâmico devido à permanente evolução provocada pela sua necessidade constante de agir como uma estrutura social redutora da complexidade das possibilidades do ser no mundo.[4]

Castells (2005) refere que desde o início da revolução digital chama a atenção por estarmos começando a viver um momento de transformação da "cultura material" impulsionado pelos mecanismos do novo paradigma tecnológico da informação. Esse processo de transformação tecnológica se expandiu exponencialmente em razão da capacidade da linguagem digital de gerar, armazenar, recuperar, processar e transmitir informações de modo jamais visto. Vive-se, hoje, em um mundo digital, uma nova estrutura social, associada ao surgimento de um novo modelo de desenvolvimento, o informacionalismo. Trata-se de um momento histórico que possui a mesma importância da revolução industrial do século XVIII, por produzir um padrão de descontinuidade nas bases materiais da economia, da sociedade e da cultura. Mas, diferentemente de qualquer outra revolução, o cerne da atual transformação refere-se às tecnologias de informação, processamento e comunicação (Castells, 2005).

Em termos empíricos, a nova economia, que é informacional, global e em rede, impacta o gerenciamento e a distribuição da produção, além do próprio processo produtivo, com a empresa transformando no mundo digital em termos de cultura, instituição e organização na economia informacional (Castells, 2005). Nesse novo cenário, ressaltam-se quatro tendências: a passagem da produção em massa para a produção flexível através de redes de produtores – fornecedores de produtos e prestadores de serviços (Balestrin; Verschoore, 2016); a consequente emergência de redes de fornecedores de produtos e prestadores de serviços mediados e orquestrados por plataformas digitais (Harpur; Blanck, 2020), ascensão de novos métodos de gerenciamento empresarial dessas redes de fornecedores de produtos e prestadores de serviços (Möhlmann; Zalmanson; Henfridsson, 2021), e os efeitos de rede no sentido de quanto maior a abrangência das plataformas digitais maiores benefícios elas proporcionarão aos seus usuários (Thornton, 2024). É preciso compreender essas novas práticas para se pensar no direito empresarial.

---

4. Não obstante, a relação entre filosofia do direito e sociologia do direito pode ser analisada de forma satisfatória através de Reale e Luhmann, conforme fez Carneiro (2021). Reale, na Teoria Tridimensional do Direito, fez referência a valor, fato e norma; Luhmann fez referência a dimensões temporal, social e material do direito. A dimensão material de Luhmann está na identificação de sentidos de forma generalizada (sentidos comuns), que poderia ser analisada em paralelo com os fatos segundo Reale; a dimensão social de Luhmann está na suposição de validade de tais sentidos, também de forma generalizada, que poderia ser analisado com os valores segundo Reale; e a dimensão temporal luhmanniana diz respeito à normatização, que poderia ser analisada com a norma segundo Reale. A questão é que, segundo uma perspectiva sociológica, a filosofia de Reale faz uma autodescrição do Direito, enquanto a sociologia de Luhmann faz uma heterodescrição do Direito.

2. A DEFINIÇÃO DE PLATAFORMAS DIGITAIS

Eisenmann, Parker e Van Alstyne (2009) e Doligalski (2021) referem que o conceito de negócios em plataforma sempre existiu; por exemplo, os supermercados e shoppings realizam a conexão entre os fabricantes e os consumidores por várias décadas; os jornais unem leitores e os anunciantes; os planos de saúde conectam os pacientes a uma rede de profissionais da medicina. Em sentido lato amplo, as plataformas de produtos e serviços são modelos de negócios que juntam grupos de usuários em dois ou mais lados de conexão. A lógica econômica do negócio, na perspectiva do fundador/proprietário da plataforma, é a cobrança de taxas de acesso à plataforma. Conforme observam Hummel e da Silva (2020), as plataformas digitais têm como premissa a orquestração dos recursos e dos integrantes da rede que as compõem.

São muitos os conceitos de plataformas digitais encontrados na literatura. Palmer et al (2022), por exemplo, definem uma plataforma digital como um bloco de construção que fornece uma função essencial a um sistema tecnológico que atua como base sobre a qual outras empresas podem desenvolver produtos, tecnologias ou serviços complementares. Chen et al. (2022) explicam as plataformas digitais como tipos específicos de mercado que facilitam as interações entre vários grupos de atores, como complementadores e clientes, e a interdependência dentro ou entre esses grupos gera externalidades de rede, que descrevem como o fenômeno pelo qual a utilidade de um usuário aumenta com o número de outros usuários no mesmo lado (ou seja, efeitos de rede diretos) ou em um lado diferente (ou seja, efeitos de rede indiretos) do mercado de plataformas.

Hein et al. (2020) apresentam três perspectivas sobre as plataformas digitais: a perspectiva baseada no mercado estuda o poder de mercado das plataformas através dos efeitos de rede; os efeitos de rede descrevem como o valor de um lado do mercado aumenta à medida que o número de atores do outro lado aumenta. A perspectiva técnica vê as plataformas digitais como tecnologias baseadas em software, ou seja, bases de código extensíveis que fornecem funcionalidade central, complementadas por serviços modulares; cada serviço modular é um subsistema de software que pode estender a funcionalidade da plataforma; as plataformas digitais são caracterizadas por artefatos tecnológicos digitais como sites, blogs, redes virtuais de mensagens, aplicativos móveis, redes sociais redes com textos, conteúdos, imagens e vídeos, como aplicativos de Android e Sistemas IOS para o compartilhamento rápido de informações, produtos e serviços. A perspectiva sociotécnica se concentra em como os proprietários de plataformas integram e governam um ecossistema de atores; um mecanismo de governança específico é o fornecimento de recursos de fronteira que assumem a forma de interfaces, como APIs, ou kits de ferramentas, como SDKs, para integrar e permitir que um ecossistema de atores cocrie produtos ou serviços complementares.

As interfaces representam processos padronizados, enquanto os *toolkits* fornecem uma visão de mundo compartilhada ao fortalecer a flexibilidade interpretativa entre os atores do ecossistema e a plataforma digital. Dependendo da abertura das interfaces, o proprietário da plataforma pode restringir o ecossistema para uso interno dentro da empresa, por exemplo, para sistemas de planejamento de recursos empresariais ou pode abrir o ecossistema para aproveitar as capacidades de inovação de complementadores externos que fornecem serviços de valor agregado. E dependendo do arquétipo de propriedade, seja um proprietário de plataforma central, um consórcio de parceiros ou uma rede descentralizada *peer-to-peer* ou *peers-inc.*, é necessário equilibrar os direitos de controle contra a autonomia dos atores do ecossistema.

3. A ECONOMIA DE PLATAFORMAS E A ECONOMIA DO COMPARTILHAMENTO

Para entender como as plataformas influenciam os negócios através de modelos com princípios próprios, é preciso distinguir a economia de plataformas da economia do compartilhamento. Papadimitropoulos (2021) faz referência à economia de plataforma, também denominada economia *gig* ou capitalismo de plataformas, com a expressão *crowdsourcing*, que na literalidade significa o abastecimento ou fornecimento por meio de multidões. São exemplos marcantes as plataformas Airbnb, Uber, Ifood, Rappi e Loggi. Trata-se de uma variação da terceirização da atividade fim,[5] mas ao invés do terceirizado ser uma empresa, têm-se indivíduos que executam as tarefas, lidam com operações ou fornecem serviços. Nesse sentido, a economia de plataformas tem o objetivo de diminuir seus custos de produção e transação e aumentar a produtividade, tornando-se assim mais competitivas.

No capitalismo de plataforma, se dá realce às organizações (empresas, firmas) proprietárias das plataformas digitais, que intermedeiam prestadores de serviço para atendimento ao público consumidor. Papadimitropoulos (2021) refere que no capitalismo de plataforma, a estratégia é expandir a monetização de bens e serviços, tornando mais viável e eficiente todo tipo de troca comercial sob demanda, a partir de três grandes mudanças: passa-se do controle de recursos para a orquestração da rede de produtores e consumidores; passa-se da otimização interna para interação em rede; passa-se do foco no valor do cliente para o foco no valor do ecossistema. Em resumo: o capitalismo de plataforma desenvolve uma orquestração de redes de prestadores de serviços de cima para baixo.

---

5. Vide STF, ADPF 324 e RE 958.252.

Solel (2019) aduz que a economia de plataforma não é uma nova conceituação da economia, mas uma série de práticas econômicas e sociais baseadas e dependentes da tecnologia da plataforma, podendo ser um novo modelo de negócios, ou mesmo uma nova forma de infraestrutura – um recurso básico – como a terra em termos agrários, ou os escritórios de serviços jurídicos ou contábeis, ou os automóveis em termos de transporte.

Conforme referem Arcidiacono et al (2019), o relatório da Cúpula de Estratégia da Plataforma MIT aponta que 88% das empresas mais lucrativas pesquisadas pela Revista Fortune há quase dez anos desapareceram em face das novas empresas de plataforma, e o ranking da Revista Forbes de 2018 aponta que das marcas mais valiosas do mundo, as cinco primeiras posições são ocupadas por empresas economia de plataforma (o chamado sistema GAFAM: Google, Amazon, Facebook, Apple, Microsoft), que substituíram em menos de dez anos empresas como Coca Cola, Toyota e General Electric.

Enquanto a economia de plataformas diz respeito à terceirização de mão de obra autônoma, a economia compartilhada se refere ao aluguel ou troca de bens ociosos, como carros, bicicletas, quartos etc., sendo também esta uma instância do modelo de *crowdsourcing* viabilizado pelas plataformas digitais, mas sem fins econômicos (Papadimitropoulos, 2021). Solel (2019) refere que o termo "economia do compartilhamento" foi apropriado para uso em todas as operações *online* que utilizam plataformas digitais, inclusive por empresas de maximização de lucros com o objetivo de lançar sobre elas uma aparência favorável. Segundo Belk (2014), com a internet se abriu uma nova era no compartilhamento, mas, em verdade, muitos desses casos aparentes de compartilhamento, tais como Uber e Aibnb são meros pseudocompartilhamento, ou seja, negócio que, inobstante o suporte digital, operam sob a lógica tradicional do livre mercado. Nessa linha, o pseudocompartilhamento está identificado com o capitalismo de plataformas.

Em realidade, o conceito de economia compartilhada é anterior ao conceito de economia de plataforma: a economia compartilhada nasceu no início dos anos 2000 – enquanto a economia de plataformas nasceu em 2010 com a Uber – como uma forma de novos negócios a partir da partilha de bens e serviços através de plataformas *online* (Sung; Kim; Lee, 2018.). O próprio Airbnb, inicialmente nomeado como AirBed & Breakfast, surgiu de uma parceria entre três amigos de São Francisco, uma das cidades que integram a região do Vale do Silício, nos Estados Unidos, na ocasião de um evento que havia esgotado a capacidade hoteleira local. Ou seja, o protótipo do Airbnb era de economia do compartilhamento, evoluindo para um modelo de negócios da economia de plataformas.

Nesse sentido, compartilhar nasceu da ideia de consumo mais eficiente, inteligente e centrada no ser humano; a economia compartilhada é um modelo econômico que utiliza ativos menos utilizados, como espaço e tecnologia, para fins monetários ou não monetários. A economia do compartilhamento é uma percepção dos benefícios do compartilhamento de recursos para reduzir a poluição, minimizar o consumo, diminuir as despesas e, também, obter vantagens de se tornar parte de uma comunidade ou comunidades. As primeiras plataformas foram criadas para possibilitar o compartilhamento de recursos e conectar pessoas, e nos seus primórdios foi retratada como uma nova era de cooperação entre seres humanos, o que, em verdade, é um fenômeno tão antigo quanto a humanidade.

Nesse sentido, o termo "economia compartilhada" foi cunhado para descrever operações que permitem melhor aproveitamento de recursos subutilizados e que conectam pessoas, geralmente por meio de tecnologias de plataforma *online*. (Solel, 2019). Não obstante, muitas plataformas da economia de plataformas utilizam-se do termo "compartilhamento", quando, na verdade, não desenvolvem atividades econômicas de compartilhamento. Yuana et al (2019) referem que há uma equivocada associação entre os termos "economia compartilhada" e "economia de plataforma": esta é formada por empresas que utilizam a plataforma para criar um mercado bilateral entre fornecedores e consumidores e lucrar ao facilitar a interação entre esses dois lados através da utilização de algoritmos como modelos de precificação; aquela possui um enquadramento não mercadológico que enfatiza motivações altruístas de troca de bens e serviços contribuindo para o consumo sustentável.

A literatura enxerga na economia compartilhada uma forma de consumo coletivo com fins lucrativos, ou como mercados *peer-to-peer* (de pares para pares). Já a economia de plataforma se trata de mercados *peers-inc.* (de pares incorporados), onde parte da literatura percebem-na relacionada a uma classe trabalhadora precariada. Como se pode notar, são mais que modelos de negócios diferentes, são arranjos institucionais diferentes, ou seja, construções socioculturais que prescrevem comportamentos organizacionais apropriados e que moldam e impõem padrões de interesses e privilégios (Micelotta; Lounsbury; Greenwood, 2017).

Constantiou, Marton e Tuunainen (2017) apresentam os três principais atributos da economia compartilhada, referindo-se à confluência de três desenvolvimentos socioeconômicos mais amplos: 1. Acesso sobre propriedade: as atitudes e comportamentos do consumidor estão mudando cada vez mais do hiperconsumismo e da primazia de comprar bens para comprar acesso a bens e produtos. Esse desenvolvimento também é chamado de consumo baseado em acesso ou a economia sob demanda. 2. Ponto a ponto: as redes e plataformas baseadas na Internet mediam cada vez mais interações e transações entre pares, normalmente coordenadas por relações de confiança e reputação pessoal. Esse desenvolvimento também é chamado de economia peer-to-peer. 3. Alocação de recursos ociosos: cada vez mais indivíduos privados participam casualmente de atividades econômicas, recorrendo a recursos de propriedade privada (tanto ativos quanto mão de obra), que de outra forma permaneceriam ociosos. Esse desenvolvimento às vezes é chamado de consumo colaborativo.

Kumar, Lahiri e Dogan (2018) apontam como fundamentos teóricos da economia compartilhada a "troca social", a "autodeterminação" e o "altruísmo recíproco": a teoria da troca social afirma que as trocas sociais e materiais são fundamentais para as interações humanas, desde que haja reciprocidade de ação; a teoria da autodeterminação analisa os vários níveis de motivações intrínsecas e extrínsecas, mostrando que a única motivação extrínseca para participar da economia compartilhada é a benefício monetário recebido em troca do serviço prestado, enquanto as motivações intrínsecas são diversão, networking ou socialização; e a teoria do altruísmo recíproco explica que é possível entender as relações entre os organismos como sendo jogos entre participantes, existindo jogos em que a cooperação entre os participantes leva ao ganho recíproco (O Dilema do Prisioneiro é o melhor exemplo).

As plataformas de economia compartilhada operam nas fronteiras fluidas entre mercados e empresas, combinando mecanismos organizacionais e de coordenação de mercado de maneiras inovadoras: os mecanismos de coordenação organizacional que antes costumavam ser aplicados apenas dentro dos limites de uma organização formal para coordenar funcionários, na economia compartilhada passam a ser aplicados além das fronteiras das organizações formais para coordenar indivíduos privados que participam de plataformas de economia compartilhada; da mesma forma, os mecanismos de coordenação de mercado costumavam ser aplicados fora dos limites de uma organização formal, agora podem ser facilmente aplicados aos participantes casuais de uma plataforma.

A economia compartilhada abrange vários setores da economia, como empréstimos e *crowdfunding peer-to-peer*, aluguel de casas, compartilhamento de caronas e carros e comércio. E por isso mesmo, há uma certa confusão na literatura. Por exemplo, Leung, Xue e Wen (2019) referem que a economia compartilhada ganhou popularidade com o sucesso de *startups* como Airbnb e Uber. Ora, conforme visto na seção anterior, Airbnb são exemplos clássicos de organização do capitalismo de plataformas. Finalmente, é importante observar que na economia compartilhada há troca financeira ou monetária.

4. A PLATAFORMA AIRBNB E SUA LÓGICA MULTIESCALAR EM UMA SOCIEDADE INTEGRADA EM REDE

Cruvinel (2024) aponta quatro processos que se desdobram das atividades do aluguel de temporada e que apresentam caminhos para o debate sobre o tema. O primeiro processo é a complexificação do sistema imobiliário por meio das atividades de "hotéis fantasmas e de multigestores": as atividades de hotéis fantasmas e de multigestores alertam para o desenvolvimento de um sistema imobiliário cada vez mais complexo e abstrato, que possibilita a concentração de capital imobiliário nas mãos de poucos, sem que esta concentração seja visível aos olhos, uma vez que está fisicamente distribuída entre imóveis predominantemente destinados à classe média, por sua vez geridos a partir de uma plataforma digital. O segundo processo são os novos fluxos de pessoas e capital a partir da prática de nomadismo digital: a prática do nomadismo digital indica a formação de novos fluxos de pessoas e capital em escala global, que ainda carecem de maiores estudos.

O terceiro processo caracteriza-se por novos arranjos no setor privado: a configuração de novos arranjos entre plataformas de aluguel de temporada, empresas turísticas e empresas que oferecem serviços adicionais diversos, que passam a ser incorporados de modo criativo às atividades de aluguel (novas experiências turísticas, atendimento ao cliente, suporte técnico etc.). A criação de programas de empréstimos voltados às atividades de aluguel de temporada também é um novo arranjo a ser melhor investigado. Por fim, o quarto processo é a expansão das companhias de aluguel de temporada segundo lógicas políticas e econômicas preexistentes: o processo de expansão de aluguel de temporada pode acompanhar lógicas políticas e econômicas historicamente definidas, que envolvem, por exemplo, desigualdades entre países centrais e periféricos, assim como disputas entre potências comerciais e tecnológicas em escala global (Cruvinel, 2024).

Como se pode notar, os modelos de negócio da economia de plataformas e da economia do compartilhamento, fenômenos da transformação digitais, redefinem as lógicas econômicas e culturais da sociedade. Consideram-se as lógicas institucionais os padrões históricos socialmente construídos, como os símbolos, práticas, valores, crenças e normas, e a mudança institucional o processo através do qual esses padrões são reconfigurados ou transformados de uma forma para outra (Greenwood et al., 2011). Tem-se assim que os impactos da transformação digital e das plataformas digitais são definitivos para a sociedade global, que se trata de uma sociedade cada vez mais organizada sob a lógica das redes em face da digitalização da comunicação – os *softwares online*, nas linhas do referido por Castells (2011)

5. A LOCAÇÃO ATÍPICA ATRAVÉS DAS PLATAFORMAS DIGITAIS: JURISPRUDÊNCIA E PROPOSTA DE ATUALIZAÇÃO DO CÓDIGO CIVIL

A plataforma digital Airbnb revolucionou a hospedagem de pessoas ao concorrer com o mercado hoteleiro sem ser proprietária de um imóvel sequer. Não é preciso descrever a operação desta plataforma aqui, face sua popularidade. Este trabalho não diz respeito aos problemas internos da plataforma (plataforma X hospedeiros X clientes), que levam à análise sob a perspectiva da boa-fé contratual (art. 422 do Código Civil), mas sim nos problemas externos, ou seja, aqueles relacionados à sociedade em geral, que levam à análise sob a perspectiva da função social do contrato (art. 421 do Código Civil) (CIVIL, 2005.).

Logo que lançada essa modalidade de locação (a jurisprudência trata a plataforma Airbnb pelo termo locação, e não hospedagem), ainda sem grande debate doutrinário e entendimento jurisprudencial a respeito, votava-se pela admissão. Passado o tempo, o Superior Tribunal de Justiça pronunciou-se sobre a natureza da oferta de locação de imóvel por curtos períodos por meio de plataformas digitais especializadas, como o Airbnb:

> [...]
>
> 1. Os conceitos de domicílio e residência (CC/2002, arts. 70 a 78), centrados na ideia de permanência e habitualidade, não se coadunam com as características de transitoriedade, eventualidade e temporariedade efêmera, presentes na hospedagem, particularmente naqueles moldes anunciados por meio de plataformas digitais de hospedagem.
>
> [...]
>
> 4. Embora aparentemente lícita, essa peculiar recente forma de hospedagem não encontra, ainda, clara definição doutrinária, nem tem legislação reguladora no Brasil, e, registre-se, não se confunde com aquelas espécies tradicionais de locação, regidas pela Lei 8.245/91, nem mesmo com aquela menos antiga, genericamente denominada de aluguel por temporada (art. 48 da Lei de Locações).
>
> [...]
>
> 7. O direito de o proprietário condômino usar, gozar e dispor livremente do seu bem imóvel, nos termos dos arts. 1.228 e 1.335 do Código Civil de 2002 e 19 da Lei 4.591/64, deve harmonizar-se com os direitos relativos à segurança, ao sossego e à saúde das demais múltiplas propriedades abrangidas no Condomínio, de acordo com as razoáveis limitações aprovadas pela maioria de condôminos, pois são limitações concernentes à natureza da propriedade privada em regime de condomínio edilício.
>
> 8. O Código Civil, em seus arts. 1.333 e 1.334, concede autonomia e força normativa à convenção de condomínio regularmente aprovada e registrada no Cartório de Registro de Imóveis competente. Portanto, existindo na Convenção de Condomínio regra impondo destinação residencial, mostra-se indevido o uso de unidades particulares que, por sua natureza, implique o desvirtuamento daquela finalidade (CC/2002, arts. 1.332, III, e 1.336, IV).
>
> [...] (STJ, 2021).

Esse entendimento impactou a legislação na medida em que está em tramitação no Congresso Nacional a atualização do Código Civil. Na proposta de atualização, consta no § 1º do artigo 1.336 que "Nos condomínios residenciais, o condômino ou aqueles que usam sua unidade, salvo autorização expressa na convenção ou por deliberação assemblear, não poderão utilizá-la para fins de hospedagem atípica, seja por intermédio de plataformas digitais, seja por quaisquer outras modalidades de oferta". Ou seja, a tendência do Direito brasileiro é, em regra, proibir a utilização de apartamentos para fins de hospedagens atípicas, independentemente da mediação por plataformas digitais ou outro meio análogo, salvo autorização expressa na convenção ou por deliberação assemblear.

Alguns são os problemas em torno desse entendimento jurídico. Em primeiro lugar, se a primeira parte do art. 3º da Lei de Locações dispõe que "O contrato de locação pode ser ajustado por qualquer prazo [...]", questiona-se a pertinência da jurisprudência acima elencada ao relacionar "domicílio e residência" com "transitoriedade, eventualidade e temporariedade efêmera", "hospedagem" e "locação"? Veja-se que não há relação alguma entre tais elementos. Ao que parece, a jurisprudência só aceita o contrato de "locação" quando houver "domicílio e residência", condição que não se encontra na lei de locações. Estaria então a jurisprudência criando um novo elemento condicionante do contrato de locação? Nesse ponto, a jurisprudência deveria ter se embasado na Lei 11.771, de 17 de setembro de 2008, que no seu artigo 23 considera como sendo meios de hospedagem os empreendimentos ou estabelecimentos destinados a prestar serviços de "alojamento temporário". Aí desdobrar-se-ia para a diferença entre locação e alojamento temporário.

Em segundo lugar, a jurisprudência alega que a "hospedagem" possui natureza comercial, o que geraria incompatibilidade com os condomínios residenciais. Ora, inúmeros apartamentos são adquiridos especialmente para locação, demonstrando o objetivo comercial de tais imóveis, tornando vazio o argumento jurisprudencial. Mais um argumento falho, portanto.

Em terceiro lugar, a jurisprudência faz referência aos artigos 1.333 e 1.334 do Código Civil e a autonomia e força normativa da convenção de condomínio regularmente aprovada e registrada no Cartório de Registro de Imóveis competente, sem ponderar sobre o direito constitucional de propriedade, e inclusive a necessidade de atendimento de sua função social, que certamente não é atingida com imóveis ociosos. Em quarto lugar, é preciso distinguir as práticas de "alojamento temporário" em plataformas que fazem parte da economia de plataformas e em plataformas que fazem parte da economia do compartilhamento. Isso porque na economia de plataformas a prática é muito similar à de um hotel, com o hóspede tendo todo o imóvel ao seu dispor. Já na economia compartilhada, o hóspede fica alojado em algum cômodo do imóvel do proprietário, com o proprietário ainda habitando o imóvel. Por exemplo, quando, na copa do mundo, muitos proprietários de apartamentos e casas receberam hóspedes do mundo inteiro em suas residências, tanto em face da falta de quartos de hotéis nas cidades eu sediaram jogos, quanto em face dos preços mais baixos praticados, estava-se dentro da economia do compartilhamento. Nesse sentido, questiona-se se a jurisprudência está tratando do alojamento temporário na economia de plataformas ou na economia do compartilhamento? Para este trabalho, reputa-se que a jurisprudência está tratando da economia de plataformas, e reputa-se que ela desconheça o conceito e caracterização da economia do compartilhamento.

E em quinto lugar, sabe-se que muitas vezes apartamentos são locados em plataformas como a Airbnb por longos períodos, chegando a seis meses, doze meses, e às vezes passando de doze meses. Nesses casos, haveria a restrição jurisprudencial? Como se pode notar, ainda há muitas questões que precisam ser esclarecidas para que as respostas do Direito sejam congruentes com o que se está praticando no mercado.

6. CONCLUSÃO

Atualmente, segundo dados de dezembro de 2022, o Airbnb possui 6,6 milhões de anúncios ativos, localizados em 100 mil municípios, por sua vez distribuídos em mais de 220 países e regiões, estando avaliado em US$ 47 bilhões (Cruvinel, 2024). Algumas questões acerca da plataformização do aluguel de imóveis, particularmente apartamentos residenciais, ainda são desconhecidas pelo Direito. Neste trabalho, citaram-se cinco questões que devem ser esclarecidas antes de se construir um raciocínio jurídico – legal ou jurisprudencial – definitivo.

Tratar a questão unicamente do ponto de vista da lei de locações talvez não seja o mais acertado, tendo em vista que a maioria dos casos se trata de hospedagem, havendo tratamento legal próprio que deve ser considerado. Também a caracterização comercial da hospedagem não se mostra um argumento razoável, tendo em vista que inúmeros apartamentos são adquiridos com o fim comercial de locação. Ainda, se mostra necessário fazer uma abordagem constitucional sobre o tema, face aos direitos individuais fundamentais relacionados à propriedade.

Crê-se que também seja importante distinguir as práticas da economia de plataformas das práticas da economia do compartilhamento, pois ambas estão relacionadas às plataformas digitais e em ambas é possível dispor de apartamentos residenciais. Finalmente, é necessário questionar aqueles casos em que apartamentos são locados em plataformas digitais por longos períodos, o que descaracteriza a hospedagem. A partir da transformação digital, houve uma mudança em múltiplas dimensões do conhecimento, e perspectivas econômicas, gerenciais, jurídicas, sociológicas e filosóficas devem ser consideradas em conjunto em razão do impacto da transformação digital.

Novos modelos de negócios, com racionalidade econômica singular, reorganizam os relacionamentos sociais com uma forte assimetria de poder, e o Direito precisa compreender essa mudança para dar respostas adequadas. O que se vê hoje é uma jurisprudência sem premissas, chegando a retratar opiniões que formam precedentes e influenciam, inclusive, a nova legislação. Aí se tem um Direito que contraria a transformação digital sem sequer entendê-la, o que se mostra contra evolutivo. A solução está na transdisciplinariedade, ou seja, na busca de um diálogo entre as diferentes áreas do conhecimento.

7. REFERÊNCIAS

ARCIDIACONO, Davide et al. Platform work: from digital promises to labor challenges. *Partecipazione e conflitto*, n. 12, p. 611-628, 2019.

BALESTRIN, Alsones; VERSCHOORE, Jorge. *Redes de Cooperação Empresarial*: estratégias de gestão na nova economia. Porto Alegre: Bookman editora, 2016.

BELK, Russell. Sharing versus pseudo-sharing in Web 2.0. *The anthropologist*, v. 18, n. 1, p. 7-23, 2014.

BERTERO, Carlos Osmar. Réplica 2 – O que é um ensaio teórico? Réplica a Francis Kanashiro Meneghetti. *Revista de Administração Contemporânea*, v. 15, p. 338-342, 2011.

BONFADA, Fernanda Barboza; ROCHA, Leonel Severo. *A relevância da matriz epistemológica pragmático-sistêmica para o direito constitucional na sociedade global*. 2024.

CASTELLS, Manuel. *A sociedade em rede*. São Paulo: Paz e terra, 2005.

CHEN, Liang et al. Governance and design of digital platforms: A review and future research directions on a meta-organization. *Journal of management*, v. 48, n. 1, p. 147-184, 2022.

CIVIL, Código. Código civil. Código Civil, 2005. COLE, George Douglas Howard et al. Century of Co-operation. 1945.

CONSTANTIOU, Ioanna; MARTON, Attila; TUUNAINEN, Virpi Kristiina. Four models of sharing economy platforms. *MIS Quarterly Executive*, v. 16, n. 4, 2017.

CRUVINEL, Aline Cristina Fortunato. Airbnb como urbanismo de plataforma: aspectos gerais e caminhos para uma abordagem multiescalar. *PosFAUUSP*, v. 31, n. 58, p. e214821-e214821, 2024.

DOLIGALSKI, Tymoteusz. Platform canvas: Does the platform business model imply disruption and monopolisation? *Disruptive platforms*. Londres: Routledge, 2021.

ECKHARDT, Jonathan T.; CIUCHTA, Michael P.; CARPENTER, Mason. Open innovation, information, and entrepreneurship within platform ecosystems. *Strategic entrepreneurship journal*, v. 12, n. 3, p. 369-391, 2018.

EISENMANN, Thomas R.; PARKER, Geoffrey; VAN ALSTYNE, Marshall. Opening platforms: how, when and why? *Platforms, markets and innovation*, v. 6, p. 131-162, 2009.

GREENWOOD, Royston et al. Institutional complexity and organizational responses. *Academy of Management annals*, v. 5, n. 1, p. 317-371, 2011.

HEIN, Andreas et al. Digital platform ecosystems. *Electronic markets*, v. 30, p. 87-98, 2020.

HUMMEL, Milton; DA SILVA, Adilson Aderito. Modelo de negócios em plataforma digital para comercialização de flores no Brasil. Navus: *Revista de Gestão e Tecnologia*, n. 10, p. 30, 2020.

KUMAR, Vikas; LAHIRI, Avishek; DOGAN, Orhan Bahadir. A strategic framework for a profitable business model in the sharing economy. *Industrial Marketing Management*, v. 69, p. 147-160, 2018.

LEUNG, Xi Y.; XUE, Lan; WEN, Han. Framing the sharing economy: Toward a sustainable ecosystem. *Tourism Management*, v. 71, p. 44-53, 2019.

LUHMANN, Niklas. O direito da sociedade. São Paulo: Martins Editora, 2017.

MENEGHETTI, Francis Kanashiro. O que é um ensaio-teórico? *Revista de administração contemporânea*, v. 15, p. 320-332, 2011.

MOUNTFORD, Nicola; GEIGER, Susi. Markets and institutional fields: foundational concepts and a research agenda. *AMS Review*, v. 11, n. 3, p. 290-303, 2021.

MICELOTTA, Evelyn; LOUNSBURY, Michael; GREENWOOD, Royston. Pathways of institutional change: An integrative review and research agenda. *Journal of management*, v. 43, n. 6, p. 1885-1910, 2017.

MÖHLMANN, M.; ZALMANSON, L.; HENFRIDSSON, O.; & GREGORY, R. W. Algorithmic Management of Work on Online Labor Platforms: When Matching Meets Control. *MIS quarterly*, v. 45, n. 4, 2021.

MOUNTFORD, Nicola; GEIGER, Susi. Markets and institutional fields: foundational concepts and a research agenda. *AMS Review*, v. 11, n. 3, p. 290-303, 2021.

NAMBISAN, Satish; WRIGHT, Mike; FELDMAN, Maryann. The digital transformation of innovation and entrepreneurship: Progress, challenges and key themes. *Research policy*, v. 48, n. 8, p. 103773, 2019.

PALMER, Mark et al. Institutional pioneers and articulation work in digital platform infrastructure-building. *Journal of Business Research*, v. 142, p. 930-945, 2022.

PAPADIMITROPOULOS, Evangelos. Platform capitalism, platform cooperativism, and the commons. *Rethinking Marxism*, v. 33, n. 2, p. 246-262, 2021.

REUTER, Emmanuelle. Hybrid business models in the sharing economy: The role of business model design for managing the environmental paradox. *Business Strategy and the Environment*, v. 31, n. 2, p. 603-618, 2022.

SAPUTRA, Rian; ZAID, M.; OGHENEMARO, Silaas. The Court Online content moderation: a constitutional framework. *Journal of Human Rights, Culture and Legal System*, v. 2, n. 3, p. 139-148, 2022.

SOLEL, Yifat. If uber were a cooperative: a democratically biased analysis of platform economy. *The Law & Ethics of Human Rights*, v. 13, n. 2, p. 239-262, 2019.

STJ, REsp n. 1.819.075/RS, relator Ministro Luis Felipe Salomão, relator para acórdão Ministro Raul Araújo, Quarta Turma, julgado em 20.04.2021, *DJe* 27.05.2021.

SUNG, Eunsuk; KIM, Hongbum; LEE, Daeho. Why do people consume and provide sharing economy accommodation? – A sustainability perspective. *Sustainability*, v. 10, n. 6, p. 2072, 2018.

THORNTON, Heidi Coral. Business model change and internationalization in the sharing economy. *Journal of Business Research*, v. 170, p. 114250, 2024.

TRINDADE, Manoel Gustavo Neubarth Trindade. Economia de Plataforma (ou tendência à bursatilização dos mercados): Ponderações Conceituais Distintivas em relação à Economia Compartilhada e à Economia Colaborativa e uma Abordagem de Análise Econômica do Direito dos Ganhos de Eficiência Econômica por meio da Redução Severa dos Custos de Transação. *Revista Jurídica Luso-Brasileira*, ano 6, n. 4. Faculdade de Direito da Universidade de Lisboa, 2020.

YUANA, Suci Lestari et al. Framing the sharing economy: A media analysis of ridesharing platforms in Indonesia and the Philippines. *Journal of cleaner production*, v. 212, p. 1154-1165, 2019.

ZHAO, Yang et al. The evolution of platform business models: Exploring competitive battles in the world of platforms. *Long Range Planning*, v. 53, n. 4, p. 101892, 2020.

LEILÕES EXTRAJUDICIAIS DE IMÓVEIS NO ÂMBITO DOS CONTRATOS DE FINANCIAMENTO COM ALIENAÇÃO FIDUCIÁRIA

Bruna dos Santos Feitosa de Carvalho

Sócia do Feitosa Sociedade de Advocacia. Mestranda em direito. Presidente da Comissão municipal de Leilões do Rio de Janeiro e Vice-Presidente da Comissão de Direito Condominial da Associação Brasileira de Advogados. Presidente da Comissão de Direito Imobiliário do Ibrapej – Instituto Brasileiro de Pesquisa e Educação Jurídica. Coordenadora do projeto de Mentoria Jurídica da OAB/RJ. Mentora em Direito Imobiliário da OAB/Rj. Colunista da CondoNews. Coordenadora e autora de livros jurídicos.

Marcelo Silveira de Moura

Pós-graduado em Gestão de Negócios Imobiliários. Graduado em Gestão de Negociação Imobiliária. Professor. Presidente do Creci-RJ. Vice-presidente do Cofeci. Corretor de Imóveis, Empresário, Contador.

Sumário: 1. Introdução – 2. Aspectos gerais sobre leilões judiciais e extrajudiciais – 3. Conceito e procedimento da alienação fiduciária – 4. Propriedade resolúvel e registro na matrícula – 5. Como funciona o procedimento no RGI para evitar nulidades do leilão extrajudicial – 6. Realização do leilão e da arrematação a preço vil – 7. Saldo do produto da arrematação – 8. Responsabilidade do devedor – 9. Formas de pagamento do lance vencedor e transferência da propriedade – 10. Conclusão – 11. Referências

1. INTRODUÇÃO

Abordar sobre leilão extrajudicial significa trazer à baila mais uma modalidade de alienação/aquisição de imóveis, seja para moradia ou para investimento imobiliário, e, ainda, pode ser considerado como um gerador de oportunidades no mercado imobiliário, e também uma forma de quitar a dívida em face ao credor, geração de prestação de serviço e renda e, sobretudo, abre a chance de adquirir um imóvel à preço bem abaixo do valor de mercado.

Para nos referirmos à leilões, podemos utilizar também as expressões "praça" e "hasta pública", considerando que são termos utilizados de forma sinônima para se referir à alienação compulsório de bem imóvel, assim como o fazemos na prática. Motivo pelo qual, seguiremos neste presente artigo neste sentido. Portanto, ao nos referimos à hasta pública, estaremos nos referindo ao leilão ou praça.

A hasta pública é uma das formas de expropriação[1] que consiste na alienação compulsória (ou forçada), dos bens que foram objetos de garantia ou de penhora (apreensão de bens no curso de um processo), normalmente aquele que tenciona satisfazer o crédito do exequente (credor que executou uma dívida em face do devedor/executado).[2]

Traçando em linhas gerais, este mercado dos leilões no Brasil cresceu exponencialmente. O número de imóveis que foram a leilão entre janeiro e abril de 2022 cresceu em até 31,9% em relação ao mesmo período de 2019.[3] Isto ocorreu devido ao alto número de desempregados, que atingiu a soma de 11,9 milhões no primeiro trimestre deste ano segundo o Instituto Brasileiro de Geografia e Estatística (IBGE) e a alta da inadimplência das famílias, que chegou ao maior patamar dos últimos 21 anos em abril (28,6%), de acordo com a Confederação Nacional do Comércio de Bens, Serviços e Turismo (CNC).

Muitas pessoas ficaram desempregadas durante a pandemia e, com isso, ficou impossível manter o pagamento do financiamento, o que reflete no crescimento atual. Em que pese alguns bancos terem negociado o reparcelamento das dívidas, muitos ainda não conseguiram manter o contrato.

Mediante o cenário crescente de leilões, por outro lado pode significar boas oportunidades, como por exemplo um comprador que conseguiu arrematar um imóvel com 50% de desconto em São Paulo.

Sobretudo, arrematar um imóvel requer uma análise criteriosa do Edital com uma assessoria jurídica especializada. Apesar de ser possível encontrar boas opções de casas e apartamentos, com bons descontos, é importante se atentar às condições da propriedade, se precisa de reformas e se há dívidas ativas.[4]

2. ASPECTOS GERAIS SOBRE LEILÕES JUDICIAIS E EXTRAJUDICIAIS

Não se pode olvidar que os leilões podem ser realizados na esfera extrajudicial e também em âmbito judicial. E para alcançar o melhor entendimento, é preciso traçar, em linhas gerais, como se opera o processo judicial até chegar aos leilões.

---

1. A palavra expropriação, é a derivação ou substantivo feminino expropriar, que significa desapossar (alguém) da sua propriedade ou de parte dela, geralmente devido a alegada utilidade pública, pagando-lhe um preço estipulado. Dicionário Priberam da Língua Portuguesa. 2008-2024, https://dicionario. priberam.org/expropriar. Disponível em: https://dicionario.priberam.org/expropriar. Acesso em: 19 maio 2024.
2. SCAVONE JUNIOR, Luiz Antonio. *Direito Imobiliário*: teoria e prática. 16 ed. Rio de Janeiro: Forense, 2021.
3. Disponível em: https://sbtnews.sbt.com.br/noticia/economia/206900-crise-aumenta-em-ate-32-a-oferta-de-imoveis-em-leiloes-no-brasil. Acesso em: 10 set. 2024.
4. Disponível em: https://sbtnews.sbt.com.br/noticia/economia/206900-crise-aumenta-em-ate-32-a-oferta-de-imoveis-em-leiloes-no-brasil. Acesso em: 10 set. 2024.

LEILÕES EXTRAJUDICIAIS DE IMÓVEIS **17**

Inicialmente devemos pressupor a existência de um título executivo, o qual é um ato jurídico dotado de eficácia executiva,[5] o qual podemos classificar de duas maneiras — título executivo extrajudicial ou título executivo judicial. Os títulos executivos extrajudiciais são aqueles previstos no art. 784 do CPC[6] — Código de Processo Civil, os quais podem ser executados diretamente através de um processo de execução, prescindindo a obrigatoriedade de distribuir ação de conhecimento para se discutir o mérito. Portanto, através desses títulos, a quitação do crédito é encontrada de forma mais célere, na maioria das vezes.

Já os títulos executivos judiciais, são aqueles decorrentes de um ato jurídico exercido através de uma decisão judicial, a qual foi proferida na fase de conhecimento (ou cognitiva) do processo, quando se discute e decide acerca dos pedidos trazidos na petição inicial, e deságuam na sentença de mérito ou acórdão. Após o trânsito em julgado da decisão de mérito, não haverá mais cabimento de recursos e, portanto, eis a formação do título executivo judicial, pronto para ser executado na fase de execução, a qual também é conhecida como cumprimento de sentença, a fim de quitar o débito.

Ato contínuo, quando o débito não é pago, se faz necessário a penhora de bens móveis ou imóveis, os quais serão levados à hasta pública, a fim de serem leiloados para cumprir com o propósito de quitar a dívida.

---

5. Alexandre Freitas Câmara, 2018, p. 328.
6. Art. 784. São títulos executivos extrajudiciais:
   I – a letra de câmbio, a nota promissória, a duplicata, a debênture e o cheque;
   II – a escritura pública ou outro documento público assinado pelo devedor;
   III – o documento particular assinado pelo devedor e por 2 (duas) testemunhas;
   IV – o instrumento de transação referendado pelo Ministério Público, pela Defensoria Pública, pela Advocacia Pública, pelos advogados dos transatores ou por conciliador ou mediador credenciado por tribunal;
   V – o contrato garantido por hipoteca, penhor, anticrese ou outro direito real de garantia e aquele garantido por caução;
   VI – o contrato de seguro de vida em caso de morte;
   VII – o crédito decorrente de foro e laudêmio;
   VIII – o crédito, documentalmente comprovado, decorrente de aluguel de imóvel, bem como de encargos acessórios, tais como taxas e despesas de condomínio;
   IX – a certidão de dívida ativa da Fazenda Pública da União, dos Estados, do Distrito Federal e dos Municípios, correspondente aos créditos inscritos na forma da lei;
   X – o crédito referente às contribuições ordinárias ou extraordinárias de condomínio edilício, previstas na respectiva convenção ou aprovadas em assembleia geral, desde que documentalmente comprovadas;
   XI – a certidão expedida por serventia notarial ou de registro relativa a valores de emolumentos e demais despesas devidas pelos atos por ela praticados, fixados nas tabelas estabelecidas em lei;
   XI-A – o contrato de contragarantia ou qualquer outro instrumento que materialize o direito de ressarcimento da seguradora contra tomadores de seguro-garantia e seus garantidores; (Incluído pela Lei 14.711, de 2023)
   XII – todos os demais títulos aos quais, por disposição expressa, a lei atribuir força executiva.

Esse foi apenas um breve panorama sobre os leilões judiciais, apenas por amor ao debate. Todavia, os holofotes devem estar voltados aos leilões extrajudiciais de bens imóveis, os quais têm movimentado o mercado imobiliário de forma bastante significativa.

Leilões extrajudiciais são aqueles realizados fora do ambiente judicial, geralmente por instituições financeiras ou credores, quando o devedor não cumpre suas obrigações contratuais, a exemplo da legislação que institui a Incorporação imobiliária, a qual prevê a possibilidade de realização de leilão do imóvel comprado na planta, tendo em vista a inadimplência do promitente comprador.

Mas também, os leilões podem ser realizados por livre liberalidade do proprietário do imóvel, ele pode contratar um leiloeiro público para realizá-los, muitas vezes com o objetivo de não perder a liquidez do imóvel, ou porque precisa do valor de forma mais célere, ainda que a venda em hasta pública, muitas vezes, possa ocorrer por um preço abaixo do valor de mercado.

A hasta pública ou praça, termos assim utilizados de forma sinônima à leilão, muitas vezes ocorre também por consequência de uma inadimplência em contratos de compra e venda ou contratos de mútuo com a garantia da alienação fiduciária, regida pela Lei 9.514/97.

Os leilões extrajudiciais, portanto, podem ser operados em diversos âmbitos legislativos, os quais possuem os seus respectivos procedimentos com o fulcro de buscar a satisfação do crédito. Isto significa que os leilões extrajudiciais podem possuir procedimentos diferentes na prática, a depender de qual legislação está sendo aplicada.

Corroborando com o acima exposto, podemos citar a Lei de Incorporação Imobiliária – Lei 4.591/64, a Lei da Recuperação Judicial – Lei 11.101/05, e também a Lei que dispõe sobre o sistema financeiro imobiliário e institui a Alienação Fiduciária de Coisa Imóvel – Lei 9.514/97, onde estão inseridos a possibilidade de realização de leilões extrajudiciais.

Os leilões extrajudiciais que ocorrem no âmbito da Lei 9.514/97, são bastantes recorrentes no mercado, sobretudo por serem previstos nos contratos de promessa de compra e venda com a garantia da alienação fiduciária, ou seja, onde se operam os financiamentos imobiliários, os quais, em geral, são livremente efetuados pelas entidades autorizadas a operar no Sistema Financeiro Imobiliário, motivo pelo qual este foi o diploma legal escolhido para nos debruçarmos acerca do procedimento de leilões extrajudiciais.

Sobretudo, este é um tema muito importante, seja o caro leitor, um interessado em adquirir imóveis com preços mais acessíveis para fins de moradia ou investimento, ou para os advogados e corretores que operam neste mercado prestando assessoria jurídica ou ofertando imóveis, respectivamente, ou ainda, para aqueles que estão enfrentando dificuldades financeiras, posto que qualquer proprietário pode, deliberadamente, oferecer o seu imóvel ao público leilão para pagar dívidas, ou seja, se aprofundar no tema é uma boa escolha para quem deseja se manter atualizado e não perder boas oportunidades.

3. CONCEITO E PROCEDIMENTO DA ALIENAÇÃO FIDUCIÁRIA

Os procedimentos realizados no âmbito da legislação da alienação fiduciária, exigem, antes de tudo, uma compreensão acerca desse negócio jurídico, o qual é regido pela Lei 9.514/1997. A alienação fiduciária é o negócio jurídico pelo qual o fiduciante (devedor), com o escopo de garantia de obrigação própria ou de terceiros, contrata a transferência ao credor, ou fiduciário, da propriedade resolúvel de coisa imóvel.

A alienação fiduciária de bem imóvel nasce no Direito através da Lei 9.514/1997, a qual passou por alterações, sendo algumas delas feitas pela Lei 13.465/2017 e pela Lei 14.711/2023, esta última, conhecida também como a lei das garantias.

Vale ressaltar que este procedimento, por ser tramitado na esfera extrajudicial, também é previsto no Código de Normas da Corregedoria Geral de Justiça de cada Estado. No Estado Rio de Janeiro, tal normativa contém os regramentos, os quais devem ser seguidos, mediante ao inadimplemento da obrigação, atos acerca das intimações do devedor para purgar a mora, a partir do art. 1.444, consolidação do imóvel, até o registro da carta de arrematação na matrícula do imóvel.

Mas afinal, o que é a alienação fiduciária? Trata-se de uma garantia, que pode ser utilizada nas operações de financiamento imobiliário, prevista no art. 17, IV da Lei 9.514/97, que constitui um direito real sobre o respectivo objeto do contrato, o qual podemos citar alguns exemplos, como o contrato de mútuo ou de promessa de compra e venda de imóvel.

Neste negócio jurídico, o promitente comprador figura como fiduciante-devedor, e o Banco que irá adiantar a quitação de parte do preço da compra e venda, será o fiduciário-credor. Neste ato, a propriedade resolúvel é transferida ao Banco – fiduciário, para que, caso ocorra alguma inadimplência das prestações do financiamento, o próprio imóvel, objeto da compra e venda, será transferido ao credor para que, através do leilão extrajudicial, a dívida seja quitada, caso o fiduciante não purgue a mora antes.

É importante consignar que todo o procedimento da alienação fiduciária e do leilão deve estar previsto expressamente no contrato de compra e venda com garantia de alienação fiduciária.

4. PROPRIEDADE RESOLÚVEL E REGISTRO NA MATRÍCULA

A alienação fiduciária traz consigo alguns institutos do direito que valem ser esmiuçados para ser alcançado um melhor entendimento do que ocorre na prática.

A propriedade resolúvel trata-se de um título de aquisição, o qual está subordinado a uma condição resolutiva ou a um termo final, ou seja, ao transferir essa propriedade resolúvel ao credor fiduciário, significa dizer que, para ele ter a propriedade plena depende de que ocorra um fato futuro e incerto que é a inadimplência do devedor fiduciante. Caso isso ocorra, ultrapassada todas as chances do devedor de quitar a dívida, a propriedade se tornará plena ao credor através da consolidação, ato este que deve ser averbado na matrícula do imóvel.

Esta propriedade resolúvel consiste em uma exceção ao princípio da perpetuidade da propriedade, ou seja, esta é temporária, deixando de ser plena e passando a ser limitada.

Portanto, como parte do procedimento, a transferência da propriedade resolúvel do imóvel é feita em favor do credor fiduciário mediante o registro da alienação fiduciária na matrícula do imóvel, bem como se dá o desdobramento da posse, tornando-se o fiduciante, devedor, o possuidor direto e o fiduciário possuidor indireto da coisa imóvel.

Art. 23 da Lei 9.514/97. Constitui-se a propriedade fiduciária de coisa imóvel mediante registro, no competente Registro de Imóveis, do contrato que lhe serve de título.

5. COMO FUNCIONA O PROCEDIMENTO NO RGI PARA EVITAR NULIDADES DO LEILÃO EXTRAJUDICIAL

Não se pode olvidar que, o Leilão extrajudicial faz parte do procedimento da alienação fiduciária mediante o inadimplemento do fiduciante. Então, partindo do pressuposto da existência de dívida, antes de tudo, o devedor deve ser notificado para purgar a mora.

Entender o procedimento que antecede o leilão, é muito importante para prevenir eventuais suspensões e até anulações dos leilões, posto que podem ocorrer se houver alguma nulidade dos atos pretéritos à Hasta Pública.

O devedor deve ser notificado para, no prazo de 15 (quinze) dias, regularizar a situação (pagar a dívida). Segundo o Art. 26. § 1º da Lei 9.514/97 faz parte da dívida, a prestação vencida e aquelas que vencerem até a data do pagamento, os juros convencionais, as penalidades e os demais encargos contratuais, os encargos legais, inclusive os tributos, as contribuições condominiais imputáveis ao imóvel e as despesas de cobrança e de intimação.

Este procedimento é realizado pelo oficial do competente Registro de Imóveis mediante o pedido do Fiduciário, e a intimação deve ser pessoal. Caso não seja possível, a lei prevê outras formas de intimação como por hora certa e, em último caso, a intimação por Edital.

Caso o fiduciante permaneça devedor, mesmo após ser notificado, o próximo passo é o pedido de averbação da Consolidação da propriedade na matrícula do imóvel e pagamento do ITBI pelo credor fiduciário, conforme o art. 26, § 7º da Lei 9.514/97.

Caso existam garantias ou constrições preexistentes à consolidação, estes direitos reais de garantia ou constrições, inclusive penhoras, arrestos, bloqueios e indisponibilidades de qualquer natureza, incidentes sobre o direito real de aquisição do fiduciante não obstam a consolidação da propriedade no patrimônio do credor fiduciário e a venda do imóvel para realização da garantia.

Ato contínuo, o devedor também deve ser notificado das datas de realização da 1ª e 2ª hasta pública, bem como o edital de leilão deve ser publicado, contendo todas as informações do bem e as condições de venda, sendo, portanto, obrigatória o envio da notificação do leilão ao devedor. Vale ressaltar que a obrigatoriedade de intimação do leilão nasceu em 12.07.2017, a partir da inclusão feita pela Lei 13.645/17.

Vale ressaltar que até a data da realização do segundo leilão, é assegurado ao fiduciante/devedor o direito de preferência para adquirir o imóvel por preço correspondente ao valor da dívida, somado às despesas, encargos tributários e das despesas exigíveis para a nova aquisição do imóvel, inclusive das custas e dos emolumentos. O devedor não poderá participar do leilão como arrematante, mas poderá quitar a dívida até a data do segundo leilão.

6. REALIZAÇÃO DO LEILÃO E DA ARREMATAÇÃO A PREÇO VIL

Os procedimentos para a realização dos respectivos leilões, estão estabelecidos no art. 27 da lei em comento. A hasta pública e a publicação dos respectivos editais poderão ser realizadas por meio eletrônico.

Conforme já comentado, a Lei 9.514/97 foi alterada pela Lei 14.711/23, também conhecida por "Lei das garantias", a qual conseguiu sanar controvérsias existentes, mediante à certas lacunas existentes na Lei da alienação fiduciária.

Os leilões são realizados em dois momentos – 1º e 2º leilão, e se no primeiro leilão o maior lance oferecido for inferior ao valor da avaliação do imóvel, será realizado o segundo leilão nos quinze dias seguintes.

Já no segundo leilão, será aceito o maior lance oferecido, desde que seja igual ou superior ao valor integral da dívida garantida pela alienação fiduciária, das despesas, inclusive emolumentos cartorários, dos prêmios de seguro, dos encargos legais, inclusive tributos, e das contribuições condominiais, podendo, caso não haja lance que alcance o referido valor, ser aceito pelo credor fiduciário, lance que corresponda a, pelo menos, metade do valor de avaliação do bem, conforme preceitua o § 2º do art. 27 da Lei 9.514/1997.

Portanto, antes da recente mudança legislativa, para fins de estabelecer o preço mínimo da arrematação em segundo leilão, o texto legal fazia referência apenas ao valor da dívida, somado a outras despesas relacionadas com o imóvel dado em garantia, o que gerou enorme controvérsia, tanto na doutrina quanto na jurisprudência dos tribunais, acerca da possibilidade da adoção de normas contidas em outros diplomas legais, a exemplo daquela contida no art. 891, *caput* e parágrafo único, do CPC/2015, que impede a alienação de bens em hasta pública a preço vil.[7]

Corroborando com o acima exposto, abaixo segue uma decisão do Superior Tribunal de Justiça, no Resp 2096465 de São Paulo, que segue o entendimento de que mesmo antes da vigência da Lei 14.711/2023, é possível a invocação do art. 891 do CPC/2015, o qual determina que não será aceito lance a preço vil.

> Recurso especial. Processual civil e civil. Alienação fiduciária de imóvel. Execução extrajudicial. Lei 9.514/1997. Ação declaratória de nulidade. Negativa de prestação jurisdicional. Cerceamento de defesa. Não ocorrência. Arrematação a preço vil. Impossibilidade. Julgamento *citra petita*. Caracterização. Valor da causa. Fixação. Proveito econômico.
>
> 1. A controvérsia dos autos se resume a definir: a) se houve negativa de prestação jurisdicional; b) se houve cerceamento de defesa em virtude do indeferimento do pedido de produção de provas;
>
> c) se está caracterizada a hipótese de julgamento *citra petita*; d) **se** as normas que impedem a arrematação por preço vil são aplicáveis à execução extrajudicial de imóvel alienado fiduciariamente e e) se o valor da causa foi adequadamente estabelecido.
>
> 2. Não há falar em falha na prestação jurisdicional se o Tribunal de origem motiva adequadamente sua decisão, solucionando a controvérsia com a aplicação do direito que entende cabível, ainda que em desacordo com a expectativa da parte.
>
> 3. Modificar a conclusão do Tribunal de origem, soberano quanto à análise da necessidade ou não de se produzir outras provas além daquelas já produzidas, demandaria o reexame do contexto fático-probatório dos autos, providência vedada em recurso especial, tendo em vista o óbice da Súmula 7/STJ.
>
> 4. Mesmo antes da vigência da Lei 14.711/2023, é possível a invocação não só do art. 891 do CPC/2015, mas também de outras normas, tanto de direito processual quanto material, que i) desautorizam o exercício abusivo de um direito (art. 187 do Código Civil); ii) condenam o enriquecimento sem causa (art. 884 do Código Civil); iii) determinam a mitigação dos prejuízos do devedor (art. 422 do Código Civil) e iv) prelecionam que a execução deve ocorrer da

---

7. Recurso Especial 2096465 – SP (2023/0328561-4).

forma menos gravosa para o executado (art. 805 do CPC/2015), para declarar a nulidade da arrematação a preço vil nas execuções extrajudiciais de imóveis alienados fiduciariamente.

5. Havendo pedido subsidiário de natureza condenatória não apreciado pelas instâncias ordinárias, impõe-se reconhecer a efetiva ocorrência de julgamento citra petita, vício que, em decorrência do reconhecimento da nulidade da arrematação, poderá ser corrigido mediante simples adoção do critério de correção monetária determinado na sentença no momento da apuração da dívida.

6. O valor da causa deve corresponder ao conteúdo econômico pretendido com o ajuizamento da demanda, ainda que a pretensão seja meramente declaratória.

7. Nesta Corte prevalece o entendimento de que o valor da causa, nas demandas em que se visa anular o procedimento de execução extrajudicial, deve corresponder ao valor do imóvel.

8. Recurso especial de Luciante Participações LTDA. parcialmente provido. Recurso especial de J&F Investimentos S.A. prejudicado.[8]

7. SALDO DO PRODUTO DA ARREMATAÇÃO

Se houver direito real de garantia ou constrição preexistentes gravados na matrícula do imóvel, os titulares desses direitos sub-rogam-se no direito do fiduciante à percepção do saldo que eventualmente restar do produto da venda, ou seja, o devedor nestes casos não poderá receber o saldo, mas sim os demais credores.

Nos casos em que o devedor tenha realizado benfeitorias no imóvel, isto será considerado para fins de avaliação do imóvel e, havendo saldo da arrematação, o devedor receberá.

8. RESPONSABILIDADE DO DEVEDOR

Em regra, nos casos em que no segundo leilão não houver lance que atenda ao referencial mínimo para arrematação, a dívida será considerada extinta em face ao devedor-fiduciante, com recíproca quitação, hipótese em que o credor ficará investido da livre disponibilidade, conforme o art. 4º do art. 26-A desta Lei.

De outro modo, é importante consignar que, no que se refere à natureza jurídica da aquisição de bens imóveis em hasta pública, se trata de uma aquisição originária, o que significa dizer que não existe nenhuma relação jurídica entre o arrematante e o antigo proprietário do bem, assim como todos os débitos existentes, em regra, devem ser quitados pelo valor da arrematação.

Em que pese a sua característica de aquisição originária, sobretudo, deve ser observada a natureza da dívida que o imóvel possa possuir. Portanto, nos casos em que a dívida possua natureza *propter rem* — aquelas que acompanham

---

8. REsp 2.096.465/SP, relator Ministro Ricardo Villas Bôas Cueva, Terceira Turma, julgado em 14.05.2024, DJe de 16.05.2024.

o imóvel, como é o caso de obrigação de pagar IPTU ou dívidas de condomínio, as quais podem passar do antigo titular para o arrematante, posto que se vinculam indelevelmente ao imóvel, desde que tais dívidas estejam previstas no Edital, bem como que o produto da arrematação não consiga abarcar todo o valor da dívida.

Sendo assim, segue um precedente do Superior Tribunal de Justiça neste sentido, vejamos:

> Agravo interno no agravo em recurso especial. Direito civil. Cotas condominiais. Obrigação *propter rem*. Arrematação de imóvel. Responsabilidade condicional do arrematante. Precedentes STJ. Sucessão processual. Necessária previsão no edital de arrematação. Omissão. Determinação de retorno dos autos. Agravo interno não provido.
>
> 1. Em se tratando a dívida de condomínio de obrigação 'propter rem', constando do edital de praça a existência de ônus incidente sobre o imóvel, o arrematante é responsável pelo pagamento das despesas condominiais vencidas, ainda que estas sejam anteriores à arrematação, admitindo-se, inclusive, a sucessão processual do antigo executado pelo arrematante. Precedentes.
>
> 2. É possível, excepcionalmente, deixar de aplicar o direito à espécie quando, para isso, depender de análise de matéria fática, com o retorno dos autos à origem.
>
> 3. Agravo interno a que se nega provimento.
>
> (AgInt no AREsp 2.286.555/RJ, relatora Ministra Maria Isabel Gallotti, Quarta Turma, julgado em 11.12.2023, *DJe* 15.12.2023).
>
> Civil e processual civil. Agravo interno no recurso especial. Dívida condominial. Ação de cobrança promovida pelo condomínio credor. Cumprimento de sentença. Imóvel arrematado em hasta pública. Insuficiência do valor arrecadado. Pretensão de substituição processual para inclusão dos arrematantes no polo passivo do cumprimento de sentença. Descabimento no caso. Edital que expressamente isentava o arrematante de eventuais débitos de natureza tributária (IPTU) e "propter rem" (condomínio). Agravo interno desprovido.
>
> 1. Ação de cobrança de dívida condominial em fase de cumprimento de sentença. Promovida a arrematação do imóvel, e diante da insuficiência do valor arrecadado para fazer frente ao valor total do débito condominial, busca o Condomínio exequente a substituição processual, a fim de incluir os arrematantes no polo passivo do procedimento executivo.
>
> 2. Portanto, *não obstante a dívida de condomínio seja obrigação propter rem, constando do edital da praça realizada na execução promovida pelo próprio condomínio previsão expressa isentando o arrematante da responsabilidade por dívidas condominiais anteriores ao ato de arrematação, não é possível exigir desse adquirente de boa-fé o pagamento da respectiva verba.*
>
> 3. Agravo interno desprovido.
>
> (AgInt no REsp 2.042.622/SP, relator Ministro Raul Araújo, Quarta Turma, julgado em 14.08.2023, *DJe* 18.082.023) (Grifos nossos).

Corroborando com o acima exposto, conforme alguns precedentes o STJ pode-se constatar o entendimento de que se não houver, no edital, a previsão de responsabilidade do arrematante, este não responde pelas despesas condominiais pendentes. Há uma segunda corrente doutrinária que acredita que esta obrigatoriedade de previsibilidade no edital do leilão, afronta a letra do art. 1.345 do Código Civil, vejamos:

> Art. 1.345. O adquirente de unidade responde pelos débitos do alienante, em relação ao condomínio, inclusive multas e juros moratórios.

Portanto, parte da doutrina entende que não há necessidade de constar no edital o que já está claro na lei: "o adquirente a qualquer título responde por ser obrigação *propter rem*. Neste caso, como de fato a obrigação é *propter rem*, caberá ao arrematante requerer, nos autos em que procedeu a arrematação, a reserva de valores para o pagamento ao condomínio, a serem debitados do depósito que fez. Na prática, a cobrança realizada ao arrematante dos débitos condominiais preexistentes à arrematação, é imprescindível que estes débitos estejam previstos no Edital do leilão.

9. FORMAS DE PAGAMENTO DO LANCE VENCEDOR E TRANSFERÊNCIA DA PROPRIEDADE

Existem muitas possibilidades de forma de pagamento do valor da arrematação, à vista, parcelado ou por financiamento, por exemplo. A forma de pagamento deve ser prevista no Edital da Praça, por este motivo, é extremamente importante que o interessado em arrematar o imóvel observe atentamente o Edital.

Há a possibilidade de gravar o imóvel com direito real de garantia mediante o parcelamento para pagar o lance conforme o art. 1.489 do CC, a lei confere a possibilidade de gravar com a hipoteca o imóvel arrematado, para garantia do pagamento do restante do preço da arrematação ao credor.

Após a assinatura do auto de arrematação pelo arrematante, leiloeiro e credor, o próximo passo é o pagamento ITBI – Imposto de transmissão de bens imóveis, com a respectiva expedição da carta de arrematação.

Após a emissão da carta de arrematação, o credor deve entregar ao devedor o termo de quitação no prazo 5 dias. Mas é importante ressaltar que a transferência da propriedade somente se dá com o registro da carta de arrematação no Registro Geral de Imóveis competente.

10. CONCLUSÃO

É possível concluir acerca dos leilões extrajudiciais, que se trata de um importante e relevante mecanismo para a recuperação de crédito e a efetividade na execução de garantias em diversas situações.

Os leilões extrajudiciais se apresentam como uma alternativa ágil e menos burocrática em comparação aos processos judiciais tradicionais, permitindo que credores recuperem ativos de forma mais rápida e eficiente.

Além disso, é fundamental ressaltar a importância da transparência e da conformidade legal em todas as etapas do processo do leilão, de maneira a evitar possíveis nulidades por descumprimento de algum ponto do procedimento legal.

A legislação que institui a alienação fiduciária de coisa imóvel, traduz uma verdadeira segurança aos credores e também aos devedores, direitos e deveres predeterminados, os quais devem ser respeitados por ambas as partes e todos os possíveis envolvidos. Um exemplo de segurança prevista ao devedor, é a existência de algumas possibilidades de purgação da mora e o exercício do direito de preferência que coexistem com as demais regras, até a execução do 2º leilão.

Tal aparato legal contribui para a segurança jurídica e fomenta maior confiança ao sistema, incentivando o uso dessa garantia que é a alienação fiduciária, com previsibilidade de um procedimento de leilão, um verdadeiro instrumento válido e eficaz.

Por fim, ao refletir sobre os desafios e as oportunidades dos leilões extrajudiciais, é essencial considerar o papel das tecnologias e das plataformas digitais, que têm modernizado o setor e ampliado o acesso de potenciais compradores, tornando os leilões extrajudiciais uma prática ainda mais atrativa e acessível no contexto atual.

11. REFERÊNCIAS

BRASIL. Lei 10.406, de 10 de janeiro de 2002. *Institui o Código Civil.* Diário Oficial da União: seção 1, Brasília, DF, ano 139, n. 8, p. 1-74, 11 jan. 2002.

BRASIL. Lei 13.105, de 17 de março de 2015. *Institui o Código de Processo Civil.* Diário Oficial da União: seção 1, 17 mar. 2015.

CÂMARA, Alexandre Freitas. *O Novo Processo Civil Brasileiro.* 4. ed. São Paulo: Atlas, 2018.

DICIONÁRIO PRIBERAM. Disponível em: https://dicionario.priberam.org/expropriar. Acesso em: 19 maio 2024.

SBT NEWS. Disponível em: https://sbtnews.sbt.com.br/noticia/economia/206900-crise-aumenta-em-ate-32-a-oferta-de-imoveis-em-leiloes-no-brasil. Acesso em: 10 set. 2024.

SCAVONE JÚNIOR, Luiz Antonio. Direito Imobiliário: teoria e prática. 14 ed. Rio de Janeiro, Forense: 2019.

DESONERAÇÃO DA RETOMADA DE IMÓVEIS: UMA ETAPA INDISPENSÁVEL NA EVOLUÇÃO DO MERCADO DE LOCAÇÕES

Carlos Gabriel Feijó de Lima

Bacharel em Direito pela FND-UFRJ. Professor convidado dos programas de pós-graduação da UERJ, da PUC – Rio e do NUFEI/ABADI. Diretor de Assuntos Legislativos da Associação Brasileira de Advogados do Mercado Imobiliário – ABAMI. Vice-presidente da Comissão Especial de Direito Urbanístico e Direito Imobiliário da OAB/RJ. LLM em Direito e Negócios pela Fundação Getúlio Vargas. Especialista em Direito Privado Patrimonial pela PUC – Rio. Advogado. Sócio da Bragança & Feijó – Sociedade de Advogados.

Sumário: 1. Introdução – 2. Entendendo o problema – 3. Tecnologia contratual – 4. Aperfeiçoamento legislativo – 5. Conclusão – 6. Referências.

1. INTRODUÇÃO

Alguns anos no futuro, assisto atento a uma palestra lotada, ministrada por um(a) jovem gestor(a) de locações, que apresenta a sua percepção sobre o panorama daquele momento; uma fotografia, um *frame* do mercado por assim dizer.

Fui atraído para o evento pela promessa de receber um verdadeiro diagnóstico das conquistas alcançadas, sem maiores *spoilers*.

O evento em si é suntuoso, reflexo da prosperidade que o mercado de locações alcançou, sendo o público composto, na sua grande maioria, de investidores interessados em empreender ou em otimizar suas operações, já bastante lucrativas. Fato que ainda não é comum para os eventos do segmento atualmente.

A atenção da plateia é incontestável, mas há um quê de leveza no ar.

Na sua fala, carregada de entusiasmo, ouço o(a) orador(a) esclarecer que nesse recorte temporal, o locador pode tranquilamente definir o valor do aluguel ou resolver se e quais garantias locatícias contratará, tão somente por meio de uma análise negocial, sem ter que alocar nessas escolhas o risco decorrente da maior dor (para usar vocábulo de eleição da modernidade digital) sentida anos antes por este mercado: a onerosidade na retomada do imóvel locado em caso de inadimplemento *lato sensu*.[1]

---

1. Considero inadimplemento lato sensu as hipóteses de desfazimento da locação descritas no art. 9º, II e III da Lei 8.245/91.

Por conta disto, o(a) orador(a) apresenta um gráfico com uma conclusão uma tanto peculiar: historicamente há uma redução no valor do aluguel, mas um aumento na lucratividade da operação em si (o que hoje ainda soaria paradoxal).

Não há ceticismo ou desconfiança por parte dos ouvintes. Ao contrário, existe uma concordância estável, silenciosa e, para aqueles mais empáticos, aliviada por parte de cada espectador. Um filme passa na cabeça de cada um(a) sobre os desafios que há poucos anos eram vividos.

E a razão para tudo isso era simples, por mais que a caminhada fosse um tanto complexa, explicada pelo(a) orador(a): em algum momento não muito distante, o mercado, enquanto entidade, fez a simples escolha de manifestar ao Poder Legislativo e ao Judiciário, a necessidade de tornar a retomada menos onerosa, tanto do ponto de vista da celeridade, quanto do ponto de vista dos custos agregados.

E segundo o(a) orador(a) o caminho escolhido foi a adoção de uma melhor (i) tecnologia contratual e o (ii) aperfeiçoamento das Leis, reconhecendo se tratar de um conjunto atos complexos, mas que conduziu às melhorias narradas.

A exposição termina, seguida de verdadeira ovação, não apenas à fala, mas também ao prognóstico apresentado.

Reconheço ao leitor que o início deste texto não é foi o mais ortodoxo, mas como será visto na conclusão, atende aos objetivos de obra coletiva que trata sobre tendências do mercado imobiliário.

Por esta razão, este pequeno conto, desprovido talvez das ansiadas reviravoltas características do gênero, é apresentado como introdução, não com a pretensão de profetizar, mas sim com ideia de apresentar de forma mais vivaz uma realidade espera e que precisa ser construída pelo mercado de locações.

Para me manter fiel ao intuito, maquinando a melhor forma de promover digressões sobre tendências, decidi por bem não escrever um artigo científico, mas sim um ensaio, modelo que me permitirá maior liberdade em expressar opiniões e percepções.

Ainda por isso faço a escolha do uso da primeira pessoa do singular (e em alguns momentos do plural), um tanto incomum na redação acadêmica clássica. Mas o intuito é fazer diferente, porque aqui advogarei a mudança como a linha condutora do futuro.

Dito isto, a seguir buscarei apresentar quais seriam, a meu ver, os movimentos que que levam ao tão esperado resultado da desoneração dos custos da retomada.

2. ENTENDENDO O PROBLEMA

Para pensar nas possibilidades de melhora do cenário da retomada é preciso primeiro conhecê-lo. O que nos leva à pergunta mais importante: qual seriam as dores oriundas da onerosidade na retomada do imóvel locado?

A melhor forma de responder a esta questão é evitar rodeios ou interjeições desnecessárias. Por esta razão, apresento dois pontos que julgo capazes de resumir os principais desafios enfrentados: (a) o custo de indisponibilidade e a (b) frustação da expectativa financeira.

O custo de indisponibilidade diz respeito aos valores que o locador deixa de receber enquanto o imóvel se encontra ocupado no curso da jornada de desocupação, sem considerar ainda os encargos, deixados para o segundo desafio.

O melhor cenário, por mais que não seja obrigatório, seria a saída consensual, ou seja, a desocupação negociada e voluntária do imóvel, culminando no mútuo acordo, previsto no art. 9º da Lei 8.245/91.

Nesse tipo de negociação, é prudente ao locador assine prazo de, ao menos, 6 meses para a devolução do imóvel, na medida em o art. 61,[2] permite que o locatário opte por não contestar eventual ação e apenas manifeste seu interesse em permanecer no imóvel por 6 meses, desde que adimplente com as suas obrigações.

Essa prudência importa em uma contrapartida vantajosa ao locador, pois, em caso de descumprimento do prazo, é possível lançar mão da liminar para o despejo descrita no art. 59, § 1º, I.[3]

Não sendo possível a via consensual, a desocupação compulsória obrigatoriamente se dá por meio da ação de despejo, sendo este o entendimento uníssono da jurisprudência pátria.[4]

---

2. Art. 61 Nas ações fundadas no § 2º do art. 46 e nos incisos III e IV do art. 47, se o locatário, no prazo da contestação, manifestar sua concordância com a desocupação do imóvel, o juiz acolherá o pedido fixando prazo de seis meses para a desocupação, contados da citação, impondo ao vencido a responsabilidade pelas custas e honorários advocatícios de vinte por cento sobre o valor dado à causa. Se a desocupação ocorrer dentro do prazo fixado, o réu ficará isento dessa responsabilidade; caso contrário, será expedido mandado de despejo.

3. Art. 59. Com as modificações constantes deste capítulo, as ações de despejo terão o rito ordinário.

§ 1º Conceder-se-á liminar para desocupação em quinze dias, independentemente da audiência da parte contrária e desde que prestada a caução no valor equivalente a três meses de aluguel, nas ações que tiverem por fundamento exclusivo:

I – o descumprimento do mútuo acordo (art. 9º, inciso I), celebrado por escrito e assinado pelas partes e por duas testemunhas, no qual tenha sido ajustado o prazo mínimo de seis meses para desocupação, contado da assinatura do instrumento;

[...]

4. Ementa: Apelação Cível – Ação de reintegração de posse – Contrato de locação – Inadimplemento dos aluguéis – Retomada do imóvel – Inadequação da via eleita – Ação de despejo – Honorários advocatícios – Ausência de fixação em sentença – Matéria de ordem pública – Arbitramento pelo

Nesse sentido, vale um breve destaque acerca deste procedimento, em especial sobras as custas judiciais, antecipadas e necessárias para o acesso ao Poder Judiciário, que impactam diretamente a onerosidade da retomada.

Conforme dispõe o art. 58, III[5] da Lei 8.245/91, o valor da causa nas ações de despejo equivalerá a 12 vezes o valor do aluguel, sendo certo que comumente

---

tribunal – Possibilidade. A reintegração de posse é via inadequada para a retomada do imóvel objeto de contrato de locação em razão do inadimplemento do pagamento de aluguéis, posto que cabível o procedimento especial da ação de despejo. Omissa a sentença quanto à fixação dos honorários advocatícios sucumbenciais, cabe o seu arbitramento pelo Tribunal no julgamento da apelação, pois se trata de matéria de ordem pública.

(TJMG. AC: 10000210231536001 MG, Relator: Franklin Higino Caldeira Filho, Data de Julgamento: 16.03.2021, Câmaras Cíveis / 10ª Câmara Cível, Data de Publicação: 24.03.2021).

Reintegração de posse – Ação possessória – Pretensão de que seja concedida liminar de reintegração de posse – Impossibilidade – Inadequação da via eleita: – No caso dos autos o autor pretende a reintegração de posse com base em rescisão de contrato de locação de imóvel para fins comerciais – Retomada do imóvel que deveria ser pleiteada por meio de ação de despejo – Ação possessória que é via inadequada para a pretensão deduzida na inicial – Inadmissibilidade da concessão de liminar de reintegração de posse . Recurso não provido.

(TJSP. AI: 22091599020168260000 SP 2209159-90.2016.8.26.0000, Relator: Nelson Jorge Júnior, Data de Julgamento: 29.05.2017, 13ª Câmara de Direito Privado, Data de Publicação: 29.05.2017).

Agravo de instrumento. Agravo interno. Reintegração de posse. Locação de imóvel. Tutela de urgência. Requisitos preenchidos. Esbulho do locador. Autotutela. Impossibilidade. Mandado de reintegração liminar. Possibilidade. Decisão mantida. 1. O art. 562 do CPC/15 permite a concessão de mandado liminar de reintegração de posse quando a prova documental juntada na petição inicial seja suficiente para demonstrar os requisitos previstos no art. 561 do CPC/1: a) o exercício da posse, b) a turbação ou o esbulho da parte Ré, c) a data da turbação ou do esbulho, e d) a continuação da posse, embora turbada, na ação de manutenção, ou a perda da posse, na ação de reintegração. 2. A Lei do Inquilinato preconiza que a ação do locador para reaver o imóvel é a de despejo (art. 5º da Lei 8.425/91). 3. A retomada voluntária do bem, pela locadora, mediante o trancamento do imóvel impede o exercício da posse regular da locatária e configura esbulho, ainda que pacífico ou clandestino. 4. Até mesmo o proprietário do bem pode provocar o esbulho quando, ao fazer uso indevido da autotutela, atenta contra a posse do locatário que detém justo título. 5. A comprovação de que a conduta da locadora, diante da suposta inadimplência da locatária, extrapolou os limites legais e atentou contra a justa posse dessa sobre o imóvel é suficiente para garantir, na origem, o deferimento da tutela de urgência, ante o preenchimento dos requisitos para a concessão do mandado liminar de reintegração. 6. A suspensão da mora, nesse momento, não acarreta prejuízo irreversível à Recorrente, pois, caso futuramente comprovada, serão apurados todos os encargos devidos pela Recorrida desde o termo inicial do inadimplemento. 7. Nesse cenário, adequado que sejam analisados os limites da adimplência ou inadimplência da Autora/Recorrida somente após a instrução processual. 8. Agravo de Instrumento conhecido e não provido. Agravo Interno prejudicado.

(TJDF 0740681042020807000 DF 0740681-04.2020.8.07.0000, Relator: Robson Teixeira de Freitas, Data de Julgamento: 18.02.2021, 8ª Turma Cível, Data de Publicação: Publicado no DJE : 04.03.2021. p. Sem Página Cadastrada).

5. Art. 58. Ressalvados os casos previstos no parágrafo único do art. 1º, nas ações de despejo, consignação em pagamento de aluguel e acessório da locação, revisionais de aluguel e renovatórias de locação, observar-se-á o seguinte:

[...]

III – o valor da causa corresponderá a doze meses de aluguel, ou, na hipótese do inciso II do art. 47, a três salários vigentes por ocasião do ajuizamento;

[...]

sobre este valor incidirá a Taxa Judiciária, que pode ser definida como uma custa processual (em sentido amplo) cobrada pela prática de atos judiciais ou pelos serviços, peculiares ao Judiciário, prestados durante todo o processo,[6] sem prejuízo das demais despesas processuais.

A guisa de exemplo, no Rio de Janeiro,[7] a Taxa Judiciária equivale 3% sobre o valor atribuído à causa. Na hipótese de um contrato de locação com aluguel estipulado em R$ 1.000,00, o valor da taxa seria de R$ 360,00. E este valor somado aos demais emolumentos totalizaria cerca de R$ 1.100,00.

Ou seja, no Rio de Janeiro, as custas totais para ingresso com uma ação de despejo nos moldes do contrato descrito equivaleriam a, aproximadamente, 1 mês de aluguel.

Voltando à questão do tempo de retomada, segundo dados do Conselho Nacional de Justiça[8], em 2024, o tempo médio de julgamento de um processo judicial, na competência estadual, no Brasil, considerando o 1º e 2º graus, é de 1.322 dias, aproximadamente, 3,7 anos.

E, normalmente, o que se verifica é que no curso desses processos, o locatário deixa de adimplir com a obrigação de pagar o aluguel e encargos, não obstante a obrigação legal expressa de efetuar o pagamento em juízo.[9]

Proponho uma hipótese para demonstrar a dimensão do problema vivenciado pelo locador. Partamos da seguinte premissa: 3,7 anos equivalem a 44,4 meses; 45 meses para simplificar o exemplo.

Se considerarmos o valor do aluguel de R$ 1.000,00 e o imóvel permanecesse ocupado irregularmente durante todo o curso dos 45 meses, teríamos um prejuízo total de R$ 45.000,00, sem considerar os acréscimos financeiros aplicáveis.

Em contraponto, levando-se em conta que o prazo padrão de um contrato é de 30 meses, o valor total percebido pelo locador seria de R$ 30.000,00, sem considerar os tributos e outros descontos aplicáveis.

---

6. DINIZ, Maria Helena. *Dicionário Jurídico*. 2. ed. rev., atual. e aum. São Paulo: Saraiva, 2005. v. 4, p. 609.
7. Lei Estadual do Rio de Janeiro 9.507/2021. Art. 118. Ressalvadas as hipóteses expressamente previstas neste Capítulo, a taxa será calculada à razão de 3% (três por cento) sobre o valor do pedido, ainda que seja este diverso do valor da causa fixado para fins processuais.
8. Disponível em: https://www.cnj.jus.br/pesquisas-judiciarias/justica-em-numeros/. Acesso em: 15 jul. 2024.
9. Art. 62. Nas ações de despejo fundadas na falta de pagamento de aluguel e acessórios da locação, de aluguel provisório, de diferenças de aluguéis, ou somente de quaisquer dos acessórios da locação, observar-se-á o seguinte: [...]
   V – os aluguéis que forem vencendo até a sentença deverão ser depositados à disposição do juízo, nos respectivos vencimentos, podendo o locador levantá-los desde que incontroversos;
   [...]

Conclusão: pela falta de celeridade na tramitação, por vezes, o valor que os locadores deixam de receber é superior ao que efetivamente receberam durante todo o período contratado.

E é importante a representatividade das ações de despejo na atuação do Poder Judiciário. No Rio de Janeiro, por exemplo, a falta de pagamento, como causa da ação locatícia de despejo, representou cerca de 73% em 2023.[10]

É preciso considerar ainda que, em um estudo do SECOVI e da ABADI realizado em 2022,[11] cerca 76,1% dos locadores somente possuem um imóvel e sofrerão relevante revés pela demora no andamento das ações de despejo.

Como uma espécie balsamo, contudo, surge a notícia de que o percentual no atraso do pagamento se dá em apenas 6,15% das locações residenciais e comerciais, o que não diminui, porém, a relevância do custo de indisponibilidade, que somente pode ser vencido quando o imóvel retorna para o mercado.

Paralelamente, temos a frustração da expectativa financeira, que na verdade traduz a ideia de que quem loca um imóvel pretende lucrar integralmente o aluguel líquido, na medida em que as despesas de custeio do bem serão pagas pelo locatário.

Ocorre que, pela demora na retomada e a tendência do inquilino em não adimplir com suas obrigações no curso do processo judicial, o locador não apenas não percebe o aluguel, como também se vê obrigado a honrar com as obrigações *propter rem*,[12] como condomínio e IPTU, comumente denominadas encargos da locação.

Ou seja, toda a expectativa financeira se vê frustrada, na medida em que o ponto de equilíbrio entre prejuízo experimentado (decorrente do somatório aluguéis não recebidos mais os encargos) e os recebíveis efetivos, demora a ser alcançado.

Estes desafios, que são enfrentados diariamente pelos atores do mercado de locações, enquanto não forem superados, produzem efeitos nefastos, os quais passo a brevemente discriminar.

O risco da locação, mesmo que somente no imaginário do locador, importa no deslocamento do custo para o locativo. Em outras palavras, o valor o aluguel sobe na medida em que a confiança na retomada é baixa.

---

10. Disponível em: https://odia.ig.com.br/colunas/panorama-imobiliario/2023/05/6633740-despejo-por-falta-de-pagamento-em-alta-na-cidade.html. Acesso em: 12 jul. 2024.
11. Disponível em: https://www.secovirio.com.br/wp-content/uploads/2022/10/indicadores-habitacionais-2022-secovirio-abadi.pdf. Acesso em: 16 jul. 2024.
12. "Obrigação 'propter rem', ou seja, acompanha a coisa, vinculando o titular do bem" (TJMG. AC: 10000205544372001 MG, Relator: Marco Aurélio Ferrara Marcolino (JD Convocado), Data de Julgamento: 10.12.2020, Câmaras Cíveis / 15ª Câmara Cível, Data de Publicação: 16.12.2020).

Igual sorte acompanha as modalidades de garantias locatícias, notadamente as empresarias.[13]

A lógica por traz de toda garantia, para que seja viável, é que se compreenda o percentual de ocorrência do evento de oneração do garantidor, de forma similar à avaliação atuarial.[14]

As garantias locatícias, via de regra, suportam os riscos financeiros do contrato e, como parece fácil concluir, a retomada tem relevante influência nesse quesito, de modo que seu curso, mais lento ou rápido, importa, respectivamente, no aumento ou na redução do custo total garantia.

Estes dois fatores, na minha perspectiva, são os principais obstáculos para o avanço do mercado de locações.

Para o objetivo deste ensaio, a problemática da retomada está devidamente apresentada, podendo seguir para as proposições de solução.

3. TECNOLOGIA CONTRATUAL

Como já deve ter sido compreendido me preocupo, neste ensaio, com os conflitos oriundos da retomada do imóvel locado, por mais que, definitivamente, não sejam a maior incidência no desfecho das relações locatícias.

Esse risco, porém, precisa estar devidamente alocado nos contratos, especialmente pelo manejo da tecnologia contratual[15] na composição de cláusulas eficientes e com boa recepção no Poder Judiciário.

Para o devido destaque, destacarei alguns negócios processuais,[16] que são convenções particulares aptas a alterar aspectos da dinâmica processual das par-

---

13. Por garantias empresariais, denomino aquelas que são objeto de exploração mercadológica, como as fianças pagas, seguro fiança, título de capitalização etc.

14. "Através da Avaliação Atuarial o atuário deve expor suas análises a respeito da adequação de cada provisão técnica, e de outros parâmetros de solvência, fazendo as devidas considerações a respeito das particularidades dos produtos da seguradora.

    Deverá, também, concluir pela adequação ou inadequação de cada provisão técnica. Caso seja verificada inadequação de alguma provisão técnica, por déficit ou superávit, o atuário deverá apresentar as medidas a serem adotadas pela seguradora para a solução de tal situação.

    Para a realização dos estudos de Avaliação Atuarial, é fundamental que a seguradora possua um banco de dados com informações detalhadas sobre prêmios, valores em risco (importância segurada), sinistros e despesas. O cálculo adequado das provisões técnicas depende diretamente daquelas estatísticas corretamente alocadas em sua competência atuarial".

    Disponível em: https://homolog2.susep.gov.br/menumercado/atuaria_seguros.asp.

15. Aqui compreendida como as técnicas e conhecimentos científicos do direito a serem aplicados no contrato.

16. Lei 13.105/2015. Art. 190. Versando o processo sobre direitos que admitam autocomposição, é lícito às partes plenamente capazes estipular mudanças no procedimento para ajustá-lo às especificidades da

tes sobre seus ônus, poderes, faculdades e deveres; estabelecer certas situações jurídicas processuais.[17]

A Lei do Inquilinato, desde sua publicação em 1991, já se inclinava na direção da estipulação de ajustes procedimentais pelas partes, a exemplo do art. 58, IV,[18] prevê a possibilidade de se convencionar que os atos citatórios fossem realizados por meios para além dos expressos na legislação processual da época.

Sobre o cabimento, portanto, para além do acolhimento e receptividade da própria estrutura normativa da lei do inquilinato especial, não pairam dúvidas de que o conflito locatício é matéria que admite a autocomposição, por tratar de direitos disponíveis, na imensa maioria dos casos.

E o manejo dos negócios processuais não importa em qualquer prejuízo às partes quando de sua apresentação ao Poder Judiciário.

Como bem descrito na Lei 13.105/2015, quando do controle de validade das convenções, somente poderá afastar sua incidência em caso de nulidade, inserção abusiva em contrato de adesão ou em casos de reconhecida vulnerabilidade.[19]

Em sentido contrário, o legislador veta qualquer juízo subjetivo sobre a oportunidade e interesse da estipulação das partes, aumentando significativamente a segurança jurídica da eficácia do pactuado.

Feito este breve introito conceitual, o primeiro negócio processual digno de nota é a possibilidade de desobrigação de prestação da caução processual no "despejo liminar", hipótese de fundamento na falta de pagamento, prevista no art. 59, § 1º, IX[20] da Lei 8.245/1991.

---

causa e convencionar sobre os seus ônus, poderes, faculdades e deveres processuais, antes ou durante o processo.

17. DIDIER JR.; NOGUEIRA, Pedro Henrique Pedrosa. *Teoria dos fatos jurídicos processuais*. Salvador: JuspPodivm, 2011, p. 29.

18. Art. 58. Ressalvados os casos previstos no parágrafo único do art. 1º, nas ações de despejo, consignação em pagamento de aluguel e acessório da locação, revisionais de aluguel e renovatórias de locação, observar-se-á o seguinte: [...]

IV – desde que autorizado no contrato, a citação, intimação ou notificação far-se-á mediante correspondência com aviso de recebimento, ou, tratando-se de pessoa jurídica ou firma individual, também mediante telex ou *fac-símile*, ou, ainda, sendo necessário, pelas demais formas previstas no Código de Processo Civil; [...]

19. Art. 190. [...]

Parágrafo único. De ofício ou a requerimento, o juiz controlará a validade das convenções previstas neste artigo, recusando-lhes aplicação somente nos casos de nulidade ou de inserção abusiva em contrato de adesão ou em que alguma parte se encontre em manifesta situação de vulnerabilidade.

20. Art. 59. Com as modificações constantes deste capítulo, as ações de despejo terão o rito ordinário.

§ 1º Conceder-se-á liminar para desocupação em quinze dias, independentemente da audiência da parte contrária e desde que prestada a caução no valor equivalente a três meses de aluguel, nas ações que tiverem por fundamento exclusivo: [...]

A finalidade da caução processual, prestada ao juiz competente, é o de reserva de mínimo indenizatório[21] na remota hipótese de a ação de despejo ser julgada improcedente, portanto, pode-se de dizer que tem natureza indenizatória.

Contudo, a caução, que pela lei deve ser prestada no valor de três vezes o aluguel, muitas vezes importa em um ônus demasiadamente pesado para o locador.

Imaginemos um locador que já esteja sofrendo com o acúmulo de 10 meses de inadimplemento do seu inquilino. Obviamente, este mesmo locador já se vê obrigado a honrar com os encargos mensais do imóvel, com a contratação de advogado para promover o despejo e com o contingenciamento de recursos para eventuais obras e reparos que terá que executar no imóvel após a saída de seu inquilino.

Neste contexto, se ver ainda obrigado a depositar três vezes o valor do aluguel não raro torna inviável o manejo da liminar, prevista na Lei do Inquilinato. Logo, a finalidade da cláusula é possibilitar desoneração do locador que opta pela desocupação antecipada. Por consequência, esta disposição reduz o nível de risco alocado no contrato, o que se traduz em uma negociação mais favorável ao locatário, especialmente quanto ao valor do locativo.

Outra cláusula importante, igualmente inserida na forma de um negócio processual, ataque um momento da jornada de desocupação que comumente é um relevante gargalo: a citação.

Assim, o locador e locatário (e fiador, se houver) estipulam que o ato citatório será realizado por meio eletrônico, devidamente individualizado e indicado.

No curso da locação, parece óbvio o local de residência/domicílio do locatário: o próprio imóvel locado. Logo, eventual ação que discuta, por exemplo, perdas e danos ainda com o contrato em vigor seria direcionada para este endereço e não haveria maiores problemas.

Ocorre que, com o conflito instalado, por mais que o locatário, em tese, esteja ocupando o imóvel, se inicia um processo de evasão do ato de comunicação processual.

Muitas vezes é deflagrada uma espécie de mudança provisória/fraudulenta, sem prévia comunicação ao locador, o que torna mais difícil a concretização do ato de citação.

IX – a falta de pagamento de aluguel e acessórios da locação no vencimento, estando o contrato desprovido de qualquer das garantias previstas no art. 37, por não ter sido contratada ou em caso de extinção ou pedido de exoneração dela, independentemente de motivo (Incluído pela Lei 12.112, de 2009).

[...]

21. SOUZA, Sylvio Capanema de. *Da Ação de Despejo*. 3. ed. Rio de Janeiro: Forense, 1998, p. 138-139.

Vale destacar que, com o advento do Código de Processo Civil de 2015, a citação a ser realizada em condomínios edilícios, por exemplo, se tornou mais célere, na medida em que o legislador autoriza que eventual porteiro ou outro funcionário autorizado receba o ato citatório[22] quando realizado por meio de carta ou oficial de justiça.

Contudo, ainda se verifica alguns focos de resistência do Poder Judiciário em reconhecer validade deste tipo de ato de entrega, diga-se até, com certa razão, pois nem sempre a organização condominial permite a validação de quem foi feita a comunicação do ato processual.[23]

Ainda dentro do contexto de aplicação da cláusula de citação eletrônica, interessante destacar as nuances quando há existência de fiador como garantia contratual.

Advogo há alguns anos a ideia de que uma das melhores estratégias para dar celeridade à ação de despejo, quando contratada a garantia fiança, seria promovê-lo na sua modalidade pura.

Ou seja, discutir tão somente o desfazimento da locação e a retomada,[24] na forma do artigo 9º, II da Lei do Inquilinato, sem trazer ao debate a cobrança de eventual débito.

---

22. Art. 248. [...]

§ 4º Nos condomínios edilícios ou nos loteamentos com controle de acesso, será válida a entrega do mandado a funcionário da portaria responsável pelo recebimento de correspondência, que, entretanto, poderá recusar o recebimento, se declarar, por escrito, sob as penas da lei, que o destinatário da correspondência está ausente.

23. Apelação cível. Ação de indenização por danos morais. Nulidade de citação de pessoa física. Decretação. Ar assinado por terceiro. Acolhimento em situação excepcional. Fundadas dúvidas, no caso, sobre o efetivo recebimento pelo porteiro do prédio em que o réu reside. Sentença anulada. Recurso provido. Constatada a ausência de regular citação da parte ré, deve-se decretar a nulidade da sentença, a fim de que seja possibilitado o oferecimento de defesa e a produção de provas, sendo, contudo, desnecessária a repetição do ato citatório, diante do seu comparecimento espontâneo ao interpor Apelação.

(TJSP. Apelação Cível: 1054072-11.2023.8.26.0002 São Paulo, Relator: Maria do Carmo Honorio, Data de Julgamento: 29.05.2024, 6ª Câmara de Direito Privado, Data de Publicação: 29.05.2024).

Ementa: Agravo de Instrumento – Citação por correio – Porteiro – Ausência de identificação – Teoria da aparência – Inaplicabilidade – Arresto *online* antes da citação – Sistema Bacenjud – Possibilidade reconhecida – Malgrado o art. 248, § 4º, do CPC não exija a identificação completa do porteiro, seguida de algum signo por meio do qual possa indicar a sua relação com o condomínio, a exigência se faz necessária para que se possa discernir quem assinou o aviso de recebimento e viabilizar a aplicação da norma excepcional prevista no citado § 4º, sobretudo porque não se aplica a teoria da aparência no tocante à citação, conforme entendimento já citado do STJ – É possível a realização de pré-penhora online através do sistema BacenJud antes da citação do executado, inteligência do artigo 830, do Código de Processo Civil.

(TJMG. AI: 10000211269659002 MG, Relator: Juliana Campos Horta, Data de Julgamento: 12.05.2022, Câmaras Cíveis / 12ª Câmara Cível, Data de Publicação: 13.05.2022).

24. VENOSA, Sílvio de S. *Lei do Inquilinato Comentada* – Doutrina e Prática. São Paulo: Grupo GEN, 2020, p. 269-273.

Essa estratégia tem por efeito de tornar desnecessária a citação do fiador, na forma do artigo 62, simplificando a composição da lide. E as vozes contrárias a esta estratégia, pelo menos até onde tenho ouvido, se limitam argumentar que a necessidade de se mover uma ação autônoma para a cobrança, importaria em maior burocracia e custo para o locador.

Honestamente, a afirmação não é precisa. Isto porque eventual aumento no custo seria compensado pela maior celeridade em ambos os procedimentos (despejo e cobrança), até mesmo porque na Lei 13.105/2015 o crédito locatício foi alçado à categoria de título executivo extrajudicial, o que exatamente desburocratiza todo o processo de cobrança.

Bom, mas imaginemos que não se observe essa estratégia e que tenhamos inquilino e fiador citados em uma ação de despejo cumulada com os débitos locatícios. Por mais que eventualmente saibamos o efetivo local onde pode ser encontrado o locatário, o mesmo não pode ser dito do fiador, até porque não é prática comum do mercado manter atualizado tal cadastro.

Se possível a citação por meio eletrônico, essas informações de localização passam a ser desnecessárias ou menos relevantes para o avanço mais célere da ação despejo, notadamente se forem conjugadas com a cláusula de mandato recíproco, pela qual locatários e fiadores outorgam entre si poderes para receber citações e outras comunicações processuais, inclusive por meio eletrônico.

Outra cláusula importante, ainda um negócio processual, seria a renúncia ao direito de recorrer, a qual vem encontrando respaldo em diversos precedentes nacionais.[25]

---

25. Ementa: Apelação – Revisão contratual – Financiamento de veículo – Acordo extrajudicial – Sentença homologatória – Gratuidade de justiça – Extensão aos emolumentos cartorários – cancelamento de protesto – Preliminar – *Ex ofício* – Fato impeditivo do direito de recorrer – Cláusula negocial de irrecorribilidade. – A existência de negócio jurídico processual com cláusula de irrecorribilidade prejudica o conhecimento de recurso que pretende rediscutir termos já resolvidos em acordo válido entre as partes.
(TJMG. AC: 10000190285221002 MG, Relator: Juliana Campos Horta, Data de Julgamento: 03.08.0020, Data de Publicação: 10.08.2020).
Ementa agravo de petição. Acordo judicial. Coisa julgada. Cláusula com renúncia expressa à interposição de recurso. Negócio jurídico processual. Autonomia privada. Boa-fé processual. Recurso não conhecido. Existindo cláusula expressa de renúncia ao direito de interposição de quaisquer recursos na fase de execução, pelos sócios das reclamadas, o acordo firmado entre as partes e homologado pelo juízo deve ser observado, não podendo ser conhecido o agravo. A ordem jurídica admite a autonomia privada das partes, privilegiando a autocomposição, o que em contrapartida impõe o respeito ao negócio jurídico firmado através de acordo devidamente homologado, em atenção ao princípio da boa-fé processual, nos termos dos art. 3º, 5º e 190 do CPC, de aplicação subsidiária ao processo do trabalho.
(TRT-19. AP: 0000618782017519006 0000618-78.2017.5.19.0006, Relator: Pedro Inácio, Data de Publicação: 20.08.2020).
Agravo de Instrumento 0008933-09.2019.8.08.0030. Agravante: Matuzalem Fabris. Agravado : Maria Luiza Sancio Fabris. Relator: Des. Subst. Raimundo Siqueira Ribeiro.

A ideia, por mais que tem efeitos processuais complexos, é simples: diante da natureza especial e objetiva da liminar de desocupação compulsória, a qual não se submete aos requisitos da tutela provisória clássica (probabilidade do direito, urgência e reversibilidade), teríamos uma cláusula na qual as partes renunciariam ao direito de impugnar eventual decisão que que ordenasse o despejo liminar.

Os efeitos para a celeridade da ação de despejo e, por consequência, da retomada são óbvios, especialmente diante dos dados apresentados anteriormente no tocante ao tempo de duração de processos judiciais.

Uma última cláusula que, na minha percepção, tem efeitos muito frutíferos para a celeridade na retomada e na sua consequente de desoneração é a cláusula de autotutela em caso de abandono.

A Lei do Inquilinato prevê em seu artigo 66[26] que caso o imóvel se encontre abandonado após proposta a ação despejo, o locador poderá requerer o juiz a sua imissão na posse.

Na prática esse procedimento se dá por meio de um mandado de verificação, ordenado pelo juiz, no qual se constata o abandono e na sequência o mandado de imissão na posse em si.

Ocorre que, por vezes, o abandono não se dá com a ação em curso ou sequer é comunicado ao locador que toma conhecimento de sua existência por conta de, literalmente, fofocas de bairro ou de condomínio.

Acórdão: Processual civil. Agravo de instrumento. Extinção de condomínio. Impugnação ao laudo pericial. Renúncia da parte recorrente a tal direito, de forma expressa. Preclusão. Decisão atacada mantida. Recurso conhecido e desprovido. 1. Nos termos do documento de fls. 176, o qual se refere ao acordo entabulado entre as partes na ação de extinção de condomínio, extrai-se do item 4 do referido pacto, que tanto agravante quanto agravado se comprometeram a permanecerem vinculados ao resultado da perícia, renunciando, naquele ato, às eventuais impugnações ao laudo pericial. 2. Por força da renúncia supra, a qual foi efetuada em sede de negócio jurídico-processual (acordo), verifica-se que o autor deste instrumento deixou de ser titular do direito de impugnar o ato processual em questão, razão pela qual preclusa sua manifestação, nesse sentido, nos autos de origem. Isso porque a renúncia ao direito de impugnar a perícia constitui fato impeditivo/extintivo de realizar tal ato, em razão da preclusão lógica. 3. No caso, portanto, as partes se vincularam ao resultado da perícia de forma cogente. Assim, não verificando qualquer argumento técnico apto a demonstrar qualquer irregularidade no procedimento pericial, tem-se que as alegações da parte agravante apenas demonstram seu descontentamento com o resultado obtido pelo perito, uma vez que, talvez, seja-lhe desfavorável. Dessa forma, não há nenhum fundamento para declarar nulo o estudo pericial trazido pelo expert, motivo pelo qual este último deve, de fato, como foi, ser homologado. 4. Decisão mantida. 5. Recurso conhecido e desprovido. Vistos , relatados e discutidos, estes autos em que estão as partes acima indicadas, acorda a Egrégia Segunda Câmara Cível, na conformidade da ata e notas taquigráficas que integram este julgado, à unanimidade de votos, conhecer do presente recurso para negar-lhe provimento , nos termos do voto proferido pelo E. Relator. Vitória, 10 de março de 2020. Des. presidente des. Relator.
(TJES. AI: 00089330920198080030, Relator: Álvaro Manoel Rosindo Bourguignon, Data de Julgamento: 10.03.2020, Segunda Câmara Cível, Data de Publicação: 17.03.2020).

26. Art. 66. Quando o imóvel for abandonado após ajuizada a ação, o locador poderá imitir-se na posse do imóvel.

À míngua de uma solução expressa na Lei, se torna muito arriscado para o locador adotar qualquer postura para a retomada do imóvel, sendo certo que uma das finalidades da ação de despejo e, por assim dizer, o seu efeito imediato é a rescisão contratual.

A fim de suprir essa deficiência da legislação, emerge a cláusula de autotutela em caso de abandono.

Assim, se pactua que, caso ocorra a notícia de que o imóvel objeto da locação se encontra abandonado, poderá o locador constatar tal fato por meio de ata notarial e imitir-se na posse independentemente de autorização judicial, desde que não viole eventuais direitos do inquilino que sempre poderá pleiteá-los junto ao Poder Judiciário.

A operacionalização dessa cláusula, todavia, não é simples.

Não raro, o inquilino deixa bens no imóvel aí incluídos pertences pessoais e outros objetos de valor, muitas vezes no intuito de dificultar a retomada da posse.

Uma solução para esse cenário é estabelecer que os bens de menor valor consideram-se abandonados, caso sejam encontrados diligência de verificação extrajudicial, bem como aqueles de maior valor serão objeto de posterior ação judicial para a sua devolução, devendo em ambos os casos estarem indevidamente inventariados pela ata notarial.

Destacadas as cláusulas acima, não tenho a pretensão de dizer que são o ápice da tecnologia contratual e que se bastam como uma fórmula perfeita de celeridade, mas são exemplos de aplicação prática para demonstrar de que forma clara como bom uso da técnica contratual pode promover um desenrolar mais veloz e suave no processo de retomada, tão oneroso e desgastante para o locador.

A bem da verdade, nos encontramos em momento em que a liberdade de estipulação de cláusulas o respeito da autonomia privada é de festejando, valorizando o protagonismo dos contratantes.

Com o advento da Lei de Liberdade Econômica, que alterou o Código Civil para incluir o § 1º do artigo 113[27] e o artigo 421-A,[28] o contrato se torna um efetivo instrumento de alocação de riscos, com reduzida intervenção do Poder Judiciário,

---

27. Art. 113. [...]

§ 1º A interpretação do negócio jurídico deve lhe atribuir o sentido que: (Incluído pela Lei 13.874, de 2019)

I – for confirmado pelo comportamento das partes posterior à celebração do negócio; (Incluído pela Lei 13.874, de 2019)

II – corresponder aos usos, costumes e práticas do mercado relativas ao tipo de negócio; (Incluído pela Lei 13.874, de 2019)

III – corresponder à boa-fé; (Incluído pela Lei 13.874, de 2019)

IV – for mais benéfico à parte que não redigiu o dispositivo, se identificável; e (Incluído pela Lei 13.874, de 2019)

respeitados sempre os preceitos da legislação especial no tocante a proteção e ao equilíbrio das relações obrigacionais.

É no espectro dessa ampla liberdade que locador e locatário podem ajustar o contrato às suas realidades regionais, pessoais, financeiras e técnicas, retornando a contratação ou, melhor dizendo, a boa contratação ao papel central do desenrolar do mercado de locações.

4. APERFEIÇOAMENTO LEGISLATIVO

A todo o tempo neste ensaio falamos do legislador. Das razões que o levaram à redação da legislação especial do inquilinato e dos efeitos dessas decisões políticas.

E como o leitor já deve ter percebido, as relações locatícias têm especial na atenção do Poder Legislativo, uma vez que representa mais de 20% da forma de ocupação de espaços urbanos,[29] segundo a Síntese de Informações Sociais do IBGE para o ano de 2023.

Para quantificar de forma simples, observados os dados do Censo do mesmo ano,[30] o Brasil possui 203.080.756 de habitantes. Levando em conta uma média de 4 moradores por domicílio[31] mais o percentual de pessoas vivendo em imóveis locados, temos cerca de 10.100.000 locatários (40.600.000 de pessoas em situação de locação).

E se considerarmos o percentual de 76,1% de locadores que possuem somente um imóvel, seria razoável afirmar que no Brasil temos, ao menos, 7.686.100 locadores.

V – corresponder a qual seria a razoável negociação das partes sobre a questão discutida, inferida das demais disposições do negócio e da racionalidade econômica das partes, consideradas as informações disponíveis no momento de sua celebração. (Incluído pela Lei 13.874, de 2019)

§ 2º As partes poderão livremente pactuar regras de interpretação, de preenchimento de lacunas e de integração dos negócios jurídicos diversas daquelas previstas em lei. (Incluído pela Lei 13.874, de 2019)

28. Art. 421-A. Os contratos civis e empresariais presumem-se paritários e simétricos até a presença de elementos concretos que justifiquem o afastamento dessa presunção, ressalvados os regimes jurídicos previstos em leis especiais, garantido também que: (Incluído pela Lei 13.874, de 2019)

I – as partes negociantes poderão estabelecer parâmetros objetivos para a interpretação das cláusulas negociais e de seus pressupostos de revisão ou de resolução; (Incluído pela Lei 13.874, de 2019)

II – a alocação de riscos definida pelas partes deve ser respeitada e observada; e (Incluído pela Lei 13.874, de 2019)

III – a revisão contratual somente ocorrerá de maneira excepcional e limitada. (Incluído pela Lei 13.874, de 2019)

29. Disponível em: https://ftp.ibge.gov.br/Indicadores_Sociais/Sintese_de_Indicadores_Sociais/Sintese_de_Indicadores_Sociais_2023/xls/3_Condicoes_de_moradia_xls.zip. Acesso em: 12 jul. 2024.

30. Disponível em: https://censo2022.ibge.gov.br/panorama/. Acesso em: 12 jul. 2024.

31. Disponível em: https://sidra.ibge.gov.br/tabela/552#resultado. Acesso em: 12 jul. 2024.

Os números são colossais, expressando a força deste mercado e o potencial interesse político sobre ele.

Por este motivo, sendo a desoneração da retomada algo tão almejado por locadores e locatários, por conta dos efeitos positivos para o mercado no médio e longo prazo, o objeto desta seção perpassa pela necessidade de ajustamento dessas relações dentro da legislação, que sempre deve ser sensível as vicissitudes deste mercado.

O desafio, porém, é grande na medida em que por se tratar, a locação, de um de um instituto de ocorrência quase em nível individual pessoal, pois que cada contrato de locação existe de forma independente do outro, estabelecer fórmulas genéricas para solucionar os problemas que surgem no dia a dia pode culminar por prejuízos ainda maiores.

Isto nos leva a um primeiro fator importante do aperfeiçoamento: o aumento na liberdade de modulação contratual pelas partes, especialmente quanto ao fim da locação.

Já há caminho marcado para isso, diante do ingresso no ordenamento da Lei de Liberdade Econômica (Lei 13.874/2018) e as suas alterações no Código Civil. É preciso olhar para as locações com um vetor de exploração econômica, seguindo os ditames do art. 174[32] da Constituição da República Federativa do Brasil, sem perder a cautela e o zelo pela intercessão que a matéria possui com o Direito Social à Moradia.

É a liberdade consciente e responsável, confiante na capacidade das pessoas de bem contratar e promover essa relação de maneira a acomodar seus riscos e interesses, que impactará positivamente na evolução desse mercado.

Seguindo por outra linha, agora pensando em fatores mais específicos e concretos do ponto de vista legislativo, a desoneração da retomada se pauta sobre dois pontos principais: o custo e o tempo.

Comecemos pelo tempo.

Não me parece produtivo estabelecer prazos processuais aplicáveis as serventias aos juízes ou as partes, como estratégia primeira de aceleração da retomada. Isto porque a experiência do funcionamento do Poder Judiciário e dos seus órgãos de fiscalização nos diz que é muito difícil estabelecer sanção ou aplicar correição para o descumprimento destes prazos, muitas vezes importando em letra morta.

---

32. Art. 174. Como agente normativo e regulador da atividade econômica, o Estado exercerá, na forma da lei, as funções de fiscalização, incentivo e planejamento, sendo este determinante para o setor público e indicativo para o setor privado. [...]

Um exemplo que salta aos olhos é a hipótese contida no artigo 63, §1º, "a" da Lei do Inquilinato que insinua a existência de uma ação de despejo que dure no máximo 4 meses.[33]

Lamentavelmente, nos últimos 10 anos de atuação frequente neste mercado, nunca me deparei com uma ação de despejo, mesmo aquelas em que a liminar tenha sido deferida, que tenha durado 4 meses ou menos.

Dito isto, me parece muito mais produtivo criar instrumentos de celeridade, que possibilitem um maior protagonismo da parte interessada na retomada e que, com toda a certeza, dará impulso ao andamento processual.

À guisa de exemplo, tramita, no momento da entrega deste ensaio, na Comissão de Constituição e Justiça e Cidadania da Câmara dos Deputados, o Projeto de Lei 3.999 de 2020,[34] que trata da criação do procedimento de despejo e consignação de chaves extrajudicial, do qual tive o prazer de ser o coautor do anteprojeto ao lado do dileto amigo Arnon Velmovistky.

A bem da verdade, o projeto, que se submete ao regime de tramitação conclusiva (art. 58 da Regimento Interno da Câmara dos Deputados), atualmente já não mais se reveste do espírito de ampla desoneração da redação original na medida em que foi objeto de um substitutivo.

Todavia, é de se dizer que a ideia central permanece no sentido de reduzir custos e acelerar a retomada dos imóveis locados, aumentando a confiança e o investimento no mercado, com os todos os efeitos positivos que isso acarretará: redução do valor do aluguel, maior margem de negociação, redução do custo das garantais etc.

Assim, o substitutivo, se aprovado, criaria uma espécie de liminar, específica para a hipótese de falta de pagamento de aluguéis e encargos, que deverá ser embasada em uma série de procedimentos extrajudiciais, a qual sem a necessidade de prestação de caução, excepcionando a regra contida no art. 59, § 1º da Lei do Inquilinato, ensejará a ordem de desocupação compulsória.

Em outras palavras, sem o custo da caução e respeitada a celeridade de uma medida liminar, o locador retomaria a posse e, por consequência, a disponibilidade do imóvel locado, colocando-o novamente em circulação.

---

33. Art. 63. Julgada procedente a ação de despejo, o juiz determinará a expedição de mandado de despejo, que conterá o prazo de 30 (trinta) dias para a desocupação voluntária, ressalvado o disposto nos parágrafos seguintes. (Redação dada pela Lei 12.112, de 2009)
§ 1º O prazo será de quinze dias se:
a) entre a citação e a sentença de primeira instância houverem decorrido mais de quatro meses; ou [...].

34. Disponível em: https://www.camara.leg.br/proposicoesWeb/fichadetramitacao?idProposicao=2258980. Acesso em: 10 jul. 2024.

Para além deste PL, já existente, em verdade, é preciso voltar a olhar a Lei do Inquilinato no tocante às liminares a aprimorá-las nos pontos que ainda permitem dificuldade na retomada, não apenas quanto à falta de pagamento, mas as demais causas de desfazimento.

É preciso dizer que, por mais nobre que tenha sido o intuito da previsão da caução, a sua efetividade é totalmente reduzida, servindo apenas como um obstáculo injustificado ao locador.

Assim, seria providencial extinguir a necessidade de caução para as limares de despejo, bem como destacar sua autonomia em relação à tutela provisória, de modo a subordinar a atuação judicial à simples verificação de requisitos objetivos.

Esta parte final se faz importante na medida em que ainda podem ser encontradas decisões judiciais que cumulam os requisitos da tutela provisória geral, prevista no art. 300 do Código de Processo Civil, com aqueles do despejo liminar.[35]

Não é comum se verificar a utilização eficiente das liminares previstas na legislação inquilinaria.

Ainda nesse ponto, seria fundamental ajustar a redação do inciso IX do §1º do art. 59, para substituir a ausência, esgotamento ou extinção de garantia por um critério financeiro ou negocial.

---

35. Ementa: Agravo de Instrumento – Preliminares arguidas pelo recorrente – Rejeição – Ação de despejo – Tutela provisória de urgência de natureza antecipada – Art. 300 do CPC c/c art. 59, § 1º, VIII, IX, da Lei 8.245/91 – Ausência dos requisitos legais – Para a concessão da tutela provisória de urgência de natureza antecipada de despejo por falta de pagamento, nos termos do art. 300 do CPC, mostra-se indispensável a comprovação de elementos que evidenciem a probabilidade do direito invocado pelo autor, somado ao perigo de dano ou o risco ao resultado útil do processo, bem como os requisitos elencados no art. 59, § 1º, VIII, IX, da Lei 8.245/91 – Ausentes os requisitos legais para a concessão da liminar de despejo, merece reparo a decisão agravada que deferiu a liminar. 3. Recurso conhecido e provido.
(TJMG. AI: 10000220512305001 MG, Relator: Fernando Lins, Data de Julgamento: 17.08.2022, Câmaras Cíveis / 20ª Câmara Cível, Data de Publicação: 18.08.2022).
Ementa: Agravo de Instrumento – Ação de despejo – Infração contratual – Liminar de despejo – Possibilidade – Tutela provisória de urgência de natureza antecipada – Art. 300 do NCPC – Art. 59, § 1º, da Lei 8.245/91 – Rol não exauriente – Presença da probabilidade do direito e do perigo de dano. 1. Instruído o recurso com todos os documentos obrigatórios elencados no art. 1.017, I, do CPC/15, não há o que se falar em defeito de instrução do agravo de instrumento. 2. Conforme precedentes do STJ (REsp 1.207161/AL e 595.172/SP) e deste Tribunal, o rol previsto no art. 59, § 1º, da Lei 8.245/91 não é taxativo, podendo o pedido liminar de despejo ser deferido, desde que comprovados os requisitos legais da tutela de urgência de natureza antecipada previstos no art. 300 do CPC/15. 3. Assim, comprovada a probabilidade do direito invocado pelo autor quanto a infração contratual que autorize o desfazimento da locação (art. 9º, II, da Lei 8.245/91), somado ao perigo de dano e o risco ao resultado útil do processo advindo da manutenção da locação até o julgamento final da ação originária que poderá se arrastar durante anos sem a possibilidade de vistoriar o imóvel locado e apresentá-lo a terceiro interessado na sua compra, possível a concessão da liminar de despejo. 4. Preliminar rejeitada e recurso não provido.
(TJ-MG – AI: 10596180010750001 Santa Rita do Sapucaí, Relator: Shirley Fenzi Bertão, Data de Julgamento: 17.10.2018, Câmaras Cíveis / 11ª Câmara Cível, Data de Publicação: 23.10.2018).

Sugiro para tanto, a definição de um mínimo de débito ou a prévia submissão do conflito a um procedimento de mediação, cenário muito mais condizente com a realidade das locações.

O despejo por denúncia vazia decorrente da notificação nos contratos por prazo indeterminado, na locação residencial submetida ao art. 46, também precisa ser inserido no rol das liminares de despejo.

Para tanto, seria adequado condicionar essa possibilidade ao respeito ao prazo de permanência mínimo de 6 meses após o término contratual, adequando-se à prerrogativa contida no art. 61 da Lei do Inquilinato.[36]

Com exemplos e proposições acima, busquei esclarecer que o aperfeiçoamento legislativo focado na facilitação da retomada, deve estar amoldar-se à estrutura já existente do sistema jurídico das locações, sendo a especial atenção às liminares, o melhor caminho a ser trilhado.

Como sabemos, alterar a legislação é tarefa árdua, fato este que se soma à intima conexão do mercado de locações às diretrizes da Lei do Inquilinato, especialmente por conta das amarras oriundas do art. 45 do diploma,[37] mas devem ser valor reconhecido, uma vez que pacificaram as relações conturbadas entre inquilinos e locadores.

5. CONCLUSÃO

Chego ao final deste ensaio e me permito voltar ao evento da introdução, mas agora no que poderia chamar de um epílogo.

Diversos ouvintes se reúnem com o(a) palestrante, um(a) gestor(a) de locações, que transmite as suas percepções sobre o mercado daquele tempo. E conversam sobre o futuro desse Mercado. Assombrosamente, mesmo com tudo o que foi conquistado, é preciso avançar para um ambiente cada vez mais receptivo e amigável ao investimento, à democratização e à evolução.

Nosso vislumbre do futuro somado ao que busquei apresentar neste ensaio demonstram a importância de desonerar a retomada nas relações locatícias não como único a seguir, mas sim mais um caminha a seguir.

---

36. Art. 61 Nas ações fundadas no § 2º do art. 46 e nos incisos III e IV do art. 47, se o locatário, no prazo da contestação, manifestar sua concordância com a desocupação do imóvel, o juiz acolherá o pedido fixando prazo de seis meses para a desocupação, contados da citação, impondo ao vencido a responsabilidade pelas custas e honorários advocatícios de vinte por cento sobre o valor dado à causa. Se a desocupação ocorrer dentro do prazo fixado, o réu ficará isento dessa responsabilidade; caso contrário, será expedido mandado de despejo.
37. Art. 45. São nulas de pleno direito as cláusulas do contrato de locação que visem a elidir os objetivos da presente lei, notadamente as que proíbam a prorrogação prevista no art. 47, ou que afastem o direito à renovação, na hipótese do art. 51, ou que imponham obrigações pecuniárias para tanto.

O aumento na confiança em uma retomada célere e com custo razoável é um passo inafastável para o próximo degrau do segmento e terá desdobramentos vantajosos não apenas para os locadores, como também para os locatários, já que boa parte do valor do aluguel e da necessidade contratação da garantia estão relacionados com a alocação desse risco.

Com a aplicação da tecnologia contratual e o aperfeiçoamento legislativo, que já caminha a passos largos, passa a ser totalmente factível que tenhamos um mercado como aquele da palestra que inaugurou esse trabalho. E fica a esperança de que, em breve, sejamos todos convidados a comparecer.

6. REFERÊNCIAS

CÂMARA DOS DEPUTADOS. *PL 3.999/2020*. Disponível em: https://www.camara.leg.br/proposicoesWeb/fichadetramitacao?idProposicao=2258980. Acesso em: 10 jul. 2024.

CNJ. *Justiça em números*. Disponível em: https://www.cnj.jus.br/pesquisas-judiciarias/justica-em-numeros. Acesso em: 15 jul. 2024.

DIDIER JR.; NOGUEIRA, Pedro Henrique Pedrosa. *Teoria dos fatos jurídicos processuais*. Salvador: JuspPodivm, 2011.

DINIZ, Maria Helena. *Dicionário Jurídico*. 2. ed. rev., atual. e aum. São Paulo: Saraiva, 2005. v. 4.

GOV.BR. *Indígenas – Alfabetização, domicílios e nascimentos*. Disponível em: https://censo2022.ibge.gov.br/panorama/. Acesso em: 12 jul. 2024.

IBGE. *SIDRA*. Disponível em: https://sidra.ibge.gov.br/tabela/552#resultado. Acesso em: 12 jul. 2024.

MINISTÉRIO DA FAZENDA. *Susep*. Avaliação atuarial de seguros. Disponível em: https://homolog2.susep.gov.br/menumercado/atuaria_seguros.asp.

O DIA. *Despejo por falta de pagamento em alta na cidade*. Disponível em: https://odia.ig.com.br/colunas/panorama-imobiliario/2023/05/6633740-despejo-por-falta-de-pagamento-em-alta-na-cidade.html. Acesso em: 12 jul. 2024.

SECOVRIO E ABADI. *Indicadores habitacionais*. Disponível em: https://www.secovirio.com.br/wp-content/uploads/2022/10/indicadores-habitacionais-2022-secovirio-abadi.pdf. Acesso em: 16 jul. 2024.

SOUZA, Sylvio Capanema de. *Da Ação de Despejo*. 3. ed. Rio de Janeiro: Forense, 1998.

TJDF 07406810420208070000 DF 0740681-04.2020.8.07.0000, Relator: Robson Teixeira de Freitas, Data de Julgamento: 18.02.2021, 8ª Turma Cível, Data de Publicação: Publicado no DJE : 04.03.2021. p. Sem Página Cadastrada.

TJES. AI: 00089330920198080030, Relator: Álvaro Manoel Rosindo Bourguignon, Data de Julgamento: 10.03.2020, Segunda Câmara Cível, Data de Publicação: 17.03.2020.

TJMG. AC: 10000190285221002 MG, Relator: Juliana Campos Horta, Data de Julgamento: 03.08.0020, Data de Publicação: 10.08.2020.

TJMG. AC: 10000205544372001 MG, Relator: Marco Aurélio Ferrara Marcolino (JD Convocado), Data de Julgamento: 10.12.2020, Câmaras Cíveis / 15ª Câmara Cível, Data de Publicação: 16.12.2020.

TJMG. AC: 10000210231536001 MG, Relator: Franklin Higino Caldeira Filho, Data de Julgamento: 16.03.2021, Câmaras Cíveis / 10ª Câmara Cível, Data de Publicação: 24.03.2021.

TJMG. AI: 10000211269659002 MG, Relator: Juliana Campos Horta, Data de Julgamento: 12.05.2022, Câmaras Cíveis / 12ª Câmara Cível, Data de Publicação: 13.05.2022.

TJMG. AI: 10000220512305001 MG, Relator: Fernando Lins, Data de Julgamento: 17.08.2022, Câmaras Cíveis / 20ª Câmara Cível, Data de Publicação: 18.08.2022.

TJSP. AI: 22091599020168260000 SP 2209159-90.2016.8.26.0000, Relator: Nelson Jorge Júnior, Data de Julgamento: 29.05.2017, 13ª Câmara de Direito Privado, Data de Publicação: 29.05.2017.

TJSP. Apelação Cível: 1054072-11.2023.8.26.0002 São Paulo, Relator: Maria do Carmo Honorio, Data de Julgamento: 29.05.2024, 6ª Câmara de Direito Privado, Data de Publicação: 29.05.2024.

TRT-19. AP: 00006187820175190006 0000618-78.2017.5.19.0006, Relator: Pedro Inácio, Data de Publicação: 20.08.2020.

VENOSA, Sílvio de S. *Lei do Inquilinato Comentada* – Doutrina e Prática. São Paulo: Grupo GEN, 2020.

A NEGOCIAÇÃO IMOBILIÁRIA NO DIREITO: DAS PRIMEIRAS CONVERSAS ATÉ A ESCRITURA DEFINITIVA DE COMPRA E VENDA

Daiana de Oliveira Staudt

> Especialista em Direito Público pela FMP e especializanda em Processo Civil. Vice-Presidente da Comissão Nacional de Direito Imobiliário da ABA. Vice-Presidente da Comissão de Direito Imobiliário da OAB/RS, Diretora do Departamento de Direito Imobiliário e Condominial do IARGS. Membro Consultora da Comissão Nacional de Direito Imobiliário da OAB. Idealizadora da Comunidade Condominialistas do Sul. Membro da ASSOSINDICO e IBRADIM. Experiência de mais de 20 anos no mercado imobiliário. Advogada atuante na área imobiliária e condominial.

Sumário: 1. Introdução – 2. O início da jornada: preparação e primeiras negociações imobiliárias – 3. Construindo segurança: do contrato preliminar e a promessa de compra e venda – 4. Garantindo a propriedade: do contrato definitivo à escritura pública – 5. Conclusão – 6. Referências.

1. INTRODUÇÃO

O percurso até a lavratura da escritura de compra e venda de um imóvel é marcado por desafios e complexidades. Tudo se inicia com a intenção do vendedor de realizar a venda do imóvel, seja com o auxílio de um corretor de imóveis experiente ou por iniciativa própria. Este é o início de uma jornada cujo desfecho dependerá de uma negociação eficaz, comunicação clara e rigorosa da legislação.

A preparação do imóvel para venda, a criação de estratégias de marketing para atrair compradores, a realização de visitas e a condução de negociações são etapas essenciais que exigem habilidade e dedicação. A tradução do direito ao comprador e ao vendedor é uma habilidade que requer flexibilidade e capacidade de negociação, resultando na elaboração da "ficha de proposta", identificada como contrato preliminar. Uma vez aceito, este documento obriga o proponente/comprador a cumpri-lo. Caso não seja aceita, reiniciando parte do processo até a convergência das vontades que culminará na promessa de compra e venda ou na escritura pública de compra e venda.

O potencial do negócio está diretamente ligado ao conhecimento da situação do imóvel e para que tipo de negociações ele está apto, dos meandros das leis, na malemolência na construção de soluções jurídicas para cada obstáculo e/ou como ferramenta para obtenção de maior lucro ou menor valor para a aquisição do imóvel, dependendo do lado de quem está na negociação.

Tudo isso se serve do tempo, reduzido, é uma virada de ampulheta, onde cada grão de areia simboliza o momento que passa e uma oportunidade que se ganha ou se perde. O tempo da negociação é finito, não há como recuperar os grãos perdidos, que são as decisões, palavras proferidas que não podem ser apagadas. Por isso a atenção e a precisão são necessárias. O tempo corre de forma implacável.

Quando as vontades de vender e comprar se alinham, o jogo muda a etapa. É aqui que se desenham os ganhos e se estabelecem os riscos de forma expressa, através de contratos sólidos que prevejam ao máximo as situações existentes e possíveis, garantindo transparência e segurança jurídica. É necessário destacar a importância de um contrato bem elaborado, que previna futuros litígios e assegure a execução fiel do que foi combinado.

A aquisição de um imóvel envolve um nível de complexidade que vai além da compra de um veículo ou de outros bens de consumo. Cada detalhe deve ser cuidadosamente considerado para evitar processos judiciais no futuro. Assim, embora árdua, a jornada culmina na concretização do negócio jurídico imobiliário que representa a vontade das partes.

2. O INÍCIO DA JORNADA: PREPARAÇÃO E PRIMEIRAS NEGOCIAÇÕES IMOBILIÁRIAS

As negociações e propostas que precedem a formalização de um contrato são etapas cruciais e desafiadoras em qualquer transação imobiliária. O processo começa com a colocação do imóvel à venda, o que envolve uma preparação detalhada, incluindo ajustes e melhorias para torná-lo mais atraente no mercado.

Encontrar um comprador adequado é um desafio que requer tempo, paciência e estratégias eficazes de marketing. Uma vez identificado o comprador potencial, segue-se a fase de ajustar as vontades de ambas as partes, equilibrando expectativas e necessidades para chegar a um negócio jurídico imobiliário que seja satisfatório para todos.

Amarrar o negócio significa garantir que todas as cláusulas e condições acordadas estejam bem delineadas no contrato preliminar, de forma a prevenir futuros litígios e assegurar a execução fiel do que foi combinado. O potencial para construir um contrato sólido reside na capacidade de prever e regular todas as possíveis contingências e obrigações das partes envolvidas, garantindo transparência e segurança jurídica.

O fechamento do negócio é o momento mais esperado pelas partes. Quando após diversos trâmites tais como: o agenciamento, as visitas, as negociações, chegou a hora de realizar a formalização do negócio jurídico imobiliário que pode se dar por meio de contrato preliminar, promessa de compra e venda ou pelo contrato definitivo, também conhecido como escritura pública de compra e venda.

Quando o valor do negócio jurídico imobiliário ultrapassar trinta salários mínimos, o art. 108 do Código Civil prevê a necessidade de realização de escritura pública. Neste caso o contrato preliminar e a promessa de compra e venda poderão ser dispensados. Entretanto, faltará as minucias que envolvem a negociação, como convencionar as obrigações das partes, direitos e deveres. Por essa razão se recomenda que seja realizada a promessa de compra e venda para fins de abarcar a maior gama de obrigações e direitos possíveis.

Além do mais, existem particularidades que podem ser abraçadas pelo contrato preliminar e pela promessa de compra e venda que quando firmado, podem garantir a manutenção do negócio, exemplo disso é o caso em que as partes, comprador e vendedor concordam com as condições para a venda e compra do imóvel, mas não há tempo hábil para a extração de certidões pessoais do vendedor e do imóvel. Firmar um contrato definitivo, neste caso, envolve riscos, inclusive de se estar participando de uma fraude à execução ou fraude fiscal.

O instrumento particular que poderia ser por contrato preliminar ou promessa de compra e venda, permitindo assim se inclua arras ou sinal, que é o valor pago de entrada, no início do negócio jurídico imobiliário para fins de fidelizar as partes, ao passo que poder-se-á ou não prever penalidade apenas caso haja desfazimento, convencionando a possibilidade do direito ao arrependimento.

É preciso entender que o fato, por si só do vendedor possuir dívidas não é causa para não realização do negócio, é necessário ser verificado qual arcabouço patrimonial ele se serve, se a venda não o impedir de pagar com o restante do patrimônio, será possível realizar o negócio jurídico imobiliário. Tudo isso interferirá na negociação e possivelmente no valor que o imóvel está sendo oferecido para venda.

As dívidas do imóvel, como por exemplo: as condominiais, por si só não impedem a venda, haja vista a possibilidade de se clausular no preço e na forma que haverá o pagamento, sendo que o restante pertencerá ao vendedor. Tal iniciativa pode dificultar a venda, por exigir a necessidade de, eventualmente, se dar um aporte financeiro maior a título de entrada, mas não impede a sua realização.

Há que se cuidar que embora se defenda a necessidade do contrato preliminar ou da promessa antes da lavratura da escritura pública, fazer constar que o vendedor é o proprietário ou possuidor não é suficiente para garantir segurança ao comprador, que se estiver firmando contrato com pessoa estranha estará descoberto do manto jurídico do terceiro de boa-fé. Há que se tomar cautelas mínimas, como verificar na matrícula ou caso ainda não tenha sido aberta, na transcrição, se aquele que vende detém legitimidade para tanto, assim como se deve examinar se as aquisições do imóvel anteriores a essa são eficazes.[1]

A regularidade do imóvel diz com sua capacidade de gerar negócios e o seu potencial no mercado. Entender os riscos do negócio e formatá-lo de forma a respeitar o dever de informação, a boa-fé, as especificidades do negócio significa evitar que as partes fiquem expostas a riscos desnecessários, que podem levar a passivos judiciais e elevadas perdas patrimoniais.

Superada essa etapa, é importante abordar os principais elementos que devem constar na promessa de compra e venda e na escritura pública de compra e venda. Nessa análise, destacamos a importância das arras e do caráter preventivo do contrato, que possibilita a análise minuciosa das certidões do proprietário e do imóvel. Além disso, serão apresentadas as cláusulas indispensáveis que devem constar nesses documentos e o momento adequado para a elaboração do contrato até a lavratura da escritura definitiva de compra e venda e o seu registro no registro de imóveis competente.

3. CONSTRUINDO SEGURANÇA: DO CONTRATO PRELIMINAR E A PROMESSA DE COMPRA E VENDA

Embora o mercado imobiliário brasileiro tenha o costume de utilizar a promessa de compra e venda nas transações imobiliárias que envolvem imóveis, o Código Civil de 1916 não tratou especificamente dele.[2] A sua previsão se deu com o Código Civil de 2002, no artigo 481, quando foi disciplinado como instrumento pelo qual as partes se obrigam a transferir o domínio de um bem mediante o pagamento de um preço em dinheiro.

> Art. 481. Pelo contrato de compra e venda, um dos contratantes se obriga a transferir o domínio de certa coisa, e o outro, a pagar-lhe certo preço em dinheiro.

A proposta ou contrato preliminar é um gênero da promessa de compra e venda. O contrato preliminar serve como um acordo prévio ao principal,[3] sendo utilizado quando as partes, por algum motivo, não possuem condições de firmar o contrato definitivo no momento.

De acordo com o artigo 462 do Código Civil, o contrato preliminar deve conter os elementos essenciais do contrato definitivo, porém não precisa observar a forma exigida para este último. Por exemplo, um contrato preliminar envolvendo

---

1. SILVA, Bruno Mattos. *Compra de Imóveis*: aspectos jurídicos, cautelas devidas e análise de riscos. 15. ed. Barueri: Atlas, 2023, p. 153.
2. SCAVONE JÚNIOR, Luiz Antonio. *Direito Imobiliário*: teoria e prática. 14 ed. Rio de Janeiro, Forense: 2019, p. 233.
3. ARICHAVA, p. 94-95.

imóveis não necessita ser formalizado por escritura pública, mesmo que o valor do imóvel seja superior a trinta salários-mínimos, conforme estabelece o artigo 108 do Código Civil, basta que se faça a escritura pública definitiva. Além disso, o artigo 1.417 do Código Civil permite que a promessa de compra e venda seja celebrada por instrumento particular.

> Art. 1.417. Mediante promessa de compra e venda, em que se não pactuou arrependimento, celebrada por instrumento público ou particular, e registrada no Cartório de Registro de Imóveis, adquire o promitente comprador direito real à aquisição do imóvel.

Os contratos preliminares podem ter natureza unilateral, sendo propostos e aceitos dentro de um prazo razoável, conforme o artigo 466 do Código Civil. A problemática desses contratos é que, por serem mais simples, não contemplam questões importantes, como a inclusão de móveis no negócio.

Quando o contrato é bilateral, é necessário verificar a exigência de outorga uxória, especialmente no caso de vendedores casados ou em união estável sob o regime de comunhão parcial de bens, requerendo a anuência do cônjuge ou companheiro.

É possível prever o direito ao arrependimento, o que é aconselhável em contratos nos quais as certidões do vendedor e do imóvel ainda não foram verificadas, ou quando o pagamento será realizado através de financiamento bancário. Nestas situações, podem surgir obstáculos, como certidões que revelam dívidas superiores ao valor do imóvel ou a recusa do agente financeiro em conceder o financiamento, o que pode inviabilizar o negócio caso o comprador não tenha outra forma de pagamento aceita pelo vendedor.

A inclusão de uma cláusula de arrependimento proporciona estabilidade ao negócio, adaptando-o a imprevistos desconhecidos pelo comprador, sem que isso implique na perda do negócio e na consequente rescisão contratual. O vendedor pode estabelecer um arras ou sinal, um valor inicial inferior ao valor total do negócio, que pode servir como indenização em caso de desfazimento do negócio.

Embora o contrato de compra e venda não seja obrigatório pela legislação vigente, a promessa de compra e venda é um contrato preliminar onde o promitente comprador se obriga a pagar o preço e o promitente vendedor, após receber o valor, compromete-se a outorgar a escritura definitiva de transferência da propriedade. Este contrato não transfere a propriedade, que só será adquirida mediante a realização do contrato definitivo e o registro no cartório competente, conforme o artigo 463 do Código Civil.

Na visão do professor Scavone, "o promitente vendedor vê seu direito sendo esvaziado a cada pagamento do promitente comprador". Isso significa que, com cada parcela paga, o vendedor se aproxima da obrigação de outorgar a escritura pública, e caso não o faça, o comprador poderá adjudicar o bem judicialmente ou extrajudicialmente, se os requisitos forem cumpridos.

A importância da verificação das certidões e da inexistência de dívidas do vendedor e do imóvel não pode ser negligenciada. A alienação de bem em fraude à execução é ineficaz, conforme o artigo 792 do Código de Processo Civil. A Lei 14.382/22 reforçou o princípio da concentração dos atos na matrícula, alterando o artigo 54 da Lei 13.097/15, estabelecendo que o que não constar na matrícula não pode ser oposto a terceiros de boa-fé.

> Art. 54. Os negócios jurídicos que tenham por fim constituir, transferir ou modificar direitos reais sobre imóveis são eficazes em relação a atos jurídicos precedentes, nas hipóteses em que não tenham sido registradas ou averbadas na matrícula do imóvel as seguintes informações:
>
> § 2º Para a validade ou eficácia dos negócios jurídicos a que se refere o *caput* deste artigo ou para a caracterização da boa-fé do terceiro adquirente de imóvel ou beneficiário de direito real, não serão exigidas: (Incluído pela Lei 14.382, de 2022)
>
> I – a obtenção prévia de quaisquer documentos ou certidões além daqueles requeridos nos termos do § 2º do art. 1º da Lei 7.433, de 18 de dezembro de 1985; e (Incluído pela Lei 14.382, de 2022)
>
> II – a apresentação de certidões forenses ou de distribuidores judiciais. (Incluído pela Lei 14.382, de 2022)

Entretanto, é arriscado firmar contratos sem extrair as certidões, posto que se está submetendo a parte compradora a riscos graves, como a possibilidade de perder o imóvel em decorrência de fraude à credor ou fraude à execução fiscal. Logo, extrair as certidões é fundamental.

O contrato preliminar deve prever situações específicas, estabelecendo obrigações que, uma vez cumpridas, possibilitarão a formalização do contrato definitivo, através de escritura pública. As obrigações do contrato preliminar não precisam ser replicadas no contrato definitivo, que terá suas próprias obrigações. Os vícios redibitórios, defeitos ocultos do imóvel, são de responsabilidade do vendedor, conforme os artigos 441 e 442 do Código Civil. Recomenda-se listar todos os defeitos e infiltrações no contrato e incluir um termo anexo de vistoria com fotos do imóvel.

A clareza nas cláusulas do contrato é essencial para evitar interpretações dúbias e litígios. O contrato preliminar deve ser redigido com precisão, garantindo que todas as obrigações sejam claramente definidas e cumpridas. A inclusão de cláusulas de arrependimento, penalidades por inadimplemento e responsabilidade por despesas são fundamentais para assegurar a validade e eficácia do contrato.

O contrato de compra e venda deve incluir uma descrição detalhada do imóvel, os valores e condições de pagamento, prazos para conclusão da transação e cláusulas de penalidade em caso de inadimplemento. A transferência de posse deve ser claramente definida, diferenciando-a da propriedade, que só se transfere com o registro no cartório competente.

O contrato preliminar prepara o terreno para o contrato definitivo, prevendo uma série de situações e estabelecendo obrigações que garantam a segurança jurídica da transação. A ausência do registro não invalida o negócio jurídico, conforme o artigo 221 do Código Civil, sendo permitida a adjudicação compulsória, conforme a Súmula 239 do Superior Tribunal de Justiça.

A promessa de compra e venda, quando registrada, confere ao comprador um direito real de aquisição, conforme os artigos 1.225, inciso VII, e 1.417 do Código Civil. As arras ou sinal têm natureza de multa contratual, estabelecendo perdas e danos sem a necessidade de comprovação de prejuízo, conforme os artigos 409, 412 e 413 do Código Civil. O Superior Tribunal de Justiça já se manifestou sobre a limitação do valor das arras no Recurso Especial 1.513.259/MS, permitindo a redução do valor retido pelo vendedor quando o valor inicial pago e o preço final forem expressivos.

Arechavala destaca que "a entrega das arras ou sinal confirma o negócio". Antes da entrega das arras, temos apenas uma promessa de sinal, sendo que as arras só se completam com a transmissão. As arras podem ser confirmatórias ou penitenciais, sendo essencial prever o direito de arrependimento. A ausência de previsão de arrependimento não impede a rescisão do negócio, assegurando o direito à indenização, conforme os artigos 465 e 475 do Código Civil.

Os contratos preliminares devem ser redigidos com clareza, estabelecendo todas as obrigações e prevenindo litígios futuros. A verificação documental do imóvel e do vendedor é essencial para garantir a segurança da transação e evitar fraudes. A inclusão de cláusulas específicas, como o direito de arrependimento, penalidades por inadimplemento e responsabilidades por despesas, é fundamental para assegurar a validade e eficácia do contrato.

Em conclusão, a promessa de compra e venda e o contrato preliminar são instrumentos essenciais no mercado imobiliário brasileiro. Eles garantem a segurança jurídica das transações, prevenindo litígios e assegurando a execução fiel do que foi combinado. A elaboração cuidadosa desses contratos, com a previsão de todas as possíveis contingências, é fundamental para a proteção dos direitos e interesses das partes envolvidas.

4. GARANTINDO A PROPRIEDADE: DO CONTRATO DEFINITIVO À ESCRITURA PÚBLICA

Na prática, é comum a compreensão equivocada de que, uma vez feito o contrato definitivo e lavrada a escritura pública, a propriedade é automaticamente transferida ao comprador. No entanto, conforme estabelece o artigo 1.245 do Código Civil, a transferência de propriedade só se concretiza com o registro da escritura pública no Registro de Imóveis competente.

Nesse contexto, as partes devem atentar-se para incluir no contrato as situações que possam gerar conflitos, como a data de entrega da posse, penalidades e a previsão de arrependimento imotivado, entre outras.

Alguns pontos merecem destaque:

- *Qualificação das Partes*

Se uma das partes for pessoa jurídica, é importante verificar o contrato social da empresa para confirmar se a pessoa que está assinando possui poderes para tanto. Devem ser qualificados quem assina em nome da empresa, a natureza jurídica (pública ou privada), a inscrição no Cadastro Nacional de Pessoa Jurídica (CNPJ) e o endereço da sede.

Para pessoas naturais, se for utilizado um procurador, o instrumento deve ser público e conter poderes específicos, sendo essencial verificar se esses poderes não foram revogados. Os cônjuges e companheiros devem integrar o contrato, especialmente em regimes de comunhão parcial de bens, sendo necessária a outorga uxória. Devem ser especificados os dados de qualificação, nacionalidade, profissão, estado civil, número dos documentos de identificação e cadastro de pessoa física, além do domicílio completo. Esses dados são importantes tanto para o negócio jurídico imobiliário quanto para eventuais ações judiciais.

A identificação completa e atualizada das partes é fundamental, pois a ausência dessas informações pode impedir o registro da promessa, conforme o artigo 176, parágrafo primeiro, inciso II, 4, alíneas "a" e "b"; e inciso III da Lei 6.015/73.

- *Certidões dos Vendedores*

As certidões dos vendedores devem ser extraídas, conforme exige o parágrafo segundo do artigo 792 do Código Civil. A Lei da Concentração na Matrícula reforça a importância de verificar se o vendedor e o imóvel não possuem dívidas pendentes. A verificação documental é crucial para evitar fraudes e garantir a segurança da transação.

- *Identificação do Imóvel*

O imóvel deve ser claramente identificado, referenciando sua matrícula ou, se ainda não aberta, a transcrição e o Registro de Imóveis correspondente. Embora a Lei 7.433/85 dispense a descrição detalhada do imóvel quando informado o número da certidão e do Registro para a lavratura da escritura pública, recomenda-se descrever o imóvel com suas especificações, incluindo medidas, para evitar discussões sobre metragem.

Nos imóveis rurais, a descrição deve ser precisa, indicando confrontações, localização e outros detalhes, conforme o artigo 225 da Lei 6.015/73.

- *Preço e Forma de Pagamento*

O preço e a forma de pagamento devem ser claramente especificados. O Código Civil, no artigo 318, estabelece que são nulas as convenções de pagamento em ouro ou moeda estrangeira. A Constituição Federal veda a vinculação ao salário mínimo, conforme artigo 7º, inciso IV.

O pagamento pode ser feito por transação bancária, consórcio, dação, entre outras modalidades. No caso de financiamento bancário, deve-se atentar aos juros e taxas. O contrato deve prever um prazo para o pagamento, considerando possíveis atrasos na aprovação do financiamento.

- *Transferência da Posse*

A transferência de posse é um ponto delicado do contrato. Deve ser fixado um prazo para sua concretização, aconselhando-se que a posse definitiva ocorra após a quitação do preço e a outorga da escritura de compra e venda. A posse pode derivar de um direito real ou obrigacional e pode ser exercida por longos anos, possibilitando a usucapião, quando houver inadimplência e se acumular os demais requisitos legais, por isso se deve ter muita atenção.

Se ocorrerem danos no imóvel, o comprador pode resolver o contrato ou exigir abatimento do valor, conforme o artigo 236 do Código Civil. Se o comprador ficar em mora e o vendedor permanecer na posse do imóvel, o comprador responderá pelos riscos da coisa, conforme o artigo 492 do Código Civil.

- *Data da Entrega das Chaves*

Acertar a data da entrega das chaves ou da posse definitiva é crucial. O inadimplemento importa em mora, conforme o artigo 397 do Código Civil. Salvo disposição contratual em contrário, o risco de deterioração do imóvel, bem como as despesas com condomínio, IPTU, taxa de incêndio e manutenção da posse, corre por conta do vendedor até a efetiva transferência, enquanto o pagamento do preço é responsabilidade do comprador, conforme o artigo 492 do Código Civil.

- *Cláusulas Resolutivas e Custos*

Os contratos são irretratáveis e devem ser cumpridos, conforme o artigo 427 do Código Civil. É possível firmar contratos com cláusulas resolutivas, que disporão sobre as hipóteses de extinção do contrato, sendo tácitas ou expressas.

A cláusula resolutiva tácita é regida pelo artigo 475 do Código Civil e pode ser invocada em decorrência de onerosidade excessiva, conforme o artigo 478 do Código Civil. A cláusula resolutiva expressa define claramente as hipóteses de rescisão por inadimplemento absoluto.

Quanto aos custos com a escritura e o registro, o artigo 490 do Código Civil estabelece que são devidos pelo comprador, salvo disposição em contrário.

Portanto, a elaboração de um contrato de compra e venda requer atenção meticulosa aos detalhes e previsão de todas as possíveis contingências, garantindo a segurança jurídica da transação e prevenindo litígios futuros.

5. CONCLUSÃO

A negociação imobiliária, desde as primeiras conversas até a lavratura da escritura definitiva de compra e venda, é um processo intrincado que demanda conhecimento, habilidade e uma abordagem estratégica. Cada etapa, desde a preparação do imóvel até a formalização do contrato definitivo, exige atenção aos detalhes e uma compreensão profunda das implicações jurídicas envolvidas.

O contrato de compra e venda é uma peça-chave para a preservação de direitos, convergência de interesses da parte vendedora e compradora, bem como para sedimentar aquilo que foi negociado. Este artigo buscou abordar os principais aspectos jurídicos desse contrato, ressaltando sua importância e complexidade. A compreensão detalhada das suas cláusulas e requisitos é essencial para a segurança e eficácia das transações.

A promessa de compra e venda e o contrato preliminar são instrumentos essenciais no mercado imobiliário brasileiro. Eles garantem a segurança jurídica dos negócios jurídicos imobiliários, prevenindo litígios e assegurando a execução fiel do que foi combinado. A elaboração cuidadosa desses contratos, com a previsão de todas as possíveis contingências, é fundamental para a proteção dos direitos e interesses das partes envolvidas.

Cada negociação imobiliária é única e o sucesso reside na capacidade de adaptar-se às circunstâncias específicas de cada caso, garantindo que todas as etapas do processo sejam cumpridas com precisão e dentro dos limites legais. O papel do advogado é crucial para orientar as partes envolvidas, prevenindo problemas futuros e garantindo que os negócios sejam realizados de maneira justa e segura.

Ao fim desta jornada, podemos refletir que a negociação imobiliária é como um jogo de xadrez, onde cada movimento deve ser pensado estrategicamente, prevendo as possíveis reações e consequências. Com paciência, conhecimento e uma boa dose de cautela, é possível transformar desafios em oportunidades, conduzindo a negociação até sua conclusão bem-sucedida de forma que satisfaça as partes.

6. REFERÊNCIAS

ARECHAVALA, Luis. *Alienação de Imóveis*: manual de compra e venda, permuta e doação. 1 ed. Rio de Janeiro: Lumen Jures, 2023.

BORGES, Marcus Vinícius Motter (Coord.). *Curso de Direito Imobiliário Brasileiro*. São Paulo: Thomson Reuters Brasil, 2021.

BORGES, Marcus Vinícius Motter (Coord.). *Manual dos Contratos Imobiliários*. São Paulo: Thomson Reuters Brasil, 2023.

HORCAIO, Ivan. *Direito Imobiliário Comentado*. Leme: Cronus, 2021.

NERY JUNIOR, Nelson; NERY, Rosa Maria de Andrade. *Código de Processo Civil comentado*. São Paulo: Ed. RT, 2017.

REIS JÚNIOR, Antonio dos. *A promessa de compra e venda de imóveis*: os efeitos do inadimplemento em perspectiva civil-constitucional. São Paulo: Almedina, 2018.

SCAVONE JÚNIOR, Luiz Antonio. *Direito Imobiliário*: teoria e prática. 14 ed. Rio de Janeiro, Forense: 2019.

SÉRPIAS, Libaneo. *Tratado da Propriedade Imobiliária*. 4 ed. São Paulo: Rumo Jurídico, 2021.

SILVA, Bruno Mattos. *Compra de Imóveis*: aspectos jurídicos, cautelas devidas e análise de riscos. 15 ed. Barueri: Atlas, 2023.

VENOSA, Silvio de Salvo. *Direito Civil*: parte geral. 5. ed. São Paulo: Atlas, 2005.

MERCADO IMOBILIÁRIO & PIRÂMIDE DE MASLOW

Daniel Lascani

Pós-graduado em Psicologia Analítica (PUC-Rio). Colunista da revista Psique do Brasil e do Portal dos Psicólogos de Portugal, autor do Livro Psique 3.0. Consultor empresarial e treinador de equipes no mercado imobiliário; autor e apresentador do Curso on-line Neurolinguística & Oratória (Hotmart). Autor e palestrante do Projeto Social Comunidade Profissional (Innovare), Media Trainer e Docente no Creci-RJ e na Alerj, Diretor do Instituto Lascani – @institutolascani. Jornalista e Publicitário.

Sumário: 1. O mercado imobiliário – 2. A pirâmide de Maslow – 3. Referências.

1. O MERCADO IMOBILIÁRIO

Em cada geração o mercado imobiliário mostra ao mundo sua força, em todas as suas atmosferas, profissional, social, familiar, econômica, dentre outras. Mesmo em um mundo instável, com crises das mais variadas origens, muitas de efeito global, como pandemias e guerras, - o mercado imobiliário sempre é o último a entrar e o primeiro a sair de tais infortúnios. E, pouquíssimas vezes, o mercado fora a causa de alguma turbulência econômica, - geralmente, apenas sofre seus efeitos, mas sempre se recupera e se consolida rapidamente. Em uma perspectiva histórica, famílias tradicionais, donas dos maiores negócios e empresas dos quatro cantos do planeta realizaram seus sonhos de moradia, e, ainda, acumularam fortunas através do mercado imobiliário, o que lhes garantiu tanto a valorização gradual de seus investimentos quanto heranças milionárias aos seus herdeiros.

Muitas famílias do mundo inteiro se tornaram milionárias e até mesmo bilionárias através deste mercado, e, outras, em diferentes negócios, também multiplicaram seus patrimônios investindo em imóveis de todas as naturezas, tais como: apartamentos, coberturas, estúdios, flats, frações de hotéis, salas comerciais, andares corporativos, terrenos, galpões, locação, dentre outros modelos de compra e venda imobiliária.

Nos EUA, há exemplos conhecidos como os da família Trump, onde um de seus herdeiros Donald Trump expandiu seu negócio, que antes era especializado na construção de casas e prédios com poucos andares à incorporação de torres modernas que se transformaram em verdadeiros arranha-céus. Há, também, os herdeiros das famílias Walton, de Bud e Sam Walton, da rede Wal-Mart Store, e os da família Kroc, de Ray Kroc, do McDonalds, que também acumularam bilhões de dólares tendo seus negócios relacionados ao mercado imobiliário. A família Walton, inclusive, está entre as mais ricas do planeta. Em 2014, a revista Forbes a divulgou como a mais rica de todas, com patrimônio avaliado em 152 bilhões de dólares.

No campo social, junto com a construção civil, o mercado de imóveis fomenta o chamado IDH – Índice de Desenvolvimento Habitacional, bem como o desenvolvimento urbanístico das cidades, além da geração de empregos.

No Brasil, o Programa Minha Casa Minha Vida já colaborou com tais índices de forma significativa, sobretudo, com o desenvolvimento social sustentável das famílias que já se beneficiaram do programa, em parceria com os bancos Caixa Econômica Federal e Banco do Brasil.

Desde sua criação, no ano de 2009, o PMCMV já entregou mais de 7 milhões de casas populares em todo o Brasil. O público-alvo são famílias com renda mínima e sem a posse de um imóvel em nome dos respectivos compradores. Outrossim, é possível fazer o resgate de FGTS – Fundo de Garantia do Tempo de Serviço, para ajudar na aquisição.

Na esfera profissional, tal mercado transformou, literalmente, a vida de milhares de corretores(as) imobiliários(as) em todo o mundo. Profissionais que saíram do absoluto zero e estruturaram de maneira sólida suas carreiras e suas vidas. Muitos abriram suas imobiliárias e outros optaram por seguirem na profissão como autônomos.

Neste contexto, com o crescimento dos canais de comunicação e a evolução das telas de internet, o mercado imobiliário conseguiu mostrar ainda mais a sua força e ser cada vez mais reconhecido globalmente.

A internet, principalmente a rede social Instagram, tem se transformado no principal canal de vendas *e-business* de corretores(as), através da construção de *branding*, seja através do marketing institucional – imobiliárias, ou do marketing pessoal – corretores(as).

Segundo o relatório "Estratégias Digitais para o Mercado Imobiliário", da consultoria Deloitte, de 2023, 90% dos compradores de imóveis utilizam a internet como principal fonte de pesquisa. Isso demonstra a importância de estar presente de maneira online para alcançar o público-alvo, e o quanto isso deu mais destaque ao mercado na internet.

Outro estudo, o "*Digital House Hunting*", realizado pela *National Association of Realtors*, nos EUA, mostrou que 51% dos compradores encontraram o imóvel desejado por meio de buscas na internet. Essa forte demanda de clientes on-line fomenta também a oferta de mais corretores, com perfis cada vez mais profissionalizados na web.

No Brasil, por exemplo, multiplicou-se o número de corretores (as) e de imobiliárias cadastradas nos órgãos ligados ao COFECI – Conselho Federal de Corretores de Imóveis, através do CRECI – Conselho Regional de Corretores de Imóveis. O país, em 2024, chegou em número 630 mil profissionais e 70 mil imobiliárias. Um aumento de cerca de 23% e 6%, respectivamente, em comparação com o ano anterior.

E, assim, como em outros lugares do mundo, entre os brasileiros cresceu também o volume de novas franquias imobiliárias. Como é o caso da multinacional *Remax*, que até o ano de 2024 conquistou um número de mais de 500 franqueados no Brasil, com uma rede de mais de 8 mil corretores (as). Uma boa parte de seu crescimento nos últimos anos no território nacional se deve a um trabalho concentrado da marca *Remax* nas redes sociais, através de um padrão de *branding* traçado pela multinacional aos seus franqueados. No mundo, a *Remax* é uma das maiores, possuindo mais de nove mil franquias, com mais de 140 mil corretores associados em sua rede.

Ainda no Brasil, antes da explosão da Internet o mercado apresentou entre os anos de 2009 e 2015 um dos maiores fenômenos de venda de imóveis da história do país. O "*boom* imobiliário" foi uma verdadeira chuva de lançamentos, nas principais capitais, principalmente nos estados do Rio de Janeiro, São Paulo e região Sul.

No Rio de Janeiro, por exemplo, empresas familiares tradicionais como a Patrimóvel e a Carvalho Hosken tiveram resultados extraordinários de venda. A Patrimóvel foi a imobiliária multimarcas líder de lançamentos imobiliários na cidade adquirida pela gigante de mercado, a Rede Lopes, de São Paulo; a Carvalho Hosken é uma renomada construtora que transcendeu seus projetos de condomínios residenciais à bairros planejados, que revolucionaram os modelos de moradia, com mais segurança, conveniência, lazer e modernidade.

Até os tempos atuais estas e outras grandes imobiliárias e construtoras em todo o Brasil continuam com grandes resultados de vendas. E, além dessas gigantes de mercado, surgiu uma grande diversidade de novos grupos formados por poucos corretores. Neste cenário, surge no Brasil e no mundo novas tendências e modelos de negócios, em sinergia com a tecnologia e com a internet, tanto no setor de venda quanto no de locação, bem como as imobiliárias boutiques, as imobiliárias 100% digitais e, ainda, o crescimento de administradoras condominiais. Muitas dessas empresas estão liderando seus nichos de mercado, com menos 15 anos de existência, como, por exemplo, o *case* de sucesso do grupo Quinto Andar, uma *startup* fundada em 2013 que atualmente é uma das maiores do país.

Do outro lado do mundo, na China, existe a gigantesca *China Vanke*, atuante em mais de 60 cidades do país e já acumulou mais de 50 bilhões em receita desde seu início em 1984. Em Dubai, mesmo com todos os desafios globais relativos aos Emirados Árabes, nos últimos anos, a cidade esteve nas listas dos melhores lugares, tanto para se investir em imóveis quanto para se viver.

De um modo geral, em lugares como Dubai, China, Brasil, dentre outros, o mercado não parou de crescer e se desenvolver em todos os aspectos. E tal crescimento continua, principalmente, em mais países emergentes onde ainda há muito desenvolvimento habitacional para acontecer. Em todas as escalas econômicas, desde a habitação básica até chegar ao mais alto luxo, o mercado sempre demostrou vertiginoso crescimento no mundo todo. Com muitos contratempos macroeconômicos históricos, que ora freiam o mercado e outrora aceleram, em sua totalidade, os bens imóveis sempre florescem por sua própria força.

Recentemente, empresas consagradas de outros segmentos refizeram seus investimentos neste setor, como foi o caso das marcas Porsche e Mercedes-Benz, que lançaram edifícios de Luxo com seus nomes. A primeira, em Miami; a segunda, em Dubai.

Nem sempre presenciamos empresas líderes de seus segmentos migrarem para outros, mas, no mercado imobiliário, esse fenômeno acontece de tempos em tempos, como este exemplo das empresas Porsche e Mercedes-Benz.

De um modo geral, dentre crises e altas do mercado econômico, o setor imobiliário sempre prevalece e mostra seus potencial, inclusive, como fomentador do PIB – Produto Interno Bruto de um país através de sua associação constante com o setores de construção civil, comércio, varejo e, principalmente, com a evolução urbana.

Tratando-se de Brasil, o mercado ainda teve um forte componente ao PIB e de outros índices econômicos do país que é o crédito imobiliário. Em nosso país, este segmento existe há um pouco mais de 25 anos, desde a inauguração do SFI – Sistema Financeiro Imobiliário, no ano de 1997, até os tempos atuais com as mais diferentes soluções de crédito, tais como, o financiamento tradicional, o *home equity*, o microcrédito, os consórcios, dentre outros modelos de crédito.

Contudo, o mercado não é forte apenas por uma perspectiva econômica, tradicional e conservadora, mas, sim, também, mostra sua força, atualmente, dentro das tendencias tecnológicas, através de milhares de *fintechs* e *startups* pelo mundo. Há uma verdadeira ''pandemia'' de jovens empreendedores (as) com ideias inovadoras, e este fenômeno criativo e coletivo reflete no setor de imóveis em todos as suas possibilidades de negócios.

Tal como o exemplo mais recente de sucesso, do empreendedor norte-americano, de 34 anos, Ankur Jain, fundador da Bilt Rewards, imobiliária de locação que remunera seus inquilinos, em formato de pontuação e bonificações semelhantes aos modelos que sempre foram tradicionalmente feitos por empresas de cartão de crédito e por companhias aéreas.

A empresa de Jain foi fundada em 2019 e, em 2024, seu negócio foi avaliado em cerca de 3 bilhões de dólares, com mais de 200 milhões em faturamento para o ano de 2024.

Assim como Jain, o mercado imobiliário colecionada *cases* de sucesso que vão desde famílias tradicionais até os mais jovens empresários milionários. Mas, também, transpassa desde a geração de empregos e carreiras até a realização de uma família com sua primeira casa própria, através de programas sociais de incentivo.

Inevitavelmente, ainda que não paremos para refletir com frequência sobre isso, o mercado imobiliário está mais atrelado em nossas vidas do que possamos imaginar.

Com base nestas considerações, é importante refletir sobre a razão de tal mercado ser tão vitorioso, mesmo diante de variáveis de um macroambiente que não podemos controlar, como, crises, medidas econômicas, políticas públicas, dentre outras. Por outro lado, e com base nos exemplos vistos mais acima, o mercado sempre se recupera e se renova com o mesmo potencial.

Se afunilarmos tais questões macros aqui analisadas para uma atmosfera micro, psicológica, mais profunda, veremos que o setor imobiliário está enraizado dentre nossas necessidades humanas mais vitais, que são os conceitos/metáforas relacionadas ao lar, casa, teto, ninho, dentre outros derivados.

Embora as inserções de marketing explorem a cultura do desejo, fazendo com que consumidores se confundam entre o que é desejo e o que é necessidade, o mercado imobiliário, em seu axioma, está no campo da pura necessidade, mesmo havendo, comercialmente, diversos atrativos/gatilhos relativos ao desejo.

Tanto é, que por se tratar de uma necessidade primordial o mercado pode ser analisado em todos os outros campos de nossa vida, conforme vimos aqui: familiar, social, profissional, econômico e global.

Mesmo no mercado de imóveis de alto luxo, com os mais altos mimos e *upgrades*, sem perceber, clientes sempre priorizam questões mais profundas, que são matrizes básicas em um imóvel, tais como a infraestrutura física do condomínio, a segurança e a qualidade de vida, o que abrange conceitos de paz, descanso, comodidade, saúde, dentre outros fatores primários.

Por estas e outras questões, o mercado tem sua essência na esfera das necessidades e não na dos desejos, ainda que haja muita oferta visando atender as culturas do consumo efêmero e do desejo. Um imóvel, ainda que possa ser vendido no mês seguinte após sua compra, conceitualmente, é considerado uma aquisição definitiva, pois é visto, em um contexto social, como o bem concreto mais valioso de todo uma vida, seja no campo dos investimentos ou do uso-próprio, individual ou familiar.

Tratando-se de uma necessidade essencial profunda, o lar onde moramos também habita em nossa mente. Em uma ótica neurocientífica tal necessidade psicológica está localizada bem no centro de nosso cérebro, em nosso hemisfério reptiliano, que é a camada cerebral mais antiga de nossa escala evolutiva, onde estão nossos instintos mais primitivos e irracionais, tais como as necessidades de sobrevivência segurança, ninho, proteção da prole, fome, sono, dentre outras, que se tornam mais viáveis e sustentáveis através de um lar estável.

Tais características vistas acima estão todas associadas ao mercado imobiliário, pois desde os primórdios da humanidade, passando pelo neandertal até o ser humano civilizado, necessitamos de uma lar para sobrevivermos, bem como termos onde dormir, comer e nos desenvolver.

Por serem vitais e irracionais estas considerações e características reptilianas são válidas tanto no ecossistema animal irracional quanto no ecossistema humano racional. Além destas questões, todo o restante são desejos e demais complexidades humanas, que o marketing busca provocar e satisfazer.

Nos estudos do cérebro trino, por exemplo, em que se trabalha as 3 esferas: racional, emocional, irracional, encontra-se uma excelente conjugação com o mercado imobiliário e suas interações com a nossa neuroanatomia. No campo das necessidades veremos que uma aquisição imobiliária, em nossa mente, está diretamente associada a um lar, com segurança e estabilidade, de forma que elementos como valores de compra e venda, estão associados ao nosso pensamento racional, em nosso neocórtex; já, os fatores como lazer, vista, comodidades, conveniências, estão associados às emoções, em nosso sistema límbico; e as questões mais profundas/primitivas, como lar, fome, sono, proteção, segurança, dentre outras, em nosso irracional, reptiliano.

Embora haja uma grande ramificação em nossa psique, que torna o cérebro humano menos localizacionista e mais distribucionista, tais regiões neuronais indicam funções específicas de nossa natureza desde a primitiva à mais intelectual.

Vejamos, na ilustração abaixo, o modelo de cérebro trino e suas funções, com base em nossa neuroanatomia:

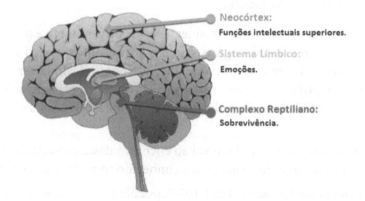

Em nosso cérebro, e ilustrando essa conjugação: nosso neocórtex (racional), por exemplo, pode fazer conta sobre o valor de um imóvel; enquanto, nosso sistema límbico (emocional) deseja uma linda vista mar, mas, para o nosso sistema reptiliano basta termos um teto seguro.

Tal conceito, se for bem estudado e aplicado pode tornar-se uma grande habilidade de autoconhecimento, e, por consequência, para se conhecer melhor ao outro. Este conhecimento, permite um mapeamento humano, que pode ser utilizado por um(a) vendedor(a), por exemplo, para identificar melhor os estados emocionais, racionais e irracionais, de seus clientes, e, assim, compreender melhor suas necessidades.

Desta forma, profissionais de venda conseguem fazer uma leitura melhor das necessidades reais de seus clientes, fazendo com que muitas vezes os façam enxergar questões primordiais que estavam inconscientes, juntamente, por estarem hipnotizados em seus desejos e emoções. Portanto, essa habilidade pode fazer com que profissionais também julguem menos seus clientes e os compreendam mais, gerando, assim, melhores atendimentos, e, consequentemente, mais resultados e satisfação para ambos os lados; vendedores (as) com mais vendas e clientes mais realizados.

Neste contexto, vendedores em geral podem ser verdadeiros líderes que levam o seu cliente onde ele não iria sozinho(a), com uma orientação mais especializada e personalizada, para investir melhor no exato momento de compra. Ou seja, o (a) corretor (a) pode auxiliar clientes a entenderem melhor suas próprias necessidades no momento de investir.

Por estas e outras razões é que pessoas vendem seus carros para comprarem imóveis, e não o contrário: vendem seus imóveis para comprarem carros. Isso também reafirma o porquê de consagradas montadoras de automóveis estarem construindo prédios, e não o contrário. Esta é a força do mercado imobiliário. E esta potência não vem de fora, mas, sim, de dentro, de nossas necessidades mais íntimas e vitais.

2. A PIRÂMIDE DE MASLOW

Se analisarmos todas estas considerações de origem tanto externa quanto interna, bem como mercadológicas, psicológicas e, ainda, neuro anatômicas conjugadas até aqui com o mundo imobiliário, é possível, ainda, embasar mais fundamentos científicos que demonstram a força do mercado nas relações humanas, desde a superfície de nossa realidade até a profundeza de nossas necessidades mais pessoais.

Um dos estudos que também vai ao encontro desta conjugação é o da pirâmide das necessidades humanas, mais conhecido como Pirâmide de Maslow.

Abraham Harold Maslow (1908-1970), psicólogo norte-americano analisou nossas principais necessidades, através de uma simbologia piramidal. Por assim dizer, o cérebro trino (neocórtex, límbico, reptiliano) que vimos acima é uma versão natural da Pirâmide de Maslow, e podemos identificar o mercado imobiliário nesta mesma pirâmide.

Vejamos a imagem da Pirâmide de Maslow abaixo:

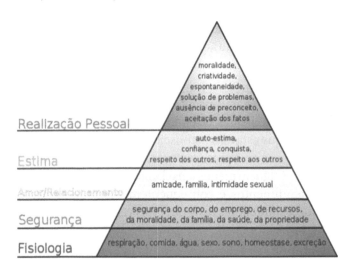

Em sua estrutura, nos primeiros degraus, estão nossas necessidades fisiológicas, tais como, fome, sono, segurança, dentre outras; mais acima, estão as de caráter mais emocional, como o amor, família, amizades; já, nos últimos degraus, mais próximos ao topo, há nossas realizações pessoais. Podemos, com base na pirâmide, sintetizar nossas necessidades vitais como necessidades primárias e as demais como secundárias.

Com base em nossa neuroanatomia, na prática, é inevitável a força de nosso lado irracional. Embora nosso neocórtex racional nos diferencie de todas as outras espécies, nosso lado emocional também é muito presente, com diversos complexos. Nossa racionalidade, mesmo sendo bem desenvolvida, é muito pequena e vulnerável em relação a outras dimensões, tanto psíquicas quanto neuronais. Questões, por exemplo, como medo, fome, sono, frio, são necessidades humanas primordiais, que precisam ser atendidas, para, somente depois, poder se trabalhar no campo da racionalidade. Mas o ser humano civilizado, relativamente, já tem suas necessidades básicas atendidas e acaba por não as valorizar, conscientemente, no seu dia a dia. Por outro lado, quando tomamos consciência disso, percebemos que quanto mais se resolve necessidades, mas se evolui. E, na prática, tais necessidades basais precisam ser dissolvem dentro de um imóvel, seguro, adaptado, por exemplo, a estocar e preparar alimentação, para o sono e para o mantimento da vida em geral.

Tanto no dia a dia de um corretor de imóveis quanto de clientes compradores, estas necessidades passam desapercebidas. Pois já são tão intrínsecas e enraizadas nos processos humanos que se tornam inconscientes em nossa jornada, tanto de venda quanto de compra de imóveis. Ao contrário, estamos sempre hipnotizados nas questões emocionais, e, portanto, sendo alvos do marketing o tempo todo. Ou seja, existem diversas características atrativas em um imóvel, que são sempre as mais destacadas, de forma consciente, mas, ao mesmo tempo, há, também, as características mais primordiais, que muitas vezes são inconscientes em tal processo.

A Pirâmide de Maslow nos mostra que embora muitas destas necessidades pareçam latentes, elas, naturalmente, se tornam fatores essenciais em uma negociação em tal mercado, pois, segundo seu estudo, enquanto não resolvermos as necessidades de um degrau da pirâmide não conseguimos avançar para outro. No mercado de imóveis e na posição de clientes, podemos facilmente nos encontrar nesta menção de Maslow, pois precisamos de um teto fixo para podermos dormir e nos alimentar, e, somente, a partir daí, conseguirmos avançar para outras necessidades e realizações, conforme os degraus da pirâmide.

Na prática, primeiramente, precisamos de um teto seguro para podermos sobreviver, para, daí, sim, posteriormente, desejarmos, por exemplo, uma bela vista mar ou um terreno extenso com uma piscina. O teto seguro está na esfera da razão e da proteção; a vista mar e a piscina estão na esfera do desejo e da emoção. Por mais incrível que pareça, no campo das reais necessidades, questões cartesianas como preço, pagamento e metro quadrado são as menos importantes. Não é toa que nos estudos do marketing quando compramos um conceito/valor, o preço é o que menos importa. Por isso, mais uma vez vemos clientes vendendo seus carros para dar entrada na aquisição de um imóvel.

Ao contrário da teoria, muitos estudos posteriores aos da Pirâmide de Maslow já questionaram a ordem hierárquica de suas necessidades apresentadas. Outros autores questionaram a organização das necessidades de Maslow alegando que a subjetividade humana é muito diversa, podendo-se gerar diferentes tipos de necessidades. Porém, tais estudos admitem que estas variáveis só ocorrem a partir dos degraus superiores, e não na base da pirâmide, como nos dois primeiros degraus, que são exatamente onde identificamos necessidades primárias que se relacionam com o mercado imobiliário.

Se analisarmos a pirâmide apresentada mais acima, perceberemos que é possível identificar o mercado imobiliário nos dois primeiros degraus, tanto na primeira, nas necessidades relacionadas à comida, água, sono, homeostase (estabilidade); já, no segundo degrau, podemos identificar as necessidades relativas à segurança, proteção da família e outras.

Todavia, é possível também identificar nos degraus superiores características associadas ao mercado imobiliário, como as de realização pessoal, social, emocional.

Sabemos que o lugar onde moramos é um indicador de nosso status social, mesmo que este fator esteja nos degraus dos desejos/emoções. Mas, todos esses aspectos psicológicos secundários tendem realmente a mais variações de acordo com cada subjetividade humana. A diversidade e complexidade tanto de personalidades quanto de experiências podem gerar uma distinção muito grande entre as necessidades de cada um (a). Já, sobre a base da pirâmide, fica muito claro que nossas questões vitais estão muito atreladas e niveladas, sem muita diferenciação de tais necessidades básicas. E estas necessidades se conjugam de forma natural ao mercado imobiliário, como, por exemplo: se não tivermos um lar para se estabilizar e se desenvolver, bem como as demais necessidades humanas primárias, não conseguimos avançar às realizações secundárias relativas a um campo mais abstrato das emoções e dos desejos. Desta forma, é correto afirmar que nossas necessidades primárias são semelhantes e objetivas, já, nossas necessidades secundárias são mais distintas e subjetivas.

Em uma ótica psicanalítica, por analogia, a base da pirâmide está relacionada à arquétipos, ou seja, padrões de comportamento e de necessidades humanas que vêm em nosso DNA; e os demais degraus estão mais relacionados aos nossos complexos, – o que adquirimos em vida. Portanto, assim também pode-se afirmar que as necessidades basais, vitais, primárias, arquetípicas são oriundas de nosso mundo interno, e nossas necessidades secundárias, emocionais, complexas são oriundas de nosso mundo externo.

Maslow teve o psiquiatra Carl G. Jung (1875-1961) como uma de suas referências bibliográficas para elaborar sua teoria piramidal. Jung, por sua vez, é o autor da teoria dos arquétipos e do inconsciente coletivo. Naturalmente, a teoria de Maslow sugere um modelo padrão de necessidades humanas, portanto, é um modelo compartimentado de um inconsciente coletivo, em que os padrões de necessidades primordiais são os arquétipos. Neste contexto, é correto reafirmar o quanto o mercado imobiliário está enraizado desde os primórdios no inconsciente coletivo humano. Nossa necessidade de ter um lar/ninho é um padrão arquetípico.

Assim como um passarinho João-de-Barro constrói sua casinha na árvore do mesmo jeito em diferentes espaços geográficos, um ser humano também tem o seu padrão de morada, que é exatamente o que encontramos no mercado imobiliário, e tanto nas teorias de Jung quanto de Maslow. A Pirâmide de Maslow desagua, pontualmente, no mercado imobiliário.

Se analisarmos tal analogia é surpreendente o quanto nossa esfera psíquica, mental, se conjuga com bastante coerência em nosso campo neuro anatômico, material. Na esfera corporal, o cérebro reptiliano é considerado o que tem mais influência em nossas relações assim como observamos nos primeiros degraus da pirâmide psicológica de Maslow. Em nossa natureza trina é preciso frear alguns aspectos de nosso cérebro reptiliano, e ativar outros, justamente, pelo fato de termos um neocórtex, racional, analítico, cartesiano, bem desenvolvido para avaliar cada situação, fator que, justamente, faz um cliente, por exemplo, equilibrar o desejo de moradia com a condição de compra. A emoção sempre quer pagar mais, mas a razão sempre freia para pagar menos, e o irracional quer apenas descansar em segurança.

Uma forma, de um profissional de vendas do mercado imobiliário analisar o nível de consciência de seu cliente durante um atendimento é percebendo quais necessidades está lhe apresentando.

Por exemplo, se um cliente falar muito sobre dinheiro, forma de pagamento, financiamento, significa que ele está no campo racional da negociação, mas, naturalmente, também reptiliano, ao negociar também protegemos "nosso território" visto que o mercado imobiliário está intrinsecamente ligado as nossas necessidades basais. Já, um cliente que fale sobre o apego a moveis antigos que precisam caber no novo espaço, ou outro que priorize uma vista indevassada. Ambos estão no campo das emoções. Entretanto, clientes que se mostram conscientes e plenos com fatores de segurança – vigilância, ou alimentação – conveniência, sono – silêncio, dentre outras, estão no campo reptiliano, portanto, na base da Pirâmide de Maslow.

Estas e outras conjugações podem ser exercícios práticos a serem analisados durante um atendimento de um profissional de corretagem imobiliária. Mas, também, como exercício de autoconhecimento tanto para clientes quanto para profissionais deste segmento.

Todas estas considerações vistas nesta analogia entre o mercado imobiliário e as necessidades humanas, com base na teoria da Pirâmide de Maslow, dentre outras citadas incialmente, inerentes do próprio mercado, reforçam o quanto este é um dos segmentos mais poderosos do planeta, em todas as suas atmosferas, desde seu poder social e no desenvolvimento das famílias até os mais grandiosos *cases* de rentabilidade.

Ao mesmo tempo, também vimos em uma ótica psicológica, que quanto mais conhecermos nossas necessidades, como ferramenta de autoconhecimento, melhor faremos nossas aquisições e investimentos imobiliários. Da mesma forma, quanto mais um incorporador, construtor, investidor, corretor conhecerem as necessidades de seus clientes e do mercado, melhores atendimentos, empreendimentos e negócios acontecerão.

De um modo geral, fomentar a cultura imobiliária como fonte de estabilidade e desenvolvimento, tanto financeiro quanto pessoal é, sobretudo, conscientizar pessoas e sociedades sobre as questões mais relevantes de nossas vidas. Pois quanto mais conhecermos sobre a diversidade das necessidades humanas, bem como quais são as reais necessidades, mais conheceremos a nós mesmos e aos nossos clientes.

Desenvolvimento humano que segue.

3. REFERÊNCIAS

G. AMEN. Dr. Daniel. *Mude de Cérebro, Mude de Vida.* Portugal: Editora Pergaminho, 2013

JUNG, Carl Gustav. *Natureza da Psique.* Petrópolis: Vozes, 2007.

KAHNEMAN, Daniel. *Rápido e devagar.* São Paulo: Objetiva, 2013.

MASLOW, Abraham, Motivation and Personality. New York: Harper & Row (1. ed.: 1954, 2. ed.: 1970, 3. ed. 1987).

MASLOW, Abraham. *A Theory of Human Motivation* (orig. pub. Psychological Review, 1943, v. 50 #4, p. 370-396).

MCLEAN, Paul. The concept of the "triune brain". *The Interaction Design Foundation.* Toronto: University of Toronto Press, 1973.

O MERCADO DE CAPITAIS
E O MERCADO IMOBILIÁRIO

Daniel Maeda

Formado em engenharia e direito, atua desde 2005 na Comissão de Valores Mobiliários – CVM. Em 2008, assumiu a Gerência de Registros, e em 2014, a Gerência de Estrutura de Mercado. Em 2016, passou a ser responsável pela superintendência de supervisão de investidores institucionais, área da CVM responsável pela supervisão de uma indústria de fundos de mais de R$ 9 trilhões e 4 mil prestadores de serviço, e desde 2023 é diretor. Maeda atua também como representante da CVM em diversos fóruns nacionais (como a ENCCLA e o IMK) e internacionais (como em comitês e grupos de trabalho da IOSCO). Antes da CVM, trabalhou em órgão de auditoria e instituição financeira.

Sumário: 1. Introdução – 2. A importância do mercado de capitais para o mercado imobiliário – 3. Principais produtos de mercado de capitais e como fomentam o mercado imobiliário – 4. Conclusão.

1. INTRODUÇÃO

Tanto o mercado imobiliário quanto o mercado de capitais representam dois segmentos gigantescos na economia nacional, entregando empregos, pagando impostos, promovendo a inovação e o crescimento do país.

Do lado do segmento imobiliário, podemos dizer, por exemplo, que ele representa cerca de 10% do PIB Nacional, além de seguir numa crescente nesse aspecto, dado que, por exemplo, em 2014, essa proporção era de cerca de 7,5%.[1] Mais importante ainda, por se tratar de um segmento intensivo em mão de obra, chegou a representar cerca de 15% da geração de empregos no país no primeiro trimestre de 2024.[2]

O mercado de capitais brasileiro, por seu lado e como um todo, segue em franco crescimento e vem despontando como uma cada vez mais importante fonte de financiamento para empresas, empreendedores e agentes de inovação em geral.

---

1. Ainda que, em muitos países desenvolvidos, essa participação costume ser ainda maior, na faixa de 30%. Disponível em: https://www.bcb.gov.br/estatisticas/mercadoimobiliario. Acesso em: 07 set. 2024.
2. Disponível em: https://www.abrainc.org.br/mercado-imobiliario/2024/05/22/panorama-do-mercado-imobiliario-abrainc-divulga-relatorio-analitico-de-indicadores-economicos-e-do-setor. Acesso em: 07 set. 2024.

A indústria de fundos de investimento, em suas mais diferentes modalidades,[3] por exemplo, já remonta a um patrimônio líquido total que ultrapassa os R$ 9 trilhões[4] ou 83% do PIB de 2023, dobrando de tamanho a cada período de cerca de 5 anos. Já a bolsa de valores nacional abriga a negociação de ações de companhias abertas lá registradas com um valor de mercado já estimado em R$ 4,3 trilhões[5] ou 39% do PIB de 2023.

Assim, sob qualquer perspectiva que se possa escolher, o mercado imobiliário e o mercado de capitais são importantes vetores do desenvolvimento econômico brasileiro, e exercem papéis já fundamentais na construção e manutenção de uma infraestrutura imobiliária para a sociedade brasileira, de um lado; e na canalização de capital investidor ao financiamento direto da atividade produtiva e do empreendedorismo.

2. A IMPORTÂNCIA DO MERCADO DE CAPITAIS PARA O MERCADO IMOBILIÁRIO

Como sabido, o mercado imobiliário também é intensivo em capita, ou seja, exige grandes montas de recursos disponíveis para que se viabilize.

Mais que isso, é um mercado que não oferece liquidez a seus investidores: quando se projeta um shopping, hotel, hospital, condomínio residencial, laje corporativa, galpão logístico ou qualquer empreendimento de um mínimo porte já se sabe que o retorno pretendido do projeto envolvido não virá em dias ou meses, nem mesmo em 1 ou 2 anos. É necessário tempo para que as unidades sejam todas vendidas, as obras envolvidas sejam concluídas, e os projetos corporativos ou negociais associados ao projeto sejam aperfeiçoados.

Quando o investidor é alguém de grande porte e está habituado ao segmento, é natural esperar dele não apenas a consciência de todas essas características, mas também o apetite de risco específico para isso. Mas o que fazer para atrair capitais que demandem níveis distintos de aporte, liquidez e, em última instância, risco?[6]

---

3. Podemos resumir como tipos mais importantes de fundos de investimento os Fundos de Investimento Financeiro (FIF), os Fundos de Investimento em Direitos Creditórios (FIDC), os Fundos de Investimento Imobiliário (FII) e os Fundos de Investimento em Participações (FIP), todos regulados pela Resolução CVM 175, por meio, inclusive e respectivamente, de seus Anexos Normativos I, II, III e IV.

4. Conforme disponível no Portal de Dados Abertos da CVM em dados.cvm.gov.br. Acesso em: 07 set. 2024.

5. Ver mais detalhes em https://www.gov.br/cvm/pt-br/centrais-de-conteudo/publicacoes/boletins/boletim-economico. Acesso em: 07 set. 2024. Ref. 2º trimestre de 2024.

6. Claro que, especificamente no segmento imobiliário residencial, é imprescindível ressaltar a existência de fontes alternativas adicionais de financiamento ao sistema como o Sistema Brasileiro de Poupança e Empréstimo (SBPE) e o Fundo de Garantia por Tempo de Serviço (FGTS), que não serão objeto de estudo mais aprofundado aqui, mas para os quais vale a menção sob pena de deixar passar despercebidas as duas fontes mais relevantes para esse subsegmento do mercado imobiliário.

O mercado imobiliário está fadado a se manter afastado desse público, que é cada vez maior?[7]

Nesse sentido que o mercado de capitais, com suas estruturas de produtos e serviços particulares e específicos, vem para ajudar.

Seja por meio de fundos de investimento dedicados ao segmento; seja por meio daqueles que não são especificamente dedicados ao segmento mas nele investem; seja, ainda, por meio de outros produtos como, de forma notável, os instrumentos de securitização, o mercado de capitais é capaz de entregar, a investidores que não têm a expertise, apetite de risco ou porte para investir diretamente nesse segmento, a capacidade e possibilidade de fazê-lo, ampliando em muito o público investidor potencial que pode financiar o mercado imobiliário e seus empreendimentos, alavancando, assim, ainda mais seu crescimento e representatividade no PIB brasileiro.

3. PRINCIPAIS PRODUTOS DE MERCADO DE CAPITAIS E COMO FOMENTAM O MERCADO IMOBILIÁRIO

Adiante, veremos os maiores e mais importantes exemplos de produtos no mercado de capitais que financiam o mercado imobiliário, e como, na prática, eles operam. Por mercado de capitais, veja-se que não serão explorados mecanismos de captação destinados ao mercado imobiliário que detenham natureza mais bancária, como as Letras de Crédito Imobiliário (LCI),[8] as Letras Imobiliárias Garantidas (LIG)[9] ou as Letras Hipotecárias (LH),[10] por exemplo.

Assim, nos capítulos seguintes, mediante a apresentação de exemplos concretos dos produtos mais relevantes de mercado de capitais dedicados a esse segmento ou que o afeta, será possível entender, de forma bastante prática, como o mercado de capitais pode contribuir nessa extensão da possibilidade de financiamento de empreendimentos do mercado imobiliário para investidores de perfil antes inalcançáveis pelas já exploradas diferenças de perfil, apetite e porte.

---

7. Apenas para que se tenha uma referência do nível de crescimento e participação de investidores de menores portes no Brasil, estatísticas da B3 (a bolsa de valores brasileira) mostram que já há quase 20 milhões de investidores pessoas físicas naquele ambiente, um número que cresceu mais de 80% desde 2020. https://www.b3.com.br/pt_br/market-data-e-indices/servicos-de-dados/market-data/consultas/mercado-a-vista/perfil-pessoas-fisicas/perfil-pessoa-fisica. Acesso em: 07 set. 2024.

8. A LCI é disciplinada pela Lei 10.931, de 2 de agosto de 2004.

9. A LIG representou uma inovação legal inspirada nos *Covered Bonds* europeus, e foi instituída pela Lei 13.097, de 19 de janeiro de 2015.

10. Conforme estabelecido pela Lei 7.684, de 2 de dezembro de 1988, também são títulos de renda fixa emitidos por instituições financeiras, e contam com previsão legal bastante antiga, em particular se comparados com os demais citados neste artigo.

a. Fundos de investimento imobiliário (FII)

O primeiro grande exemplo que será destacado aqui é o dos fundos de investimento imobiliário, também conhecidos como "FII".

Segundo a regulamentação da CVM, um fundo de investimento é definido como "uma comunhão de recursos, constituído sob a forma de condomínio de natureza especial, destinado à aplicação em ativos financeiros, bens e direitos, de acordo com a regra específica aplicável à categoria do fundo".[11]

A regra específica aplicável aos fundos de investimento imobiliário é o Anexo Normativo III à própria Resolução CVM 175, que em seu artigo 2º, dispõe que esse tipo de fundo "é destinado à aplicação em empreendimentos imobiliários, nos termos do art. 40 deste Anexo Normativo III". O artigo 40 mais adiante explicita:

Art. 40. A participação da classe de cotas em empreendimentos imobiliários pode se dar por meio da aquisição dos seguintes ativos:

I – quaisquer direitos reais sobre bens imóveis;

II – ações, debêntures, bônus de subscrição, seus cupons, direitos e recibos de subscrição, certificados de depósito de valores mobiliários, cotas de fundos de investimento, notas promissórias, notas comerciais e quaisquer outros valores mobiliários, desde que se tratem de emissores registrados na CVM e cujas atividades preponderantes sejam permitidas aos FII;

III – ações ou cotas de sociedades cujo único propósito se enquadre entre as atividades permitidas aos FII;

IV – certificados de potencial adicional de construção emitidos com base na Resolução CVM 84, de 31 de março de 2022;

V – cotas de fundos de investimento em participações que tenham como política de investimento, exclusivamente, atividades permitidas aos FII; e de fundos de investimento em ações que invistam exclusivamente em construção civil ou no mercado imobiliário;

VI – cotas de outros FII;

VII – certificados de recebíveis imobiliários e cotas de fundos de investimento em direitos creditórios que tenham como política de investimento, exclusivamente, atividades permitidas aos FII, e desde que estes certificados e cotas tenham sido objeto de oferta pública registrada na CVM ou cujo registro tenha sido dispensado;

VIII – letras hipotecárias;

IX – letras de crédito imobiliário; e

X – letras imobiliárias garantidas.

Pelo exposto sobre a normatização do produto, já é possível entender que os FII se dedicam a captar recursos de investidores por meio de uma estrutura condominial, conferindo a esses cotistas determinadas frações de cotas em

---

11. Artigo 4º da Resolução CVM 175. Disponível em: https://conteudo.cvm.gov.br/legislacao/resolucoes/resol175.html. Acesso em: 07 set. 2024.

contrapartida aos recursos investidos, que depois serão aplicados em uma sorte extensa de ativos do segmento imobiliário.

No caso particular deste tipo de fundo, o fundo deve sempre ser constituído sob a forma de condomínio fechado, ou seja, sem admitir resgates por parte de investidores. O que, aliás, faz bastante sentido, considerando a iliquidez presumida dos ativos que serão adquiridos pelo fundo.

Daqui se pode chegar a uma perplexidade inicial: se o fundo é fechado, como investidores, depois de ingressar no fundo, poderão sair dele?

Essa possibilidade é garantida nos FII por meio do mecanismo da admissão das cotas do fundo à listagem em um ambiente regulamentado de negociação de valores mobiliários (que, no caso do Brasil, reporta no essencial à B3). Uma vez listadas as cotas do fundo nesse ambiente, quaisquer cotistas passam a estar habilitados a comprar ou vender, entre si, cotas desse fundo livremente nesse ambiente, sem envolver mais diretamente o fundo ou seus prestadores de serviço.

E essa é a grande vantagem da estruturação de um fundo de investimento imobiliário: para um empreendimento imobiliário que exija grandes aportes sem pressões pelo retorno dos recursos a curto prazo, chega-se a um balanço de um veículo de investimento que não admite resgates (ou seja, não precisa liquidar sua participação no empreendimento, mesmo que parcialmente, para satisfazer pressões de liquidez) e que coloca as cotas em mercado em frações bem pequenas desse empreendimento. Na verdade, essas cotas podem ser oferecidas até mesmo na magnitude de centenas de reais.

Assim e como resultado, alguns fundos de investimento imobiliário chegam a ter dezenas de milhares de cotistas que, aportando cada qual recursos de muito menor monta, podem acabar viabilizando investimentos de até bilhões de Reais.

Segundo estatísticas disponibilizadas pela ANBIMA em seu website, os fundos de investimento imobiliário alcançaram, no mês de agosto de 2024, um patrimônio líquido total de cerca de R$ 330 bilhões.[12] Um número, sem dúvida, bastante expressivo e representativo da importância desse produto como financiador do mercado imobiliário no Brasil.

Abaixo, seguirá uma tentativa de sistematizar as vantagens de um fundo de investimento imobiliário tanto para os cotistas que nele investem quanto, também e como decorrência, para os próprios empreendedores que buscam esse veículo como mecanismo de financiamento do seu projeto imobiliário.

---

12. Disponível em: https://www.anbima.com.br/pt_br/informar/estatisticas/fundos-de-investimento/fi-consolidado-diario. Htm.

Democratização do acesso

Como já explorado anteriormente, ao viabilizar a colocação de um empreendimento imobiliário por meio da oferta de frações de cotas de um fundo de investimento imobiliário, a existência desse veículo de investimento intermediário acaba viabilizando que uma gama imensa de investidores de porte muito menor participe desse projeto, o que eles não estariam habilitados a fazer se o tentassem diretamente.

Aliás, não custa relembrar que a oferta pública de cotas de fundos de investimento imobiliário conta com uma infraestrutura de captação pública de poupança muito profissionalizada e escalada, o que vai desde um ambiente de negociação das cotas muito conhecido e transparente (o da B3), até a existência de prestadores de serviço profissionais e autorizados pela CVM que seguem um arcabouço regulatório definido e protetivo de investidores, além da participação de intermediários (corretoras, distribuidoras, bancos de investimento etc.) com grande base de clientes e uma capilaridade e penetração para a colocação de propostas de investimento em geral.

Diversificação

Um efeito colateral indesejado, na perspectiva de um investidor, na participação de um investimento muito grande e ilíquido, como os típicos do mercado imobiliário, é o da alta concentração dos riscos de sua carteira em poucos projetos.

A dinâmica dos FII oferece, nesse sentido, duas dimensões de diversificação possíveis que se complementam: a do próprio fundo, que não é obrigado a investir em apenas um empreendimento imobiliário,[13] e cuja carteira pulverizada acaba oferecendo um nível de diversificação indireto ao cotista; e a do cotista propriamente falando, afinal, esse cotista, agora empoderado pela possibilidade de adquirir cotas de um FII em montantes de centenas de Reais, poderá alocar seus recursos em uma grande quantidade de fundos diferentes, alcançando em sua própria carteira um nível de diversificação dentro do segmento que seria inviável se ele tivesse que investir diretamente nos próprios ativos imobiliários, com os portes típicos de investimento esperados dessa modalidade.

---

13. Como exemplos de tipos de FII que buscam diversificação na composição de sua própria carteira são os de alguns "FII de papel", um subtipo de fundo de investimento imobiliário que busca aplicar não em empreendimentos imobiliários propriamente ditos, mas sim em ativos financeiros do segmento, como CRI, LCI, CCI, dentre outros. Outro exemplo comum é o dos FoF ou Funds of Funds, que têm por proposta operar como um fundo multigestor, ou seja, buscando alocar seus recursos em cotas de outros fundos de investimento imobiliário. É um tipo de fundo que persegue uma estratégia de análise de bons gestores de FII que conduzam fundos merecedores de compra, e não tanto, então, a busca direta por projetos imobiliários.

Transformação de liquidez

Uma das mais interessantes entregas que um FII pode oferecer a um investidor do segmento é a liquidez de saída, ou seja, a possibilidade de que ele saia do investimento feito com rapidez e eficiência. Basta a ele, se for o caso, disparar uma ordem de venda por meio do intermediário no qual comprou a cota do fundo originariamente, esperar que essa ordem seja executada na bolsa de valores e pronto: aquele investimento será transformado, no mais das vezes em bem poucos dias, em caixa disponível para a realização de qualquer outro investimento por parte daquele agora ex-cotista.

Essa, aliás, é uma característica bastante típica dos produtos de mercado de capitais: a de transformar o balanço de riscos típicos de um dado investimento, por meio do uso de mecanismos de estruturação e desenho do produto envolvido (aqui, o próprio FII), para oferecer a investidores um balanço diferente, que lhes atraiam mais ou sejam mais compatíveis com seus apetite e perfis de risco.

Essa é uma leitura possível e legítima a respeito de um FII: um veículo capaz de transformar um investimento ordinariamente visto como de alto valor de aportes e muito baixa liquidez (o projeto ou empreendimento imobiliário) em outro de baixo valor de aportes e alta liquidez (as cotas do FII).

Transparência e comparabilidade

Aqui, aos FII outro atributo também muito típico dos produtos de mercado de capitais: o nível de transparência agregado ao investimento.

Essa transparência pode ser mirada sob diferentes perspectivas que se somam para entregar, ao investidor em cotas de FII, um nível de visibilidade sobre o investimento efetuado que é bastante diferente do visto nos aportes diretos. Na verdade, no caso dos aportes diretos, é o próprio empreendedor investidor que deve se preocupar em estabelecer o regime informacional que lhe interessar sobre o investimento feito, com todos os custos daí decorrentes.

Numa perspectiva tanto de preço quanto de valor do investimento,[14] o fato das cotas de um FII serem potencialmente negociadas em mercados secundários é poderoso a favor do investidor. Afinal, a qualquer momento em que um dado investidor pretenda saber a que preço ele poderá entrar ou sair de um investimento em um dado FII, ele terá condições de fazê-lo de forma muito simples e rápida.

Mas não apenas isso: os fundos de investimento imobiliário estão sujeitos a uma regulamentação da CVM que não apenas dita os aspectos operacionais de funcionamento do produto e as principais responsabilidades dos prestadores

---

14. Numa icônica frase atribuída ao investidor Warren Buffet, "preço é o quanto você paga por um investimento. Valor é o que você recebe".

de serviço envolvidos. Essa regulamentação também disciplina as questões contábeis do produto. Ou seja, a forma de identificar, mensurar e divulgar todas as informações relacionadas aos ativos, passivos, receitas e despesas do fundo em bases permanentes. E, dessa forma e inclusive, também a obrigação de elaboração e publicação de demonstrações contábeis anuais que indicarão, dentre diversas outras variáveis, qual é o valor justo dos investimentos do fundo e, por consequência, da cota do FII.

Além dessa transparência sobre preços e valor, não custa relembrar que essa mesma regulamentação dispõe sobre um regime informacional associado à estratégia do fundo que garante grande visibilidade ao investidor sobre aquilo em que o gestor do FII efetivamente investe, e como cada um desses investimentos vem se comportando ao longo do tempo. Para quem investe diretamente em empreendimentos esse *accountability* também é possível, como já foi explorado aqui, mas às custas e na forma estabelecida pelo próprio investidor.

No caso dos fundos de investimento, uma vantagem notável de um regime informacional pré-estabelecido e regulado é a possibilidade de comparação do desempenho de diferentes investimentos feitos no segmento. Afinal, se essa divulgação segue qualquer nível de padrão, passa a ser possível entender por que um FII vem rendendo mais do que um outro de similar estratégia, e assim avaliar se o *trade off* de risco e retorno entre eles é vantajoso ou não, o que pode levar esse investidor a rebalanceamentos de sua carteira a qualquer tempo, por exemplo.

Um último componente de transparência que deve ser atribuído aos fundos de investimento imobiliário diz respeito à clareza, estabelecida nos seus documentos constitutivos, sobre seu *mandato*.

De fato, é uma obrigação regulatória que esses fundos estabeleçam com clareza e completude qual é a estratégia de investimentos que ele irá perseguir. Ou seja, quais serão os tipos de empreendimentos ou ativos, conforme o caso, que o FII poderá adquirir e em que condições. Isso dá, ao cotista do fundo, um nível de visibilidade sobre os tipos de riscos em que ele poderá incorrer, na prática, que é muito importante para qualquer tomada de decisão de investir naquele produto ou de manter nele seus recursos.

Profissionalização

Outro elemento que pode passar despercebido ao se comparar o investimento direto em projetos imobiliários com aqueles via FII é a da presença de um gestor profissional, dedicado exclusivamente àquela tarefa, no âmbito das decisões de investimento que o fundo fará ao longo de sua existência e em linha com o mandato estabelecido em seus documentos.

Para certos tipos de fundos imobiliários, como no caso dos "FII de papel"[15] com carteira diversificada ou no "FII de compra e venda",[16] parece bastante claro o valor que a existência de um prestador de serviços profissionais pode agregar ao cotista final.

Mas isso também é bastante verdade no caso de fundos de investimento imobiliários que lidam com um projeto específico em carteira, em particular naqueles com propósito de incorporação.[17] Afora o próprio nível de especialização exigido na própria operação de incorporação imobiliária, algo nada viável de ser tocado, ainda que em regime compartilhado, por um investidor de menor porte, não raro essas operações de incorporação contam com complexas estruturas jurídicas e operacionais[18] que demandam alta expertise e nível de investimento e comprometimento na origem, demandando a atuação de profissionais gabaritados.

b. Certificados de recebíveis imobiliários (CRI)

Os certificados de recebíveis, por seu turno, representam uma modalidade de operação de securitização no mercado de capitais, ao lado dos fundos de investimento em direitos creditórios, que buscam antecipar recursos a empresas e negócios de diferentes segmentos econômicos mediante a cessão, em troca, de direitos creditórios de que sejam detentores.

O marco legal dos certificados de recebíveis, assim como das companhias securitizadoras que os emitem, é a Lei 14.430, de 3 de agosto de 2022. Já a disciplina específica dos certificados de recebíveis imobiliários (CRI), que se destinam a financiar empreendimentos desse segmento e conta com incentivo fiscal para seus investidores,[19] está prevista na Lei 9.514/97.

Mas o que é uma "securitização"? Segundo o artigo 18, parágrafo único, da já referida Lei 14.430, no âmbito de um certificado de recebíveis ela é a "operação de aquisição de direitos creditórios para lastrear a emissão de Certificados de

---

15. Para fins deste capítulo, podemos definir os "FII de papel" como aqueles dedicados à aquisição não diretamente de empreendimentos imobiliários, mas sim de ativos financeiros específicos do segmento, como cotas de outros FII, CRI, LCI, LH e CCI, por exemplo.

16. Da mesma forma, consideramos como "FII de compra e venda" aqueles que têm por estratégia buscar retornos aos seus investidores com uma estratégia de busca de oportunidades de compra e de venda de imóveis no mercado, seja contribuindo ou não com sua valorização, enquanto mantido na carteira, com intervenções (obras, reformas, construção de benfeitorias etc.).

17. Podemos denominar como "FII de incorporação" aqueles que têm por objetivo a captação de recursos de cotistas por meio de uma oferta pública de cotas para o uso dos recursos com o fim específico de promover a incorporação imobiliária de um projeto qualquer. Alguns projetos de incorporação bastante vistos em FII do mercado são os de shopping centers, de galpões logísticos e de lajes corporativas.

18. Como alguns exemplos dignos de nota, podemos citar as operações de *sale and lease back, built to suit, bulk sale* ou a previsão de seguros ou outros mecanismos de compartilhamento de riscos, as permutas físicas ou financeiras, ou garantias atípicas ao projeto de incorporação.

19. Artigo 3º, II, da Lei 11.033, de 21 de dezembro de 2004.

Recebíveis ou outros títulos e valores mobiliários perante investidores, cujo pagamento é primariamente condicionado ao recebimento de recursos dos direitos creditórios e dos demais bens, direitos e garantias que o lastreiam".

Assim, vejam que, diante do conceito legal, a securitização pode ser entendida como uma operação de transformação de um conjunto de ativos (direitos creditórios e seus adjacentes) não qualificado como um valor mobiliário num outro ativo (os certificados de recebíveis propriamente falando ou outros que porventura venham a possuir a mesma natureza) que é assim qualificado. Por isso, então, do uso do termo "securitização": um anglicismo que se vale da tradução, para a língua inglesa, do termo "valores mobiliários" (qual seja, *securities*).

Assim, os elementos essenciais de uma securitização são, nos termos da lei: (1) o uso, como ativos lastro, de direitos creditórios; (2) a estruturação, como resultado da operação, de certificados de recebíveis; e (3) a natureza de um ativo de renda fixa atribuído a esse certificado, dado que seu pagamento é condicionado ao recebimento de recursos dos direitos creditórios lastro, que são na essência ativos de renda fixa.

Isso não significa dizer que o pagamento devido pelos certificados de recebíveis corresponde com exatidão aos valores recebidos pela liquidação de seu lastro. Isso porque os certificados de recebíveis costumam contar com mecanismos usualmente denominados como "reforços de crédito", que procuram atribuir ao certificado um nível de qualidade creditícia geral superior ao visto nos ativos de lastro. Claro que, como contrapartida, esses reforços de crédito podem consumir parte da rentabilidade projetada para esses direitos creditórios de lastro.

Não há espaço neste capítulo para detalhar o funcionamento de cada um dos mecanismos de reforço de crédito existentes em veículos de securitização, mas ao menos o mais comum deles é importante destacar e detalhar, qual seja, o mecanismo de subordinação.

Segundo o mecanismo, para uma determinada emissão de certificados de recebíveis são previstas ao menos duas séries distintas, uma qualificada como *sênior* e a outra, como *junior* ou subordinada, justamente porque se subordina à sênior.

A lógica é que a cota sênior oferecerá uma rentabilidade alvo qualquer (em geral um pouco inferior à rentabilidade projetada pelos ativos lastro do certificado) aos cotistas, e a cota subordinada absorve esse *up side* de rentabilidade, a troco de também absorver as primeiras perdas de crédito da carteira lastro. Assim, é uma série de certificados bem mais volátil do que a sênior, já que está sujeita antes da outra aos riscos de inadimplência da carteira. Em geral, as cotas seniores apenas passam a ser impactadas quando todo o valor das cotas subordinadas é então consumido pelas perdas da carteira.

Por ser um tipo de certificado mais arriscado e volátil, é comum que seus detentores sejam investidores diretamente interessados no sucesso da colocação do produto em mercado, dos quais o exemplo preponderante é o dos próprios cedentes dos direitos creditórios que servem de lastro aos certificados.

Além desse mecanismo, podemos citar como outros exemplos comuns de reforço de crédito os de (i) coobrigação do cedente, (ii) sobrecolateralização de direitos creditórios, (iii) seguros de crédito, (iv) obrigações de recompra e (v) obrigações de substituição de direitos creditórios.

Na perspectiva dos direitos creditórios, diversas classificações são possíveis, mas uma nos interessa expor aqui, em especial: se o direito creditório é *performado* ou *não performado*.

O direito creditório performado apto a constar em um CRI pode ser definido como aquele originário de uma operação de natureza imobiliária que já foi liquidada, ou seja, cujo imóvel envolvido numa operação de compra e venda financiada, por exemplo, já foi entregue ao comprador.

Já o direito creditório não performado em um CRI seria aquele também originário de uma operação do mercado imobiliário, mas que ainda não foi liquidada, ainda que emergente de um vínculo contratual já existente. Um exemplo possível seria o de um shopping center que pretenda financiar uma expansão e, para isso, antecipe recursos que ainda serão recebidos de aluguéis devidos por locatários das instalações existentes. Veja-se que os meses de competência desses aluguéis ainda não foram sequer fruídos, mas existe um contrato de locação que dá base a essa expectativa de recebimento.

A caracterização dos direitos creditórios como performados é importante, por exemplo, para determinar a que público pode ser oferecido um determinado CRI: se a oferta é para o público em geral, é obrigatório que esses direitos creditórios sejam performados.[20]

De toda forma, já fica bem nítido o quanto a emissão de certificados de recebíveis imobiliários podem alavancar o crescimento do mercado imobiliário e viabilizar diversas operações, notadamente sob uma dinâmica distinta da vista nos fundos de investimento imobiliário: conquanto nos FII se busca captar recursos para a incorporação de um projeto imobiliário, nos CRI se realiza a antecipação de direitos a receber por parte de um dado cedente do segmento imobiliário (ou

---

20. Artigo 7º, II, da Resolução CVM 60, que regulamenta as companhias securitizadoras e suas emissões no mercado de capitais.

que seja detentor de um ativo ou direito de natureza imobiliária)[21] para financiamento de suas operações.

Outra distinção importante é que os FII, em geral, são considerados como títulos de renda variável, estando expostos, inclusive, ao fator de risco de oscilações de valor das cotas nos mercados secundários em que são negociados. Já o valor dos CRI não costuma oscilar tanto, apresentando comportamento mais típico de um ativo de renda fixa, ainda que possam - e muitas vezes sejam - negociados em mercados regulamentados de balcão. O principal fator de risco desse último tipo de título é o risco de inadimplência dos direitos creditórios lastro da carteira, e a remuneração, em geral baseada num dado *benchmark* (CDI, IPCA, SELIC e taxas pré-fixadas são os parâmetros de referência mais comuns).

Quanto à importância dos CRI no contexto do mercado de capitais e do mercado imobiliário, vale destacar que, de acordo com os dados apresentados pela CVM,[22] o estoque de CRI ainda ativos no mercado correspondia a um volume de cerca de R$ 210 bilhões. Ainda que seja um montante um pouco menor do que o visto para os fundos de investimento imobiliário, também é um montante bastante representativo, em particular se for considerado que o produto cumpre um propósito mais específico e focado de antecipação de um fluxo de recebíveis que as empresas do segmento possam pretender antecipar, em troca de sua cessão por caixa disponível para alavancar suas atividades.

Não há como, em relação aos certificados de recebíveis imobiliários, destacar eventuais vantagens em relação a um suposto investimento direto por parte de um investidor, já que, como visto, um investidor médio não teria acesso à compra dos direitos creditórios que costumam visitar a carteira desses certificados. Assim, neste aspecto específico, o que se pode atribuir ao mercado de capitais é a possibilidade, aqui existente, de exposição por parte de um investidor a um tipo de estratégia e produto que, não fosse esse mercado, sequer constaria no cardápio de alternativas desse investidor.

---

21. Na verdade, a qualificação do que pode ser considerado elegível a compor o lastro de um CRI envolve uma discussão longa, complexa e que evoluiu e mudou de forma considerável ao longo do tempo no âmbito da CVM, que vem decidindo a respeito com base em casos concretos que lhe são levados conhecimento. Em datas mais recentes, também o Conselho Monetário Nacional (CMN) começou a se manifestar a respeito por meio de suas Resoluções. Nada isso está no escopo deste capítulo explorar.

22. Disponível em: https://www.gov.br/cvm/pt-br/centrais-de-conteudo/publicacoes/boletins/boletim-economico/cvm_boletim_economico_102.pdf/view. Boletim Econômico 102, referente ao 2º trimestre de 2024.

c. Listagem de companhias na B3

Outra alternativa utilizada pelos empreendedores do mercado imobiliário para captar recursos de investidores no mercado de capitais e, assim, financiar suas atividades, é a abertura do capital[23] de empresas que atuem no segmento.

Podemos adotar, como referência para determinar que companhias abertas registradas na CVM pertencem ao segmento imobiliário, a metodologia do índice IMOB,[24] mantido pela Brasil Bolsa e Balcão S/A (B3), que busca ser um "indicador do desempenho médio das cotações dos ativos de maior negociabilidade e representatividade dos setores da atividade imobiliária", assim compreendidos como aquelas que lidem com a "exploração de imóveis e construção civil".

Em suma, dado que o índice considera todas as ações de companhias abertas registradas na B3 que possuam um certo grau mínimo de liquidez de negociação e porte, é possível assumir que sua carteira teórica[25] representará, com boa fidelidade, o universo de companhias abertas relevantes desse segmento no mercado de capitais.

No momento, as companhias abertas incluídas no índice, e assim, representadas em sua carteira teórica com as respectivas participações calculadas pela aplicação da metodologia do índice, são as que seguem (excluídas aquelas com participação inferior a 1% no índice):

Ação	Part. (%)	Valor de mercado aproximado
Allos	19,843	R$ 12 bilhões
Cury	6,931	R$ 7 bilhões
Cyrela Realty	12,128	R$ 8 bilhões
Direcional	7,239	R$ 5 bilhões
Even	2,706	R$ 1 bilhão
Eztec	2,848	R$ 3 bilhões
Iguatemi	9,904	R$ 6 bilhões
JHSF Part	2,796	R$ 3 bilhões

---

23. Essa possibilidade é regulada pela Resolução CVM 80, no que tange ao registro de uma companhia aberta, conforme disciplinada pela Lei 6.404, de 15 de dezembro de 1976, na CVM; e pela Resolução CVM 160, que trata da oferta pública inicial (também denominada como *Initial Public Offering* ou "IPO") das ações da companhia ao mercado.

24. Disponível em: https://www.b3.com.br/data/files/A5/44/90/B6/49E615107623A41592D828A8/IMOB-Metodologia-pt-br.pdf. Acesso em: 09 set. 2024.

25. Podemos definir como "carteira teórica" de um índice de mercado qualquer a representação dos ativos componentes de um determinado índice e seus respectivos percentuais de participação, apurados de acordo com a aplicação de sua metodologia, em um dado momento.

Ação	Part. (%)	Valor de mercado aproximado
Allos	19,843	R$ 12 bilhões
Lavvi	1,338	R$ 2 bilhões
Log Commercial	2,506	R$ 2 bilhões
Moura Dubeux	1,712	R$ 1 bilhão
MRV	6,009	R$ 4 bilhões
Multiplan	17,545	R$ 15 bilhões
Planoeplano	1,431	R$ 3 bilhões
Tenda	3,407	R$ 2 bilhões
Total:		**R$ 74 bilhões**

Fonte: B3. Carteira teórica em 9/9/2024.

Como se vê, temos um total superior a 15 companhias do setor imobiliário que remontam a um valor de mercado superior a R$ 74 bilhões que recorreram ao mercado de capitais, através da emissão recorrente de valores mobiliários, como ações[26] ou debêntures,[27] para financiar suas atividades imobiliárias.

4. CONCLUSÃO

Como já se viu, são diversas as alternativas disponíveis ao mercado imobiliário e seus empreendedores no mercado de capitais que já se prestam a financiar as atividades e projetos do segmento, remontando já a um montante aproximado de mais de R$ 600 bilhões envolvidos nas suas mais diferentes formas, como visto acima.

Isso não significa dizer que o mercado de capitais já tenha esgotado as possibilidades de financiamento desse segmento tão importante para a economia doméstica.

Isso se percebe, por exemplo, quando nos debruçamos sobre o tamanho do mercado de capitais dedicado aos mercados imobiliários em outras jurisdições. No mercado americano, por exemplo, estima-se que sejam emitidos produtos de securitização imobiliária, em suas diversas modalidades (ABS, CLO, RMBS

---

26. Títulos representativos de propriedade de uma fração da companhia. Quando essa companhia é aberta e registrada na CVM e B3, essas ações são admitidas à negociação no ambiente de bolsa dessa entidade administradora de mercado regulamentado.

27. Títulos de crédito privado, também emitidos por companhias abertas, admitidos à negociação em mercados secundários de balcão.

e CMBS) em montantes que variam entre US$ 400 bilhões e US$ 500 bilhões, ou seja, mais de R$ 2 trilhões emitidos anualmente.[28]

Na Europa, por seu lado, há notícias de que apenas os 20 maiores gestores de fundos imobiliários da região (lá, denominados como *Real Estate Funds*) sejam responsáveis pela gestão de um montante de cerca de US$ 800 bilhões, ou mais de R$ 4 trilhões.[29]

São números muito relevantes, que demonstram de forma cabal o que o mercado de capitais brasileiro ainda pode atingir em termos de canal para o financiamento do mercado imobiliário nacional, podendo alcançar, inclusive e como visto nessas demais jurisdições mais desenvolvidas, o *status* de principal meio de captação de recursos para o segmento.

Para que se chegue nesse objetivo, é necessário, de um lado, que empreendedores imobiliários de fato passem por um processo de melhor conhecimento das ferramentas disponíveis no mercado de capitais para referido financiamento, para buscar nesses instrumentos caminhos viáveis e mais baratos para fomentar suas ideias e projetos, em particular quando pertencentes a subsegmentos que já não sejam contemplados por mecanismos de incentivo governamental como o SBPE ou o FGTS.

Ainda, de outro lado, também cabe um maior aculturamento do investidor brasileiro, que em sua grande maioria e a despeito do crescimento vertiginoso experimentado nos últimos anos,[30] ainda conhece muito pouco das possibilidades de investimento e diversificação que os produtos de mercado de capitais, inclusive e especialmente aqui os do segmento imobiliário, podem oferecer para a consolidação de uma performance que possa refletir o maior potencial existente de um mercado de capitais pujante: a possibilidade de democratizar a geração de riqueza proveniente do capital.

---

28. Disponível em: https://www.spglobal.com/ratings/en/research/articles/210601-sf-credit-brief-some-54-billion-of-u-s-securitization-issuance-in-may-2021-270-billion-ytd-up-over-60-ye-11984076. Acesso em: 10 set. 2024.

29. Disponível em: https://www.statista.com/statistics/984667/leading-real-estate-investment-managers-ranked-assets-under-management/#:~:text=The%20top%2020%20real%20estate%20management%20companies%20held,for%20approximately%2094%20billion%20U.S.%20dollars%20in%20AUM. Acesso em: 10 set. 2024.

30. Disponível em: https://www.b3.com.br/pt_br/market-data-e-indices/servicos-de-dados/market-data/consultas/ mercado-a-vista/perfil-pessoas-fisicas/perfil-pessoa-fisica/. Acesso em: 10 set. 2024.

HOLDING FAMILIAR PATRIMONIAL NO MERCADO IMOBILIÁRIO: UMA ANÁLISE CRÍTICA SOBRE AS VANTAGENS E DESVANTAGENS

Daniel Morcillo Soares

Pós-graduado em Direito Empresarial e especializado em Direito Imobiliário e Sucessório, com ênfase em Planejamento Patrimonial e Sucessório. Corretor de Imóveis. Sócio Administrador da DCS Assessoria Imobiliária e da Morcillo & Soares Sociedade de Advogados. Advogado.

Sumário: 1. Introdução – 2. A *holding* familiar patrimonial – 3. Por que constituir uma *holding* familiar? – 4. A *holding* familiar com atividade imobiliária – 5. Conclusão – 6. Referências.

1. INTRODUÇÃO

No dinâmico cenário do mercado imobiliário, a busca por estratégias eficientes e inovadoras deve ser constante. Uma das abordagens que têm ganhado destaque é o uso de holdings familiares como uma ferramenta para gerenciar o património e os investimentos imobiliários.

Equivocadamente, entretanto, a holding familiar vem sendo propagada, principalmente nas redes sociais, como o novo grande milagre do mercado para os proprietários pagarem menos impostos na compra, venda e locação de imóveis, ainda com a vantagem de evitar as despesas de um futuro inventário.

Mas afinal, o que é holding familiar patrimonial? Será que essa ferramenta é realmente a tábua de salvação para redução dos impostos daquela pessoa que acumulou sua riqueza imobiliária ao longo da vida? Por que a busca pela constituição de holdings para compra, venda e locação de imóveis vem crescendo tanto no Brasil? Será que essa ferramenta vem sendo utilizada da maneira correta e de acordo com o verdadeiro fim a que se presta?

É verdade que esta forma de organização pode sim oferecer uma série de vantagens, como veremos mais adiante, mas também apresenta enormes desafios, despesas e algumas armadilhas que podem, ao revés, aumentar o custo operacional na atividade imobiliária, como veremos mais adiante. Por isso, a banalização da holding deve ser vista com alerta pela sociedade.

É importante ressaltar que não pretendo esgotar um tema tão complexo como a Holding em tão poucas páginas; e tampouco pretendo incentivar ou desincentivar a criação do sistema.

Na verdade, o propósito desse artigo é fazer uma análise crítica do uso desse instrumento jurídico no mercado imobiliário, para que as pessoas tenham cautela e analisem com acuidade a real necessidade de constituir um sistema empresarial complexo no seio de sua família. Afinal de contas, depois de constituída a empresa, os membros da família se tornarão sócios entre si, será necessário realizar contratos sociais, manter escrituração contábil, firmar acordo de quotistas (na verdade, entre os herdeiros), conta bancária separada da conta pessoal a fim de evitar confusão patrimonial, além de outras providências.

Buscaremos explorar de forma simples, objetiva e direta, não apenas as vantagens e os benefícios econômicos da criação do sistema de holding, mas também, com muita sinceridade, ressaltar as desvantagens, as limitações e os desafios das holdings familiares no contexto do mercado imobiliário, para que os riscos sejam criteriosamente sopesados pelo detentor do patrimônio.

Portanto, nesse momento, preciso fazer um alerta que pode desagradar a muitos dos leitores: o sistema de Holding Familiar não é para todos! É preciso desmistificar a máxima que vem se propagando na internet de que "basta ser proprietário de bens imóveis e ter herdeiros para justificar a criação da *holding*". Nem sempre essa máxima é verdadeira. -

Em muitos casos, o uso das ferramentas tradicionais, tais como: inventário extrajudicial com a provisão de reserva financeira num plano de previdência VGBL ou seguro de vida; testamento; doação direta, com reserva de usufruto, com o correto manejo de cláusulas especiais de direito de acrescer, reversão, inalienabilidade, impenhorabilidade; alteração do estado civil; ou, até mesmo a venda do imóvel com pagamento de imposto de renda sobre o ganho de capital tributado na pessoa física, podem ser mais eficientes e economicamente interessantes do que a constituição da holding.

Não há uma "receita de bolo", uma fórmula mágica ou um padrão a ser seguido para constituição da Holding Familiar. Na verdade, a holding é uma "roupa sob medida" que deve ser finamente ajustada à realidade de cada família.

Infelizmente, não é raro vermos muitos "*vendedores de holding*" no mercado, brincando irresponsavelmente com o patrimônio das pessoas, construído à base de muito suor e lágrimas ao longo de toda uma vida, causando enorme prejuízo às famílias, o que afeta de forma negativa àqueles que tratam o planejamento patrimonial e sucessório de forma séria e responsável.

2. A *HOLDING* FAMILIAR PATRIMONIAL

O foco desse trabalho é a análise da utilização da holding como ferramenta para o mercado imobiliário, mas, para tanto, precisamos entender o próprio instituto.

HOLDING FAMILIAR PATRIMONIAL **89**

Não existe uma Lei específica que defina expressamente e disponha sobre regras legais especiais para constituição da holding.

Holding, em sentido estrito, pode ser definida como um sistema societário que visa à criação de uma pessoa jurídica, cujo objeto social é a participação societária em outras pessoas jurídicas, devendo utilizar o CNAE 6462-0/00,[1] referente a *"Holdings de instituições não financeiras"*.

A base legal de sua constituição encontra guarida no § 3º, do art. 2º, da Lei de Sociedades Anônimas (Lei 6404/76), que estabelece:

> Art. 2º Pode ser objeto da companhia qualquer empresa de fim lucrativo, não contrário à lei, à ordem pública e aos bons costumes.
>
> § 3º *A companhia pode ter por objeto participar de outras sociedades*; ainda que não prevista no estatuto, a participação é facultada como meio de realizar o objeto social, ou para beneficiar-se de incentivos fiscais.

Repare que a Lei não faz qualquer restrição a quem pode figurar no quadro societário, nem às atividades desenvolvidas pelas sociedades que compõem o sistema de holding. Logo, desde que lícito o objeto social, não há nenhum tipo de vedação para a constituição de holdings no Brasil.

Repare, portanto, que holding não é um tipo societário em si, mas um sistema de participação de sociedades em outras sociedades.

Qualifica-se como holding *"pura"* quando o objeto social é somente a participação no capital de outras sociedades, isto é, uma empresa que tem como única atividade manter ações ou quotas de outras sociedades; e *"mista"* quando, além da atividade de participação societária, também exerce a exploração de alguma outra atividade empresarial, serviços ou compra e venda e aluguéis de imóveis, por exemplo.

Quando uma ou mais pessoas constituem uma ou mais sociedades para, assim, distribuírem seus bens imóveis entre elas, conforme uma arquitetura planejada para otimizar as respectivas relações patrimoniais, seja para compra, venda ou locação, costuma-se chamar de *"Holding* Patrimonial" ou *"Holding* Imobiliária".

Quando esse sistema societário é criado com integrantes de uma mesma família compondo essa estrutura societária, seja para atender às necessidades específicas do grupo familiar (exemplo: um filho fora do casamento), seja para proteção do patrimônio da família das atividades de risco desenvolvidas pelo

---

1. "A sigla CNAE significa Classificação Nacional das Atividades Econômicas. É o instrumento de padronização nacional por meio dos códigos de atividade econômica e dos critérios de enquadramento utilizados pelos diversos órgãos da Administração Tributária do país". (Disponível em: https://www. gov.br/empresas-e-negocios/pt-br/empreendedor/perguntas-frequentes/cadastur/o-que-e-cnae).

proprietário dos bens, seja visando um planejamento sucessório com eficiência tributária, a esse sistema o mercado costuma dar o nome de *"Holding Familiar"*.

Todavia, popularmente, tem-se utilizado esse mesmo termo, *"Holding Familiar Patrimonial"*, para qualificar aquela única sociedade criada apenas para consolidar e gerenciar os ativos imobiliários de uma família, incluindo propriedades residenciais, comerciais e investimentos, visando, principalmente, eficiência tributária e planejamento sucessório, sem que necessariamente tenham participações em outras sociedades, mas apenas atividades imobiliárias de imóveis próprios, seja para "compra e venda de imóveis próprios" (CNAE 6810-2/01) ou "aluguel de imóveis próprios" (CNAE 6810-2/02).

Sobre esse coloquialismo da utilização do termo Holding para designar apenas a pessoa jurídica detentora de direitos patrimoniais, vale destacar a lição do Professor Gladston Mamede:[2]

> Um equívoco comum é compreender o que o mercado e a comunidade geral chamam de holding como sendo uma sociedade de participação societária, ou seja, uma holding em sentido estrito. *O que se chama de holding na linguagem coloquial é uma pessoa jurídica que é constituída para se tornar titular de direitos e deveres em substituição a pessoas naturais* (pessoas físicas).
>
> [...]
>
> O mercado e a sociedade em geral referem-se a holding para traduzir uma realidade diversa ou, para ser mais fiel ao nicho, uma ferramenta – ou mesmo um mecanismo – jurídico com finalidade próxima, embora diversa: não apenas deter participação em outra(s) sociedade(s), mas deter bens e direitos de outras naturezas. *To hold*, em inglês, traduz-se por segurar, deter, sustentar, entre ideias afins. Holding traduz-se não apenas como ato de segurar, deter, ..., mas como domínio.
>
> [...]
>
> *Holding (ou holding company), em sentido estrito, é uma sociedade que detém participação societária em outra ou de outras sociedades, tenha sido constituída exclusivamente para isso (sociedade de participação). Em sentido largo, é uma sociedade patrimonial, ou seja, pessoa jurídica constituída para ser a titular de um patrimônio.*

Isso não significa dizer que instituir um sistema de holding familiar seja simplesmente criar uma pessoa jurídica e integralizar[3] todo o patrimônio da família, o que vulgarmente chamam de *"pejotizar o patrimônio"*.

---

2. MAMEDE, Gladston; MAMEDE, Eduarda. *Holding Familiar e Suas Vantagens*. 16. ed. São Paulo: Atlas, 2023. Vital Book file. p. 27-28.

3. Integralização, na explicação do professor Fabio Ulhoa Coelho: "Cada contratante assume, perante o outro, a obrigação de disponibilizar, de seu patrimônio, os recursos que considerar necessários ao negócio que vão explorar em parceria. Quer dizer, ele tem de cumprir o compromisso, contraído ao assinar o contrato social, de entregar para a sociedade, então constituída, o dinheiro, bem ou crédito, no montante contratado com os demais sócios. *Na linguagem própria do direito societário, cada sócio tem o dever de integralizar a quota do capital social que subscreveu*" (COELHO, Fábio Ulhoa. *Curso de Direito Comercial*. 13. ed. São Paulo: Saraiva, 2009. v. 2: Direito de Empresa, p. 409).

Na verdade, o momento da criação do sistema de holding é extremamente complexo, pois envolve questões multidisciplinares, não apenas relacionadas ao direito imobiliário, mas também afetas aos direitos de família, sucessões, civil, contratual, empresarial, tributário, além de técnicas avançadas de contabilidade.

Portanto, é extremamente recomendável que a análise de viabilidade e dos custos da estruturação do sistema seja realizada por advogado especialista no assunto, com o auxílio técnico de um contador (pois esse profissional será responsável por classificar contabilmente o bem dentro da sociedade de forma correta, efetuar os balanços mensais e acompanhar os impostos incidentes sobre a atividade desenvolvida pela empresa ao longo de sua existência).

Além do mais, não podemos olvidar que os membros da família passarão a ser sócios entre si, havendo, portanto, verdadeira alteração no regramento das relações jurídicas internas. Ou seja, irmãos, por exemplo, além de irmãos, passarão a ser sócios entre si e deverão observar os direitos e deveres que essa nova qualidade exige, obedecendo a certas formalidades impostas por lei. Nesse aspecto, vale novamente trazer os ensinamentos do ilustre Professor Gladston Mamede:[4]

> É impressionante. Sempre que o assunto holding familiar surge, toda atenção volta-se para duas questões predominantes: sucessão e tributo. São questões importantes, é claro. Mas não tanto. Ou melhor: mas não só. [...]
>
> O que mais deveria preocupar os envolvidos é a sociedade em si: *a constituição de uma holding familiar opera transformações na natureza das relações jurídicas e isso tem fortes implicações sobre os envolvidos. Os membros da família assumem a condição de sócios e suas relações entre si, bem como suas relações com terceiros, se concretizam segundo tal baliza.* E, sim, quando esse processo é mal conduzido – nomeadamente a condução leviana que, infelizmente, é comezinha –, pode-se chegar a um cenário de guerra. Sim! Uma família pode se destruir ou, preferindo, pode se implodir como resultado de um processo de pejotização, com o perdão do neologismo reiterado. O equipamento jurídico e seu funcionamento podem retirar algumas pessoas de sua zona de conforto, resultando em fratura nas cadeias interpessoais, o que dá margem à eclosão de desconfianças, ressentimentos, conflitos. *Na condição de arquiteto desse avanço tecnológico, o advogado deve prever a possibilidade de turbulências e atuar para que haja uma prevenção orgânica: aportes regulares de informações, atenção e resposta para eventuais dúvidas e resistências, resolver problemas que podem resultar de coisas simples como desinformação, medo, baixa capacidade analítica. Ele é o artífice que lidera o processo e deve aprender a olhar as pessoas e revelar compreensão, além de agilidade para ajudar.*

Mais uma vez, ressalto que não estou desincentivando a criação da Holding. Pelo contrário. A análise crítica, como propõe o título do artigo, obriga a destacar questões que muitas vezes passam despercebidas e causam problemas no futuro. Por isso, destaco que o momento da constituição do sistema de Holding envolve

---

4. MAMEDE, Gladston, MAMEDE, Eduarda. *Holding Familiar e Suas Vantagens*. 16. ed. São Paulo: Atlas, 2023. Vital Book file. p. 241.

detalhes que devem ser amplamente debatidos entre a família, com o auxílio e participação de um advogado especializado e do contador. A omissão ou o desconhecimento de fatos relevantes podem trazer prejuízos futuros para o patriarca e seus herdeiros.

Por outro lado, é bem verdade que não raro os herdeiros acabam brigando durante a disputa dos bens do inventário. Com a holding, o patriarca ao menos possui a chance de aperfeiçoar os detalhes e planejar sua sucessão ainda em vida, preservando a harmonia familiar.

3. POR QUE CONSTITUIR UMA *HOLDING* FAMILIAR?

Ora, se a constituição do sistema é tão complexa e envolve custos com advogados, contadores, escrituração contábil, fiscalização da Fazenda no correto recolhimento dos impostos, apresentação de certidões, registro na Junta Comercial e nos cartórios de Registro de Imóveis, criação de CNPJ, elaboração de acordos entre os sócios-herdeiros, e demais providências, *porque, então, seria interessante constituir uma holding familiar?*

Os mais diversos fatores podem levar uma pessoa a constituir um sistema de holding patrimonial, a depender da situação fático-jurídica da família, como por exemplo: a existência de filhos fora do casamento; o seu regime de bens de casamento; a atividade econômica desenvolvida pelo interessado; a quantidade de imóveis que a família possui; a destinação destes imóveis, ou seja, se serão usados para moradia da própria família, ou para investimento em locação, ou compra e venda; a análise de ganho de capital numa eventual venda; o interesse dos pais em antecipar uma partilha para seus filhos em vida; a análise dos custos de um inventário futuro; a incerteza do cenário político-econômico quanto à carga tributária futura; preocupação com aumento de impostos; preservação de cadeia de comando dos negócios da família, dentre outros.

Vê-se, portanto, que os interesses na constituição do sistema de holding são variados e não necessariamente passam pela economia tributária na compra, venda e locação de imóveis.

Mas, então, por que a Holding Familiar vem chamando a atenção dos proprietários e investidores, transformando-a numa tendência do mercado imobiliário? Vamos nos aprofundar um pouco em alguns dos principais motivos.

a) Planejamento Sucessório quanto à previsibilidade de uma partilha em vida

A holding familiar pode ser uma ferramenta muito eficaz para aqueles que buscam fazer um planejamento patrimonial e sucessório, permitindo que os patriarcas da família transfiram a propriedade e o controle dos ativos imobiliários de forma estruturada para a Holding e, ato contínuo, façam a doação aos seus herdeiros e sucessores das cotas desta nova sociedade (e não mais dos imóveis em si), com reserva de usufruto vitalício.

Se difundiu na internet e nas redes sociais *slogans* sensacionalistas afirmando que bastaria criar uma holding para evitar o inventário; que seus filhos ficariam mais pobres e até que seriam rebaixados de classe social se tiverem de passar por um processo de inventário, ... Mas, na verdade, a maior vantagem de todo e qualquer planejamento sucessório é a previsibilidade da partilha ainda em vida, aliada à maior eficiência tributária, de modo que seus herdeiros não tenham de desembolsar o pagamento de novos impostos, vez que já anteriormente pagos ou reservados pelo patriarca.

Há diversas ferramentas jurídicas para se planejar a sucessão. A holding é apenas uma delas.

Fato é que, ao centralizar os ativos imobiliários em uma única entidade, a holding familiar, facilita-se a gestão e a tomada de decisões sobre esses ativos. Isso pode simplificar o processo de transição do patrimônio familiar para as próximas gerações, além de permitir, por exemplo, que um determinado filho, mais hábil na atividade empresarial desenvolvida pelo patriarca, dê sequência ao negócio da família, fazendo dele o seu sucessor.

Uma vez transferidos os bens da pessoa física para a pessoa jurídica, esses bens passam a integrar o patrimônio da Holding. A pessoa física passa a não ter mais a propriedade de bens imóveis, mas sim de quotas, que são bens móveis.

O planejamento sucessório envolvendo a criação de holdings consiste em fazer a doação dessas quotas sociais para os herdeiros (ou não herdeiros, a depender do caso), reservando para si o usufruto vitalício sobre elas, estabelecendo condições ou encargos, acrescentando algumas cláusulas especiais ou restritivas (por exemplo: incomunicabilidade, inalienabilidade e impenhorabilidade), criando regras de governança corporativa, tudo de modo a preservar administração e todos os direitos políticos da sociedade, enquanto vivo.

É possível, por exemplo, estabelecer cláusula de reversão[5] (art. 547 Código Civil), prevendo que, se o filho (donatário) falecer antes do pai (doador), as quotas retornem à propriedade deste, excluindo esse bem da herança daquele.

---

5. "Uma vez doado, o bem ingressa no patrimônio do donatário, só retornando ao do doador se a doação for anulada/revogada. Com o falecimento do donatário, o bem seguirá rumo aos herdeiros como se faz em qualquer sucessão, salvo se o doador estabeleceu no contrato uma cláusula de reversão (art. 547 CC). O bem é excluído da herança do donatário e retorna ao doador." (ARECHAVALA, Luis. *Alienação de imóveis*: manual de compra e venda, permuta e doação. Rio de Janeiro: Lumen Juris, 2023. p. 149)

Os membros da família, que passam a ser sócios, podem estabelecer políticas e diretrizes claras para a gestão desses ativos imobiliários, garantindo uma abordagem consistente e alinhada aos objetivos familiares de longo prazo, realizando acordo de quotistas (na realidade, entre os herdeiros) sobre a utilização e destinação futura dos bens, por exemplo.

Além do mais, como os bens *imóveis* se transformaram em quotas sociais, bens *móveis*, pode ser mais fácil a divisão entre os herdeiros, ou contemplar, por exemplo, um filho fora do casamento, ou a companheira de longa data que, a princípio, não teria direito à herança, ou um irmão que por algum motivo sempre foi seu dependente econômico ao longo da vida.

Lembrando sempre, obviamente, que não se pode prejudicar a meação do cônjuge nem a legítima, que é a parte dos bens da herança (metade) que cabe exclusivamente aos herdeiros necessários, prevista no art. 1.846 do Código Civil,[6] sob pena de nulidade.

b) Planejamento Sucessório quanto à economia tributária em relação ao inventário

Uma das maiores preocupações daquelas pessoas que acumularam riqueza ao longo da vida, principalmente imóveis, é a passagem desses ativos para as gerações futuras após sua morte. Essa preocupação é justa e legítima, principalmente porque sabem dos elevados custos de um processo de inventário e o impacto dos impostos incidentes sobre a transferência do patrimônio no Brasil.

Uma das formas mais básicas de planejamento sucessório é reservar um capital suficiente para que seus herdeiros possam fazer frente às despesas do inventário. Todavia, se esse dinheiro estiver aplicado em investimentos, ações, conta corrente ou mesmo poupança, os herdeiros não poderão utilizá-lo, tendo em vista que somente poderão movimentá-lo após partilha através do processo judicial ou extrajudicial de inventário. É necessário que esse capital reservado esteja livre do processo de partilha.

Recentemente, o Conselho Nacional de Justiça passou a permitir que o inventariante nomeado através da escritura prévia possa ter acesso a informações bancárias e fiscais, bem como levantar quantias para pagamento dos emolumentos e do Imposto devido no Inventário extrajudicial. Mas esse valor levantado compõe o monte e será tributado.

---

6. Art. 1.846. Código Civil: Pertence aos herdeiros necessários, de pleno direito, a metade dos bens da herança, constituindo a legítima.

Então, os pais mais zelosos, normalmente aqueles que possuem maior acesso à informação, aplicam parte do seu patrimônio num seguro de vida ou num plano de previdência VGBL (Vida Gerador de Benefício Livre), justamente pensando nesse momento. Isso porque, tanto o seguro de vida, quanto esse tipo de plano de previdência, não são tributados pelo ITCMD e não são incluídos no inventário e podem ser sacados diretamente pelos herdeiros ou beneficiários por eles indicados em vida, viabilizando assim, os custos futuros do inventário após sua morte.

Isso porque, se os herdeiros não possuírem condições de suportar os custos do inventário, o que é muito mais comum do que se imagina, ou serão obrigados a passar pelo moroso processo judicial de inventário, a fim de solicitar o alvará de venda de algum bem para custear as despesas, ou se sujeitarão a vender algum imóvel do espólio antes da partilha para algum investidor, que aceita o risco de receber o bem pendente de regularização, mas, obviamente, com uma depreciação, que, normalmente, alcança 30% ou 40% do valor.

A constituição de uma *holding* familiar pode, sim, ser uma alternativa bem interessante de planejamento sucessório. Explica-se:

Num processo de inventário de uma pessoa física, em se tratando de bens imóveis, o recolhimento do ITCMD (Imposto de Transmissão *Causa Mortis e Doação)* é devido ao Estado em que o bem se situa. Nesse caso, independente do valor que esse imóvel esteja declarado no IRPF do falecido, a Fazenda Estadual avalia o imóvel e tributa no valor de mercado, gerando maior carga tributária.

Portanto, o primeiro passo é simular os custos do futuro inventário daquela pessoa detentora do patrimônio. Lembrando que isso envolve não apenas os custos do Imposto de Transmissão Causa Mortis e Doação – ITCMD, mas também as despesas das certidões negativas que precisariam sem extraídas, da escritura que seria lavrada no cartório de notas (pensando no inventário extrajudicial) ou nas custas processuais e taxa judiciária (se inventário judicial), dos honorários advocatícios, do registro da partilha nas matrículas dos respectivos imóveis, bem como outras que o caso concreto comporte.

Numa estratégia de planejamento sucessório envolvendo doação das quotas de uma holding patrimonial, a economia tributária se opera, basicamente, em 2 momentos:

(i) primeiro, quando se integraliza um imóvel ao capital social da pessoa jurídica, o cálculo do valor dessa transmissão pode ser feito pelo valor histórico de aquisição pela pessoa física, ou seja, aquele declarado no IRPF, não havendo, portanto, ganho de capital.

(ii) Ademais, as holdings priorizavam a escolha de sede em Estados com alíquotas do ITCMD menores, e entendimentos fiscais mais favoráveis, como é o caso de São Paulo, que não atualiza o patrimônio da sociedade para apurar a base de cálculo do imposto.

Ou seja, a vantagem tributária relativamente à tributação do ITCMD em doação de quotas com reserva de usufruto consiste em efetuar o recolhimento do imposto pelo valor histórico, sem nova avaliação de valor de mercado pela Fazenda, podendo ainda eleger o domicílio fiscal para obter maior economia em relação a alíquota. Dependendo do Estado e da estrutura específica, uma holding familiar pode proporcionar benefícios fiscais significativos. Diferentemente do que aconteceria no inventário.

Em São Paulo, por exemplo, à época deste artigo, a alíquota atual ainda é de 4% fixa e a base de cálculo da doação é o Patrimônio Líquido da sociedade (que, de início, se resume aos imóveis integralizados pelo valor histórico). Ao passo que no Rio de Janeiro, a alíquota é progressiva, podendo chegar a 8%, e atualiza o patrimônio da sociedade a valor de mercado para apurar a base de cálculo do ITCMD.

A reforma tributária recentemente aprovada, determinou que o Imposto sobre Transmissão Causa Mortis e Doação – ITCMD deve ser obrigatoriamente progressivo, com alíquotas que vão aumentar proporcionalmente ao valor da herança a ser recebida ou da doação, até o máximo de 8%, assim como já ocorre no Rio de Janeiro.

Cada Estado terá que adaptar a sua legislação a essa nova regra, mas a ideia é que haja uma uniformização das legislações e entendimentos das Receitas Estaduais, para que a cobrança seja a mesma em todos os Estados e não haja unidades da federação mais atrativas do que outras. Portanto, em breve, poderá não mais ser interessante essa estratégia de eleição de domicílio fiscal.

Esta, aliás, é uma das principais razões para a crescente demanda por constituição de holdings familiares.

c) Proteção Patrimonial

Supondo que o patriarca da família exerça uma atividade empresária de risco, como por exemplo, um cirurgião médico, um prático, uma transportadora de valores, uma empresa de segurança patrimonial, de transporte ou logística, a holding pode oferecer uma camada adicional de proteção.

Isso porque, essas atividades, por serem consideradas de alto risco, podem gerar responsabilidades pessoais, seja diretamente (nos casos do médico ou do cirurgião), seja indiretamente, através de eventuais desconsiderações da personalidade jurídica.

Em caso de responsabilidade pessoal, todo o patrimônio da família pode ser penhorado e alienado para pagamentos das condenações em ações judiciais, reclamações trabalhistas, fiscais e outras responsabilidades empresariais.

Na holding, como há a transferência do patrimônio imobiliário da pessoa física para uma outra pessoa (a sociedade), e, posteriormente, a doação das quotas daquela sociedade para os herdeiros, os ativos imobiliários da família ficam mais protegidos, dificultando que sejam alcançados por potenciais credores.

Ressalte-se ainda, que, no momento da doação das quotas sociais aos herdeiros, também é praxe a inserção das cláusulas restritivas da inalienabilidade, impenhorabilidade e incomunicabilidade, impedindo que os herdeiros disponham desse bem antecipadamente ou preservando o patrimônio na família em casa de um eventual divórcio, por exemplo.

Ou seja, a constituição de uma ou mais sociedades, com a transferência do dos ativos da família, protege o patrimônio, pois os bens da sociedade não são atingidos diretamente em razão das dívidas dos sócios e vice-versa. Dessa forma, é possível segregar o patrimônio particular que não se quer arriscar, do patrimônio empresarial, sujeito aos riscos de uma atividade empresarial.

Há discussão doutrinária quanto ao termo "blindagem" patrimonial. As transferências dos ativos criam camadas extras de proteção, mas não se pode garantir uma blindagem por completo.

Isso porque, o Poder Judiciário, dependendo das especificidades do caso concreto, pode entender pela ineficácia ou anulação da transferência ou desconsideração da personalidade jurídica, ou, ainda, pela inversão da personalidade jurídica (quando os bens da pessoa jurídica são atingidos pelas dívidas do sócio).

Essa medida é excepcional e deveria acontecer apenas nos casos previstos em lei, como fraude a terceiros ou à execução, por exemplo, mas o Poder Judiciário Brasileiro, por vezes, extrapola sua aplicação, principalmente para proteção de direitos trabalhistas, consumeristas e fiscais.

Entretanto, com a recente edição da Lei da Liberdade Econômica (Lei 13.874/2019), o Código Civil ganhou o Art. 49-A e seu parágrafo único, que *expressamente considerou a autonomia patrimonial da pessoa jurídica como instrumento lícito de alocação e segregação de riscos:*

Art. 49-A. A pessoa jurídica não se confunde com os seus sócios, associados, instituidores ou administradores.

Parágrafo único. *A autonomia patrimonial das pessoas jurídicas é um instrumento lícito de alocação e segregação de riscos,* estabelecido pela lei com a finalidade de estimular empreendimentos, para a geração de empregos, tributo, renda e inovação em benefício de todos.

Um grande avanço, como bem destacam os ilustres Professores Pablo Arruda e André Santa Cruz:

a emenda saiu bem melhor que o soneto. Além da recriação repaginada do vetusto art. 20 do CC/16 no caput do Art. 49-A, *o parágrafo único selou a função social da proteção patrimonial (blindagem patrimonial) através da segregação e alocação de riscos em diferentes pessoas (físicas e jurídicas).*[7]

Vê-se, portanto, que a proteção (ou blindagem) do patrimônio da família é um importante fator de decisão para constituição da holding familiar patrimonial, alocando e segregando os riscos em pessoas diversas (físicas e jurídicas).

d) Desburocratização do ativo

Toda transação que vise à constituição, transferência, modificação ou renúncia de direitos reais sobre bens imóveis, como, por exemplo, a compra e venda, a doação, a reserva ou instituição de usufruto, a permuta, a dação de pagamento, entre outras, somente possui validade jurídica se realizada mediante assinatura de uma *escritura pública*, conforme artigo 108 do Código Civil.[8]

Após cada transação imobiliária, faz-se necessário o *registro* dessa escritura pública na respectiva matrícula do Cartório Imobiliário, por força do artigo 1245 do Código Civil[9] e do princípio da continuidade dos atos registrais. Daí a origem do brocardo jurídico "*só é dono quem registra*".

Vale lembrar, ainda, que o bem imóvel não pode ser atualizado na sua declaração de imposto de renda pessoa física, exceto quando comprovada a realização de obras estruturais, devendo ser apurado o *ganho de capital* no momento da transferência do patrimônio.

Também há de se considerar que a *venda de imóveis não é um processo ágil*, além de ser extremamente burocrático, pois exige anúncios, visitas, propostas, análise de uma série de certidões negativas, custo de comissão de corretagem, escritura pública, pagamento de impostos, registro no Cartório Imobiliário.

Sem falar no *pagamento do ITBI* a cada transmissão de bem imóvel.

Com a integralização dos imóveis na Pessoa Jurídica, o ativo que passa a ser transacionado são as quotas sociais, bens móveis, que podem ser vendidas, doadas, permutadas, reservada em usufruto, dadas em pagamento, muito mais

---

7. Disponível em: https://www.migalhas.com.br/depeso/409561/funcao-social-da-blindagem-patrimonial-a-luz-do-ordenamento-juridico.
8. Art. 108 Código Civil: "Não dispondo a lei em contrário, a escritura pública é essencial à validade dos negócios jurídicos que visem à constituição, transferência, modificação ou renúncia de direitos reais sobre imóveis de valor superior a trinta vezes o maior salário mínimo vigente no País".
9. Art. 1.245. Transfere-se entre vivos a propriedade mediante o registro do título translativo no Registro de Imóveis.
   § 1º Enquanto não se registrar o título translativo, o alienante continua a ser havido como dono do imóvel.

facilmente, não exigindo, portanto, a escritura pública, nem registro no Cartório de Imóveis, tampouco pagamento de ITBI, além de possuir maior liquidez.

e) Possibilidade do imóvel manter a qualidade de bem de família, mesmo sendo integralizado na Holding

No Brasil, é considerado bem de família aquele imóvel que serve de residência à entidade familiar, sendo protegido legalmente pela Lei 8.009/90, que dispõe sobre a impenhorabilidade do imóvel destinado a esse fim.[10]

Recentemente, o Superior Tribunal de Justiça, no julgamento do Recurso Especial 1.514.567/SP, impossibilitou a penhora indireta do imóvel em questão, pois, embora os bens penhorados pelo credor fossem as quotas sociais, a sociedade possuía, em seu ativo, unicamente um imóvel que servia de moradia aos sócios. Assim, indiretamente, ocorreria a penhora deste provável bem de família, violando-se, assim, a lei 8.009/90.

Ao entender dessa forma, o Superior Tribunal de Justiça ampliou, em última análise, a aplicação do conceito de impenhorabilidade do bem de família previsto na Lei 8.009/90, ao imóvel que, embora pertencente a uma sociedade empresária, seja utilizado pela sócia e por seus familiares como moradia.

Vale especial atenção sobre esse ponto, pois se trata de um entendimento jurisprudencial, sem efeito vinculante, devendo, desta feita, ser analisado caso a caso e defendido judicialmente. A Lei 8.009/90 não foi alterada e não contempla diretamente a proteção do bem de família de pessoas jurídicas.

4. A *HOLDING* FAMILIAR COM ATIVIDADE IMOBILIÁRIA

Entendidas algumas das razões para constituição de uma holding familiar, passemos a uma análise das vantagens e desvantagens da sua utilização no mercado imobiliário.

a) Incidência do ITBI – Imposto de Transmissão de Bens Imóveis

O Imposto de Transmissão de Bens Imóveis – ITBI é um tributo de competência municipal cujo fato gerador é a transmissão *inter vivos*, por ato oneroso, de bens e direitos reais sobre imóveis, previsto no art. 156 da Constituição Federal:

---

10. Lei 8.009/90. Art. 1º O imóvel residencial próprio do casal, ou da entidade familiar, é impenhorável e não responderá por qualquer tipo de dívida civil, comercial, fiscal, previdenciária ou de outra natureza, contraída pelos cônjuges ou pelos pais ou filhos que sejam seus proprietários e nele residam, salvo nas hipóteses previstas nesta lei.

> Art. 156. Compete aos Municípios instituir impostos sobre:
>
> I – [...]
>
> II – transmissão "inter vivos", a qualquer título, por ato oneroso, de bens imóveis, por natureza ou acessão física, e de direitos reais sobre imóveis, exceto os de garantia, bem como cessão de direitos a sua aquisição.

A primeira parte do inciso I, do § 2º, do mesmo artigo 156 da Constituição Federal, preceitua que o ITBI não incide na transferência de bem imóvel ao patrimônio de uma pessoa jurídica. *In verbis*:

> Art. 156.
>
> § 2º O imposto previsto no inciso II:
>
> *I – não incide sobre a transmissão de bens ou direitos incorporados ao patrimônio de pessoa jurídica em realização de capital*, nem sobre a transmissão de bens ou direitos decorrente de fusão, incorporação, cisão ou extinção de pessoa jurídica, *salvo se, nesses casos, a atividade preponderante do adquirente for a compra e venda desses bens ou direitos, locação de bens imóveis ou arrendamento mercantil.*

Via de regra, portanto, não deveria incidir o ITBI sobre a transmissão de bens imóveis incorporados à pessoa jurídica em realização de capital.

No entanto, vale destacar que em razão de uma equivocada interpretação da tese fixada no tema de repercussão geral 796 do Supremo Tribunal Federal, as municipalidades vêm cobrando o ITBI de maneira errada, incidindo a base de cálculo sobre a diferença entre o valor declarado do imóvel integralizado (normalmente ao valor histórico) e seu valor venal. Assim acontece na Prefeitura Municipal do Rio de Janeiro, por exemplo.

A parte final do inciso I, do § 2º, do artigo 156 da Constituição Federal, traz uma exceção a essa imunidade: se a Holding tiver *atividade preponderante* de compra e venda de bens ou direitos imobiliários ou locação de bens imóveis.

O art. 37 do Código Tributário Nacional vai regrar o que caracteriza atividade preponderante a que se refere o dispositivo da Constituição Federal, a saber:

> Art. 37. O disposto no artigo anterior não se aplica quando a pessoa jurídica adquirente tenha como atividade preponderante a venda ou locação de propriedade imobiliária ou a cessão de direitos relativos à sua aquisição.
>
> *§ 1º Considera-se caracterizada a atividade preponderante referida neste artigo quando mais de 50% (cinquenta por cento) da receita operacional da pessoa jurídica adquirente, nos 2 (dois) anos anteriores e nos 2 (dois) anos subsequentes à aquisição, decorrer de transações mencionadas neste artigo.*
>
> *§ 2º Se a pessoa jurídica adquirente iniciar suas atividades após a aquisição, ou menos de 2 (dois) anos antes dela, apurar-se-á a preponderância referida no parágrafo anterior levando em conta os 3 (três) primeiros anos seguintes à data da aquisição.*

Vê-se, portanto, que estamos diante de uma *imunidade condicionada à não preponderância de 50% da receita operacional oriunda da atividade imobiliária* nos últimos 2 (dois) anos e nos 2 (dois) anos seguintes à incorporação. Ou, nos 3 (três) seguintes, se a pessoa jurídica é nova, constituída no momento da integralização.

Em suma, se a holding é constituída apenas para proteção patrimonial e planejamento sucessório, por exemplo, sem atividade imobiliária de compra, venda ou locação de imóveis pelos 2 (dois) ou 3 (três) anos seguintes, a depender do momento da constituição da Pessoa Jurídica, não há incidência de ITBI. Ressalve-se, entretanto, o prefalado entendimento equivocado de algumas prefeituras.

Agora, se mais de 50% da receita operacional da Holding Familiar provier da renda da atividade imobiliária de compra, venda ou locação de imóveis, o ITBI seria devido.

Lembrando que o prazo prescricional para fiscalização da Municipalidade é de 5 (cinco) anos a contar do final daquele prazo estabelecido no Código Tributário Nacional.

Importante mencionar que há enorme discussão doutrinária e jurisprudencial acerca da interpretação do inciso I, do §2, do art. 156 da Constituição Federal, na qual a imunidade tributária do ITBI para integralização de capital seria *incondicional*, ou seja, independentemente da preponderância ou não da atividade imobiliária.

Não nos debruçaremos na explicação dessa interpretação da Constituição e do tema 796 do STF, porquanto seria possível escrever um artigo inteiro sobre esse assunto. O que importa saber é que, na prática, administrativamente, as municipalidades não aceitam a imunidade incondicionada. Mas é possível pleiteá-la judicialmente. Essa interpretação vem ganhando força e cada vez mais surgindo em decisões dos diversos Tribunais de todo o país.

Entendido, portanto, que seria devido o pagamento do ITBI se a Holding Familiar tiver receita operacional preponderante oriunda da compra, venda ou locação dos imóveis; cabe analisar, casuisticamente, a conveniência, bem como o benefício fiscal e econômico, a justificar a constituição ou não da Pessoa Jurídica para esse fim.

b) Locação de imóveis próprios

Realizar a locação de imóveis através da Holding Imobiliária pode proporcionar uma significativa economia tributária. Por isso, famílias que possuem imóveis para investimento em locação estão cada vez mais organizando seu patrimônio através de holdings para simplificar a gestão e reduzir a carga tributária.

Mas essa não é uma verdade absoluta e deve ser analisada caso a caso.

Primeiramente, há que se destacar que à Holding Imobiliária de imóveis próprios não é permitido o enquadramento no Simples Nacional, devendo-se adotar o regime tributário do Lucro Presumido ou do Lucro Real. Usualmente, adotam o Lucro Presumido por ser mais simplificado e gerar maior economia tributária.

A carga tributária da Holding Patrimonial que expressamente possua atividade de aluguel de imóveis próprios em seu objeto social, regulado pelo regime tributário do lucro presumido, varia entre 11,33% a 14,53% sobre a receita proveniente da locação.

Esse percentual é equivalente ao somatório dos seguintes tributos incidentes sobre o faturamento da locação:

- PIS (0,65%)
- COFINS (3%)
- IRPJ (4,8% a 8%)
- CSLL (2,88%)

Além, claro, dos honorários mensais do contador, que efetuará os balanços mensais e emitirá as guias dos impostos.

Já a renda proveniente de aluguéis *na pessoa física* é tributada, progressivamente, em até 27,5% a título de imposto de renda, conforme tabela do IRPF.[11]

Uma família que aufira renda locatícia mensal de R$ 20.000,00 (vinte mil reais) sem deduções, pagaria, via de regra, R$ 4.604,00 (quatro mil, seiscentos e quatro reais) a título de Imposto de Renda mensal.[12]

Já na Holding, esse mesmo aluguel seria tributado em R$ 2.266,00 (dois mil duzentos e sessenta e seis reais), equivalente a 11,33%.

Ou seja, uma *diferença mensal de R$ 2.228,00* (dois mil duzentos e vinte e oito reais), equivalente a *R$ 28.056,00* (vinte e oito mil e cinquenta e seis reais) *no ano*.

Essa diferença projetada ao longo de *5 anos* alcançaria, sem reajustes, o valor de *R$ 140.280,00* (cento e quarenta mil duzentos e oitenta reais), o que, por si só, já poderia justificar o eventual pagamento do ITBI, por exemplo, para integralização do capital social com o referido imóvel.

A primeira conclusão, portanto, seria de uma enorme economia tributária.

Porém, é importante mencionar que a alíquota do IRPF nem sempre é de 27,5%. Normalmente, acaba sendo menor, consideradas as deduções legais da própria tabela do IRPF e aquelas permitidas na Declaração de Ajuste Anual, tais

---

11. No momento vigente a tabela progressiva prevista na Lei 14.848, de 1º de maio de 2024.
12. Alíquota de 27,5% com dedução de R$ 896,00, conforme tabela do IRPF prevista na Lei 14.848, de 1º de maio de 2024.

como despesas com saúde, educação, dependentes, entre outras, se o contribuinte optar pela declaração completa. Já na declaração simplificada a dedução da alíquota é aplicada automaticamente.

Não é incomum que a alíquota efetiva total do Imposto de Renda Pessoa Física seja equivalente, ou até menor, em relação à carga tributária total da pessoa jurídica.

Mas, como ressaltamos acima, é preciso simular caso a caso a alíquota efetiva total da família, para analisar se essa economia se sustenta ou se justifica.

A título de exemplo: João e Maria possuem 2 filhos menores, seus dependentes, elevadas despesas comprovadas de educação e saúde (deduzidas do IRPF no máximo permitido em lei), contribuem para a previdência social oficial e também para previdência privada. Auferem uma renda locatícia mensal de R$20.000,00 (vinte mil reais) por seus imóveis. Utilizando o simulador de alíquota efetiva disponibilizado no site da Receita Federal,[13] chegamos a uma alíquota de 11,04%.

Ou seja, a alíquota do IRPF, nesse exemplo, acabou sendo menor do que a carga tributária total da Pessoa Jurídica e sem o pagamento do ITBI para transferência do bem.

É certo que locação de imóveis pela holding também possui outras vantagens de ordem prática, além da economia tributária, como, por exemplo, a não retenção do IRRF, como muito bem explica a advogada Dra. Ana Carolina Tedoldi:[14]

> Além da economia tributária, também há o fim dos problemas com a malha fina do IRPF (imposto de renda da pessoa física).
>
> Quem aluga imóveis como pessoa física sabe bem os problemas gerados na declaração de IRPF, principalmente quanto aos imóveis alugados para pessoa jurídica, em que no cruzamento das informações acabam gerando divergências, recolhimento a menor de IRRF (imposto de renda retido na fonte), ou até mesmo não recolhimento de imposto algum pelo locatário pessoa jurídica.
>
> Quando a pessoa física (locadora) aluga imóvel para pessoa jurídica (locatária), o imposto de renda sobre o aluguel precisa ser retido na fonte pagadora (IRRF), ou seja, o inquilino precisa recolher o imposto. E, no ano seguinte, quando então o locador vai fazer sua declaração de imposto de renda anual, acaba verificando que o locatário nada recolheu ou recolheu a menor.
>
> Quando o aluguel se dá por pessoa jurídica figurando como locadora, cabe a ela o recolhimento dos tributos sobre a receita locatícia. Portanto, melhora a gestão da locação e elimina os problemas causados por divergências de imposto recolhido.

---

13. Disponível em: https://www27.receita.fazenda.gov.br/simulador-irpf/.
14. Disponível em: https://ibdfam.org.br/artigos/1844/Holding+imobili%C3%A1ria+po de+ gerar+economia+significativa+na+loca%C3%A7%C3%A3o+de+im%C3%B3veis+para+as+ fam%C3%ADlias.

Destaca-se também que os lucros e dividendos pagos aos sócios pela *Holding* não estarão sujeitos à nova tributação pelo Imposto de Renda na pessoa física, por constituírem rendimentos não tributáveis.

Logo, é fundamental simular a alíquota efetiva do imposto de renda da pessoa interessada em constituir a holding, a fim de analisar se é economicamente mais vantajoso manter a locação na pessoa física ou na jurídica. Essa simulação pode ser feita no momento da Declaração de Ajuste Anual ou através do simulador de alíquota efetiva disponibilizada no site da Receita Federal.

c) Compra e venda de imóveis próprios

Além da administração de imóveis próprios, o objeto social da pessoa jurídica pode incluir a atividade de compra e venda destes bens para facilitar eventual alienação que venha a ocorrer.

No entanto, se um bem já é destinado à venda desde o início, conferi-lo à pessoa jurídica requer uma análise mais aprofundada quanto à conveniência dessa integralização ou da compra direta feita pela *holding*.

Em princípio, se o imóvel integrar contabilmente o *ativo imobilizado* da sociedade, eventual lucro decorrente da venda deste bem deverá ser apurado pelo ganho de capital, representado pela diferença positiva entre o custo de aquisição do imóvel e o valor da venda.

Nesse caso, o referido *ganho de capital é tributado à alíquota de até 34%* (soma das alíquotas de 15% de IRPJ, 10% do adicional e 9% de CSLL).

Em contrapartida, se a alienação do imóvel fosse feita pela *pessoa física* o imposto de renda incidiria à alíquota progressiva de *15% a 22,5%* sobre o ganho de capital.

Uma sapataria, por exemplo, que compra um imóvel para estabelecer a sua loja. Essa pessoa jurídica não possui atividade imobiliária em seu objeto social, nem sua receita operacional preponderante é oriunda da compra e venda de imóveis, mas sim de sapatos. Num futuro processo de expansão, quando pretender vender esse imóvel para comprar outro mais bem localizado na cidade, terá que arcar com o pagamento do ganho de capital na razão de 34% sobre a diferença positiva entre o custo de aquisição do imóvel e o valor da venda.

A mesma hipótese aconteceria com aquele o imóvel destinado ao uso da família, integralizado à holding familiar sem pagamento de ITBI, alocado no ativo imobilizado por não ter sido destinado, inicialmente, à locação, compra ou venda.

Agora, se a Holding Familiar possui CNAE de compra e venda de imóveis próprios e esse bem imóvel que se pretende alienar estiver destacado do ativo imobilizado, sendo registrado contabilmente no *ativo circulante*, como *estoque de imóvel*, assim como o sapato da sapataria, a sociedade deixa clara sua intenção de vendê-lo e, por se tratar de simples venda de estoque, *não haverá apuração de ganho de capital*. A tributação dos valores oriundos da venda do imóvel é enquadrada como receita operacional.

Nesta hipótese, *incide a alíquota de 5,93% até 6,73%, porém, sobre o valor bruto da venda do imóvel*, composta da seguinte forma: IRPJ (8% x 25% = 2%); CSLL (presumido atividade comercial 12% x 9%=1,08%); PIS (0,65%) e COFINS (3%).

Neste ponto, temos que ter atenção! A base de cálculo do ganho de capital é a diferença positiva entre o custo de aquisição e o valor de venda. Enquanto a base de cálculo da venda de estoque é o próprio valor de venda! Nem sempre é vantajoso vender pela pessoa jurídica. Vejamos as seguintes situações:

Se o custo de aquisição do imóvel, declarado na IRPF, for de R$ 100.000,00 (cem mil reais) e o valor de venda for de R$ 1.000.000,00 (um milhão de reais), a base de cálculo do ganho de capital é de R$ 900.000,00 (novecentos mil reais) e a alíquota de 15%, resultando num imposto de *R$ 135.000,000* (cento e trinta e cinco mil reais). Nessa mesma realidade de valores, se tributado como estoque da holding familiar patrimonial a 6,73% do valor de venda, o imposto devido seria de *R$ 63.700,00* (sessenta e três mil e setecentos reais). *Nessa hipótese, a venda pela pessoa jurídica é evidentemente mais vantajosa.*

Porém, se o custo de aquisição do imóvel fora de R$ 700.000,00 (setecentos mil reais) e o valor de venda R$ 1.000.000,00 (um milhão de reais), a base de cálculo do ganho de capital é de R$ 300.000,00 (trezentos mil reais) e a alíquota é de 15%, resultando num imposto de *R$ 45.000,000* (quarenta e cinco mil reais). Ainda nessa mesma realidade de valores, se tributado como estoque da holding familiar patrimonial a 6,73% do valor de venda, o imposto devido seria de *R$ 63.700,00* (sessenta e três mil e setecentos reais). *Nessa hipótese, a venda pela pessoa jurídica é evidentemente menos vantajosa.*

Isso sem considerar que o ganho de capital na pessoa física ainda possui diversos fatores de redução e até mesmo de isenção do imposto, como por exemplo: o tempo de aquisição do imóvel, ou reaplicação total ou parcial do ganho na compra de outro imóvel residencial no prazo de 180 dias.

O ganho de capital pessoa física deve ser simulado pelo programa próprio disponibilizado no site da Receita Federal – GCAP, relativamente ao ano da venda do bem.[15]

---

15. Disponível em: https://www.gov.br/receitafederal/pt-br/centrais-de-conteudo/download/pgd/gcap.

d) Imóvel com hipoteca

Quando o imóvel está gravado com garantia hipotecária para pagamento de um empréstimo pessoal do proprietário, não haveria problema, a priori, em integralizar esse bem à pessoa jurídica, pois a propriedade do imóvel pertence efetivamente àquela pessoa, ficando o banco, apenas, com uma garantia real do empréstimo. Nesses casos, é necessária a autorização do credor hipotecário, pois, usualmente, há o vencimento antecipado da dívida com a pessoa física e novo contrato.

e) Imóvel financiado com alienação fiduciária

Na aquisição do imóvel financiado com a alienação fiduciária do bem, a propriedade, até a quitação da dívida, é do Banco credor. Logo, não se permite que seja integralizado à Holding. Até poderia integralizar o direito aquisitivo, todavia, não é conveniente, pois, tanto a dívida, quanto a obrigação de pagamento e o registro continuariam em nome da pessoa física, causando enorme dificuldade de transferência da propriedade sem novos custos.

Poder-se-ia transferir o financiamento junto ao banco credor, passando da pessoa física para a pessoa jurídica. Nesses casos, há, na verdade, uma quitação antecipada do financiamento anterior e, no mesmo ato, um novo financiamento, agora, com a pessoa jurídica.

Primeiramente, há de se destacar que os financiamentos realizados pelo programa "Minha casa minha vida", ou pelo SFH (Sistema Financeiro de Habitação), somente podem ser utilizados por pessoas físicas e, portanto, não poderiam ser transferidos para a Holding Familiar.

Quando se pretende transferir os direitos aquisitivos do imóvel para a pessoa jurídica, há um novo financiamento, porém, agora, pelo SFI (Sistema Financeiro Imobiliário). Mas existem alguns inconvenientes que devem ser analisados:

O financiamento na pessoa física até R$ 1.500.000,00 (um milhão e quinhentos mil reais) é feito pelo SFH (Sistema Financeiro de Habitação), com financiamento de até 80% do valor do bem. A pessoa jurídica enquadrada no SFI (Sistema Financeiro Imobiliário), normalmente, está sujeita a taxas mais elevadas, menores prazos, maior valor de entrada e juros mais altos.

Há de se destacar, ainda, que, no caso de morte ou invalidez permanente da pessoa física, existe o seguro prestamista, que irá quitar a integralidade da dívida com o banco credor. Ou seja, os herdeiros receberão o bem totalmente quitado. Todavia, se há a transferência do financiamento para a pessoa jurídica, mesmo que o sócio venha a falecer, o financiamento continua sendo devido.

Portanto, é preciso avaliar a conveniência dessa transferência.

f) Imóveis adquiridos na planta

Sim, é possível integralizar os direitos aquisitivos dos imóveis adquiridos na planta. Mas, apenas os direitos aquisitivos sob unidade futura, tendo em vista que o imóvel ainda não existe.

O valor da integralização deve ser aquele pago até o momento da transferência, assumindo, a holding, eventual saldo devedor e o fluxo de pagamento a partir de então.

Não há incidência do ITBI na integralização dos direitos aquisitivos, pois não se trata de uma transferência de imóveis. Mas, ao final da construção, a própria sociedade que assumiu os direitos aquisitivos e efetivamente comprará o bem deverá pagar o ITBI para transferência da titularidade do imóvel.

Também precisa ser analisado se o contrato com a construtora possui taxa ou comissão de transferência de titularidade. Normalmente, é possível negociar essa taxa, quando comprovado que a transferência está se dando para holding titulada pelo próprio adquirente.

Lembre-se, ainda, que, ao final da construção, se a sociedade não puder quitar o preço e tiver que optar por um financiamento bancário, terá de se sujeitar às regras do SFH (Sistema Financeiro de Imóveis), como já tratado no item anterior.

g) Imóveis de posse

Imóveis que não estão registrados no Cartório de Registro Imobiliário em nome do atual possuidor poderiam ser integralizados na Holding Familiar?

Se a posse é passível de cessão por ato *inter vivos* ou sucessão *causa mortis*, conforme artigo 1206 a 1207 do Código Civil, logo, também seria passível de integralização de capital social.

Mas seria conveniente integralizar a posse à Pessoa Jurídica? Há restrições para pessoas jurídicas requererem certos tipos de usucapião. Além disso, algumas juntas comerciais vedam, questionando o valor econômico da posse?

O mais correto seria fazer um instrumento de cessão de posse direito da pessoa física para a sociedade, sem ser necessariamente integralizado no capital social. Ao final do prazo aquisitivo da usucapião, a própria sociedade pleitearia a propriedade.

5. CONCLUSÃO

Por tudo o que foi acima exposto, há de se concluir que as holdings familiares representam uma ferramenta poderosa para gerenciar e proteger os ativos imobiliários de uma família, oferecendo uma série de vantagens, como consolidação de patrimônio, planejamento sucessório eficiente e flexibilidade na gestão.

No entanto, é importante reconhecer que essa abordagem também apresenta desafios significativos, incluindo complexidade estrutural, potencial conflito familiar e custos operacionais.

Antes de optar por uma holding familiar, importante fazer uma análise crítica do interesse familiar e simular os custos e benefícios econômicos, avaliando cuidadosamente os prós e os contras, sempre com orientação profissional de um advogado especializado e de um contador, para garantir uma implementação adequada e bem sucedida dessa estratégia no mercado imobiliário.

6. REFERÊNCIAS

ARECHAVALA, Luis. *Alienação de imóveis*: manual de compra e venda, permuta e doação. Rio de Janeiro: Lumen Juris, 2023.

ARRUDA, Pablo; CRUZ, André Santa. *A função social da blindagem patrimonial à luz do ordenamento jurídico*: a teoria do afastamento do risco integral, cíclico e sistêmico. Disponível em: https://www.migalhas.com.br/depeso/409561/funcao-social-da-blindagem-patrimonial-a-luz-do-ordenamento-juridico.

COELHO, Fábio Ulhoa. *Curso de Direito Comercial*. 13. ed. São Paulo: Saraiva, 2009. v. 2: Direito de Empresa.

GOV.BR. Receita Federal. *Download do Programa Ganhos de Capital*. Disponível em: https://www.gov.br/receitafederal/pt-br/centrais-de-conteudo/download/pgd/gcap.

MAMEDE, Gladston; MAMEDE, Eduarda. *Holding Familiar e Suas Vantagens*. 16. ed. São Paulo: Atlas, 2023.

RECEITA FEDERAL. *Simulação de alíquota efetiva*. Disponível em: https://www27.receita.fazenda. gov.br/simulador-irpf/. TEDOLDI, Ana Carolina. Holding *imobiliária pode gerar economia significativa na locação de imóveis para as famílias*. Disponível em: https://ibdfam.org.br/artigos/1844/Holding+imobili%C3%A1ria+pode+gerar+economia+significativa+na+loca%C3%A7%C3%A3o+de+im%C3%B3vei s+para+as+fam%C3%ADlias.

DICAS VALIOSAS PARA GESTÃO DE LOCAÇÃO EM ALTA PERFORMANCE

Edison Parente Neto

Pós-graduado em Gestão de Negócios. Pós-graduado em *marketing* e negócios digitais. Formado em Negócios Imobiliários. Empresário e especialista em locação de imóveis, vendas, atendimento e gestão há 30 anos. Sócio e Vice--Presidente comercial e *marketing* da Administradora de Imóveis Renascença. Recebeu em 2015 a Medalha Pedro Ernesto, a maior comenda dada a um cidadão carioca. Atualmente ainda atua como Presidente da Bolsa de Imóveis da Barra da Tijuca (BIB-Rio) e Vice-Presidente da Associação Comercial e Industrial de Jacarepaguá (ACIJA). Advogado, corretor de imóveis, mentor, coautor do livro Segredos de Alto Impacto.

Alexandre Parente G. de Oliveira

Pós-graduado em MBA Executivo de Gestão Empresarial. Gestor e especialista na área financeira. Empresário do ramo imobiliário com ênfase em locação de imóveis há 35 anos. Sócio e Vice-Presidente administrativo e financeiro da Administradora de Imóveis Renascença. Em 2015 foi homenageado com MOÇÃO honrosa pela Câmara Municipal do Rio de Janeiro pelos serviços prestados à cidade. Advogado, corretor de imóveis.

Sumário: 1. Introdução – 2. Não vise apenas o lucro, ame o processo – 3. Começando por pessoas – 4. Departamentalização da operação e *inside sales* – 4.1 *Inside sales* – 5. "Desburrocratização" e automação dos setores – 6. Digitalização da imobiliária tradicional – 7. Conselho interno – 8. Metodologia Squad – 9. Marketing: equipe interna e agência – 10. Conclusão – 11. Referências

1. INTRODUÇÃO

A locação de imóveis já há alguns anos, se tornou o queridinho do mercado imobiliário. Antes o que era visto apenas como uma fonte de receita para cobrir pequenas despesas fixas de uma imobiliária, virou uma grande forma de renda recorrente para muitas imobiliárias. O patinho feio se transformou em um lindo cisne de ouro!

Cada vez mais empresas que antes não se interessavam por esse nicho de mercado, estão percebendo que deixar de atender o cliente de aluguel significa deixar muito dinheiro na mesa, afinal só em 2022, segundo a pesquisa nacional por amostra de domicílios contínua (PNAD contínua) divulgada pelo IBGE, 21,1% dos domicílios brasileiros eram alugados, percentual superior aos observados em 2016 (18,5%) e 2019 (19,3%) seguindo uma tendência de crescimento. Levando-se em consideração países mais desenvolvidos que superam a marca de

40% de imóveis alugados e o perfil das gerações Y e Z, ainda há muito espaço para crescimento no Brasil. E as imobiliárias perceberam que não poderiam ficar de fora. Seja fazendo parcerias com administradoras especializadas, seja contratando soluções de administração terceirizadas ou montando o seu próprio departamento de locação, a cada ano que passa, mais e mais concorrentes entram neste negócio.

Entretanto, o sucesso na gestão de locações em alta performance não acontece por acaso, é necessário um trabalho árduo, comprometimento, entender as necessidades dos principais agentes da relação locatícia, locadores e locatários e acima de tudo, uma preparação meticulosa. Neste capítulo, vamos explorar a importância da preparação e do planejamento para alcançar excelência na gestão de locações, afinal, para alugar e administrar imóveis de forma sustentável e com excelência, com toda a complexidade existente no relacionamento entre seus *stakeholders* é necessário haver uma série de habilidades e características que nem sempre empresas entrantes no mercado ou mesmo as antigas estão atentas.

A ideia é alertar e auxiliar a empresa e o profissional do mercado de locação a entender melhor e se preparar para uma nova realidade que vêm ocorrendo desde a nova revolução industrial, a indústria 4.0, também chamada de 4ª revolução industrial, que representa a convergência de tecnologias avançadas, como inteligência artificial, internet das coisas, realidade virtual e inteligência artificial, estão transformando radicalmente a maneira como vivemos, trabalhamos e nos relacionamos.

O capítulo "Dicas Valiosas para Gestão de Locação em Alta Performance" oferece um guia para profissionais do ramo imobiliário, sejam eles gestores de propriedades, corretores ou investidores, que buscam aprimorar suas práticas e alcançar resultados excepcionais. Uma das principais contribuições do capítulo está na sua capacidade de proporcionar *insights* práticos e acionáveis, baseados em experiências reais e em estudos de caso relevantes.

Como profissionais atuantes no ramo há mais de 30 anos, separamos algumas dessas dicas e práticas testadas e aprovadas. Acreditamos que será muito útil tanto para quem já atua nesse nicho, quanto para quem deseja ou está iniciando a prática.

2. NÃO VISE APENAS O LUCRO, AME O PROCESSO

Na gestão imobiliária de locação, é vital reconhecer que o lucro não deve ser o único indicador de sucesso. Ao invés disso, ele deve ser encarado como o resultado de um conjunto de práticas e valores que priorizam a qualidade do serviço prestado e a satisfação de todas as partes envolvidas. A gestão do patrimônio de terceiros assume um papel central nesse contexto, pois requer uma abordagem proativa e abrangente que vai além da simples maximização dos ganhos financeiros.

Uma gestão eficaz do patrimônio imobiliário inclui aspectos como seleção criteriosa de inquilinos, gestão transparente e eficiente dos contratos, resolução ágil de conflitos, garantia da conformidade com as regulamentações locais, controle sobre a manutenção do imóvel, entre outros. Priorizar esses aspectos não apenas assegura a rentabilidade a longo prazo, mas também fortalece a reputação da empresa no mercado.

Ao concentrar-se exclusivamente no lucro, corre-se o risco de negligenciar aspectos fundamentais da administração imobiliária, como a qualidade do serviço prestado e a satisfação do cliente. Isso pode levar a uma deterioração da relação com os proprietários e inquilinos, resultando em uma perda de confiança e, eventualmente, de negócios.

Portanto, ao adotar uma abordagem centrada na excelência da gestão imobiliária, assegura-se não apenas resultados financeiros sólidos, mas também a construção de relacionamentos duradouros e mutuamente benéficos com os clientes. Nesse sentido, o lucro é visto não como um fim em si mesmo, mas como uma consequência natural de um trabalho bem executado e de uma gestão responsável e comprometida.

3. COMEÇANDO POR PESSOAS

Se sua empresa tem mais de dez colaboradores, contratar um profissional que cuide da área de gestão de pessoas, também conhecida como recursos humanos (RH) é fundamental para iniciar um departamento de locação, mesmo que seja em tempo parcial. Em qualquer ambiente de trabalho, seja uma pequena, média ou grande empresa; pública ou privada, ou até mesmo em uma organização não governamental, sempre encontraremos pessoas. Para que uma organização possa alcançar resultados, precisa do apoio de uma área que cuida não apenas dos trâmites legais relacionados aos contratos de trabalho dos seus colaboradores, mas também que seja responsável pelos processos capazes de atrair, desenvolver e reter seus talentos. Pessoas talentosas, qualificadas e comprometidas realizam seu trabalho com excelência, entregam maior valor aos clientes e são capazes de atingir os resultados desejados.

A área de gestão de pessoas é responsável por atrair os melhores talentos para a organização. Processos de recrutamento e seleção eficazes garantem que a empresa conte com profissionais qualificados e alinhados com a cultura organizacional. Além disso, estratégias de retenção, como planos de carreira e benefícios, ajudam a manter esses talentos na empresa, reduzindo a rotatividade.

A avaliação de desempenho é outra ferramenta vital da gestão de pessoas. Por meio de feedbacks regulares e avaliações formais, a empresa pode identificar pontos fortes e áreas de melhoria para cada funcionário. Isso não apenas promove um ambiente de crescimento e aperfeiçoamento contínuo, mas também alinha os objetivos individuais com as metas organizacionais.

A gestão de pessoas é responsável por cultivar e manter a cultura organizacional, que é um fator determinante para o engajamento e a satisfação dos funcionários. Um ambiente de trabalho positivo, que valoriza a diversidade, a inclusão e o bem-estar dos colaboradores, contribui para um clima organizacional saudável e motivador.

Em qualquer organização, conflitos podem surgir. A gestão de pessoas atua na mediação e resolução de conflitos, promovendo a harmonia e a colaboração entre os membros da equipe. Isso é fundamental para manter um ambiente de trabalho produtivo e evitar que desentendimentos afetem a performance da empresa.

Programas de treinamento e desenvolvimento são implementados para aprimorar habilidades técnicas e comportamentais, o que aumenta a produtividade e a capacidade de inovação dos colaboradores. Esse investimento no desenvolvimento pessoal e profissional dos empregados reflete diretamente na qualidade dos produtos e serviços oferecidos pela organização.

O RH é estratégico porque é possível medir a eficácia das suas ações e entender de que forma elas favorecem o aumento da performance e dos resultados organizacionais. Desenvolveu-se uma nova ênfase sobre estratégias de negócios e sobre a relevância dos processos da área de Gestão de Pessoas. Cada vez mais, passa-se a conhecer e reconhecer que o alinhamento da área com a estratégia da empresa garante melhores resultados.

4. DEPARTAMENTALIZAÇÃO DA OPERAÇÃO E *INSIDE SALES*

Um dos diferenciais da nossa operação, sem dúvidas, foi a departamentalização ou setorização da operação, que faz parte da nossa cultura desde a fundação, todo o processo de locação, desde a captação do imóvel, locação até a gestão de pós-venda (administrativo). O que, normalmente, na maioria das imobiliárias, é feito pelo mesmo profissional, conosco tudo é segmentado, permitindo que cada processo seja conduzido por especialistas.

Para exemplificar, temos dois grandes departamentos: Comercial e Administrativo. Esses dois se subdividem em vários outros menores, que por sua vez, têm colaboradores com funções específicas em cada área. No departamento comercial, temos dois setores maiores, setor de captação e setor de locação. Cada um deles tem seus colaboradores com funções restritas e especializadas. Na captação, há a prospecção do cliente locador que colocará o imóvel para locação e no setor de locação os imóveis captados são trabalhados por nossos consultores para serem alugados. Cada um exerce uma importante função na cadeia e se comunicam mediante processos bem definidos. Sem bons processos, a comunicação se perde e a qualidade diminui.

No departamento administrativo, temos três setores maiores: atendimento, encargos e contas a pagar e a receber, sendo que o atendimento se subdivide em atendimento 1 (baixa complexidade), que atendem o maior volume de demandas de rápida resolução, como uma emissão de 2ª via de boleto ou uma posição de pagamento e atendimento 2 (alta complexidade), responsáveis pelas demandas mais complexas de nossos clientes, tais como: vazamentos, infiltrações, obras, rescisões etc. O setor de encargos gerencia as contas do imóvel, cuidando para que o locador não tenha uma surpresa no fim da locação com dívidas condominiais e contas de água em aberto. Por fim, o setor de contas a pagar e a receber é responsável por gerenciar todas as transações financeiras, garantindo que as despesas com fornecedores e repasses de aluguéis sejam pagos a tempo, além de cuidar para que os recebimentos sejam cobrados e registrados de maneira eficiente. Conciliação bancária, relatórios financeiros e análise de fluxo de caixa são mais algumas atribuições desse setor, essenciais para manter a estabilidade financeira da empresa e proporcionar um serviço de qualidade tanto para os proprietários quanto para os inquilinos.

Portanto, no nosso modelo, seja no departamento comercial, administrativo e seus subdepartamentos, cada profissional é especializado na sua atribuição. Se a função for a venda de serviços, ele fará prospecção diariamente por ligações e contatos com os clientes, buscando criar a melhor experiência para o cliente, seja ele locador ou locatário, se sua função for filtrar os contatos frios recebidos pelos portais, ele será um expert no método BANT[1] agendando as visitas da forma mais assertiva possível. Da mesma forma, se sua atribuição for de assistente, será um profissional voltado a organizar toda parte administrativa, cadastro de informações, gestão da documentação, além de assistir ao gerente de locação.

4.1   *Inside Sales*

Pivotamos[2] recentemente e aderimos ao que se chama *Inside Sales*, em que todos os recursos humanos de vendas trabalham apenas internamente, seja na locação quanto na captação. O modelo consiste em fazer o corretor focar no que sabe e gosta de fazer, evitando que perca tempo e dinheiro fazendo qualquer ou-

---

1. BANT (Budget, Authority, Needs, Time Frame): metodologia usada no pré-atendimento em que é analisado o perfil do cliente, antes de passar o *lead* para o corretor. Significa verificar se o cliente tem renda para alugar; autoridade para decidir; necessidade real de alugar e quando ele quer alugar.
2. Pivotar é o termo usado pelas *startups* que se refere a mudar a direção e experimentar um novo processo.

tra atividade diferente da sua função, principalmente quando é necessário que o mesmo precise estar fora das dependências da empresa.

O corretor deve ser focado cem por cento no que faz de melhor, ou seja, no seu *core*, que é fazer negócio. Perder horas de venda preciosas no trânsito, indo e voltando de visitas, na espera do cliente chegar – se aparecer – ou perder horas fazendo vistorias, laudos cadastrais e fotos que redunda em uma perda de tempo e dinheiro irrecuperável, com pouca efetividade na operação de locação. Essa prática também ajuda na retenção de talentos, pois nem todos os consultores têm o perfil de trabalhar externo, no calor ou na chuva, principalmente em grandes cidades.

Na prática, nesta forma de trabalho, cada corretor que capta ou aluga, o faz sem sair da sua mesa, pois o trabalho de mostrar imóvel, fazer visita ao cliente, avaliar ou tirar foto, já foi realizado por outros profissionais preparados para exercer essas funções. O profissional vende o serviço e passa para o próximo cliente, pois têm assistentes que o apoiam, ou seja, ele faz o que sabe e gosta de fazer, otimizando sua produtividade, pois a empresa cuidará do restante para ele.

Vale dizer que essas dicas são para operações de locação, que nem sempre se encaixam com a de compra e venda.

5. "DESBURROCRATIZAÇÃO" E AUTOMAÇÃO DOS SETORES

A natureza do negócio é, por si só, burocrática. Papéis, prestações de contas, controles e relatórios mensais são uma constante da locação e administração de imóveis, tornando essas tarefas cruciais, porém frequentemente engessadas, morosas e suscetíveis a erros. A sobrecarga de processos manuais e a falta de automação adequada podem resultar em atrasos, retrabalho e até mesmo em perda de oportunidades de otimização e crescimento na carteira de imóveis. Nesse contexto, a busca por soluções tecnológicas e inovadoras torna-se fundamental para simplificar e agilizar essas operações, reduzindo a burocracia e permitindo uma gestão mais eficiente e transparente do patrimônio imobiliário. Portanto, a primeira grande ação se quiser ter eficiência é "desburrocratizar" e automatizar o que for possível!

Uma administradora de alta performance tem processos bem definidos e pessoal constantemente qualificado. De tempos em tempos é necessário parar tudo, mapear seus processos atuais, analisar o fluxo de atendimento, fazendo uma imersão no cotidiano da sua operação, junto a sua equipe, e verificar onde estão seus principais gargalos. Acredite, são muitos!

Fazemos uso da metodologia de Growth Hacking, muito usada pelas empresas do Vale do Silício, que consiste em mapear a jornada de cada operação e focar nas alavancas de crescimento, duas ações simples, porém requerem muita atenção e leva tempo para serem realizadas.

Na primeira etapa reavaliamos todos os processos já existentes, já que muitos desses processos foram criados há anos e tendem a estar desatualizados, além de muitas das vezes sofrerem alterações sem o conhecimento da liderança, o que pode gerar lacunas e ineficiências no fluxo de trabalho.

Na segunda etapa, avaliamos quais desses processos podem ser alavancas de crescimento da operação, ou seja, deve-se avaliar quais processos precisam ser melhorados e que possibilitariam o crescimento do negócio. Um exemplo concreto que ocorreu em nossa empresa foi no mapeamento dos atendimentos da recepção do setor administrativo, que estavam com um preocupante gargalo de ligações, entre os dias 30 e 05 de cada mês, congestionando o atendimento telefônico e causando insatisfação dos nossos clientes. Percebemos que a maioria dessas ligações eram feitas para demandas de baixa relevância, como ligações solicitando a segunda via do boleto de pagamento ou para esclarecimento de dúvidas sobre a prestação de contas mensal. Avaliando a jornada, percebemos que os clientes não estavam lendo o manual de boas-vindas enviado por e-mail a todo novo cliente proprietário e inquilino com imóvel recém alugado. A partir daí, resolvemos montar um fluxo em que os clientes passariam a receber o manual também por whatsapp, possibilitando que pudessem realmente ler e entender que existem canais mais rápidos e eficientes para sua solicitação, como nosso site, por exemplo. Desta forma conseguimos reduzir as ligações telefônicas, focar em demandas mais complexas, reduzindo o tempo de resposta, nosso SLA[3] e aumentar a retenção de nossos clientes.

Essa metodologia, na maioria das vezes, não requer investimentos, mas apenas a reformulação dos fluxos, otimizando e possibilitando o crescimento da empresa. Importante deixar claro que muitas mudanças geralmente já ocorrem por problemas demandados pelos próprios clientes, de forma isolada e não preventiva. O que estamos avaliando aqui é outra coisa, incutir na cultura gerencial da empresa uma forma de prevenir o problema, mapeando de tempos em tempos toda a jornada de gestão, em todos os departamentos, evitando o surgimento de reclamações.

Outra forma de "desburrocratizar" é através do uso de novas ferramentas que simplificam a burocracia, aumentam a eficiência, reduzem erros e melhoram a qualidade do trabalho. Deixar de querer ter, apenas, soluções caseiras e fazer parcerias com empresas especializadas que apresentam soluções imobiliárias integradas, como a contratação de um software de gestão de RH, plataformas online de comunicação, colaboração e produtividade, atendimento ao cliente *help desk*

---

3. SLA: em inglês Service Level Agreement ou acordo de nível de serviço, quando relacionado a tempo de resolução: Estipula o tempo máximo necessário para resolver o problema ou atender à solicitação do cliente após a resposta inicial.

e service desk ou a contratação de empresas especializadas em vistorias. Cortar o cordão umbilical com o software próprio, que normalmente fica ultrapassado e substituir por um CRM[4] e ERP[5] de gestão de locação, em constante evolução e transformação, capaz de acompanhar as mudanças e o dinamismo do mercado. Enfim, focar no que sabemos fazer, alugar e administrar imóveis, deixando todo resto com empresas especializadas.

6. DIGITALIZAÇÃO DA IMOBILIÁRIA TRADICIONAL

Desde 2018 estamos em processo de digitalização da nossa operação, nossa meta na época era nos tornar uma imobiliária 100% digital em poucos anos, saindo do velho modelo analógico para a nova tendência do século 21: a Quarta Revolução Industrial.

Nem sabíamos que havia mais de uma revolução industrial, quando ouvimos essa expressão pela primeira vez, ficamos atônitos percebendo que estávamos vivendo um momento de inflexão na história. Uma revolução caracterizada pela fusão de tecnologias que está quebrando as barreiras entre as esferas físicas, digitais e biológicas.

Percebemos que poderíamos usar algumas dessas tecnologias a nosso favor, melhorar nossa operação, consequentemente a esteira do cliente, otimizando o tempo e encurtando o fechamento do negócio; marcação de visitas online, atendimento via pré-venda e *chatbot*, visitas virtuais e assinatura digital foram algumas das soluções que implementamos.

Nessa nova realidade, fomos buscar informação e ajuda, fazendo cursos, conversando com especialistas e buscando novas experiências, algumas deram muito certo, outras nem tanto. Com o passar do tempo entendemos duas coisas, a primeira, não queríamos ser uma operação 100% digital, pois não temos perfil para isso, mas nos tornarmos uma imobiliária tradicional, com soluções digitais, para facilitar a vida dos nossos clientes, no modelo "Fígital"; a segunda, aprendemos que a direção é mais importante do que a velocidade! Há uma enxurrada de novas soluções para o imobiliário surgindo a cada dia, aprendemos que não adianta implementar tudo de uma vez, que é melhor ir aos poucos na direção correta. Aplique, teste e ajuste devagar cada solução implementada. A pressa, mais do que nunca, é inimiga da perfeição!

---

4. CRM: em inglês, Customer Relationship Management ou gerenciamento do relacionamento com o cliente, é uma ferramenta que auxilia na gestão dos processos com os clientes na venda, simplificando e automatizando relatórios e o atendimento.
5. ERP: em Inglês, Enterprise Resource Planning ou planejamento de recursos empresariais, é uma ferramenta que auxilia na administração e planejamento pós locação, simplificando e automatizando a administração do imóvel.

A tendência é se tornar uma empresa *data driven*, ou seja, dirigida por dados. Todas as decisões passam de meras análises empíricas para se tornarem decisões baseadas em coletas de dados. Coletar informação sobre a persona do seu cliente, saber quantos atendimentos se gera um negócio; avaliar qual o percentual médio de clientes que tiram seus imóveis da sua administração ou saber quantos imóveis captados são alugados em trinta dias, se tornou fundamental para decisões mais assertivas da sua operação. E não basta coletar dados, é preciso ter literacia em dados, ou seja, saber interpretar e tomar ações lógicas em cima dessas informações.

7. CONSELHO INTERNO

Outra estratégia muito vencedora em nossa operação foi a criação de um conselho (ou comitê) interno, formado pelos principais líderes da empresa, em que discutimos mensalmente o planejamento estratégico e os rumos da organização. Um espaço livre de hierarquia, em que os conselheiros podem sugerir e opinar sobre todos os setores.

O conselho vem ajudando de várias formas, dentre elas a integração e a troca de experiência. É comum o setor comercial reclamar do administrativo, que reclama do setor de cobrança, que reclama do setor de encargos, que reclama de todos (rs), mas quando os líderes estão juntos e têm a oportunidade de escutar os projetos, entendendo as dificuldades, podendo opinar para chegar às melhores soluções em conjunto, desta forma, cada um consegue perceber as dificuldades enfrentadas e entendem que todos estão buscando uma melhor performance.

Formar um conselho interno de líderes da organização, portanto, pode oferecer uma perspectiva única e valiosa sobre assuntos variados. Eles podem trazer *insights* estratégicos, experiência diversificada e tomadas de decisão mais robustas, o que pode levar a melhores resultados e vantagens competitivas para a empresa.

Um conselho interno composto por líderes da organização é como ter uma equipe de especialistas reunida para orientar as decisões estratégicas. Eles oferecem uma visão ampla e profunda do mercado, compartilham experiências valiosas e podem identificar oportunidades e desafios de forma mais precisa. Isso não só fortalece a tomada de decisões, mas também promove uma cultura de colaboração e inovação dentro da empresa, ajudando-a a se destacar em um ambiente competitivo.

Ao formar um conselho interno no mercado imobiliário, é fundamental selecionar líderes que possuam expertise em diferentes áreas relevantes, como desenvolvimento, vendas, marketing, finanças e administrativo. Cada membro traz consigo uma compreensão única do mercado e dos desafios enfrentados pela empresa. Além disso, eles podem agir como mentores para funcionários mais novos, compartilhando conhecimentos e experiências para promover o desenvolvimento profissional dentro da organização. Em suma, um conselho interno bem formado é essencial para orientar a empresa em direção ao sucesso no mercado imobiliário.

Ter um conselho interno composto por líderes da organização pode trazer várias vantagens, tais como:

1. Visão estratégica: Ao trazer líderes de diferentes áreas para o conselho, é possível obter uma visão mais abrangente e estratégica dos desafios e oportunidades no mercado imobiliário;

2. Tomada de decisão mais eficaz: Com a diversidade de perspectivas e experiências dos líderes, o conselho interno pode ajudar a tomar decisões mais informadas e acertadas;

3. Desenvolvimento de liderança: Participar de um conselho interno pode ser uma oportunidade valiosa para o desenvolvimento de habilidades de liderança e para o crescimento profissional dos membros, pois o senso de pertencimento e relevância, em que cada membro sabe o que está fazendo verdadeira diferença na organização;

4. Maior alinhamento e engajamento: O conselho interno pode contribuir para um maior alinhamento entre as diferentes áreas da organização, promovendo o trabalho em equipe e o engajamento dos colaboradores.

8. METODOLOGIA SQUAD

Recentemente começamos a aplicar a metodologia Squad em nossa empresa, que consiste em reunir semanalmente um grupo multidisciplinar e autônomo, para solucionar problemas ou implementar um novo projeto, com planejamento e um prazo final determinado, normalmente de até três meses. Essa metodologia é baseada na cultura ágil, muito usada por startups do Vale do Silício.

A fórmula mais completa para formar times, com esse objetivo, seria:

1. Equipes Multifuncionais: Cada squad é composto por profissionais de diversas áreas diferentes, não necessariamente conexas entre si, como marketing, vendas, jurídico e comercial, lideradas por um profissional escolhido entre eles, chamado de *product owner*, que tem o dever de garantir a visão do produto, que a equipe esteja focada e entregue o projeto a tempo. Isso garante uma visão abrangente e a capacidade de lidar com todos os aspectos do ciclo de um projeto imobiliário, desde a concepção até a entrega;

2. Autonomia e Responsabilidade: Os squads têm autonomia para definir suas próprias metas e prioridades, dentro do escopo geral do projeto. Eles são res-

ponsáveis por tomar decisões relacionadas ao seu trabalho, desde o planejamento e execução até a análise dos resultado;

3. Comunicação e Colaboração: A comunicação é fundamental para o sucesso dos squads. Eles se reúnem regularmente, normalmente uma vez por semana, durante duas horas, para discutir o progresso, identificar obstáculos e colaborar na resolução de problemas. Ferramentas de comunicação online e reuniões presenciais são usadas para manter todos os membros da equipe alinhados;

4. Interação e Feedback: A metodologia squad valoriza a interação rápida e o feedback contínuo. Isso significa que os squads estão constantemente interagindo em seus projetos, com base no feedback dos clientes, *stakeholders* e dados de mercado. Essa abordagem permite que eles se adaptem rapidamente às mudanças e melhorem continuamente seus produtos e serviços imobiliários;

5. Escalabilidade e Flexibilidade: A metodologia squad é altamente escalável e flexível, o que a torna adequada para empresas imobiliárias de diferentes tamanhos e complexidades. Os squads podem ser ajustados e reorganizados conforme a necessidade para atender às demandas do mercado e aos objetivos estratégicos da empresa;

Ao contrário do que pensamos, não é nada complicado conseguir incutir essa cultura na empresa. No nosso caso, fizemos a primeira experiência em um dos nossos eventos anuais, chamamos o gerente de marketing, um líder de departamento, dois gerentes comerciais e um administrativo, para montar e participar de todo o processo desde o início, com um plano de ação bem definido e com duração de dois meses, até a data do lançamento. Foi um sucesso, os membros do squad se sentiram valorizados e com aquele sentimento de pertencimento, tão importante para qualquer colaborador. A notícia se espalhou e em poucos meses, quase todo projeto ou problema na empresa era resolvido através de um squad. Posso dizer que foi mais um divisor de águas em nossa operação.

9. MARKETING: EQUIPE INTERNA E AGÊNCIA

Nossa empresa sempre acreditou e investiu muito em marketing desde a sua concepção, contudo, mesmo com esse perfil bastante aprofundado na matéria, sempre tivemos alguma dificuldade de administrar esse importante canal de vendas. Já experimentamos variadas formas de lidar com o assunto, sendo as principais: administração própria; administração terceirizada (agência) e administração híbrida do marketing.

A primeira forma é a mais usada entre as pequenas empresas do ramo, o próprio dono é que tem as ideias, *insights*, contrata prestadores de serviços, negocia, faz o pagamento e acompanha os resultados, sem muito profissionalismo. Esse modelo é o mais "barato", pode-se pensar, mas no fim do dia é o que lhe trará os piores resultados, por inúmeras razões, entre elas, a falta de constância de anúncios, baixo acompanhamento e mensuração de resultados e, principalmente, faz o dono se desfocar da sua principal função, desviando sua atenção e foco em vendas e na administração do seu *business*.

A segunda forma, terceirizar o marketing a uma agência especializada, seria uma saída, entretanto, nossa experiência mostrou que seguir por esse caminho não é fácil por algumas razões. Uma delas é a falta de atenção que seu negócio necessita. Uma agência atende muitos outros clientes, não conhece a cultura da empresa e não tem a agilidade necessária que o dono da imobiliária precisa, além de impor limitações em número mensais de posts, artes, reuniões etc. Outro ponto a se destacar é que faltam boas empresas e profissionais especializados no nosso nicho. Usar uma agência para suprir necessidades pontuais até seria uma boa solução, contudo, pela nossa experiência, ter uma agência como sua única solução pode não trazer os resultados esperados.

A terceira e última forma de administrar o marketing da sua empresa é, para nós, a ideal. Um híbrido entre um funcionário CLT ou equipe interna e agências, estas complementam sua equipe interna no que os mesmos não têm conhecimento técnico ou tempo de fazer. Ter pessoas de dentro, conhecedoras da cultura da sua empresa, que possam fazer determinados serviços, como campanhas, acompanhamento de resultados, posts nas redes sociais, artes e endomarketing, muda o jogo. Essa equipe ou profissional irá se complementar com uma ou mais agências que irão administrar áreas mais sensíveis, como site e SEO ou o Google Adwords da sua marca. Além de estarem mais próximos à sua equipe de corretores, que na hora do cafezinho poderá dar aquelas dicas e *insights* preciosos dos outros departamentos.

10. CONCLUSÃO

Há uma revolução acontecendo lá fora. A era dos Jetsons já chegou, pessoas comuns sendo enviadas para o espaço em espaçonaves que parecem mais aviões intergalácticos, camisas inteligentes que te avisam sobre seus sinais vitais, impressoras 3D construindo prédios, softwares robôs que se comunicam com uma linguagem própria, carros autônomos autodirigidos e por aí vai.

E nosso segmento não está à margem disso tudo. Nosso mercado já foi um oceano azul para se ganhar dinheiro da forma tradicional, agora somos o mercado da diferenciação tecnológica com facilitação de processos e baixa "burrocracia".

Inteligência artificial, algoritmos, internet das coisas (IOT), *machine learning*, disrupção tecnológica, realidade virtual, desintermediação, chatbots e jornada do lead, são algumas palavras que devem estar no vocabulário do novo gestor de imóveis.

O jeito de alugar imóveis mudou para sempre, aquilo que fazemos agora, vai mudar significativamente a toda hora e assim por diante. É a profecia da lei de Moore: a tecnologia no ramo imobiliário vai dobrar a casa 12 meses, a custos e maneiras cada vez mais acessíveis.

O departamento de tecnologia das imobiliárias será cada vez maior e mais estratégico, acostume-se a ter um colega *"nerd"* te dando dicas de como performar melhor, pois essa é a tendência. A forma de atender um cliente, mostrar um imóvel e fechar um negócio está totalmente diferente de como era feito há anos atrás. O consumidor não tem mais paciência de esperar pelo corretor, ligar 2 ou 3 vezes para agendar uma visita ou na demora na aprovação do seu crédito. Não existe mais fidelidade do cliente.

Atualize-se, participe de treinamentos dentro e fora da sua área, esteja aberto a novas oportunidades, escute, procure saber, participe de grupos de relacionamento de corretores, enfim, crie relevância e autoridade.

É um mundo de novas emoções e muito instigante. Temos muita sorte de estar participando dessa nova realidade, de pegar a história desde o começo. Assim como uma criança que nasce com um smartphone na mão, todos esses estranhos acontecimentos no nosso mercado serão mais naturais para quem está nele agora. Empresas que não entenderem isso agora, infelizmente, cairão no ostracismo da história e em pouco tempo não estarão mais no mercado ou encontrarão muita dificuldade.

Em poucos anos estimamos que boa parte dos negócios imobiliários serão fechados sem haver sequer uma visita ao imóvel ou a imobiliária, assim como já acontece nas plataformas de locação temporária, pois a tecnologia 3D e o uso de bons aplicativos, somados a maior confiança do consumidor em comprar pela internet, serão a regra entre nossos negócios (a geração Z e Alpha em poucos anos vão se transformar na maioria da população).

A gestão de locação em alta performance é um campo desafiador e dinâmico que exige uma combinação não só de vidão de longo prazo, como dito acima, mas também de habilidades interpessoais, estratégicas e práticas necessárias para alcançar o sucesso. Lembremos sempre que no âmbito imobiliário, maximizar os retornos financeiros de uma propriedade alugada vai além de simplesmente cobrar e repassar o aluguel em dia. É preciso adotar uma abordagem abrangente que englobe desde a seleção criteriosa dos inquilinos até a manutenção eficaz do imóvel, passando pela resolução ágil de conflitos e pela aplicação de políticas transparentes, até a entrega das chaves.

Além dos aspectos práticos, se debruce nas questões mais estratégicas, como o uso de metodologias ágeis, gestão de pessoas, inovação e otimização de processos e aumento da eficiência operacional, destacando a importância de acompanhar as tendências do mercado e estar sempre aberto a novas oportunidades já validadas no meio empresarial.

Por fim, o que podemos dizer é que a gestão de locação em alta performance não se resume apenas em um pequeno capítulo de um livro, mas na obsessão em oferecer um serviço de qualidade, demonstrando comprometimento com clientes e colaboradores, que podem não só garantir a retenção deles, mas também promover o boca a boca positivo e atrair novos clientes e talentos. Em suma, ao implementar as estratégias e práticas recomendadas, estaremos construindo relacionamentos duradouros e gerando valor a longo prazo

11. REFERÊNCIAS

AGÊNCIA BRASIL. Número de imóveis alugados no país cresceu em 2022. Disponível em: https://agenciabrasil.ebc.com.br/geral/noticia/2023-06/numero-de-imoveis-alugados-no-pais-cresceu-em-2022#:~:text=A%20Pesquisa%20Nacional%20por%20Amostra,e%20 14%2C9%25%20apartamentos.

ARAÚJO, Luis Cesar; GARCIA, Adriana. *Gestão de Pessoas*: estratégias e integração organizacional. 2. ed. São Paulo: Atlas, 2009.

HUMBLE, Jez; MOLESKY, Joane, O'REILLY, Barry. *Lean Enterprise*: How High Performance Organizations Innovate at Scale: Editora Oreilly, 2010.

EXCLUSIVIDADE IMOBILIÁRIA: UM GUIA PARA CORRETORES DE SUCESSO

Felipe Berge

Formado em Administração e Ciências Contábeis. Corretor de Imóveis. Avaliador Imobiliário. Conselheiro Efetivo do Creci/RJ (Gestão 2022 a 2027). Membro da 2ª Turma de Julgamento de Processos Éticos e Administrativos (Creci/RJ). Gestor da Berge Brokers Imobiliária, atuante na Região da Zona Sul do Rio de Janeiro. Hábil negociador, diversos cursos na área de direito imobiliário e de gestão de pessoas. Oriundo do setor privado em funções gerenciais e de pessoas.

Sumário: 1. Introdução – 2. Estabelecendo confiança e autoridade – 3. Proposta de valor – 4. Técnicas de negociação: – 5. Marketing e publicidade – 6. Aspectos legais e clausulas contratuais de um contrato de exclusividade – 7. Conclusão – 8. Referências – Recursos adicionais.

A exclusividade na venda de imóveis é uma prática amplamente utilizada no mercado imobiliário, onde o proprietário de um imóvel concede a um único corretor ou imobiliária o direito exclusivo de vender sua propriedade por um período determinado. Esse tipo de contrato oferece diversas vantagens tanto para o proprietário quanto para o corretor, facilitando o processo de venda e aumentando as chances de um desfecho satisfatório para ambas as partes. No competitivo mercado imobiliário, a exclusividade na venda de imóveis é uma ferramenta poderosa que pode transformar a carreira de um corretor. Abordarei aspectos desta prática, oferecendo uma visão detalhada de como se destacar e prosperar no setor.

1. INTRODUÇÃO

Definição e Importância

Definição: Exclusividade na venda de imóveis é um acordo formal entre o proprietário de um imóvel e um corretor ou imobiliária, pelo qual o proprietário concede o direito exclusivo de comercialização do imóvel a esse corretor ou imobiliária. Durante o período de exclusividade, apenas o corretor ou a imobiliária contratados podem anunciar, promover e negociar a venda do imóvel.

Importância: A exclusividade traz uma série de benefícios que tornam o processo de venda mais eficiente e eficaz. Aqui estão algumas das principais razões pelas quais a exclusividade é importante no mercado imobiliário.

Vantagens para corretores e clientes

Maior Dedicação e Esforço: Corretores ou imobiliárias tendem a se dedicar mais ao imóvel quando têm garantia de que suas ações resultarão em comissão. Isso geralmente se traduz em um marketing mais agressivo e um esforço maior para vender a propriedade.

Marketing Focado: Com exclusividade, os corretores podem investir em campanhas de marketing personalizadas e estratégias promocionais específicas, sabendo que os benefícios retornarão diretamente para eles.

Melhor Comunicação: A exclusividade simplifica a comunicação, já que o vendedor precisa lidar com apenas um corretor ou imobiliária, o que reduz a confusão e facilita o acompanhamento do processo de venda.

Gestão Eficiente: A exclusividade permite um melhor gerenciamento do imóvel, com visitas mais bem organizadas, estratégias de precificação mais precisas e relatórios regulares sobre o progresso da venda.

Preço Mais Alto: Corretores que trabalham com exclusividade estão frequentemente dispostos a negociar melhor o preço do imóvel, pois têm a certeza de que a comissão será deles, o que pode resultar em um preço de venda mais alto.

Desvantagens para corretores e clientes

Dependência de um único corretor: Se o corretor não for eficaz, o imóvel pode ficar parado por mais tempo, pois o proprietário depende exclusivamente dos esforços desse profissional ou imobiliária.

Período de contrato: Os contratos de exclusividade geralmente têm um período fixo. Se o imóvel não for vendido dentro desse prazo, o proprietário pode perder tempo precioso e ter que recomeçar o processo com outro corretor.

Risco de subestimação: Alguns corretores podem subestimar o valor do imóvel para garantir uma venda rápida e, consequentemente, sua comissão. Isso pode resultar em uma venda abaixo do valor de mercado.

Menos exposição: Dependendo do corretor ou imobiliária, o imóvel pode receber menos exposição do que se estivesse listado com vários corretores, potencialmente atingindo um público menor.

Custos de cancelamento: Cancelar um contrato de exclusividade antes do término pode envolver multas ou custos adicionais, dependendo dos termos acordados no contrato.

2. ESTABELECENDO CONFIANÇA E AUTORIDADE

Construindo uma reputação sólida

Uma reputação sólida de um corretor de imóveis é construída com base em uma combinação de características, comportamentos e resultados que inspiram confiança e respeito tanto entre os clientes quanto entre os colegas de profissão.

É a base para uma carreira longa e bem-sucedida. Ela é construída através de um compromisso contínuo com a integridade, conhecimento, serviço ao cliente e resultados consistentes. Corretores que cultivam essas qualidades não apenas ganham a confiança e lealdade de seus clientes, mas também se destacam como líderes respeitados no mercado imobiliário. Requer um compromisso com a excelência, ética profissional e dedicação ao atendimento ao cliente. Ao investir em educação, manter-se atualizado sobre o mercado, utilizar tecnologia e construir uma rede de contatos forte, os corretores podem estabelecer-se como profissionais confiáveis e respeitados no setor imobiliário.

Educação e certificação: Invista em cursos e treinamentos para obter as certificações necessárias. A formação contínua mostra compromisso com a excelência. Considere especializar-se em um nicho específico do mercado imobiliário, como imóveis de luxo, comerciais, ou propriedades residenciais.

Conhecimento do mercado: Mantenha-se atualizado sobre as tendências do mercado, preços de imóveis, novas leis e regulamentos. Um corretor bem informado é mais confiável. Utilize ferramentas e relatórios de mercado para fornecer informações precisas e úteis aos clientes.

Transparência e honestidade: Seja transparente em todas as suas comunicações, incluindo as limitações e desafios que possam surgir durante o processo de compra ou venda. Sempre aja de acordo com os padrões éticos da profissão. A integridade é fundamental para construir confiança.

Excelência no atendimento ao cliente: Ouça atentamente as necessidades e preocupações dos clientes. Personalize seu serviço para atender às expectativas individuais. Responda prontamente a todas as consultas e mantenha os clientes informados sobre o andamento do processo.

Marketing e visibilidade: Crie um site profissional e mantenha perfis ativos em redes sociais. Compartilhe conteúdo relevante e atual sobre o mercado imobiliário. Publique artigos, vídeos e guias que demonstrem seu conhecimento e ofereçam valor aos clientes potenciais.

Rede de contatos: Participe de eventos do setor, conferências e grupos de networking. Construir relações com outros profissionais do mercado pode abrir portas e oportunidades. Colabore com outros profissionais, como advogados imobiliários, avaliadores e investidores, para oferecer um serviço mais completo aos seus clientes.

Testemunhos e referências: Colete e compartilhe depoimentos de clientes satisfeitos. Depoimentos positivos são uma poderosa ferramenta de marketing. Incentive clientes satisfeitos a recomendarem seus serviços a amigos e familiares. As recomendações pessoais são extremamente valiosas.

Utilização de tecnologia: Utilize ferramentas e softwares de CRM (Customer Relationship Management) para gerenciar contatos e acompanhar leads. Adoção de tecnologias como tours virtuais, fotografia profissional e drones para oferecer uma experiência diferenciada aos clientes.

Gestão de expectativas: Defina expectativas claras e realistas para os clientes desde o início. Evite prometer mais do que pode entregar. Mantenha os clientes informados sobre o progresso e qualquer mudança no processo de venda ou compra.

Aprendizado contínuo: Solicite e aceite feedback dos clientes e colegas para identificar áreas de melhoria. Esteja disposto a adaptar suas estratégias e abordagens com base nas mudanças do mercado e nas necessidades dos clientes.

Técnicas de Networking Eficazes

Networking eficaz no mercado imobiliário exige um esforço contínuo e uma abordagem estratégica. Ao participar de eventos, envolver-se em associações profissionais, estabelecer parcerias e manter uma presença ativa online, os corretores podem construir uma rede sólida de contatos que impulsionará sua carreira. Lembre-se de ser proativo, manter a comunicação e sempre agregar valor aos seus relacionamentos profissionais. No mercado imobiliário, construir uma rede de contatos sólida é essencial para o sucesso. O networking eficaz pode abrir portas para novas oportunidades, parcerias estratégicas e acesso a informações valiosas. Aqui estão algumas técnicas de networking eficazes no mercado imobiliário:

Participação em eventos do setor: Participe de conferências e seminários imobiliários para aprender sobre as últimas tendências e conectar-se com outros profissionais. Visite feiras e exposições do setor para conhecer novos produtos, serviços e tecnologias, além de fazer contatos com fornecedores e colegas de profissão.

Associações profissionais: Participe de associações imobiliárias locais e nacionais, como o Conselho Regional de Corretores de Imóveis (CRECI) e a Associação Brasileira do Mercado Imobiliário (ABMI). Envolva-se ativamente nas atividades e comitês dessas associações para aumentar sua visibilidade e construir relacionamentos profissionais.

Eventos de networking: Organize ou participe de encontros informais, como meetups e happy hours, onde você pode interagir com outros corretores, investidores e profissionais do setor. Participe de eventos de caridade e ações comunitárias, que são excelentes oportunidades para conhecer pessoas em um ambiente mais descontraído.

Colaborações e parcerias: Estabeleça parcerias com outros profissionais, como advogados, avaliadores, arquitetos e construtores, para oferecer um serviço mais completo aos seus clientes. Colabore em campanhas de marketing conjuntas com outras empresas do setor para ampliar seu alcance e atrair novos clientes.

Presença on-line: Utilize plataformas como LinkedIn para conectar-se com outros profissionais do setor, participar de grupos de discussão e compartilhar conteúdos relevantes. Organize webinars e transmissões ao vivo para compartilhar seu conhecimento e interagir com um público maior, aumentando sua visibilidade online.

Educação contínua: Participe de cursos e workshops para aprimorar suas habilidades e conhecer outros profissionais que compartilham interesses semelhantes. Obtenha certificações reconhecidas no setor imobiliário para aumentar sua credibilidade e atrair mais contatos.

Mentoria e consultoria: Encontre mentores experientes que possam oferecer orientação e conselhos valiosos para o seu desenvolvimento profissional. Seja um mentor para profissionais menos experientes. Isso não só fortalece sua rede, mas também solidifica sua reputação como um líder no setor.

Follow-up regular: Realize follow-ups regulares com seus contatos para manter relacionamentos fortes. Isso pode incluir mensagens de agradecimento, atualizações sobre o mercado e convites para eventos. Após participar de um evento, envie e-mails ou mensagens para os novos contatos que fez, reforçando seu interesse em manter o relacionamento.

Blogging e publicação de conteúdo: Escreva artigos e publique-os em um blog ou site especializado. Isso demonstra seu conhecimento e atrai profissionais que compartilham dos mesmos interesses. Contribua com artigos para blogs e sites de outros profissionais ou associações do setor para aumentar sua visibilidade.

Eventos de networking temáticos: Organize workshops focados em tópicos específicos, como marketing digital para imóveis ou tendências de design de interiores, atraindo profissionais interessados nesses temas. Forme grupos de mastermind com outros corretores para compartilhar experiências, discutir desafios e encontrar soluções colaborativas.

3. PROPOSTA DE VALOR

Criando uma proposta de valor convincente

Criar uma proposta de valor convincente requer uma compreensão profunda do imóvel, do mercado e do perfil do comprador. Ao destacar características únicas, benefícios tangíveis e intangíveis, e utilizar dados de suporte, ajuda você ganhar a confiança de um proprietário e com a precificação correta, atrair o interesse e a confiança dos potenciais compradores, facilitando a venda do imóvel.

Criar uma proposta de valor convincente para um imóvel é essencial para destacar a propriedade no mercado e atrair potenciais compradores. A proposta de valor deve enfatizar os aspectos únicos e benéficos do imóvel, mostrando por que ele é a melhor escolha. Aqui estão alguns passos para criar uma proposta de valor convincente:

Características do Imóvel: Descreva o tamanho do imóvel, o número de quartos, banheiros e a disposição dos cômodos. Destaque quaisquer reformas recentes, atualizações ou características especiais, como uma cozinha gourmet ou um jardim paisagístico.

Localização: Enfatize a proximidade a escolas, hospitais, supermercados, transporte público e outras comodidades importantes. Descreva o bairro, segurança, comunidade e quaisquer benefícios exclusivos, como parques ou áreas de lazer próximas.

Identifique o público-alvo: Determine quem são os potenciais compradores (famílias, jovens profissionais, investidores) e adapte sua proposta para atender às necessidades e desejos específicos deles. Enfatize como o imóvel se alinha com o estilo de vida do público-alvo, seja através de conveniências urbanas, tranquilidade suburbana ou potencial de investimento.

Destaque os benefícios: Se o imóvel tem eficiência energética, sistemas de aquecimento ou refrigeração modernos, ou qualquer outra característica que possa reduzir custos a longo prazo, destaque isso. Enfatize como a localização, comodidades e características do imóvel melhoram a qualidade de vida do comprador.

Destaque características de segurança, como sistemas de alarme, segurança 24 horas ou uma vizinhança segura. Se aplicável, mencione aspectos de prestígio, como uma localização privilegiada, design arquitetônico renomado ou características exclusivas do imóvel.

Use dados e estatísticas: Apresente dados comparativos mostrando que o preço do imóvel é competitivo em relação a propriedades similares na área. Se possível, forneça informações sobre a valorização histórica da área, indicando o potencial de crescimento do investimento.

Crie um apelo emocional: Utilize histórias de antigos moradores ou depoimentos que mostrem experiências positivas no imóvel. Use fotografias de alta qualidade, vídeos e tours virtuais para ajudar os compradores a visualizarem a vida na propriedade.

Apresente a proposta de forma clara e atraente: Crie uma apresentação visualmente atraente, incluindo um folheto informativo, um site dedicado ou um vídeo promocional. Organize a informação de forma clara e fácil de entender, com seções dedicadas a características, benefícios e dados de suporte.

Utilize estratégias de marketing personalizadas: Utilize plataformas de marketing digital, como anúncios em redes sociais, SEO e campanhas de e-mail direcionadas para alcançar seu público-alvo. Considere estratégias offline, como anúncios em jornais locais, flyers e open houses, especialmente em áreas onde isso ainda é eficaz.

Exemplo de Proposta de Valor Convincente

Título: "A Casa dos Seus Sonhos no Coração de [Nome do Bairro]"

Introdução: Descubra a combinação perfeita de conforto moderno e charme clássico nesta espetacular residência de [Número] quartos localizada em [Nome do Bairro], uma das áreas mais desejadas da cidade.

Características exclusivas:

- *Espaço e conforto:* Com [número] m² de área útil, esta casa oferece espaços amplos e bem distribuídos, ideais para a vida em família.

- *Design Moderno:* Recentemente reformada, a propriedade conta com uma cozinha gourmet, banheiros modernos e acabamentos de alta qualidade.

Localização privilegiada:

- *Proximidade a comodidades:* A apenas minutos de escolas renomadas, supermercados, parques e transporte público, tudo o que você precisa está ao seu alcance.

- *Bairro Seguro e tranquilo:* Desfrute de tranquilidade em uma comunidade segura, perfeita para famílias e profissionais.

Benefícios Incomparáveis:

- *Economia de energia:* Equipado com painéis solares e sistemas de isolamento térmico, economize nas contas de energia enquanto contribui para o meio ambiente.

- *Qualidade de vida:* Viva em um ambiente que promove bem-estar e conforto, com áreas de lazer, jardins e um espaço exterior para relaxar.

Dados de Mercado:

- *Investimento seguro:* O imóvel está situado em uma área com alta valorização imobiliária, garantindo um investimento seguro e rentável.

- *Preço competitivo:* Comparado a imóveis similares, oferecemos um preço atrativo e condições especiais de financiamento.

Depoimentos: "Nos mudamos para esta casa há 5 anos e foi a melhor decisão que tomamos. A vizinhança é maravilhosa e a qualidade de vida que encontramos aqui é inigualável." – [Nome do Cliente]

Não perca a oportunidade de conhecer a casa dos seus sonhos. Agende uma visita hoje e descubra por que esta propriedade é a escolha perfeita para você e sua família.

Apresentando os benefícios da exclusividade para o cliente

Apresentar os benefícios de uma exclusividade na venda de um imóvel de forma clara e detalhada ajuda a convencer o proprietário das vantagens dessa abordagem. A ênfase na dedicação exclusiva, melhoria na coordenação das visitas, controle do processo de venda, estratégias de preço e negociação, proteção da privacidade e segurança, marketing direcionado e as maiores chances de uma venda rápida são argumentos convincentes para obter a concordância do proprietário. Apresentar os benefícios de uma exclusividade na venda de um imóvel para um proprietário requer clareza, transparência e uma ênfase nos aspectos positivos que essa modalidade pode trazer. Aqui está um guia de como fazer isso de forma eficaz:

Introdução à exclusividade: Explique brevemente o que significa ter um contrato de exclusividade na venda do imóvel, ressaltando que apenas um corretor ou imobiliária terá o direito de promover e vender o imóvel durante o período do contrato.

Benefícios da exclusividade: Destaque que, com exclusividade, o corretor pode dedicar todos os seus esforços e recursos à venda do imóvel, sem a concorrência de outros corretores. Explique que a exclusividade permite que o corretor invista mais em marketing e publicidade de alta qualidade, incluindo fotografia profissional, vídeos, tours virtuais e anúncios em plataformas relevantes

Melhoria na coordenação das visitas: A exclusividade permite uma melhor coordenação das visitas, garantindo que cada potencial comprador receba uma atenção personalizada e que as visitas sejam agendadas de forma a maximizar as chances de venda. Facilita a gestão do tempo do proprietário, reduzindo interrupções desnecessárias e visitas descoordenadas.

Controle e transparência no processo de venda: Com um único ponto de contato, a comunicação é mais clara e eficiente. O proprietário recebe atualizações regulares e detalhadas sobre o progresso da venda. Corretores exclusivos geralmente fornecem relatórios detalhados sobre as atividades de marketing, o feedback dos visitantes e as ofertas recebidas.

Estratégias de preço e negociação: Um corretor exclusivo pode fazer uma análise de mercado detalhada para definir o preço ideal do imóvel, evitando subvalorização ou supervalorização. Com controle total sobre o processo de venda, o corretor pode negociar de forma mais eficaz para obter o melhor preço possível para o proprietário. Muito porque sabe de suas reais necessidades.

Proteção da privacidade e segurança: A exclusividade permite que o corretor filtre potenciais compradores, garantindo que apenas pessoas realmente interessadas e qualificadas visitem o imóvel. A redução do número de visitas e a presença constante de um corretor durante as visitas aumentam a segurança do processo.

Marketing direcionado e personalizado: O corretor pode criar campanhas de marketing personalizadas para destacar os pontos fortes do imóvel, alcançando o público-alvo ideal. Utilização de múltiplos canais de marketing, incluindo redes sociais, portais imobiliários e *mailing lists*, para maximizar a visibilidade do imóvel.

Maior chances de venda rápida: O corretor estará totalmente comprometido com a venda do imóvel, aumentando as chances de uma venda mais rápida e eficiente. Potenciais compradores podem sentir uma maior urgência em fazer uma oferta, sabendo que o imóvel é gerenciado exclusivamente por um único corretor.

Estudo de caso e depoimentos: Apresente estudos de caso ou exemplos de propriedades que foram vendidas com sucesso através de contratos de exclusividade. Compartilhe depoimentos de outros proprietários que tiveram uma experiência positiva ao conceder exclusividade na venda de seus imóveis.

Comparação com venda sem exclusividade: Explique os possíveis riscos e desvantagens de listar o imóvel com múltiplos corretores, como a falta de coordenação, visitas desordenadas, competição entre corretores e possíveis desvalorizações do imóvel. Compare os benefícios de ter um único corretor dedicado versus múltiplos corretores, enfatizando a eficiência, segurança e melhores resultados da exclusividade.

Exemplo de Apresentação dos Benefícios

Introdução: "Senhor(a) [Nome do Proprietário], gostaria de explicar como a exclusividade na venda do seu imóvel pode trazer várias vantagens significativas, garantindo uma venda mais rápida, segura e eficiente".

Dedicação exclusiva: "Com exclusividade, posso dedicar todos os meus recursos e esforços à venda do seu imóvel. Isso inclui investir em marketing de alta qualidade, como fotos profissionais, vídeos e anúncios direcionados, que aumentarão a visibilidade da sua propriedade".

Melhoria na coordenação das visitas: "A exclusividade permite uma melhor coordenação das visitas, garantindo que cada potencial comprador receba atenção personalizada. Isso também facilita a gestão do seu tempo, evitando interrupções desnecessárias".

Controle e transparência no processo de venda: "Ter um único corretor garante uma comunicação clara e eficiente. Você receberá atualizações regulares e detalhadas sobre o progresso da venda, incluindo relatórios sobre as atividades de marketing e o feedback dos visitantes".

Estratégias de preço e negociação: "Posso realizar uma análise de mercado detalhada para definir o preço ideal do seu imóvel e negociar de forma eficaz para obter o melhor preço possível para você".

Proteção da privacidade e segurança: "A exclusividade permite que eu filtre potenciais compradores, garantindo que apenas pessoas realmente interessadas visitem o seu imóvel, aumentando a segurança do processo".

Marketing direcionado e personalizado: "Com exclusividade, posso criar campanhas de marketing personalizadas, utilizando múltiplos canais para maximizar a visibilidade do seu imóvel e alcançar o público-alvo ideal".

Maior chances de venda rápida: "Meu comprometimento total com a venda do seu imóvel aumenta as chances de uma venda rápida e eficiente. A exclusividade também cria uma sensação de urgência nos potenciais compradores".

Estudo de caso e depoimentos: "Gostaria de compartilhar alguns exemplos de propriedades que vendi com sucesso através de contratos de exclusividade e depoimentos de clientes satisfeitos que destacam os benefícios dessa abordagem".

Comparação com venda sem exclusividade: "Listar o seu imóvel com múltiplos corretores pode levar à falta de coordenação, visitas desordenadas e competição entre corretores, o que pode desvalorizar o imóvel. A exclusividade oferece eficiência, segurança e melhores resultados comprovados".

Conclusão: "Resumindo, a exclusividade na venda do seu imóvel oferece dedicação total, melhor coordenação das visitas, controle e transparência no processo, estratégias de preço e negociação eficazes, proteção da privacidade e segurança, marketing direcionado e personalizado, e maiores chances de uma venda rápida. Vamos formalizar o contrato de exclusividade e começar a trabalhar na venda do seu imóvel imediatamente".

Estratégias para superar objeções

Superar objeções sobre exclusividade na venda de um imóvel requer uma abordagem personalizada e transparente. Explicando os benefícios de maneira clara, fornecendo exemplos reais e depoimentos, e destacando como sua abordagem é diferente, você pode convencer os proprietários de que a exclusividade é a melhor opção para alcançar uma venda rápida e bem-sucedida. Superar objeções é fundamental para convencer proprietários dos benefícios dessa abordagem. Aqui estão algumas estratégias eficazes para lidar com as objeções mais comuns:

1. Objeção: "Prefiro Ter Múltiplos Corretores Trabalhando para Mim"

Estratégia: Explicar a Dedicação Exclusiva

- *Argumento:* "Com exclusividade, você terá um corretor totalmente dedicado à venda do seu imóvel, investindo mais tempo e recursos em marketing e promoção. Isso geralmente resulta em uma venda mais rápida e eficiente."

- *Exemplo:* "Imagine se você tivesse que dividir sua atenção entre várias tarefas importantes. Ao ter um único corretor, ele pode concentrar todos os esforços e recursos na venda do seu imóvel, garantindo um serviço mais personalizado e eficaz."

2. Objeção: "Quero ter mais exposição para o meu imóvel"

Estratégia: Demonstrar estratégias de marketing avançadas

- *Argumento:* "Com exclusividade, posso investir em estratégias de marketing mais sofisticadas, como fotografia profissional, vídeos de alta qualidade, tours virtuais e campanhas direcionadas em redes sociais, alcançando um público maior e mais qualificado."

- *Exemplo:* "Propriedades listadas com exclusividade costumam aparecer em posições de destaque nos principais portais imobiliários, e posso usar estratégias de marketing digital para atingir compradores potenciais de forma mais eficaz."

3. Objeção: "Tenho Receio de ficar preso a um contrato com um único corretor"

Estratégia: Garantir flexibilidade e confiança

- *Argumento:* "A exclusividade é um compromisso de curto prazo, e meu objetivo é provar meu valor rapidamente. Se você não estiver satisfeito com meu serviço em um período determinado, podemos reavaliar o contrato."

- *Exemplo:* "Vamos começar com um período de exclusividade de 90 dias. Durante esse tempo, vou demonstrar o valor do meu serviço e, se necessário, podemos renegociar ao final desse período."

4. Objeção: "Outros Corretores Me Prometeram Vender Mais Rápido"

Estratégia: Provar com Resultados e Referências

- *Argumento:* "Posso fornecer exemplos de vendas rápidas que realizei através de contratos de exclusividade. A exclusividade permite um enfoque mais estratégico e organizado, o que frequentemente leva a vendas mais rápidas."
- *Exemplo:* "Aqui estão depoimentos de clientes que venderam seus imóveis rapidamente comigo. A exclusividade me permitiu concentrar todos os meus recursos na promoção e venda do imóvel."

5. Objeção: "Quero testar o mercado com vários corretores antes de me comprometer"

Estratégia: Oferecer uma avaliação de mercado completa

- *Argumento:* "Como corretor exclusivo, posso fornecer uma avaliação de mercado completa e detalhada, ajudando você a precificar seu imóvel corretamente e evitar longos períodos de espera."
- *Exemplo:* "Vou realizar uma análise comparativa de mercado (CMA) e fornecer um relatório detalhado que mostra onde seu imóvel se posiciona no mercado atual. Isso ajudará a definir uma estratégia de preço competitiva desde o início."

6. Objeção: "Não Vejo vantagem em exclusividade"

Estratégia: Esclarecer benefícios específicos

- *Argumento:* "A exclusividade oferece muitos benefícios, como maior dedicação, marketing personalizado, melhor coordenação de visitas, e um único ponto de contato para todas as suas perguntas e preocupações."
- *Exemplo:* "Com exclusividade, você recebe atualizações regulares sobre o progresso da venda, relatórios detalhados sobre as atividades de marketing e feedback dos interessados, algo que é difícil de gerenciar com múltiplos corretores."

7. Objeção: "Já tentei exclusividade antes e não funcionou"

Estratégia: Diferenciar seu serviço

- *Argumento:* "Cada corretor tem uma abordagem diferente. Minha estratégia de marketing e venda é baseada em [métodos específicos, tecnologia avançada, rede de contatos etc.] que fazem a diferença."

- *Exemplo:* "Entendo suas preocupações. Vamos discutir o que não funcionou anteriormente e como minha abordagem é diferente. Vou criar um plano personalizado para garantir que seu imóvel se destaque no mercado."

8. Objeção: "É muito caro trabalhar com exclusividade"

Estratégia: Demonstrar o retorno sobre o investimento

- *Argumento:* "Embora a exclusividade possa parecer um custo adicional, ela geralmente resulta em uma venda mais rápida e por um preço melhor, economizando tempo e dinheiro a longo prazo."
- *Exemplo:* "Investir em marketing de alta qualidade e uma estratégia de venda eficaz pode aumentar o valor de venda do seu imóvel. O retorno sobre o investimento em exclusividade geralmente compensa o custo inicial."

9. Objeção: "Prefiro controlar o processo de venda"

Estratégia: Oferecer transparência e colaboração

- *Argumento:* "Com exclusividade, você terá total transparência no processo de venda. Eu fornecerei relatórios regulares e manterei você informado a cada etapa, garantindo que você tenha controle e visibilidade."
- *Exemplo:* "Vou agendar reuniões regulares para discutir o progresso e ajustar a estratégia conforme necessário, garantindo que suas necessidades e preocupações sejam sempre atendidas."

4. TÉCNICAS DE NEGOCIAÇÃO:

Preparação e pesquisa:

Conheça o Imóvel e o Mercado: Faça uma avaliação completa do imóvel, incluindo suas características, condições, pontos fortes e fracos. Pesquise o mercado local para entender a concorrência, tendências de preços e o perfil dos compradores potenciais. Prepare uma análise comparativa de mercado (CMA) para mostrar como o imóvel se posiciona em relação a propriedades similares.

Entenda o proprietário: Compreenda as motivações do proprietário para vender e suas expectativas em termos de preço, tempo de venda e condições. Conheça o histórico do imóvel, incluindo qualquer tentativa de venda anterior e feedback recebido.

Prepare sua proposta: Desenvolva um plano de marketing detalhado que inclua estratégias online e offline para promover o imóvel. Esteja preparado para explicar claramente os benefícios da exclusividade e como isso pode levar a uma venda mais rápida e eficiente.

Construa confiança: Seja transparente e honesto sobre suas intenções, métodos e o processo de venda. Forneça referências e testemunhos de clientes satisfeitos que trabalharam com você anteriormente.

Demonstre competência: Mostre seu conhecimento e experiência no mercado imobiliário, incluindo seu histórico de vendas bem-sucedidas. Destaque suas habilidades e recursos de marketing, como fotografia profissional, campanhas de mídia social e publicidade direcionada.

Enfatize os benefícios da exclusividade: Explique que a exclusividade permite que você dedique todos os seus recursos à venda do imóvel, aumentando a probabilidade de uma venda rápida. A exclusividade facilita a coordenação das visitas e reduz o desgaste do proprietário com múltiplos corretores.

Prepare-se para as possíveis objeções: Identifique as possíveis objeções à exclusividade. Aborde cada objeção com argumentos sólidos e exemplos reais que demonstrem como você pode superar essas preocupações.

Apresentação da proposta: Marque uma reunião formal para apresentar sua proposta e discutir os benefícios da exclusividade. repare materiais visuais, como apresentações de slides, brochuras e amostras de campanhas de marketing, para ilustrar seu plano.

Demonstração de resultados: Apresente estudos de caso de propriedades vendidas com exclusividade, destacando os resultados alcançados. Mostre dados e estatísticas que comprovem a eficácia da exclusividade, como tempo médio de venda e preço de venda comparado ao preço de lista.

Oferta de valor adicional: Ofereça serviços adicionais que possam agregar valor ao proprietário, como assessoria jurídica, serviços de staging ou avaliações gratuitas. Explique como você continuará a oferecer suporte após a venda, criando uma relação de longo prazo com o cliente.

Fechando o contrato de exclusividade

Fechar um contrato de exclusividade na venda de um imóvel exige uma combinação de preparação detalhada, técnicas de negociação eficazes e uma apresentação convincente dos benefícios. Ao entender as necessidades do proprietário, demonstrar sua competência e oferecer uma proposta de valor clara e personalizada, você pode superar objeções e assegurar a exclusividade para uma venda bem-sucedida.

Negocie termos flexíveis: Ofereça um período de exclusividade razoável que permita tempo suficiente para uma estratégia de marketing eficaz, mas que não pareça excessivamente longo para o proprietário. Inclua cláusulas que permitam ao proprietário rescindir o contrato se determinadas condições não forem atendidas, proporcionando uma sensação de segurança.

Recapitulação dos benefícios: Recapitule os principais benefícios da exclusividade de forma clara e concisa, reforçando os pontos discutidos durante a reunião. Reitere seu compromisso em alcançar os melhores resultados possíveis para o proprietário.

Acordo de termos: Permita uma discussão aberta sobre os termos do contrato, ouvindo qualquer sugestão ou preocupação final do proprietário. Mostre-se flexível para ajustar os termos conforme necessário, desde que isso não comprometa a eficácia da estratégia de venda.

Assinatura do contrato: Tenha todos os documentos necessários prontos para a assinatura, explicando cada cláusula e respondendo a quaisquer perguntas. Confirme os compromissos assumidos e os próximos passos, incluindo um cronograma de atividades e atualizações.

5. MARKETING E PUBLICIDADE

Desenvolvendo um plano de marketing exclusivo

Desenvolver um plano de marketing exclusivo para a venda de um imóvel com contrato de exclusividade é essencial para garantir a máxima exposição e atrair compradores qualificados. Aqui está um guia detalhado para criar um plano de marketing eficaz, a venda de um imóvel exige uma combinação de estratégias digitais e offline, uma compreensão detalhada do imóvel e do mercado, e uma abordagem proativa para acompanhar e ajustar as estratégias conforme necessário. Com um plano bem estruturado e uma execução cuidadosa, você pode maximizar a exposição do imóvel e atrair compradores qualificados, resultando em uma venda bem-sucedida.

Website e portais imobiliários: Crie uma listagem detalhada e atraente do imóvel nos principais portais imobiliários (ZAP Imóveis, Viva Real, OLX etc.). Considere criar um site exclusivo para o imóvel, com informações completas, fotos de alta qualidade, vídeos e tours virtuais.

Fotografia e vídeo profissionais: Contrate um fotógrafo profissional para tirar fotos de alta qualidade que destaquem as melhores características do imóvel. Produza vídeos de alta qualidade e tours virtuais interativos para permitir que os compradores explorem o imóvel online.

Marketing de conteúdo: Publique blog, posts e artigos sobre o imóvel e a área local, destacando os benefícios de morar na região. Otimize o conteúdo do seu site e listagens para SEO (Search Engine Optimization) para atrair tráfego orgânico.

Redes sociais: Use plataformas como Facebook, Instagram e LinkedIn para promover o imóvel, utilizando anúncios pagos e postagens orgânicas. Utilize segmentação avançada para atingir o público-alvo com base em localização, interesses e comportamentos.

Ajustes e otimização: Avalie continuamente o desempenho das suas estratégias de marketing e faça ajustes para melhorar a eficácia. Realize testes A/B em campanhas de anúncios para identificar o que funciona melhor e otimizar seus esforços.

6. ASPECTOS LEGAIS E CLAUSULAS CONTRATUAIS DE UM CONTRATO DE EXCLUSIVIDADE

Um contrato de exclusividade na venda de um imóvel deve ser bem estruturado e detalhado para proteger os interesses de todas as partes envolvidas e garantir uma colaboração eficaz. É fundamental definir claramente os termos e condições, responsabilidades e direitos, com ênfase na transparência e conformidade legal. Consultar um advogado especializado em direito imobiliário pode ajudar a garantir que o contrato esteja em conformidade com todas as leis e regulamentos aplicáveis, além de atender às necessidades específicas do proprietário e do corretor.

Duração do contrato: Especifique o período durante o qual o corretor terá exclusividade na venda do imóvel. Esse período deve ser realista para permitir a execução de estratégias de marketing e negociação. Inclua cláusulas sobre renovação automática e condições para a rescisão antecipada do contrato, caso necessário.

Obrigações das partes: Detalhe as obrigações do corretor, incluindo a implementação de um plano de marketing, organização de visitas e relatórios regulares ao proprietário. Defina as obrigações do proprietário, como permitir o acesso ao imóvel para visitas e fornecer informações precisas sobre o imóvel.

Comissões e pagamentos: Estabeleça o percentual da comissão que o corretor receberá sobre o valor da venda do imóvel. Defina as condições para o pagamento da comissão, geralmente após a conclusão da venda e assinatura do contrato de compra e venda.

Despesas e custos: Especifique quem será responsável pelos custos de marketing e publicidade, e se esses custos serão reembolsados pelo proprietário ou cobertos pela comissão do corretor. Inclua qualquer outra despesa adicional que possa surgir durante o processo de venda.

Direitos exclusivos: O corretor terá o direito exclusivo de promover e negociar a venda do imóvel, impedindo que o proprietário liste o imóvel com outros corretores durante o período de exclusividade. Defina penalidades para o proprietário caso decida listar o imóvel com outros corretores ou negociar diretamente com compradores sem envolver o corretor exclusivo.

Cláusulas de rescisão e cancelamento: Liste os motivos pelos quais o contrato pode ser rescindido antecipadamente, como falta de desempenho por parte do corretor ou mudanças nas condições do mercado. Especifique o procedimento para a notificação de rescisão, incluindo prazos e formas de comunicação.

Confidencialidade e proteção de dados: Inclua cláusulas sobre a confidencialidade das informações do imóvel e do proprietário, garantindo que essas informações não sejam divulgadas sem permissão. Assegure que o corretor esteja em conformidade com as leis de proteção de dados e privacidade, como a Lei Geral de Proteção de Dados (LGPD) no Brasil.

Cláusulas adicionais: Inclua cláusulas que abordem condições especiais relacionadas ao imóvel, como questões jurídicas pendentes ou acordos de locação existentes. Defina o método de resolução de disputas, como mediação ou arbitragem, para lidar com quaisquer conflitos que possam surgir durante a vigência do contrato.

Documentação e formalização: Prepare todos os documentos necessários para formalizar o contrato de exclusividade, incluindo as assinaturas de ambas as partes. Forneça cópias assinadas do contrato para todas as partes envolvidas, garantindo que todos tenham um registro formal do acordo.

7. CONCLUSÃO

A exclusividade na venda de imóveis oferece várias vantagens, como maior dedicação do corretor e marketing focado, mas também apresenta desvantagens, como a dependência de um único profissional e o risco de subestimação do imóvel. É crucial que proprietários avaliem cuidadosamente os termos do contrato e escolham corretores de confiança para maximizar os benefícios dessa abordagem.

O maior medo dos proprietários é conceder uma exclusividade e o corretor se acomodar e não fazer esforços para concretizar a venda. Lembre se ele lhe deu uma exclusividade, você é o representante para este fim. Ao proprietário interessa mais a venda propriamente dita, e não a forma da captação do cliente comprador. Se esforce verdadeiramente para obter o sucesso nesse objetivo.

O corretor que trabalha com parcerias, tende a contornar essas desvantagens, trazendo ainda mais vantagens ao cliente proprietário. Fazendo parcerias, ele poderá divulgar esse imóvel para outros corretores e imobiliárias, com isso, terá também a percepção de uma precificação correta sobre o valor avaliado, além de ser reconhecido no mercado como um intermediário de valor, tendo consigo esse tipo de autorização exclusiva na vendas.

Ainda hoje é comum termos corretores que puxam para si a única e o exclusivo direito na venda, visando 100% dos honorários estabelecidos. Vale a reflexão, se temos a exclusividade, o proprietário quer segurança, velocidade e o melhor preço.

Será que vale a pena aguardar um cliente comprador com o perfil do imóvel a venda, vindo apenas pelo seu intermédio? Dando velocidade a venda, dividindo comissionamento com outro profissional, você ganha pontos com esse proprietário, tendo com isso a possibilidade de mais e mais indicações.

Leia e busque informações sobre o mercado americano e também o de Portugal, onde a exclusividade é recorrente e comum.

8. REFERÊNCIAS

KELLER, Gary. *The Millionaire Real Estate Agent*: It's Not About the Money... It's About Being the Best You Can Be. Nova York/Estados Unidos: McGraw-Hill Education, 2004.

Relevância: Aborda estratégias de marketing, construção de reputação e técnicas de negociação específicas para corretores de imóveis.

TYSON, Eric e GRISWOLD, Robert S. *Real Estate Investing for Dummies* Nova Jersey/Estados Unidos: *For Dummies, um selo da Wiley Publishing,* 2003.

Relevância: Oferece uma visão geral sobre o mercado imobiliário, estratégias de marketing e como lidar com contratos e aspectos legais.

WARD, Kevin. *The Book of YES*: The Ultimate Real Estate Agent Conversation Guide. Califórnia/Estados Unidos: *The Book of YES,* 2016.

Relevância: Fornece orientações sobre técnicas de negociação e como abordar objeções, essenciais para fechar contratos de exclusividade.

WARDA, Mark. *Contracts and Closing*: The Ultimate Guide to Real Estate Contracts and Closing Procedures". Naperville, Illinois, EUA: Sphinx Publishing, 2003.

Relevância: Fornece detalhes sobre aspectos legais e contratuais relacionados a transações imobiliárias, incluindo contratos de exclusividade.

ZELLER, Dirk. *Your First Year in Real Estate*. Califórnia/Estados Unidos: Prima Publishing, 2001.

Relevância: Ideal para novos corretores, aborda a construção de uma carreira sólida e o desenvolvimento de habilidades essenciais, incluindo negociação e marketing.

RECURSOS ADICIONAIS

Guias e Manuais de Associações Imobiliárias: Associações como a Associação Brasileira de Incorporadoras Imobiliárias (ABRAINC) e a Associação Brasileira de Corretores de Imóveis (CRECI) frequentemente publicam guias e manuais que oferecem informações práticas e atualizadas sobre contratos e marketing imobiliário.

A EXTRAJUDICIALIZAÇÃO DOS PROCEDIMENTOS DE REGULARIZAÇÃO IMOBILIÁRIA – OPORTUNIDADES PARA O MERCADO

Eluar Sebould

Pós-graduada em Direito Público pela Universidade Cândido Mendes – UCAM. Especialista e mestre em Ciência Jurídica Forense pela UPT/PT. Professora e Palestrante. Técnica em Contabilidade e em Transações Imobiliárias. Está Delegada do CRECI/RJ na cidade de Araruama. É membro-fundador do 1º Conselho da 28ª Subseção da OAB/RJ. Está como Vice-presidente da Comissão de Gestão de Propriedades Urbanas, Mercado e Negócios Imobiliários da OAB/RJ e Presidente da Comissão de Direito Imobiliário da 28ª Subseção da OAB/RJ. Membro das Comissões Nacional e Estadual/RJ de Direito Imobiliário da Associação Brasileira de Advogados – ABA. Colíder do Comitê Topázio do IMI – Instituto Mulheres do Imobiliário. Advogada, Corretora de Imóveis e Avaliadora Mercadológica. É mãe, esposa e filha.

Sumário: 1. Introdução – 2. A extrajudicialização e suas ferramentas como oportunidades de fomento do mercado imobiliário; 2.1 O divórcio extrajudicial; 2.2 A partilha de bens e do inventário extrajudicial; 2.3 A cessão de direitos hereditários; 2.4 A alteração de nome e prenome; 2.5 A usucapião extrajudicial; 2.6 A adjudicação compulsória extrajudicial – 3. Conclusão – 4. Referências.

1. INTRODUÇÃO

Este capítulo visa através de uma linguagem acessível, demonstrar aos seus leitores o leque de oportunidades que o ordenamento pátrio possui em relação a procedimentos que até então, eram de trâmite obrigatório pela via judicial. A nosso ver, não se trata de desjudicializar, mas de extrajudicializar. Isto porque nos parece lexicamente mais adequado pensar em expansão e não em retirada, por isso optei por usar o prefixo "extra" e não "des".

Considerando que o avanço social vem antes do Direito, se percebeu certo avanço na criação de conciliação, mediação e até mesmo, de arbitragem, mas nada disso foi capaz de conter o ajuizamento processual cada vez mais crescente, talvez porque na academia, somos diuturnamente ensinados em como litigar ao invés de sermos impulsionados a buscar formas alternativas para resolução de conflitos.

Uma nova era à advocacia imobiliária, em especial, para quem já labora no nicho da regularização de imóveis, vem cada vez mais forte e consolidada e, a corroborar com este pensamento, você sabia que mais de 31,5 milhões de novos processos foram distribuídos em todos os ramos da justiça em 2022 no Brasil?[1]

Exatamente, segundo dados do CNJ – Conselho Nacional de Justiça, o judiciário está cada vez mais sufocado. Isto só reafirma que é necessário além de criar a ferramenta, regulamentar o seu uso, estimular e conscientizar todos os operadores do Direito sobre a importância de se buscar adotá-las.

Como advogada atuante em contencioso, um exemplo prático é sobre um inventário amigável, com partes capazes, distribuído em 1964 e, que após ficar sob meu patrocínio, consegui finalizá-lo em *apenas* 02 anos. Observe que mesmo um simples inventário, levou décadas para ser concluído. Após este fato e, principalmente, com a pandemia, passei a observar melhor o mercado e o que eu estava deixando na mesa.

Então lhe convido a fazer essas reflexões, em primeira pessoa:

- Quais são os serviços que *eu* tenho na prateleira?

- As pessoas que *eu* conheço, meus vizinhos, amigos, familiares... sabem de forma clara minha área de atuação?

- Qual é o *meu* diferencial profissional?

Parece irrelevante, mas às vezes o óbvio precisa ser dito, já que segundo material de O Globo[2] veiculado em 23.10.2023, a matéria abordou que, segundo dado estatístico do Ministério do Desenvolvimento Regional estima-se que cerca de 30 milhões de domicílios urbanos no Brasil, dos 60 milhões existentes, possuem alguma irregularidade.

Acredito que, mesmo no cenário atual, onde cada vez mais se fala em regularização de imóveis, isto ainda não foi o suficiente. Embora o assunto tenha desfrutado de maior destaque, desde 2019 o Ministério da Integração e do Desenvolvimento Regional já sinalizava que cerca de 50% dos imóveis possuíam algum tipo de irregularidade, ou seja, ainda não houve conscientização suficiente sobre o assunto.

Em uma rápida leitura da matéria, percebe-se que não há distinção de classe social, pois vai de favelas a condomínios de luxo. As causas são diversas, a bem da verdade, vão desde loteamentos irregulares a edifícios de alto padrão cuja obra não obedeceu à risca as posturas municipais, além de invasões.

Indo mais além e pensando na regularização de imóveis em prol da saúde de um CNPJ, temos que a regularização de imóveis surge como uma solução cru-

---

1. Justiça em Números: com 31,5 milhões de casos novos, Poder Judiciário registra recorde em 2022 (trt4. jus.br) – em 30/06/2024.
2. Disponível em: https://cnbsp.org.br/2023/10/24/o-globo-metade-dos-imoveis-no-brasil-possui-alguma-irregularidade/. Acesso em: 07 jul. 2024.

cial às empresas que buscam proteger seus ativos além de garantir a estabilidade operacional, visto que somente imóveis regularizados podem ser relacionados em Holding.

Logo, a regularização de imóveis e, principalmente, pela via extrajudicial pode parecer desafiador, pois não haverá a pessoa do Juiz para dirimir dúvidas, mas haverá mútua cooperação entre os sujeitos ali envolvidos, de modo a oferecer a mesma segurança jurídica, valorizando o patrimônio daquele usuário, permitindo que as empresas exerçam seu mister com confiança.

Por outro lado, também nos parece que, dentro deste cenário, empresas que estão e que promoveram a regularização de imóveis experimentaram um aumento significativo na sua credibilidade junto aos investidores e parceiros de negócios, bem como considerável incremento no valor desse importante ativo. Isto porque um patrimônio regularizado reduz riscos legais, sendo um ativo valioso ao crescimento sustentável, além de sua liquidez e capacidade de ser usado como garantia em alguma negociação.

Então, como primeiro passo, é importante separar todos os documentos relacionados àquele ativo, incluindo escrituras, registros, certidões, plantas e licenças de construção, visando uma análise eficiente de toda documentação, para ser iniciado o processo de regularização de imóveis residenciais ou empresariais, conforme as legislações estaduais, municipais e federais aplicáveis.

Este é um mercado promissor ao operador do direito, pois um imóvel regularizado apresenta liquidez e confere segurança a quem possui sua propriedade, podendo ser facilmente alienado, dado em garantia, integralizado como ativo de uma empresa, holding etc.

2. A EXTRAJUDICIALIZAÇÃO E SUAS FERRAMENTAS COMO OPORTUNIDADES DE FOMENTO DO MERCADO IMOBILIÁRIO

Diante deste cenário cada vez mais caótico a que vem caminhando a justiça brasileira, comecei a observar as ferramentas extrajudiciais, que além de serem muito mais céleres em relação aos intermináveis processos judicializados, conferem o mesmo resultado e com a mesma segurança jurídica. De forma geral, vejamos alguns exemplos práticos:

- Divórcio extrajudicial;
- Partilha de bens e do Inventário extrajudicial;
- Cessão de direitos hereditários;
- Alteração de nome e prenome extrajudicial.
- Usucapião extrajudicial;

- Adjudicação compulsória extrajudicial

A seguir abordaremos cada oportunidade como forma de regularização imobiliária e, claro, como ferramenta a ser manejado cada dia mais, por todos aqueles que operam no mercado imobiliário, cada qual na sua respectiva profissão, fomentando o mercado imobiliário e a economia brasileira.

2.1 O divórcio extrajudicial

Este assunto não é novidade em nosso ordenamento pátio, mas o divórcio no Brasil, ao longo dos anos, passou por diversas mudanças legislativas que visam simplificar e desburocratizar o processo de dissolução do vínculo conjugal.

A Lei 11.441, de 2007,[3] juntamente com a Resolução 35 do Conselho Nacional de Justiça (CNJ),[4] foram marcos importantes que deram o start na regulamentação do divórcio extrajudicial ou administrativo, realizado em cartório por simples escritura pública, sem a necessidade de intervenção judicial, desde que atendidos certos requisitos. Vejamos o que dispõe o artigo 3º da Lei 11.441/2007:

> Art. 3º A Lei 5.869, de 1973 – Código de Processo Civil, passa a vigorar acrescida do seguinte art. 1.124-A:
>
> Art. 1.124-A. A separação consensual e o divórcio consensual, não havendo filhos menores ou incapazes do casal e observados os requisitos legais quanto aos prazos, poderão ser realizados por escritura pública, da qual constarão as disposições relativas à descrição e à partilha dos bens comuns e à pensão alimentícia e, ainda, ao acordo quanto à retomada pelo cônjuge de seu nome de solteiro ou à manutenção do nome adotado quando se deu o casamento.
>
> § 1º A escritura não depende de homologação judicial e constitui título hábil para o registro civil e o registro de imóveis.
>
> § 2º O tabelião somente lavrará a escritura se os contratantes estiverem assistidos por advogado comum ou advogados de cada um deles, cuja qualificação e assinatura constarão do ato notarial.
>
> § 3º A escritura e demais atos notariais serão gratuitos àqueles que se declararem pobres sob as penas da lei.

Esta lei foi um avanço significativo e um marco disruptivo procedimental à prática dos atos, fomentando a forma extrajudicial de diversos procedimentos, inclusive, o Divórcio, facilitando o processo para aqueles casais que preenchiam

---

3. Lei 11.441, de 04 de janeiro de 2007. Alterou dispositivos da Lei 5.869, de 11 de janeiro de 1973 – Código de Processo Civil, para viabilizar a realização de inventário, partilha, separação consensual e divórcio consensual por via administrativa. Disponível em: http://www.planalto.gov.br/ccivil_03/_ato2007-2010/2007/lei/l11441.htm. Acesso em: 07 jul. 2024.

4. Disponível em: https://atos.cnj.jus.br/files/compilado172958202007015efcc816b5a16.pdf. Acesso em: 11 jul. 2024.

os então *requisitos*, sendo eles na época: *a consensualidade, a ausência de filhos menores ou incapazes do casal e, a presença de advogado.*

Pouco depois, eis que surge a regulamentação administrativa sobre o tema, através da Resolução 35 de 24 de abril de 2007, do Conselho Nacional de Justiça (CNJ), estabelecendo os procedimentos a serem adotados pelos cartórios de notas na lavratura de escrituras públicas de divórcio consensual, separação consensual, inventário e partilha, assuntos que veremos na Sequência. Três pontos relevantes na Resolução 35 do CNJ, destacam-se, sendo eles:

1. *Procedimento*: Estabelece o procedimento a ser seguido pelos tabeliães de notas na lavratura das escrituras públicas de divórcio.

2. *Documentação Necessária*: Define os documentos que devem ser apresentados pelos interessados para a realização do divórcio extrajudicial.

3. *Papel do Advogado*: Reafirma a necessidade da presença de um advogado para orientar as partes e elaborar a minuta da escritura.

Ao longo do tempo, os requisitos fixados foram sendo mitigados, no Estado de São Paulo através do Provimento 40/2012, o Código de Normas Estadual foi alterado em seu Capítulo XIV, onde no item 86.1,[5] assim restou disposto:

86.1. Se comprovada a resolução prévia e judicial de todas as questões referentes aos filhos menores (guarda, visitas e alimentos), o tabelião de notas poderá lavrar escrituras públicas de separação e divórcio consensuais.

Outros estados também começaram a realizar o divórcio mesmo com filhos menores e, hoje, no Rio de Janeiro, por exemplo, nos termos do artigo 476, do Provimento 87/2022,[6] é perfeitamente possível, desde que comprovado o prévio ajuizamento de ação judicial para tratar sobre a guarda, visitação e alimentos ou que, de forma alternativa, haja o compromisso de seu ajuizamento no prazo de 30 (trinta) dias, vejamos:

Art. 476. Nos divórcios, conversões da separação em divórcio e na extinção de união estável realizados por escritura pública, as partes devem declarar ao tabelião, no ato de sua lavratura, a inexistência de filhos comuns ou, havendo, que são absolutamente capazes, indicando seus nomes e as datas de nascimento e, ainda, que o cônjuge virago não se encontra em estado gravídico do consorte ou ao menos, que não tenha conhecimento sobre essa condição.

§ 1º Havendo nascituro ou filho incapaz, poderá ser lavrada a escritura pública a que alude o caput, desde que comprovado o prévio ajuizamento de ação judicial para tratar da guarda, visitação e alimentos, ou alternativamente, o compromisso de ajuizá-la no prazo de 30 (trinta) dias, consignando-se, no ato notarial, o número de protocolo e juízo onde tramita o processo, se houver.

---

5. Disponível em: https://www.26notas.com.br/blog/?p=6744. Acesso em: 11 jul. 2024.
6. Disponível em: https://www3.tjrj.jus.br/gedcacheweb/default.aspx?GEDID=0003D66A 4D3F8061D8C8377560887752B80568C40C03014E.. Acesso em: 11 jul. 2024.

§ 2º Nas hipóteses em que o tabelião tiver dúvida a respeito do cabimento da escritura de divórcio ou de conversão da separação em divórcio, diante da existência de filhos menores ou nascituro, deverá suscitá-la ao juízo competente em matéria de registros públicos.

Ainda em 2022, foi aprovado em agosto na I Jornada de Direito Notarial e Registral, o Enunciado 74, que assim dispõe:

Enunciado 74 – O divórcio extrajudicial, por escritura pública, é cabível mesmo quando houver filhos menores, vedadas previsões relativas a guarda e a alimentos aos filhos. Justificativa: A legislação tem de ser interpretada restritivamente: só cláusulas relativas aos incapazes ficam de fora do divórcio extrajudicial.[7]

O Enunciado só veio reforçar que sim, *é possível fazer o divórcio extrajudicial mesmo que o casal tenha filho menor de idade ou incapaz*. O que não se aceita é a transação sobre guarda, alimentos e convivência por meio de escritura pública, para isso o casal terá que ingressar com o processo adequado, haja vista o interesse de incapaz e as atribuições do Ministério Público.

Não se pode encerrar o assunto sem dar-lhe a conhecer sobre a existência do Projeto de Lei 731/2021,[8] de autoria do Deputado Kim Kataguiri, do DEM/SP, em trâmite na Câmara dos Deputados, que visa alterar a lei para ser autorizado o divórcio e dissolução de união estável de forma extrajudicial, mesmo que o casal tenha filhos menores ou a mulher esteja grávida. Conclui-se que, enquanto o projeto não é aprovado, para fazer o divórcio extrajudicial mesmo com filhos menores ou incapazes, deve-se observar a Lei Processual e as normas da Corregedoria Nacional e de cada Estado, bem como o Enunciado 74 da I Jornada de Direito Notarial e Registral.

2.2   A partilha de bens e do inventário extrajudicial

A *partilha de bens e o inventário*, igualmente também podem ser realizados pela via extrajudicial, cumprido os requisitos legais, haja vista que a Lei 11.441/2007, também dispôs sobre o tema. Deve ser observado o Código de Normas do respectivo Estado, a Resolução 35, do CNJ e o Provimento 149, da Corregedoria Nacional de Justiça. Atualmente, existem 02 requisitos inegociáveis à sua realização: *ausência de litígio e partes capazes* (artigo 610, do CPC).

A partilha de bens, tanto pode se aplicar ao casal que optou por fazer todo trâmite pela via extrajudicial, seja no mesmo momento ou em momento posterior, pois é perfeitamente possível primeiro divorciar-se e, depois efetuar a partilha de

---

7. Disponível em: file:///C:/Users/ELUAR-LENOVO/Downloads/Anais%20do%20evento%20e%20 enunciados%20aprovados-VF.pdf. Acesso em: 11 jul. 2024.
8. Disponível em: https://www.camara.leg.br/proposicoesWeb/fichadetramitacao?idProposicao=2272125. Acesso em: 11 jul. 2024.

bens, como pode decorrer do falecimento de uma pessoa e, ocorrendo o óbito, diz-se que é aberta a sucessão, com o surgimento da figura do espólio, ou seja, é o marco que institui a transmissão patrimonial *causa mortis*, Princípio de Saisine (artigo 1.784, do Código Civil[9]).

É importante relembrar que a sucessão pode ser legítima ou testamentária. Anteriormente, quando existia testamento, havia um impedimento à realização do Inventário Extrajudicial, pois a sucessão testamentária respeita a vontade expressamente manifestada pelo falecido, sobre como queria dispor de seus bens após a morte.

No Estado de São Paulo, desde 17/06/2016, através do provimento 37/2016,[10] mesmo havendo testamento, uma vez deferido pelo Juízo sucessório nos autos do procedimento de abertura e cumprimento de testamento, com partes capazes e concordes, era permitido que o inventário fosse realizado pela via extrajudicial, ou seja, de forma híbrida.

Recentemente, o Superior Tribunal de Justiça (STJ), julgando o Recurso Especial 1.951.456/RS (2021/0237299-3)[11] reafirmou esta mesma linha de raciocínio e reconheceu a possibilidade, desde que observados os mesmos dois requisitos: *partes capazes e concordes*. Sendo obrigatória a assessoria do advogado.

Em relação ao requisito "partes capazes", este também foi mitigado e se algum dos herdeiros possuir 16 ou 17 anos de idade, poderá ser emancipado, para que o inventário seja realizado pela via extrajudicial. O entendimento foi dado pelos conselheiros do (CNJ), de forma unânime, no julgamento de um Pedido de Providência convertido em Consulta durante a 15ª Sessão Virtual, que ocorreu do dia 14 ao dia 21 de junho de 2016 (PP 0000409-15.2014.2.00.0000, relator Conselheiro Gustavo Alkmim).

Uma atenção minuciosa deve ser data à análise documental, a nosso ver, o primeiro documento a ser analisado, após a certidão de óbito, será a Certidão de Ônus Reais ou pelo menos, já de início, a certidão de Visualização de matrícula dos imóveis (pode ser obtida no site do SAEC[12]), para que se verifique a titularidade do imóvel junto ao Registro Geral de Imóveis (RGI). Da mesma forma dos

---

9. Disponível em: https://www.planalto.gov.br/ccivil_03/LEIS/2002/L10406compilada.htm. Acesso em: 11 jul. 2024.

10. Disponível em: https://www.tjsp.jus.br/Download/Corregedoria/Deex/Comunicados/ComunicadoCG997.2016-Encaminhamentodocumentosprocessosdigitais.pdf. Acesso em: 11 jul. 2024.

11. Disponível em: https://processo.stj.jus.br/processo/revista/documento/mediado/?componente=ITA&sequencial=2206628&num_registro=202102372993&data=20220825&formato=PDF. Acesso em: 11 jul. 2024.

12. Disponível em: https://registradores.onr.org.br/CertidaoDigital/frmPedidosCertidao.aspx?from=menu&digital=1. Acesso em: 11 jul. 2024.

bens móveis como veículos, aeronaves, motos aquáticas, aplicações financeiras, investimentos diversos, seguros de vida etc., bem como os documentos dos herdeiros necessários, sendo indispensável saber se o *de cujus* era casado e em caso afirmativo com quem, em que data casou e sob qual regime de bens. Saber a data de aquisição de cada bem, saber se o IPTU ou ITR está quitado ou se existe dívida ativa, se existe dívida condominial (sendo o caso) e, através de diversas outras certidões, pode-se verificar se existe alguma execução ou ação envolvendo as partes, se são devedores trabalhistas etc.

Saber se desde a data da aquisição do bem, o estado civil do *de cujus* mudou, pois em caso de alteração, esta deverá ser previamente averbada junto a Registro Geral de Imóveis, evitando assim uma Nota Devolutiva.

A posse também pode ser objeto de inventariança, ou melhor, os direitos possessórios podem ser objeto de inventário. A nosso entender, inventariar os direitos possessórios já define, ao menos, entre os herdeiros, como estes serão partilhados. O que apazigua os ânimos presentes e evita conflitos no futuro. É permitido ao herdeiro renunciar ao seu quinhão da herança, desde que o faça por escritura pública.

E caso haja algum embaraço ao levantamento de informações perante Instituições Financeiras, o inciso V, do § 3º, do artigo 1º, da Lei Complementar 105/2001 dispõe sobre a obrigatoriedade de informar aos interessados, no caso aos herdeiros, desde que comprovada essa condição, todas as informações bancárias do falecido, no sentido de viabilizar a lavratura da Escritura de Inventário.

A corroborar, existe o Comunicado 49/2015 da FEBRABAN – Federação Brasileira de Bancos, de 23.06.2015, que recomendou expressamente que as agências bancárias sejam orientadas a fornecer aos interessados as informações relativas à conta bancária e aos investimentos do falecido. Caso entenda ser mais conveniente, também poderá ser lavrada uma Escritura Pública de nomeação de Inventariante, para que este represente os interesses do Espólio perante tais instituições.

Tudo levantado e devidamente apurado deve ser feita a Declaração de Bens e Direitos pela via eletrônica junto a Secretaria de Fazenda Estadual a ser emitida juntamente com a respectiva Guia e, eventual DARJ para pagamento do ITCMD, conforme o valor declarado ou atribuído pela Secretaria de Fazenda Estadual.

Caso não haja bens a inventariar (entenda-se bens móveis e imóveis, pecúnia etc.), temos o inventário negativo, que também deve ser realizado, conforme a legislação vigente.

Deve-se atentar ao prazo para protocolo do inventário, que é de 60 (sessenta) dias após aberta a sucessão ou da data do óbito. Ultrapassar este prazo em nada altera o direito em si, podendo o inventário ser aberto a qualquer tempo e em qualquer Tabelionato de Notas, mas haverá a incidência de uma multa equivalente a 10% (dez por cento), sobre o valor do imposto.

E por fim, tudo feito, poderá ser lavrada a Escritura Pública de Inventário e Partilha perante qualquer Tabelionato de Notas que, por sua vez, constitui documento hábil para ser levado ao Registro Geral de Imóveis e demais órgãos pertinentes, para que ocorra a transferência efetiva daqueles bens e direitos.

2.3 A cessão de direitos hereditários

Em relação à *Cessão de Direitos Hereditários*, temos que no âmbito do Direito das Sucessões, configura-se como um negócio jurídico de extrema relevância, permitindo ao herdeiro cedente transferir, a título oneroso ou gratuito, a sua quota-parte na herança a outrem ou ao próprio monte, sempre por Escritura Pública. Esta situação se encontra disciplinada nos artigos 1.793 a 1.795 do Código Civil Pátrio,[13] demandando uma análise pormenorizada para elucidar seus aspectos jurídicos e as implicações aos envolvidos.

Do ponto de vista conceitual, é uma modalidade de cessão de crédito, mas com particularidades que a distinguem das demais. Trata-se de um negócio jurídico *inter vivos* pelo qual o herdeiro transmite, em todo ou em parte, sua expectativa de direito sobre a herança que lhe caberia, conforme o *caput* do artigo 1.793, Código Civil, "Artigo 1.793. O direito à sucessão aberta, bem como o quinhão de que disponha o coerdeiro, pode ser objeto de cessão por escritura pública".

Já em relação a sua natureza jurídica, temos ser complexa, pois envolve aspectos de direito obrigacional e do direito sucessório. Destaca-se, nesse contexto, o caráter derivado da transferência de direitos, pois o cessionário apenas adquire o que o cedente possuía em termos de direito hereditário, sub-rogando-se em todas as vantagens e também nos ônus correspondentes.

Para a validade desta cessão de direitos hereditários, é imperioso que se observem os requisitos gerais dos negócios jurídicos, previstos no artigo 104 do Código Civil, quais sejam: agente capaz, objeto lícito, possível, determinado ou determinável e forma prescrita ou não defesa em lei. Frise-se que a Lei determinou a sua forma: Escritura Pública, conforme disposto no *caput* do artigo 1.793, citado.

É importante ressaltar que a cessão realizada sem a observância da forma exigida é nula de pleno direito, nos termos do artigo 166, IV, do Código Civil, uma vez que a forma é requisito essencial para a validade do negócio jurídico em questão.

---

13. Disponível em: https://www.planalto.gov.br/ccivil_03/LEIS/2002/L10406compilada.htm. Acesso em: 11 jul. 2024.

No que tange aos seus efeitos, produzem-se a partir da celebração do contrato e da lavratura da escritura pública. O cessionário adquire o direito à herança nas mesmas condições que o cedente possuía, sub-rogando-se em seus direitos e obrigações. Contudo, a eficácia perante terceiros, especialmente coerdeiros e eventuais credores do espólio, depende da notificação dos interessados, conforme disposto no artigo 290 do Código Civil, aplicável por analogia.

Ademais, o cessionário não se torna herdeiro propriamente dito, mas titular de um direito a uma quota hereditária. A efetiva partilha da herança é que lhe conferirá a propriedade dos bens a serem atribuídos, respeitando-se, assim, o princípio da saisine, consagrado no artigo 1.784 do Código Civil, pelo qual a herança transmite-se, desde logo, aos herdeiros legítimos e testamentários, pelo simples fato do óbito do de cujus.

Necessário se faz destacar que a cessão de direitos hereditários encontra algumas limitações e vedações que visam proteger interesses específicos e evitar fraudes. Por exemplo, o artigo 1.794 do Código Civil dispõe que o coerdeiro tem o direito de preferência na aquisição do quinhão do cedente, devendo ser notificado para que exerça tal direito de preferência.

Outro aspecto relevante é a impossibilidade de cessão de direitos sobre bens determinados do espólio, antes da partilha (§2º, do artigo 1.793, CC). Tal vedação também é implícita no próprio sistema jurídico, pois a cessão de direitos hereditários refere-se à universalidade do quinhão hereditário e não a bens específicos, cuja propriedade só se define com a partilha, pois haveria fraude em face da Fazenda Pública.

Dessa maneira, concluímos que a cessão de direitos hereditários, enquanto instituto jurídico de transferência entre vivos, se revela de suma importância no cenário das sucessões, proporcionando flexibilidade e solução de conflitos entre herdeiros. No entanto, demanda rigorosa observância aos requisitos legais e formais, sob pena de nulidade, além de uma compreensão clara dos efeitos jurídicos que dela decorrem. Os dispositivos de nosso Código Civil oferecem um acervo normativo sólido à regulação deste instituto, garantindo segurança jurídica às partes envolvidas e resguardando os interesses de terceiros.

Por fim, a cessão de direitos hereditários constitui um mecanismo eficaz de gestão patrimonial, desde que realizada em conformidade com os preceitos legais, respeitando-se as formalidades exigidas e os direitos dos coerdeiros e terceiros interessados. Em suma, trata-se de um instrumento valioso no contexto do direito sucessório e imobiliário, do ponto de vista da legalização imobiliária, cuja utilização prudente e consciente pode evitar litígios e promover a equidade na partilha dos bens hereditários.

2.4   A alteração de nome e prenome

Este texto tem por objetivo analisar as mudanças promovidas pela Lei 14.382/2022,[14] em harmonia com a Lei 6.015/1973[15] e o Provimento 73 do CNJ,[16] à luz dos princípios e garantias constitucionais, pois é mister ressaltar que o direito ao nome é um dos pilares da personalidade jurídica, conferindo identidade e individualidade ao sujeito de direito e, neste sentido, a Lei 14.382/2022, introduziu importantes inovações no ordenamento jurídico pátrio, especialmente no que tange à alteração de nome e prenome.

O direito ao nome está intimamente ligado aos direitos da personalidade, consagrados no artigo 5º, inciso X, da Constituição Federal,[17] e no artigo 16 do Código Civil. A proteção ao nome visa assegurar a dignidade humana, a integridade pessoal e a identidade civil. A Lei 14.382/2022, ao alterar a Lei 6.015/1973, reforça tais princípios ao flexibilizar e facilitar os procedimentos para alteração de nome e prenome, sem perder de vista a segurança jurídica e a estabilidade das relações sociais.

Com a entrada em vigor da Lei 14.382/2022, dentre as principais mudanças, pode-se destacar:

- *A alteração de Nome e Prenome no Primeiro Ano Após a Maioridade:*

A nova lei permite que a alteração do prenome possa ser feita diretamente no cartório de registro civil, sem a necessidade de intervenção judicial, no primeiro ano após o alcance da maioridade civil (18 anos). Conforme o *caput* do artigo 56 da Lei 6.015/1973, o pedido de alteração não precisa ser fundamentado, sendo dispensada a justificativa de motivos excepcionais ou vexatórios, o que representa uma significativa desburocratização do processo.

- *Inclusão e Exclusão de Sobrenomes:*

A Lei 14.382/2022 também facilitou a inclusão ou exclusão de sobrenomes, permitindo que o interessado proceda à alteração diretamente no cartório. Nos termos do artigo 57 da Lei de Registros Públicos, com a nova redação dada pela Lei 14.382/2022, a alteração pode ser feita diretamente ao Oficial de Registro Civil, mediante apresentação dos documentos pertinentes e sem a necessidade de procedimento judicial, mas o Provimento 73 do CNJ orienta que o pedido seja

---

14. Disponível em: https://www.planalto.gov.br/ccivil_03/_Ato2019-2022/2022/Lei/L14382.htm. Acesso em: 11 jul. 2024.
15. Disponível em: https://www.planalto.gov.br/ccivil_03/Leis/L6015compilada.htm. Acesso em: 11 jul. 2024.
16. Disponível em: https://atos.cnj.jus.br/atos/detalhar/2623. Acesso em: 11 jul. 2024.
17. Disponível em: https://www.planalto.gov.br/ccivil_03/Constituicao/Constituicao.htm. Acesso em: 11 jul. 2024.

instruído com justificativa fundamentada e provas documentais que demonstrem a legitimidade da alteração, como certidões de nascimento, casamento ou outros documentos que comprovem o vínculo familiar.

Temos que Provimento 73 do CNJ vem para complementar as disposições da Lei 14.382/2022, trazendo orientações específicas aos cartórios de registro civil, pois visa uniformizar os procedimentos e assegurar a eficácia das novas disposições legais, garantindo a segurança jurídica. Inclusive, o Oficial de registro civil deverá verificar a regularidade da documentação e a legitimidade do pedido, podendo, se necessário, solicitar esclarecimentos adicionais.

Diante das alterações introduzidas pela Lei 14.382/2022 e regulamentadas pelo Provimento 73 do CNJ temos um avanço significativo na proteção dos direitos da personalidade, facilitando o acesso à alteração de nome e prenome, desburocratizando os procedimentos.

Contudo, é necessário refletir sobre alguns pontos de atenção, como a Segurança Jurídica e a Proteção contra Fraudes, pois a flexibilização destes procedimentos, deve ser acompanhada de mecanismos eficazes de controle e verificação, a fim de evitar fraudes e abusos. A atuação diligente dos Oficiais de registro civil e a supervisão judicial, quando necessária, são essenciais para garantir a segurança jurídica e a integridade dos registros públicos.

Merece reflexão que a possibilidade de inclusão ou exclusão de sobrenomes, embora benéfica ao indivíduo, uma adequação do nome à sua realidade pessoal, esta deve ser manejada com cautela, respeitando-se o patrimônio histórico, cultural e familiar. A preservação da identidade familiar e o respeito às tradições culturais são valores que devem ser equilibrados com o direito à identidade pessoal, considerando ser o Direito uma Ciência Social, cabe a reflexão.

Concluindo, temos que a Lei 14.382/2022 trouxe importantes inovações no âmbito do direito ao nome, facilitando a alteração de nome e prenome e desburocratizando os procedimentos, em consonância com os princípios constitucionais e a Lei de Registros Públicos. O Provimento 73 do CNJ complementa e regulamenta as novas disposições, assegurando a uniformidade e a eficácia dos procedimentos extrajudiciais.

Uma análise crítica das alterações introduzidas pela Lei, nos revela a necessidade de um equilíbrio entre a flexibilização dos procedimentos e a garantia de segurança jurídica, proteção contra fraudes e respeito ao patrimônio histórico, cultural e familiar. A ampliação do debate e a participação social são essenciais para a implementação efetiva das mudanças e para a promoção da cidadania plena.

Em suma, a alteração de nome e prenome, enquanto direito fundamental da personalidade, deve ser garantida de maneira acessível e segura, promovendo a dignidade humana e a identidade pessoal, sem, contudo, negligenciar a preservação dos valores sociais e culturais que compõem a rica diversidade do povo brasileiro e, embora não seja obrigatório a intervenção do advogado para realização do procedimento, após a conclusão do ato, será necessário além de averbar a alteração em todos os órgãos pertinentes, também proceder da mesma forma junto aos cartórios de registro de imóveis.

2.5 A usucapião extrajudicial

Uma ótima oportunidade de mercado para diversos profissionais é a Usucapião de bem imóvel, por ser um instituto jurídico que permite a aquisição, originária, da propriedade mediante a posse prolongada e contínua do imóvel, observados certos requisitos legais. Em termos de legislação, O Código de Processo Civil, a Lei de Registros Públicos, os Provimentos 65/2017 (hoje revogado) e 149/2022 do Conselho Nacional de Justiça e o Estatuto da Cidade (Lei 10.257/2001) desempenham papéis cruciais na regulamentação e aplicação deste instituto.

A usucapião, ou prescrição aquisitiva como também pode ser chamada, é um modo originário de aquisição da propriedade, fundamentado no exercício da posse prolongada e contínua, acompanhada do *animus domini* (intenção de dono). O Código Civil Brasileiro, nos artigos 1.238 a 1.244, estabelece os requisitos gerais à usucapião, destacando-se a posse mansa e pacífica, ininterrupta e com este *animus domini*.

Em relação ao *animus domini* pode-se dizer que é a intenção de possuir a coisa como se proprietário fosse. Trata-se de um elemento subjetivo essencial na configuração da usucapião. O possuidor deve comportar-se como titular do domínio, exercendo sobre o bem atos de posse que demonstram sua intenção de ser o proprietário, como o uso, a administração e a disposição do imóvel, conferindo a função social da propriedade ao imóvel.

Sobre a boa-fé e o Justo Título, temos que a boa-fé é um requisito importantíssimo em algumas modalidades de usucapião, especialmente na usucapião ordinária, pois consiste na convicção de que a posse é legítima e de que o possuidor tem direito sobre o bem, baseada em erro justificável. O justo título, por sua vez, refere-se ao documento que, embora inválido, dá aparência de legalidade à posse, reforçando a boa-fé do possuidor.

Vale citar que não regulariza as benfeitorias, embora as cite na Ata Notarial e a lavratura da Ata será sempre no Tabelionato de Notas.

Em relação as suas modalidades, em nosso ordenamento jurídico há previsão de diversas modalidades de usucapião, cada uma com requisitos específicos, adequando-se às diferentes situações fáticas. As principais modalidades são: usucapião ordinária, extraordinária, urbana, rural, por abandono do lar (usucapião conjugal) e usucapião especial de imóvel urbano. Vejamos:

- *Usucapião Ordinária* – A usucapião ordinária, prevista no artigo 1.242 do Código Civil, exige a posse contínua e incontestada por 10 anos, acrescida de justo título e boa-fé. Este prazo pode ser reduzido para cinco anos se o possuidor houver estabelecido no imóvel a sua moradia habitual, ou nele realizado obras ou serviços de caráter produtivo.

- *Usucapião Extraordinária* – A usucapião extraordinária, disciplinada no artigo 1.238 do Código Civil, requer a posse mansa, pacífica e ininterrupta por 15 anos, independentemente de justo título ou boa-fé. Este prazo pode ser reduzido para 10 anos se o possuidor tiver estabelecido no imóvel a sua moradia habitual, ou nele realizado obras ou serviços de caráter produtivo.

- *Usucapião Urbana* – A usucapião urbana, também conhecida como usucapião especial urbana, está prevista no artigo 183 da Constituição Federal[18] e regulamentada pelo artigo 9º da Lei 10.257/2001 (Estatuto da Cidade) e para esta modalidade, exige-se a posse ininterrupta e sem oposição, por cinco anos, de área urbana de até 250 metros quadrados, utilizada para moradia própria ou de sua família, desde que o possuidor não seja proprietário de outro imóvel urbano ou rural.

- *Usucapião Rural* – A usucapião rural, ou especial rural, encontra-se disciplinada no artigo 191 da Constituição Federal e no artigo 1.239 do Código Civil. Requer a posse contínua e pacífica, por cinco anos, de área rural de até 50 hectares, onde o possuidor tenha tornado a terra produtiva por seu trabalho e nela tenha sua moradia, não sendo proprietário de outro imóvel rural ou urbano. E, conforme Provimento 149/CNJ, artigo 416, devem ser observados alguns documentos específicos, como o Cadastro Ambiental Rural (CAR), o Certificado de Cadastro de Imóvel Rural (CCIR) e a Certificação de não sobreposição georreferenciada dada pelo INCRA.

- *Usucapião por Abandono do Lar* (Usucapião Conjugal) – A usucapião por abandono do lar, ou usucapião conjugal, está prevista no artigo 1.240-A do Código Civil, introduzido pela Lei 12.424/2011.[19] Esta modalidade aplica-se quando um dos cônjuges ou companheiros abandona o lar, permanecendo o outro na posse direta e exclusiva do imóvel, por dois

---

18. Disponível em: https://www.planalto.gov.br/ccivil_03/Constituicao/Constituicao.htm. Acesso em: 11 jul. 2024.
19. Disponível em: https://www.planalto.gov.br/ccivil_03/_ato2011-2014/2011/lei/l12424.htm. Acesso em: 11 jul. 2024.

anos ininterruptos, sem oposição, utilizando-o para sua moradia ou de sua família. O imóvel deve ser urbano e de até 250 metros quadrados. Neste caso, o possuidor deve requerer a usucapião judicialmente, e a sentença deve ser averbada no registro imobiliário.

- *Usucapião Especial Urbano Individual* – A Lei 10.257/2001,[20] no artigo 9º, vai tratar especificamente desta modalidade. Porém seu artigo 10 vai além, ao tratar desta na modalidade na forma *Coletiva*, uma alteração inserida pela Lei 13.465/2017, porém por força de seu §2º, deve ser declarada pelo Juiz, por sentença que, servirá de título para registro no Cartório de Registro Geral de Imóveis.

Esta é uma modalidade que visa regularizar áreas urbanas ocupadas por comunidades de baixa renda. Para esta modalidade, exige-se a posse contínua e pacífica por cinco anos, e o imóvel deve ser utilizado para moradia da comunidade, não podendo cada possuidor ser proprietário de outro imóvel urbano ou rural. A ação deve ser ajuizada por associação representativa destes possuidores. Seu manejo pela via extrajudicial constitui uma inovação relevante, permitindo a regularização fundiária de forma mais célere e menos onerosa.

O procedimento extrajudicial, além de desafogar o judiciário, possibilita uma solução mais rápida e eficaz para os possuidores de boa-fé que desejam regularizar a situação de seus imóveis. Dá sentido à inclusão social, permitindo que moradores de áreas irregulares obtenham a propriedade formal de seus imóveis.

Retomando os aspectos normativos, em relação ao Código de Processo Civil, este trouxe inovações processuais que facilitaram o reconhecimento da usucapião, tanto no âmbito judicial quanto no extrajudicial. Posto que através de seu artigo 1.071, foi inserido na Lei 6.015/1973, o artigo 216-A, possibilitando a realização da usucapião pela via extrajudicial e, estabelecendo os procedimentos à usucapião extrajudicial, que incluem a apresentação de ata notarial lavrada por tabelião, comprovando o tempo de posse, planta e memorial descritivo do imóvel assinados por profissional legalmente habilitado, além de anuência dos confrontantes e manifestação dos entes públicos envolvidos.

Inicialmente foi regulamentado pelo Provimento 65/2017, do CNJ, mas este posteriormente foi revogado pelo Provimento 149/2023, do CNJ, que por sua vez, atualizou os procedimentos, as exigências documentais e os trâmites processuais. O Provimento 149 consolidou as diretrizes, estabelecendo normas complementares para uniformizar a prática nos serviços notariais e de registro, garantindo maior celeridade e segurança jurídica.

---

20. Disponível em: https://www.planalto.gov.br/ccivil_03/leis/leis_2001/l10257.htm. Acesso em: 11 jul. 2024.

O requerimento da Usucapião deve ser manejado perante o Cartório de Registro Geral de Imóveis (RGI) do *local* do imóvel, as provas sobre o tempo da posse, as certidões negativas e a modalidade sobre a qual embasará o requerimento, são fundamentais. O tempo de posse ou da prescrição aquisitiva não precisa ser exclusivo do Requerente, este pode ser somado aos anteriores, desde que devidamente comprovado.

Como requisitos gerais, tenha em mente que o tempo de posse pode variar de 02 a 15 anos, conforme a modalidade. Faz-se necessário destacar que os bens públicos não estão sujeitos a Usucapião, nos termos do artigo 102 do Código Civil e parágrafo único do artigo 191 da Constituição Federal.

A usucapião de bem imóvel é um instituto essencial no ordenamento jurídico brasileiro, promovendo a regularização fundiária e a inclusão social. Com diversas modalidades, como a usucapião ordinária, extraordinária, urbana, rural, por abandono do lar e especial urbana, esta ferramenta jurídica atende a diferentes necessidades, contribuindo para a justiça social.

As inovações trazidas pela Lei 13.105/2015, que alterou a Lei 6.015/1973, os Provimentos 65 (hoje revogado) e 149 do CNJ, bem como a Lei 10.257/2001 proporcionam uma maior celeridade e segurança jurídica aos procedimentos de usucapião, especialmente na esfera extrajudicial, tornando-se um instrumento vital para a efetivação do direito à propriedade e à moradia digna, contribuindo significativamente para o desenvolvimento social e econômico do país.

2.6   A adjudicação compulsória extrajudicial

Outro recentíssimo instrumento criado pelo legislador brasileiro foi a possibilidade de se fazer a *Adjudicação Compulsória pela via extrajudicial*, através da edição da Lei 14.382/2022, que incluiu na Lei de Registros Públicos (Lei 6.015/1973) o artigo 216-B. Representando mais um avanço na resolução de conflitos sociais, contribuindo ao movimento de extrajudicialização.

No ano seguinte, em 2023, a Corregedoria Nacional de Justiça, precisamente em 30/08/23, editou o Provimento 149, instituindo o Código Nacional de Normas, porém nada fala sobre a Adjudicação Compulsória Extrajudicial e dias depois, editou o Provimento 150, que por sua vez, alterou o recentíssimo Provimento 149 para inserir o Capítulo V, contendo artigos a partir do 440-A até o 440-Z e ainda, do 440-AA até o 440-AM, dispondo exatamente sobre a Adjudicação Compulsória de forma Extrajudicial.

Por isso, ao pensar em Adjudicação Compulsória pela via Extrajudicial, pense no Capítulo V, do Código Nacional de Normas, Provimento 149/2022. Numa sucinta análise de seus artigos, percebemos que estes foram agrupados por temas: *Disposições Gerais* (do 440-A até o 440-J), *do Procedimento* (do 440-K até o 440-Q), *da Notificação* (do 440-R até o 440-X), *da Anuência e da Impugnação* (do 440-Y até o 440-AE), *da Qualificação e do Registro* (do 440-AF até o 440-AL) e, por fim, *das Disposições Finais* (440-AM).

Em relação ao direito material, o Código Civil disciplina os direitos do Promitente Comprador nos artigos 1.417 e 1.418 e, neste sentido, a premissa central é a recusa injustificada/indevida do promitente vendedor em outorgar a competente escritura pública, transmitindo assim o domínio do bem. Provado isso, nasce ao Promitente Comprador (ora Credor) a possibilidade de exigir tal direito.

A Lei 14.382/2022, ao inserir na Lei 6.015/73 o artigo 216-B, viabilizando a via extrajudicial, também dispôs em seu §1º sobre quem pode requerer o direito, bem como que este deverá estar representado por advogado e ainda, com quais documentos o pedido deve ser instruído.

Analisando, vemos que o título vem logo no início, seguido da prova de negativa em celebrar a Escritura Pública; depois, a famosa Ata Notarial (a ser lavrada por Tabelião de Notas com indicação do imóvel, nome e qualificação das partes, prova do pagamento do preço e do inadimplemento da obrigação de outorgar *ou de receber* o título); certidões dos distribuidores tanto da comarca do imóvel como a do requerente; Comprovante de pagamento do ITBI e a procuração com poderes específicos.

Destaque acima se refere ao fato de que esta ferramenta tanto pode ser manejada pelo Promitente Comprador como pelo Vendedor. Nos casos em que o Comprador estiver se negando a celebrar a Escritura de Compra e Venda, pode o Vendedor utilizar-se desta via.

Prosseguindo, o §2º dispõe não ser obrigatório que o título (promessa ou cessão de direitos) estivesse previamente registrado, para ser efetivada a Adjudicação e, por fim, o § 3º, fala sobre a conclusão favorável aos procedimentos conferida pelo Oficial do Registro de Imóveis.

Um comentário que também não posso deixar de fazer é que esse direito nasce através de uma recusa indevida do vendedor ou do comprador, ou seja, um litígio é a razão de existir desta ferramenta. Esse ponto confere ao Registrador de Imóveis uma análise até subjetiva do caso, o que pode ser considerada uma inovação, pois poderá registrar a transferência do domínio por adjudicação compulsória (resistência indevida), mas também por compra e venda, pois e se, por fim, houver aceitado o Promitente Vendedor ou Comprador à realização da escritura?

Parece-nos que neste caso, o Registrador não poderá dar seguimento à adjudicação compulsória, tendo havido perda superveniente do objeto ou da premissa central, devendo seguir pela outorga da Escritura de Compra e Venda. Concorda?

Uma última observação, para que você possa entender todo panorama da ferramenta, existe a discordância motivada, que pode ser invocada pela parte

Notificada ao ser instada ao cumprimento da obrigação. Prosseguir, nos parece que significa ferir o princípio constitucional do Contraditório e, pela ausência de jurisdição nas serventias extrajudiciais, o procedimento deverá ser encaminhado às vias judiciais.

Ainda assim, é uma poderosa ferramenta de regularização imobiliária, capaz não só de legalizar o bem, mas também de fazer justiça quanto ao seu valor mercadológico. Quanto mais imóveis regularizados, mais a advocacia e a corretagem imobiliária ganham.

3. CONCLUSÃO

A regularização de imóveis no Brasil tem passado por transformações significativas com a adoção de ferramentas extrajudiciais, proporcionando soluções mais rápidas, eficientes e econômicas para diversos procedimentos. Entre essas ferramentas, destacamos o divórcio extrajudicial, a partilha de bens e o inventário extrajudicial, a cessão de direitos hereditários, a alteração de nome e prenome de forma extrajudicial, a usucapião extrajudicial e a adjudicação compulsória extrajudicial. Tais procedimentos extrajudiciais são reconhecidos pela sua celeridade e eficiência. A realização de atos diretamente em cartório, como o divórcio extrajudicial e o inventário extrajudicial, mediante escritura pública, reduz significativamente o tempo necessário à resolução das questões, em comparação com os processos judiciais. Essa agilidade é fundamental à regularização rápida dos imóveis e liberação do judiciário para casos mais complexos.

A corroborar, os custos envolvidos nos procedimentos extrajudiciais tendem a ser inferiores aos processos judiciais, pois as taxas judiciais são sempre mais elevadas. A economia gerada pela utilização dessas ferramentas permite um acesso mais amplo à regularização imobiliária, beneficiando tanto indivíduos quanto empresas na formalização e transferência de propriedades e a segurança jurídica proporcionada pelas ferramentas extrajudiciais é equivalente à dos procedimentos judiciais.

Os cartórios, responsáveis pela autenticação dos atos, conferem fé pública aos documentos emitidos, assegurando a legalidade e validade das transações imobiliárias. Isso reduz riscos de litígios futuros e garante a proteção dos direitos dos envolvidos, independentemente da via utilizada para a regularização.

A utilização destas ferramentas extrajudiciais tem um impacto positivo no mercado imobiliário. A facilitação na transmissão e formalização das propriedades aumenta a liquidez do mercado, tornando mais acessíveis e atrativas as negociações imobiliárias. Imóveis regularizados tendem a ser mais valorizados e disputados, impulsionando o desenvolvimento econômico local e nacional. Além de facilitar o acesso ao mercado imobiliário, a regularização de imóveis por meio de ferramentas extrajudiciais contribui para o aumento da arrecadação tributária municipal e estadual.

A formalização dos registros imobiliários incrementa a base de cálculo de impostos como o ITBI, IPTU e o ICTMD proporcionando recursos adicionais para investimentos públicos e melhorias infraestruturais. Além disso, a segurança jurídica oferecida pelas transações extrajudiciais atrai investidores e estimula novos empreendimentos, dinamizando a economia local.

Além disso, a implementação das ferramentas extrajudiciais não apenas agiliza os processos de regularização, mas também desafoga o Poder Judiciário. A concentração de recursos e esforços judiciais em casos mais complexos e litigiosos melhorará a eficiência do sistema judiciário como um todo, reduzindo o tempo de tramitação de processos e melhorando o acesso à justiça para todos os cidadãos. É o que se espera.

Destaque a capilaridade dos cartórios de notas e de registro de imóveis, que desempenham um papel fundamental na eficácia das ferramentas extrajudiciais. Com a função de conferir autenticidade e validade aos atos praticados, os cartórios garantem a credibilidade das transações imobiliárias e a segurança dos registros. A modernização e valorização dos serviços cartoriais são essenciais para a continuidade e aprimoramento das práticas extrajudiciais no país.

Em síntese, as ferramentas extrajudiciais representam um avanço significativo na regularização de imóveis no Brasil, proporcionando uma alternativa eficiente e segura aos procedimentos judiciais tradicionais. O divórcio extrajudicial, a partilha de bens e o inventário extrajudicial, a cessão de direitos hereditários, a alteração de nome e prenome de forma extrajudicial, a usucapião extrajudicial e a adjudicação compulsória extrajudicial são instrumentos que desburocratizam e agilizam a regularização imobiliária, beneficiando proprietários, investidores e a economia como um todo. Essas ferramentas não apenas promovem a segurança jurídica necessária às transações imobiliárias, mas também impulsionam o mercado, gerando recursos e fomentando o desenvolvimento socioeconômico do país.

4. REFERÊNCIAS

I JORNADA DE DIREITO NOTARIAL E REGISTRAL: Enunciados aprovados. Justiça Federal. Conselho da Justiça Federal. Centro de Estudos Judiciários. Brasília, Brasil. 2022. Acesso 11 jul. 2024. Disponível em file:///C:/Users/ELUAR-LENOVO/Downloads/Anais%20do%20evento%20e%20enunciados%20aprovados-VF.pdf

COLÉGIO NOTARIAL DO BRASIL. Seção São Paulo. *O Globo*: Metade dos Imóveis no Brasil possui alguma irregularidade. Disponível em: https://cnbsp.org.br/2023/10/24/o-globo-metade-dos-imoveis-no-brasil-possui-alguma-irregularidade/. Acesso em: 07 jul. 2024.

CONSTITUIÇÃO DA REPÚBLICA FEDERATIVA DO BRASIL DE 1988. Presidência da República. Brasília. Brasil. Disponível em: https://www.planalto.gov.br/ccivil_03/Constituicao/Constituicao.htm. Acesso em: 11 jul. 2024.

LEI 6.015 de 31 de dezembro de 1973. Dispõe sobre os Registros Públicos e dá outras providências. Presidência da República. Brasília. Brasil. Disponível em: https://www.planalto.gov.br/ccivil_03/Leis/L6015compilada.htm. Acesso em: 11 jul. 2024.

LEI 10.257 de 10 de julho de 2001, que regulamenta os artigos 182 e 183 da Constituição Federal, estabelecendo diretrizes gerais da política urbana e dá outras providências. Presidência da República. Brasília. Brasil. Disponível em: https://www.planalto.gov.br/ccivil_03/leis/leis_2001/l10257.htm. Acesso em: 11 jul. 2024.

LEI 10.406 de 10 de janeiro de 2002, que institui o Código Civil. Presidência da República. Brasília. Brasil. Disponível em https://www.planalto.gov.br/ccivil_03/LEIS/2002/L10406compilada.htm. Acesso em: 11 jul. 2024.

LEI 11.441, de 04 de janeiro de 2007 que alterou dispositivos da Lei 5.869, de 11 de janeiro de 1973 – Código de Processo Civil, para viabilizar a realização de inventário, partilha, separação consensual e divórcio consensual por via administrativa. Presidência da República. Brasília. Brasil. Disponível em: http://www.planalto.gov.br/ccivil_03/_ato2007-2010/2007/lei/l11441.htm. Acesso em: 07 jul. 2024.

LEI 12.424 de 16 de junho de 2011, que altera a Lei 11.997/2009, que altera o Código Civil, o Programa Minha Casa, Minha Vida, entre outros. Presidência da República. Brasília. Brasil. Disponível em https://www.planalto.gov.br/ccivil_03/_ato2011-2014/2011/lei/l12424.htm. Acesso em: 11 jul. 2024.

LEI 14.382 de 27 de junho de 2022. Dispõe sobre o Sistema Eletrônico dos Registros Públicos (SERP), além de alterar as Leis de Lei de Registros Públicos, o Código Civil, entre outras. Presidência da República. Brasília. Brasil. Disponível em: https://www.planalto.gov.br/ccivil_03/LEIS/2002/L10406compilada.htm. Acesso em: 11 jul. 2024.

PROJETO DE LEI 731/2021, que visa alterar o Código de Processo Civil a fim de permitir o divórcio, a separação e a dissolução da união estável por via extrajudicial mesmo nos casos em que o casal tem filhos incapazes. Câmara dos Deputados. Brasília. Brasil. Disponível em: https://www.camara.leg.br/proposicoesWeb/fichadetramitacao?idProposicao=2272125. Acesso 11 jul. 2024.

PROVIMENTO 37 de 04 de julho de 2016. Diário da Justiça Eletrônico: Caderno administrativo. São Paulo. Ano IX. Edição 2149. Disponível em https://www.tjsp.jus.br/Download/Corregedoria/Deex/Comunicados/ComunicadoCG997.2016-Encaminhamentodocumentosprocessosdigitais.pdf. Acesso em: 11 jul. 2024.

PROVIMENTO 40/2012, que altera a redação do Capítulo XIV das Normas de Serviço da Corregedoria Geral de Justiça. 26º Tabelionato de Notas. CGJ/SP. Matéria publicada em 17.12.2012. Disponível em: https://www.26notas.com.br/blog/?p=6744. Acesso em: 11 jul. 2024.

PROVIMENTO 73 de 28 de junho de 2018, que dispõe sobre a averbação da alteração de prenome e do gênero nos assentos de nascimento e casamento de pessoa transgênero no Registro Civil das Pessoas Naturais (RCPN). Conselho Nacional de Justiça. Disponível em: https://atos.cnj.jus.br/atos/detalhar/2623. Acesso em: 11 jul. 2024.

PROVIMENTO CGJ 87/2022, publicado em 19.12.2022. Código de Normas da Corregedoria Geral da Justiça do Estado do Rio de Janeiro – Parte Extrajudicial. Disponível em: https://www3.tjrj.jus.br/gedcacheweb/default.aspx?GEDID=0003D66A4D3F8061D8C8377560887752B80568C40C03014E. Acesso em: 11 jul. 2024.

RESOLUÇÃO 35, do Conselho Nacional de Justiça, de 24 de abril de 2007. Disciplina a lavratura dos atos notariais relacionados a inventário, partilha, separação consensual, divórcio consensual e extinção consensual de união estável por via administrativa. Disponível em: https://atos.cnj.jus.br/files/compilado172958202007015efcc816b5a16.pdf. Acesso em: 11 jul. 2024.

SAEC – Serviço de Atendimento Eletrônico Compartilhado. Disponível em: https://registradores.onr.org.br/CertidaoDigital/frmPedidosCertidao.aspx?from=menu&digital=1. Acesso em: 11 jul. 2024.

SUPERIOR TRIBUNAL DE JUSTIÇA (STJ). Caderno Eletrônico. Recurso Especial 1.951.456 – RS (2021/0237299-3). Relatora Ministra Nancy Andrighi. Disponível em: https://processo.stj.jus.br/processo/revista/documento/mediado/?componente=ITA&sequencial=2206628&num_registro=202102372993&data=20220825&formato=PDF. Acesso em: 11 jul. 2024.

TRT – Tribunal Regional do Trabalho da 4ª Região. Justiça em Números: com 31,5 milhões de casos novos. Poder Judiciário registra recorde em 2022. Matéria publicada em 12/09/2023. Disponível em Justiça em Números: com 31,5 milhões de casos novos, Poder Judiciário registra recorde em 2022 (trt4.jus.br). Acesso em: 30 jun. 2024.

A INFLUÊNCIA FEMININA NO MERCADO IMOBILIÁRIO: UMA ANÁLISE JURÍDICA E ECONÔMICA

Érika Rodrigues de Souza Lócio

Mestranda em Desenvolvimento Urbano pela Universidade Federal de Pernambuco. Especialista em Direito Imobiliário pela Universidade Federal de Pernambuco. Formada pela Universidade Católica de Pernambuco desde 2001. Professora acadêmica na Pós-graduação de Direito Imobiliário, Notarial e Registral do Instituto dos Magistrados do Nordeste. Presidente da Comissão de Direito Imobiliário da OAB/PE. Diretora Estadual do Instituto Brasileiro de Direito Imobiliário – IBRADIM/PE. Diretora do Centro de Estudos do Direito Imobiliário – CESDI. Palestrante. Advogada. Sócia fundadora do Lócio Advogados.

Sumário: 1. Introdução – 2. A participação feminina no mercado imobiliário; 2.1 Histórico e evolução; 2.2 Contribuições das mulheres no setor; 2.2.1 Sensibilidade e empatia nas transações; 2.2.2 Inovação em gestão de propriedades; 2.2.3 Liderança e visão estratégica – 3. Impacto da participação feminina como tomadoras de decisão e investidoras; 3.1 Decisões estratégicas e sustentabilidade; 3.2 Diversificação de investimentos; 3.3 Visão social do empreendimento a ser investido; 3.4 Influência no desenvolvimento urbano; 3.5 Estímulo ao empreendedorismo – 4. Dados estatísticos e tendências; 4.1 Estudo da associação brasileira de incorporadoras imobiliárias (ABRAINC); 4.2 Pesquisa DataZap – 5. Reflexos no direito, nas relações negociais e no mercado; 5.1 Contratos e negociações; 5.2 Análise econômica; 5.2.1 Pesquisa e segmentação de mercado; 5.2.2 Desenvolvimento de produtos personalizados; 5.2.3 Compartilhamento de informação de forma direcionada; 5.2.4 Criação de comunidades e redes de apoio; 5.2.5 Consultoria e serviços personalizados; 5.2.6 Parcerias estratégicas; 6. Desafios enfrentados por mulheres no mercado imobiliário; 6.1 Da violência patrimonial; 6.2 Do acesso a financiamento e crédito – 7. Oportunidades e potencial de crescimento – 8. Conclusão – 9. Referências.

1. INTRODUÇÃO

O mercado imobiliário é um dos setores mais dinâmicos e importantes da economia, influenciando diretamente o desenvolvimento urbano e a qualidade de vida da população. Nas últimas décadas, a participação feminina nesse mercado tem se intensificado, com dados que revelam um aumento exponencial na busca por empreendimentos para compra e locação realizada por mulheres, evidenciando uma mudança no perfil do consumidor e uma maior participação feminina nas decisões de compra e investimento imobiliário.

Registre-se que essa mudança de perfil do investidor imobiliário é de cunho mundial, sendo realizadas diversas pesquisas[1] em todas as principais potências

---

1. FRY, RICHARD. *Mulheres solteiras possuem mais lares do que homens solteiros nos EUA, mas essa vantagem está se estreitando.* Disponível em: https://www.pewresearch.org/short-reads/2023/06/12/

globais que apontam para a mesma direção, de fomento do mercado imobiliário pelas mulheres.[2]

Não restam dúvidas, no entanto, que esse mercado tem sido tradicionalmente dominado por homens, mas essa realidade vem mudando significativamente. Atualmente, as mulheres desempenham um papel crucial não apenas como consumidoras, mas também como influenciadoras e investidoras no setor e que, portanto, esse mercado deve estar atento a essa nova tendência social, adaptando seus produtos e prestação de serviços às necessidades fomentadas por esse setor.

Este artigo visa explorar o impacto dessa participação no setor, destacando a importância das mulheres como tomadoras de decisão e investidoras. Além disso, serão analisadas as *implicações jurídicas e econômicas dessa tendência*, bem como a necessidade de políticas inclusivas para fomentar ainda mais a participação feminina no mercado imobiliário.

2. A PARTICIPAÇÃO FEMININA NO MERCADO IMOBILIÁRIO

A crescente participação feminina no mercado imobiliário reflete mudanças sociais e econômicas mais amplas. Mulheres estão se tornando financeiramente mais independentes, com maior poder de compra e influência nas decisões familiares. Esse fenômeno não é apenas um reflexo da igualdade de gênero, mas também uma oportunidade de mercado que pode ser explorada por desenvolvedores e agentes imobiliários.

As mulheres, antes restritas a funções limitadas, hoje ocupam posições de destaque e influenciam diretamente as dinâmicas do setor.

2.1 Histórico e evolução

Historicamente, o mercado imobiliário era dominado por homens, tanto no campo das transações imobiliárias quanto nas profissões associadas, como corretagem, gestão de propriedades e desenvolvimento urbano. No entanto, com o avanço dos direitos das mulheres e a crescente busca por igualdade de oportunidades, a presença feminina começou a se expandir.

---

single-women-own-more-homes-than-single-men-in-the-us-but-that-edge-is-narrowing/. Acesso em: 14 jul. 2024.

2. Nos Estados Unidos, as mulheres solteiras possuem uma proporção significativa de imóveis. Em 2022, elas detinham 58% das quase 35,2 milhões de residências possuídas por americanos solteiros, enquanto os homens solteiros possuíam 42% dessas propriedades. Disponível em: https://www.pewresearch.org/short-reads/2023/06/12/single-women-own-more-homes-than-single-men-in-the-us-but-that-edge-is-narrowing/. Acesso em: 14 jul. 2024.

Destacada Elisa Tawil, em sua Obra "*A ascensão da liderança feminina no setor imobiliário*":[3] "Dentro de um contexto histórico, o patrimônio – e a ideia de sua construção – nunca esteve nas mãos das mulheres, apesar da forte influência que exercem. Como a figura da mulher sempre esteve muito mais ligada ao matrimônio, ainda temos a sensação de que a formação de um patrimônio só é permitida para a mulher quando, por alguma circunstância, o homem deixa de existir naquele cenário (quando ele morre, por exemplo, ou quando ela recebe uma herança)".

Nas décadas de 1970 e 1980, o movimento feminista trouxe à tona a importância da igualdade de gênero no ambiente de trabalho. As mulheres passaram a buscar mais educação e formação profissional, o que resultou em uma maior presença em diversos setores, inclusive o imobiliário. Esse movimento não apenas aumentou a visibilidade das mulheres no mercado, mas também começou a desafiar as estruturas tradicionais de poder e influência. Através do movimento feminista, as mulheres ganharam maior confiança e apoio para buscar independência financeira e investir em suas próprias propriedades. O aumento da participação feminina em cursos universitários e pós-graduações também capacitou mais mulheres a atuarem de forma profissional no mercado imobiliário, passaram a buscar independência financeira e a se envolver em decisões de compra de imóveis, inicialmente como consumidoras.

A partir dos anos 1990, o mercado começou a observar uma mudança mais significativa. Mulheres passaram a ocupar cargos de destaque em empresas imobiliárias e a participar ativamente como investidoras. Essa transição foi impulsionada por movimentos sociais que incentivavam a igualdade de gênero e o empoderamento feminino.

Destaca-se, no Brasil, a Lei Maria da Penha,[4] sancionada em 2006, que foi um marco na proteção dos direitos das mulheres no Brasil. Embora focada na proteção contra a violência doméstica, a lei teve um impacto amplo no empoderamento feminino, proporcionando um ambiente mais seguro e estável para que as mulheres pudessem perseguir suas ambições profissionais e financeiras.

Durante os anos 2000, o governo brasileiro implementou diversas políticas públicas voltadas para a promoção da igualdade de gênero,[5] dentre eles o

---

3. TAWIL, Elisa. *A ascensão da liderança feminina no setor imobiliário*. São Paulo: Maquinaria Sankto Editora e Distribuidora Ltda., 2021. p. 113.

4. Lei 11.340, de 7 de agosto de 2006. Disponível em: http://www.planalto.gov.br/ccivil_03/_ato2004-2006/2006/lei/l11340.htm. Acesso em: 14 jul. 2024.

5. Lei 14.602, de 13 de julho de 2023. Dispõe sobre o Programa Minha Casa, Minha Vida. Disponível em: https://www.planalto.gov.br/ccivil_03/_Ato2023-2026/2023/Lei/L14620.htm. Acesso em 14/07/2024. Destacamos os seguintes artigos: Art. 8º Serão priorizadas, para fins de atendimento a provisão subsidiada de unidades habitacionais com o emprego de dotação orçamentária da União e

Programa Minha Casa Minha Vida, que prioriza mulheres chefes de família na concessão de benefícios habitacionais, além de oferecer subsídios e condições de financiamento facilitadas para mulheres, especialmente aquelas de baixa renda, permitindo maior acesso à moradia própria.

Também foram implementados programas de incentivo à educação feminina e políticas de igualdade salarial,[6] visando garantir que as mulheres tivessem as mesmas oportunidades que os homens e, consequentemente, o mesmo poder de compra e investimento.

Essas políticas públicas ajudaram a aumentar a presença feminina em posições de liderança e tomadoras de decisão dentro do mercado imobiliário. Com maior acesso a recursos e oportunidades, as mulheres passaram a investir mais em propriedades e a participar de maneira mais ativa no mercado.

2.2 Contribuições das mulheres no setor

A influência feminina no mercado imobiliário não se limita à presença numérica. As mulheres trouxeram uma nova perspectiva e habilidades valiosas, contribuindo para a inovação e desenvolvimento do setor.

Entre as principais contribuições, podemos destacar:

2.2.1 *Sensibilidade e empatia nas transações*

As mulheres frequentemente são associadas a uma maior capacidade de comunicação e empatia. Essas habilidades são essenciais na negociação imobiliária, onde a compreensão das necessidades e desejos dos clientes pode resultar em transações mais satisfatórias e relações duradouras.

Outrossim, trazem um maior detalhamento do imóvel a ser adquirido a da prestação de serviço na apresentação do bem. Empresas e profissionais que não estejam efetivamente capacitados a atender as necessidades desse público exigente, por certo não sobreviverão no mercado.

---

com recursos do FNHIS, do FAR ou do FDS, as famílias: I – que tenham a mulher como responsável pela unidade familiar; (...) VII – que tenham mulheres vítimas de violência doméstica e familiar, conforme o disposto na Lei 11.340, de 7 de agosto de 2006 (Lei Maria da Penha); Art. 10. Os contratos e os registros efetivados no âmbito do Programa serão formalizados, prioritariamente, no nome da mulher e, na hipótese de ela ser chefe de família, poderão ser firmados independentemente da outorga do cônjuge, afastada a aplicação do disposto nos arts. 1.647, 1.648 e 1.649 da Lei 10.406, de 10 de janeiro de 2002 (Código Civil).

6. Lei 14.611, de 3 de julho de 2023. Dispõe sobre a igualdade salarial e de critérios remuneratórios entre mulheres e homens. Disponível em: https://www.planalto.gov.br/ccivil_03/_ato2023-2026/2023/lei/l14611.htm. Acesso em: 14 jul. 2024.

2.2.2 Inovação em gestão de propriedades

A presença feminina é igualmente notável na gestão de propriedades, onde as mulheres frequentemente se destacam por sua organização e atenção aos detalhes. Gestoras de imóveis trazem um olhar atento à implementação de práticas inovadoras de sustentabilidade e eficiência energética, valorizando empreendimentos que promovem um mercado mais consciente e responsável.

2.2.3 Liderança e visão estratégica

No topo das organizações, as mulheres têm demonstrado habilidades de liderança e visão estratégica, ajudando a moldar o futuro do setor imobiliário. Elas têm sido pioneiras em iniciativas de desenvolvimento urbano sustentável e na criação de comunidades inclusivas e acessíveis.

3. IMPACTO DA PARTICIPAÇÃO FEMININA COMO TOMADORAS DE DECISÃO E INVESTIDORAS

A presença de mulheres como tomadoras de decisão e investidoras no mercado imobiliário tem gerado impactos profundos e transformadores.

3.1 Decisões estratégicas e sustentabilidade

Mulheres investidoras no mercado imobiliário têm demonstrado uma inclinação para estratégias de longo prazo e sustentabilidade. Elas tendem a considerar não apenas o retorno financeiro, mas também o impacto social e ambiental das suas decisões. Isso tem levado a atenção de empreendedores à adoção de práticas mais responsáveis e sustentáveis no setor imobiliário, como a construção de edifícios verdes e a implementação de políticas de responsabilidade social corporativa.

3.2 Diversificação de investimentos

Como investidoras, as mulheres têm mostrado uma abordagem diversificada e cautelosa. Estudos indicam que mulheres investidoras são mais propensas a diversificar suas carteiras de investimentos e a realizar análises detalhadas antes de tomar decisões financeiras.[7] Essa abordagem reduz os riscos e contribui para a estabilidade e o crescimento sustentável do mercado imobiliário.

---

7. *Warwick Business School*. Are Women Better Investors than Men? (2018). Disponível em: https://www.wbs.ac.uk/news/are-women-better-investors-than-men/. Acesso em: 17 jul. 2024. A pesquisa conduzida pela *Warwick Business School* revelou que mulheres obtiveram retornos de investimento de 1,8% ao ano superiores aos dos homens. As mulheres tendem a ser mais conservadoras e a realizar uma análise detalhada antes de investir.

Pesquisa direcionada ao setor imobiliário,[8] apresentada em 12/3/2024, aponta que as mulheres dominaram a busca por imóveis nos portais ZAP e Viva Real no ano de 2023, representando um público correspondente de 63%, ou seja, quase o dobro de buscas realizadas pelo sexo masculino.

Faz-se importante destacar ainda quanto à citada pesquisa que, na segmentação por transação, observa-se um comportamento ainda superior entre quem busca imóveis para alugar, indicando uma diferença de 67% de buscas realizadas por mulheres contra 33% realizadas por homens.

3.3 Visão social do empreendimento a ser investido

Mulheres frequentemente têm preocupações e olhares no investimento imobiliário não só em si mesmo, mas destacam o seu olhar social, tanto para a construtora/incorporadora do empreendimento, quando se trata de imóveis adquiridos na planta, se esta possuiu política ESG, ou seja, se promovem políticas de inclusão e diversidade dentro das organizações, bem como se há preocupação na responsabilidade social da empresa, no que pertine, por exemplo, à construção do empreendimento utilizando tecnologias sustentáveis e de responsabilidade ambiental.

Certo é que, cada vez mais, mulheres se preocupam com mulheres, e, portanto, a promoção da igualdade e equidade de gênero dentro das empresas que atuam no setor imobiliário reflete positivamente na reputação e atratividade dessas organizações no mercado.

Além disso, as consumidoras e investidoras do mercado imobiliário buscam por imóveis que atendam às suas necessidades específicas e exigem um atendimento personalizado e adequado.

Conforme a pesquisa do DataZap+ acima citada, 63% das buscas de empreendimentos para compra e locação são feitas por mulheres. Esse dado demonstra como a participação feminina é um diferencial para o setor, visto que as clientes tendem a se conectar mais com profissionais do mesmo sexo, ideal que se baseia no atendimento e olhar mais sensível vindo das mulheres.

3.4 Influência no desenvolvimento urbano

A visão feminina no desenvolvimento urbano tem levado à criação de espaços mais inclusivos e acessíveis. Mulheres investidoras no segmento imobiliário têm a preocupação e valorizam os projetos que priorizam a qualidade de vida, o acesso a serviços essenciais e a criação de comunidades seguras e acolhedoras.

---

8. Presença feminina na busca por imóveis 2023 (12.03.2024). Disponível em: https://www.datazap.com.br/presenca-feminina-na-busca-por-imoveis/. Acesso em: 14 jul. 2024.

Essa perspectiva holística contribui para o desenvolvimento de cidades mais humanas e resilientes.

3.5 Estímulo ao empreendedorismo

A crescente participação de mulheres como investidoras e líderes no mercado imobiliário tem inspirado e incentivado o empreendedorismo feminino. Mulheres empreendedoras no setor imobiliário estão criando novas empresas, explorando nichos de mercado e trazendo inovação ao setor. Esse movimento não apenas amplia as oportunidades econômicas para as mulheres, mas também enriquece o mercado com novas ideias e abordagens.

4. DADOS ESTATÍSTICOS E TENDÊNCIAS

Visando apresentar dados que ratificam os pontos destacados acima e o destaque da participação como consumidoras e investidoras no mercado imobiliário, apresentamos estudos que analisaram o comportamento e a influência das mulheres no setor imobiliário no Brasil, com foco em investimentos e tomada de decisão.

4.1 Estudo da Associação Brasileira de Incorporadoras Imobiliárias (ABRAINC)

Um estudo realizado pela Associação Brasileira de Incorporadoras Imobiliárias (Abrainc) em parceria com a Brain – Inteligência Estratégica Fundação em 2024[9] mostrou que a participação feminina no mercado imobiliário brasileiro vem crescendo significativamente. As mulheres representam atualmente 51% dos consumidores do mercado imobiliário no Brasil e têm demonstrado um comportamento mais cauteloso e detalhista na hora de investir.

Em outra pesquisa de análise de dados e projeção do mercado imobiliário para 2040,[10] verifica-se a tendência de aumento considerável na população entre 40 e 80 anos. Já no que diz respeito à expectativa de vida em relação aos sexos, a expectativa de vida das mulheres ficou em 79 anos, enquanto a dos homens ficou em 72 anos.[11] Referido dado reflete uma projeção de famílias por mais tempo

---

9. ABRAINC. O comportamento de consumo do comprador de imóveis brasileiros. Junho/2024. Disponível em: https://cdn.abrainc.org.br/files/2024/6/BRAIN-ABRAINC-Summit-JUN-24.pdf. Acesso em: 14 jul. 2024.

10. Comportamento do consumidor de imóveis em 2040 (Estudo 2019). Disponível em: https://cdn.abrainc. org.br/files/2019/09/Abrainc-Pesquisa-v10.pdf. Acesso em: 14 jul. 2027.

11. AGÊNCIA BRASIL. Expectativa de vida sobe 75,5 anos após queda na pandemia. Publicado em 29.11.2023. Disponível em: https://agenciabrasil.ebc.com.br/economia/noticia/2023-11/expectativa-de-vida-sobe-para-75-anos-apos-queda-na-pandemia. Acesso em: 14 jul. 2024.

encabeçadas por mulheres e que, portanto, essas terão papel preponderante na escolha de suas moradias e das suas famílias.

Os estudos ainda apontam que as mulheres tendem a diversificar seus investimentos em imóveis, buscando opções que variam de imóveis residenciais a comerciais.

4.2 Pesquisa DataZap

Em recente pesquisa realizada pelo DataZap,[12] publicada em 12.03.2024, que apresenta dados acerca da presença feminina na busca por imóveis, foi constatado que as mulheres são responsáveis por cerca de 30% das compras de imóveis para investimento.

Também o Anuário DataZap 2024,[13] publicado em 07.05.2024, apresenta que em 2023 o cenário de aumento na busca de imóveis por mulheres não foi diferente no cenário digital, observando uma maior propensão das mulheres em realizar ativamente a busca online por imóveis para comprar. Entre as interessadas em adquirir um imóvel para compra, a geração X (40 a 59 anos) destaca-se na pesquisa e a média de idade encontrada é de 50 anos. Considerando a evolução comparativa dos anos, foi observado crescimento na participação das gerações mais novas (Z – de 18 a 27 anos e Y – de 28 a 39 anos), com aumento de 3 pontos percentuais em relação ao observado em 2022.

No que pertine aos critérios de escolha, as mulheres valorizam a segurança, a proximidade de serviços e escolas e o potencial de valorização ao escolher imóveis para investimento.

A pesquisa revelou, ainda, que as mulheres investidoras dedicam mais tempo ao planejamento financeiro e à análise de viabilidade dos investimentos imobiliários.

As mulheres que buscam imóveis podem ser divididas em diversos perfis, variando entre solteiras, casadas, chefes de família e investidoras. Cada um desses perfis possui necessidades e expectativas diferentes, o que demanda do mercado imobiliário uma maior personalização e diversificação de ofertas.

---

12. DATA ZAP. Presença feminina na busca por imóveis. Publicada em 12.03.2024. Disponível em: https://www.datazap.com.br/presenca-feminina-na-busca-por-imoveis/. Acesso em: 14 jul. 2024. Pesquisa realizada anualmente. Pesquisa quantitativa, que conta com abordagem online; mediante questionário estruturado e de autopreenchimento. Os dados apresentados referem-se ao período de Janeiro/2023 a Dezembro/2023. O público-alvo do estudo é composto por mulheres, com interesse em comprar ou alugar um imóvel. Essa pesquisa tem como objetivo conhecer o perfil e os interesses das mulheres que buscam imóvel para comprar ou alugar nos portais ZAP e Viva Real.

13. DATA ZAP. Anuário DATAZAP 2024. Publicado em 07.05.2024. Disponível em: https://www.datazap.com.br/anuario-datazap-2024/. Acesso em: 14 jul. 2024.

Quanto à participação de público feminino no perfil locatário, este corresponde a dois terços do público total (67% mulheres x 33% homens), destacando--se na busca por imóveis para alugar. Entre esse perfil, destaca-se a presença de mulheres mais jovens (geração Z – de 18 a 27 anos e Y – de 28 a 39 anos) quando comparada a participação de mulheres mais velhas. Entre as gerações, a geração X (40 a 59 anos) tem maior representatividade na pesquisa, com 46%, e a média de idade encontrada é de 46 anos.

Revelou-se, portanto, que mulheres solteiras ou chefes de família tendem a valorizar a segurança e a proximidade de serviços essenciais. Já as investidoras buscam imóveis que representem um bom retorno financeiro e valorização de longo prazo. Essa diversificação de perfis reflete a complexidade do mercado imobiliário feminino e a necessidade de uma abordagem mais segmentada e estratégica por parte das incorporadoras e imobiliárias.

5. REFLEXOS NO DIREITO, NAS RELAÇÕES NEGOCIAIS E NO MERCADO

A participação crescente de mulheres no mercado imobiliário traz consigo várias implicações, tanto no segmento jurídico, como no mercado e nas relações negociais que permeiam esse novo nicho de mercado e que precisam ser consideradas por todos os atores em suas esferas de competência. Isso inclui desde a formulação de contratos de compra e venda, as formas de negociação e até a implementação de políticas públicas que incentivem a igualdade de gênero no setor.

5.1 Contratos e negociações

A maior presença feminina nas negociações imobiliárias exige uma adaptação nos contratos e práticas de negociação. É essencial que todos os profissionais da cadeia imobiliária estejam atentos às necessidades e preferências desse público. No que diz respeito aos profissionais do direito imobiliário, por exemplo, será necessária a elaboração de contratos contendo cláusulas de segurança e garantias de forma a valorizar e refletir uma preocupação maior com a estabilidade e proteção financeira das mulheres.

Outro ponto é que mulheres entendem melhor as mulheres, então em mesas de negociação, quanto mais houver a paridade de gênero, mais as investidoras, compradoras ou locatárias sentem-se representadas e tratam das questões que são consideradas importantes para esse segmento.

As corretoras, ainda, têm que entender mais sobre o mercado feminino de consumo, trazendo aos olhos das suas clientes aqueles detalhes importantes que apenas a visão e vivência feminina têm o alcance.

5.2 Análise econômica

A influência feminina no mercado imobiliário não é apenas uma questão de igualdade de gênero, mas também um fator econômico significativo. O poder de compra das mulheres e sua influência nas decisões na compra ou locação de imóveis para sua moradia ou como investimento têm um impacto direto no crescimento e na dinamização do setor.

Com 62% das buscas de imóveis realizadas por mulheres, conforme destacado acima, há um enorme potencial de mercado que pode ser explorado por desenvolvedores e agentes imobiliários.

Não à toa que empreendimentos que atendem às necessidades e preferências femininas tendem a ter maior valorização e liquidez. Isso reflete a importância de se desenvolver produtos imobiliários que considerem as especificidades do público feminino, desde a localização e infraestrutura até o design e segurança.

A crescente participação feminina no mercado imobiliário como investidoras oferece, portanto, uma oportunidade significativa para desenvolvedores e agentes imobiliários, por meio de estratégias eficazes.

5.2.1 Pesquisa e segmentação de mercado

Faz-se necessária a realizar de pesquisas de mercado para entender as preferências e necessidades específicas das mulheres investidoras, compradoras e locatária. Isso pode incluir localização, tipo de imóvel, facilidades de financiamento, e serviços adicionais.

Criar segmentações específicas dentro do mercado imobiliário direcionadas a mulheres, considerando diferentes faixas etárias, situações familiares e objetivos de investimento.

5.2.2 Desenvolvimento de produtos personalizados

Desenvolver imóveis com características que atendam às necessidades e desejos das mulheres, como segurança, acessibilidade, design de interiores prático e esteticamente agradável.

Incorporar práticas sustentáveis e eficientes em energia, que muitas investidoras e compradoras valorizam.

5.2.3 Compartilhamento de informação de forma direcionada

Produzir conteúdos educativos, como webinars, workshops e artigos, focados no mercado imobiliário feminino, demonstrando a necessidade premente da mulher esse papel importante no segmento de mercado tão importante para a economia brasileira.

Ademais, importante apresentar, por meio dessa ferramenta, também educação financeira e investimento imobiliário para mulheres, como forma de combater o ciclo vicioso da violência patrimonial, tão presente em todas as classes sociais, e que impacta não apenas a participação direta das mulheres no mercado imobiliário, mas também molda percepções e comportamentos. A insegurança gerada por essa forma de violência influencia as escolhas de localização, tipo de propriedade e até mesmo a decisão de como investir. Consequentemente, as mulheres podem ser excluídas de oportunidades de crescimento patrimonial e investimento, dentro de seus relacionamentos, limitando seu potencial financeiro e, essencialmente, sua autonomia.

A implementação de leis mais rigorosas contra a violência patrimonial, aliada a campanhas educativas de conscientização, pode contribuir para a proteção das mulheres nesse contexto. Além disso, a promoção de ambientes seguros e inclusivos no setor imobiliário, juntamente com o estímulo a programas de educação financeira voltados para mulheres, pode encorajá-las, fortalecendo sua participação ativa no mercado.

Estes são caminhos importantes para que, cada vez mais, mulheres conheçam seus direitos e possibilidades frente ao patrimônio imobiliário familiar. A superação dessas barreiras exige uma abordagem abrangente, integrando esforços legais, sociais e econômicos para criar um ambiente em que as mulheres possam prosperar como investidoras e proprietárias, livre da ameaça da violência patrimonial.

Buscar conhecimento sobre seus direitos imobiliários com profissionais competentes e em fontes seguras de informação é um caminho concreto para quem busca a independência de ter um teto todo seu.

Compartilhar histórias de sucesso de mulheres investidoras para inspirar e engajar outras mulheres.

5.2.4   *Criação de comunidades e redes de apoio*

Organizar eventos de networking específicos para mulheres, promovendo o intercâmbio de experiências e oportunidades de investimento.

Desenvolver plataformas online onde mulheres podem compartilhar experiências, tirar dúvidas e encontrar suporte em suas jornadas de investimento.

5.2.5   *Consultoria e serviços personalizados*

Oferecer serviços de consultoria personalizados para mulheres investidoras, compradoras e/ou locatárias, com foco em planejamento financeiro, estratégias de investimento e gestão de propriedades.

Criar pacotes de financiamento que sejam atrativos e acessíveis para mulheres, considerando suas necessidades e capacidades financeiras.

5.2.6 Parcerias estratégicas

Estabelecer parcerias com organizações e grupos de apoio a mulheres, como associações empresariais femininas e ONGs, para promover o investimento imobiliário entre as mulheres.

Trabalhar com influenciadoras digitais que falam para o público feminino, aumentando o alcance e a credibilidade das campanhas de marketing.

Explorar essas estratégias permite que desenvolvedores e agentes imobiliários não apenas aproveitem a crescente participação feminina no mercado, mas também contribuam para o empoderamento econômico das mulheres, criando um impacto positivo e duradouro na sociedade.

6. DESAFIOS ENFRENTADOS POR MULHERES NO MERCADO IMOBILIÁRIO

Apesar do aumento na participação feminina, as mulheres ainda enfrentam desafios significativos no mercado imobiliário, muitos dos quais estão relacionados à desigualdade de gênero e barreiras culturais. Historicamente, o setor imobiliário tem sido dominado por homens, o que pode criar um ambiente hostil ou desestimulante para mulheres que desejam investir ou atuar profissionalmente na área.

6.1 Da violência patrimonial

Dentre os maiores desafios, destacamos ciclo vicioso da violência patrimonial, que é uma forma de violência doméstica que envolve o controle dos recursos financeiros da vítima pelo agressor, privando-a de acesso a dinheiro, propriedades e outros ativos. Este tipo de violência, embora menos discutida do que a violência física, tem consequências devastadoras para as vítimas, impactando diretamente sua capacidade de participar ativamente no mercado imobiliário, tanto como compradoras quanto como investidoras.

A Violência patrimonial encontra-se defina no art. 7º, IV, da Lei 11.340/2006 – Lei Maria da Penha como sendo "qualquer conduta que configure retenção, subtração, destruição parcial ou total de seus objetos, instrumentos de trabalho, documentos pessoais, bens, valores e direitos ou recursos econômicos, incluindo os destinados a satisfazer suas necessidades". Este tipo de violência é uma manifestação de poder e controle, onde o agressor visa restringir a autonomia financeira da vítima, perpetuando a dependência econômica e dificultando a ruptura do ciclo de violência.

A participação das mulheres no mercado imobiliário, seja como compradoras ou investidoras, é diretamente afetada pela violência patrimonial. A falta de controle sobre os próprios recursos financeiros limita a capacidade das mulheres de adquirir imóveis, investir em propriedades e participar de decisões econômicas que possam melhorar sua segurança financeira e bem-estar.

Mulheres vítimas de violência patrimonial frequentemente enfrentam barreiras significativas para acessar recursos financeiros. Isso inclui a falta de acesso a contas bancárias, crédito e investimentos, bem como a incapacidade de poupar dinheiro para a compra de um imóvel. Sem esses recursos, as mulheres ficam impossibilitadas de realizar transações imobiliárias, perpetuando sua dependência econômica e vulnerabilidade.

A violência patrimonial ainda restringe a autonomia econômica das mulheres, impedindo-as de tomar decisões financeiras independentes. A falta de autonomia financeira reduz a capacidade das mulheres de negociar e comprar propriedades, limitando sua participação no mercado imobiliário. Este fenômeno também impede que elas invistam em imóveis como uma forma de aumentar sua segurança econômica a longo prazo.

Além dos impactos econômicos diretos, a violência patrimonial tem efeitos psicológicos profundos. O estresse e a ansiedade causados pela privação financeira podem diminuir a confiança das mulheres em lidar com questões financeiras e imobiliárias. Socialmente, a violência patrimonial pode isolar as mulheres, impedindo-as de buscar ajuda e informações necessárias para participar ativamente do mercado imobiliário.

Estudos mostram que a violência patrimonial é uma forma comum de violência doméstica, mas, muitas vezes, acobertada pelo manto da vergonha, por, inclusive, ocorrer no âmbito das classes sociais mais elevadas. Não resta dúvida de que esse tipo de violência, por vezes silenciosa, afeta significativamente a segurança econômica das mulheres. Segundo a 10ª Pesquisa Nacional de Violência contra a Mulher, realizada pelo Instituto DataSenado,[14] em parceria com o Observatório da Mulher contra a Violência (OMV), publicada em novembro de 2023, 34% das mulheres brasileiras relataram ter sofrido algum tipo de violência patrimonial e 44% relatam que esse foi um tipo de violência sofrida por pessoa conhecida, percentual que vem aumentando vertiginosamente no decorrer dos anos. Esses dados revelam o aumento significativo e/ou o aumento do número de denúncias de mulheres que sofrem esse tipo de violência.

---

14. INSTITUTO DATA SENADO. 10ª pesquisa nacional de violência contra a mulher. Publicada em novembro de 2023. Disponível em: https://www12.senado.leg.br/institucional/datasenado/materias/relatorios-de-pesquisa/pesquisa-nacional-de-violencia-contra-a-mulher-datasenado-2023. Acesso em: 14 jul. 2024.

Certamente, a desigualdade econômica é um dos principais fatores que limitam a participação das mulheres no mercado imobiliário. A violência patrimonial desempenha um papel significativo nessa desigualdade, restringindo o acesso das mulheres a recursos financeiros e oportunidades de investimento.

Além disso, há dificuldades que vão além da legalidade na punição desse tipo de violência, especialmente em casos de silêncio, omissão e inatividade da vítima, fatores que perpetuam o ciclo da violência. Entre os fatores que contribuem para o silêncio das vítimas estão: a vergonha, a crença na mudança do parceiro, a inversão da culpa, a revitimização pelas autoridades e o medo de reviver o trauma.

Esses fatores, contudo, parecem explicar melhor a inação das vítimas em situações de violência física, sexual, psicológica e moral, particularmente entre populações de baixa renda ou menor nível de escolaridade. No entanto, de modo algum, justificam a inação das vítimas nos casos de crimes cometidos com violência patrimonial, uma inação que ocorre até mesmo entre pessoas de alto padrão de renda e elevado nível de escolaridade.

Um questionamento pertinente seria: em quantos litígios de família, patrocinados por advogados privados, são feitas denúncias, representações ou queixas às autoridades competentes envolvendo violência patrimonial contra a mulher? Acreditamos que as razões para esses baixos números estejam mais relacionadas à falta de familiaridade dos profissionais do Direito com o processo protetivo da Lei Maria da Penha do que propriamente com a inação silenciosa das vítimas.

6.2   Do acesso a financiamento e crédito

Outro desafio significativo é o acesso ao financiamento e crédito imobiliário. Embora haja avanços, as mulheres ainda encontram dificuldades para obter condições de financiamento iguais às dos homens. Isso se deve, em parte, a uma visão tradicional de que homens são os principais provedores financeiros, uma perspectiva que está desatualizada e não reflete a realidade atual, onde muitas mulheres são chefes de família e principais responsáveis pelo sustento doméstico.

7.   OPORTUNIDADES E POTENCIAL DE CRESCIMENTO

Nos últimos anos, diversas iniciativas têm surgido para apoiar e empoderar mulheres no mercado imobiliário. Programas de educação financeira, workshops sobre investimento imobiliário e redes de apoio entre mulheres têm contribuído para aumentar o conhecimento e a confiança das mulheres neste setor.

Empresas imobiliárias e bancos também têm desenvolvido produtos e serviços específicos para atender às necessidades das mulheres, como linhas de crédito com condições diferenciadas e consultorias personalizadas. Essas iniciativas são fundamentais para promover a igualdade de oportunidades e incentivar a participação feminina no mercado imobiliário.

Políticas públicas que incentivem a participação feminina no mercado imobiliário também são necessárias. Programas governamentais que ofereçam subsídios e condições facilitadas para mulheres adquirirem imóveis podem contribuir significativamente para a redução das desigualdades e para o fortalecimento econômico feminino.

Além disso, é importante promover a inclusão de mulheres em posições de liderança no setor imobiliário, incentivando a diversidade e a equidade de gênero nas empresas e organizações do setor. Isso pode ser feito através de programas de capacitação e mentorias, além de campanhas de conscientização sobre a importância da igualdade de gênero no mercado de trabalho.

8. CONCLUSÃO

A participação feminina no mercado imobiliário representa uma mudança significativa que traz benefícios econômicos, sociais e jurídicos. É essencial que profissionais do setor reconheçam essa tendência e adaptem suas práticas para atender às necessidades desse público crescente. Políticas inclusivas e estratégias de marketing direcionadas são fundamentais para aproveitar plenamente o potencial do mercado imobiliário voltado para mulheres.

O ciclo vicioso da violência patrimonial tem um impacto profundo e duradouro na capacidade das mulheres de participar ativamente do mercado imobiliário. A privação de recursos financeiros, a limitação da autonomia econômica e as consequências psicológicas e sociais da violência patrimonial criam barreiras significativas que impedem as mulheres de comprar e investir em imóveis. Abordar essa questão requer políticas públicas eficazes, programas de apoio financeiro e educacional e uma maior conscientização sobre os impactos da violência patrimonial na vida das mulheres. Somente através de uma abordagem integrada e consciente será possível quebrar este ciclo e promover uma participação mais equitativa e justa das mulheres no mercado imobiliário.

Não vincular a mulher à ideia da construção de patrimônio é retirá-la da possibilidade de protagonizar a construção de bens e de propriedade e mantê-la como coadjuvante em um papel no qual ela tem total capacidade de atual.

Apesar dos desafios, a participação feminina no mercado imobiliário é uma tendência crescente e irreversível, que traz inúmeros benefícios para o setor e para a sociedade como um todo. A oportunidade de crescimento desse nicho de mercado e o seu potencial por meio da entrega de produtos e serviços com foco nas mulheres como investidoras, compradoras e/ou locatárias são significativos.

A influência das mulheres na decisão de compra e sua capacidade de avaliar diferentes facetas de um produto são elementos valiosos para o mercado imobiliário. É imperativo que a visão e as necessidades das mulheres sejam contempladas na concepção de produtos e serviços imobiliários.

A implementação de políticas públicas, a criação de produtos e serviços específicos para mulheres e o incentivo à participação feminina em posições de liderança são passos essenciais para alcançar um mercado imobiliário mais justo e equilibrado. Assim, o setor imobiliário poderá continuar a se desenvolver de forma sustentável e contribuir para a construção de uma sociedade mais igualitária e inclusiva.

9. REFERÊNCIAS

ABRAINC. O COMPORTAMENTO DE CONSUMO DO COMPRADOR DE IMÓVEIS BRASILEIROS. Junho/2024. Disponível em: https://cdn.abrainc.org.br/files/2024/6/BRAIN-ABRAINC-Summit-JUN-24.pdf. Acesso em 14 jul. 2024.

AGÊNCIA BRASIL. Expectativa de vida sobe 75,5 anos após queda na pandemia. Publicado em 29.11.2023. Disponível em: https://agenciabrasil.ebc.com.br/economia/noticia/2023-11/expectativa-de-vida-sobe-para-75-anos-apos-queda-na-pandemia. Acesso em: 14 jul. 2024.

COMPORTAMENTO DO CONSUMIDOR DE IMÓVEIS EM 2040 (Estudo 2019). Disponível em: https://cdn.abrainc.org.br/files/2019/09/Abrainc-Pesquisa-v10.pdf. Acesso em: 14 jul. 2024.

DATA ZAP. Anuário DATAZAP 2024. Publicado em 07.05.2024. Disponível em: https://www.datazap.com.br/anuario-datazap-2024/. Acesso em: 14 jul. 2024.

DATA ZAP. Presença feminina na busca por imóveis. Publicada em 12.03.2024. Disponível em: https://www.datazap.com.br/presenca-feminina-na-busca-por-imoveis/. Acesso em: 14 jul. 2024.

FRY, RICHARD. *Mulheres solteiras possuem mais lares do que homens solteiros nos EUA, mas essa vantagem está se estreitando.* Disponível em: https://www.pewresearch.org/short-reads/2023/06/12/single-women-own-more-homes-than-single-men-in-the-us-but-that-edge-is-narrowing/. Acesso em: 14 jul. 2024.

HARVEY, D. *A produção capitalista do espaço.* São Paulo: Annablume, 2005.

HARVEY, D. *O Neoliberalismo*: história e implicações. São Paulo: Edições Loyola, 2008.

INSTITUTO DATA SENADO. 10ª Pesquisa Nacional de Violência Contra a mulher. Publicada em novembro de 2023. Disponível em: https://www12.senado.leg.br/institucional/datasenado/materias/relatorios-de-pesquisa/pesquisa-nacional-de-violencia-contra-a-mulher-datasenado-2023. Acesso em: 14 jul. 2024.

LEI 11.340, de 7 de agosto de 2006. Cria mecanismos para coibir a violência doméstica e familiar contra a mulher. Disponível em: http://www.planalto.gov.br/ccivil_03/_ato2004-2006/2006/lei/l11340.htm. Acesso em: 14 jul. 2024.

LEI 14.602, de 13 de julho de 2023. Dispõe sobre o Programa Minha Casa, Minha Vida. Disponível em: https://www.planalto.gov.br/ccivil_03/_Ato2023-2026/2023/Lei/L14620.htm. Acesso em: 14 jul. 2024.

LEI 14.611, de 3 de julho de 2023. Dispõe sobre a igualdade salarial e de critérios remuneratórios entre mulheres e homens. Disponível em: https://www.planalto.gov.br/ccivil_03/_ato2023-2026/2023/lei/l14611.htm. Acesso em: 14 jul. 2024.

PRESENÇA FEMININA NA BUSCA POR IMÓVEIS 2023 (12/03/2024). Disponível em https://www.datazap.com.br/presenca-feminina-na-busca-por-imoveis/. Acesso em: 14 jul. 2024.

TAWIL, Elisa. *A ascensão da liderança feminina no setor imobiliário*. São Paulo: Maquinaria Sankto Editora e Distribuidora Ltda., 2021.

WARWICK BUSINESS SCHOOL. Are Women Better Investors than Men? (2018). Disponível em: https://www.wbs.ac.uk/news/are-women-better-investors-than-men/. Acesso em: 17 jul. 2024.

EVOLUÇÃO DA PROFISSÃO DE CORRETOR DE IMÓVEIS: DESAFIOS NA FORMAÇÃO E SOLUÇÕES FUTURAS

Francisco Machado Egito

Mestre em Administração pela UFF. Pós-Graduado em Direito Imobiliário (2015), Controladoria Empresarial (2013) e Direito Notarial e Registral (2011). Graduado em Ciências Econômicas (2022), Administração (2015), Ciências Contábeis (2013), Negócios Imobiliários (2010) e Direito (2004). Graduando em Pedagogia e Marketing digital. Membro do IAB – Instituto dos Advogados Brasileiros. Professor e coordenador acadêmico da Pós-Graduação em Direito Condominial e em Gestão Condominial pelo CBEPJUR/UNIMAIS/SP. Coordenador da Pós-Graduação em Direito Condominial da PUC/PR. Presidente da Comissão Nacional de Direito Imobiliário da ABA. Presidente das comissões de Gestão de Propriedades Urbanas, Mercado e Negócios Imobiliários da OAB-RJ e da comissão de Direito Imobiliário e Condominial da 55ª subseção da OAB/RJ. Coordenador da Comissão Estadual de Contabilidade Condominial do CRC-RJ. Conselheiro Efetivo do CRECI-RJ – gestão 2022 a 2024, ocupando a Coordenação da UNICRECI-RJ. Sócio do Grupo Francisco Egito, empresa em atividade no mercado imobiliário, condominial e contábil. Sócio-administrador da Francisco Egito Advogados Associados, Curso Aprimora, CBEPJUR e Revista dos Condomínios.

Sumário: 1. Cidades, urbanização e intermediação imobiliária – 2. O surgimento da profissão de corretor de imóveis e sua regulamentação profissional – 3. O que é uma profissão? – 4. Sua regulamentação profissional – 5. Aspectos críticos da corretagem de imóveis – 6. Conclusão – 7. Referências.

1. CIDADES, URBANIZAÇÃO E INTERMEDIAÇÃO IMOBILIÁRIA

O comércio tem suas raízes nos primórdios da história humana, sendo impulsionado pelo excedente de produção gerado por diversos fatores. Estes incluem o aumento da produtividade, a especialização das atividades, a divisão do trabalho, a modernização agrícola, os avanços tecnológicos, a eficiência industrial, a expansão dos mercados, a melhoria nos sistemas de comunicação e transporte, o crescimento populacional e a urbanização. A intermediação imobiliária, que consiste em facilitar transações no setor imobiliário, teve início nos primeiros centros urbanos densamente povoados e evoluiu juntamente com o desenvolvimento do comércio, especialmente com o crescimento das cidades ao longo do tempo.

Segundo o livro "O Corretor de Imóveis no Brasil", publicado pelo COFECI em celebração aos 60 anos da regulamentação profissional (Rodrigues, 2022, p. 14), a intermediação imobiliária existe desde os primórdios da expansão da população humana pelo planeta, à medida que as pessoas ocupavam espaços e desenvolviam conglomerados habitacionais, desde pequenas vilas até grandes metrópoles. O livro continua destacando que a atuação dos intermediários imobiliários é contemporânea ao surgimento das cidades, ocorrido há cerca de 5 mil anos.

A intermediação imobiliária está estreitamente ligada ao desenvolvimento das cidades ao longo do tempo. À medida que as cidades se expandem e se transformam em centros de atividade econômica, cultural e social, a demanda por serviços imobiliários, como compra, venda, locação e gestão de propriedades aumenta, criando assim um ambiente propício para a emergência da atividade regular de agente imobiliário.

A chegada da corte portuguesa ao Brasil em 1808 foi um catalisador para o desenvolvimento urbano, científico, econômico e social no país, estimulando assim o progresso das cidades. A então capital do Brasil, o Rio de Janeiro, passaria por um repentino desenvolvimento, com a chegada do príncipe regente D. João de Portugal, que veio foragido das tropas de Napoleão, invadiram Portugal para forçar sua adesão ao bloqueio continental imposto à Inglaterra. Segundo Prado Júnior (2000, p. 126):

> [...] fugindo diante do invasor, transporta-se com sua corte, grande parte do funcionalismo e uma comitiva imensa (um total de cerca de 10.000 pessoas) para o Rio de Janeiro, que se transforma assim, de um momento para o outro, em sede da monarquia portuguesa. Este acontecimento, das mais largas consequências, seria o precursor imediato da independência do Brasil.

Segundo o Livro "ABADI 40 anos", publicado em 2014, "definitivamente o Rio de Janeiro não estava preparado para receber aquela excursão. A cidade, em 1808, tinha 71 ruas, 27 becos, sete travessas, cinco ladeiras e 60 mil habitantes, metade deles escravos" (Abadi, 2014, p. 13).

De acordo com o livro "Seleta do Agenciador Imobiliário" (Pereira, 1985), um roteiro de instruções úteis sintetizadas e explicadas pelo escritor Gildásio Lopes Pereira, o desenvolvimento urbano só foi possível depois da transferência da família real para o Brasil, no princípio do século XIX.

> O Rio de Janeiro era um pequeno burgo de ruas estreitas, cobertas de mato e iluminadas a candeeiro de óleo de baleia. Mal podia acolher a Família Real. Quando a numerosa caravana ali chegou, viu-se que não havia moradia para ela. Então, o próprio Príncipe-Regente mandou requisitar as casas de residência dos habitantes da cidade. Enxotava os moradores e mandava pintar nas fachadas das casas as letras maiúsculas 'PR' (Príncipe Real) que os despejados traduziam como 'Ponha-se na Rua', ou 'Prédio Roubado'. A revolta popular foi tão grande que muitos portugueses recusaram a moradia tomada dos locais e se propuseram a indenizá-los particularmente (Pereira, 1985, p. 13).

O autor destaca que, nesse contexto, a atuação de um cidadão chamado Antônio Armando Mariano de Arantes Costa se destacou, possivelmente, como o primeiro corretor de imóveis do Brasil. Apesar do registro ser digno de nota, não podemos considerar essa afirmação em acepção técnica, pois não existia uma profissão imobiliária formalmente desenvolvida na época; tratava-se apenas de uma atividade realizada de modo não habitual.

Contudo, o momento histórico merece destaque, pois vemos nele um dos embriões da atividade de intermediação imobiliária que viria a se transformar futuramente na profissão de corretor de imóveis. Embora a atividade de intermediação praticada naquela época não possa ser diretamente equiparada à corretagem de imóveis como a conhecemos hoje, podemos identificar nela aspectos que prenunciavam uma futura profissão imobiliária. Mais adiante, examinaremos as condições nas quais as profissões surgem e se estabelecem.

As profissões, de fato, emergem em resposta a necessidades sociais específicas, fundamentadas em um corpo de conhecimento particular, e se desenvolvem por meio de técnicas especializadas. Essas atividades são exercidas de forma habitual e remunerada por um número considerável de profissionais, culminando na construção de uma identidade social e em uma área de atuação bem definida.

A chegada da corte real ao Brasil teve uma série de impactos significativos. Em termos sociais, econômicos e urbanos, um dos principais resultados foi o desequilíbrio entre a oferta e a demanda por moradias, já que muitos precisaram encontrar novos lugares para viver, levando ao surgimento do primeiro *"boom"* imobiliário no país e ao aumento exponencial dos valores dos aluguéis. No entanto, os benefícios que se seguiram superaram os transtornos iniciais com a criação de instituições importantes nas áreas de comércio, educação, ciência, artes e cultura.

Quando D. João deixou o Brasil, em 1821, o número de habitantes do Rio tinha saltado de 60 mil, quando de sua chegada, para mais de 120 mil. Essa explosão populacional e a estrutura administrativa da capital do império promoveram o desenvolvimento do cenário imobiliário até então estático. Rapidamente foram construídos prédios e residências para abrigar todo o aparato administrativo da burocracia real, levando a cidade a ultrapassar os limites do Centro em um crescimento da cidade. (Abadi, 2014, p. 16-17).

Com efeito, transformações significativas ocorreram com a chegada da família real, dentre as quais o considerável aumento da demanda por moradias causado pela repentina explosão populacional. O Rio, como nova capital do império, passou a atrair cada vez mais imigrantes das zonas rurais como do exterior. À medida que as cidades começaram a tomar uma forma mais urbana, surgia uma nova profissão, a de agente de negócios imobiliários. Esses profissionais eram, no início, comerciantes que ampliavam seus rendimentos com a intermediação imobiliária, ou leiloeiros que se especializavam no ramo imobiliário (Rodrigues, 2022).

A partir da segunda metade do século XIX, o Estado de São Paulo emergiu como um polo dinâmico em uma vasta região que se estendia pelos Estados mais ao sul e incluía, de forma parcial, o Rio de Janeiro e Minas Gerais. A construção de estradas de ferro, a modernização dos portos e o desenvolvimento de meios de comunicação trouxeram uma nova fluidez e potencial a essa parte do território brasileiro. Essa dinâmica impulsionou o processo de industrialização, colocando essa região, especialmente o Estado de São Paulo, na vanguarda do desenvolvimento industrial.

Essa liderança perdurou até a década de 1930, quando mudanças políticas e organizacionais abriram caminho para uma nova fase de industrialização impulsionada pelo poder público, com foco no desenvolvimento do mercado interno (Santos, 2009).

Podemos considerar que o processo de urbanização do Brasil se destacou no primeiro quartil do século XX, impulsionado pela industrialização, que provocou o deslocamento da população das áreas rurais para os centros urbanos. De acordo com Déak e Schiffer (2015, p. 11),

> [...] em pouco mais de uma geração a partir dos meados deste século, o Brasil, um país predominantemente agrário, transformou-se em um país virtualmente urbanizado (...). É evidente que transformações quantitativas dessa magnitude implicam transformações qualitativas profunda.

Desde o início do século passado, o processo de urbanização tem sido marcado por sua velocidade e intensidade. Essa dinâmica acelerada de crescimento urbano reflete mudanças significativas na sociedade e na economia, impulsionadas por fatores como industrialização, migração do campo para as cidades em busca de oportunidades econômicas e avanços tecnológicos que facilitam a conectividade entre regiões.

Santos (2017, p. 18) observa que essa rápida urbanização não apenas transformou a paisagem física das cidades, mas também teve impactos profundos na vida das pessoas, na organização do espaço urbano e nas dinâmicas socioeconômicas.

> [...] no último século a população brasileira cresceu de 17 milhões para 170 milhões de habitantes. No início do século XX, apenas 17% dessa população vivia em cidades, situação que se inverteu no fim do século, quando esse percentual já era de 81%, elevando-se ainda mais no último censo demográfico, realizado em 2010, que apurou uma taxa de urbanização de 84%. [...] O processo brasileiro de industrialização intensificou-se após 1930, quando a crise da agroexportação desestruturou a atividade rural e liberou a força de trabalho, a qual, assim, passou a buscar na cidade novas oportunidades de emprego. A partir de então, formaram-se áreas metropolitanas nucleadas pelas capitais estaduais, tendo São Paulo[1] e Rio de Janeiro como as mais importantes.

---

1. A respeito deste ponto, ressalte-se que, segundo Déak e Schiffer (1999, p. 11), a evolução da cidade de São Paulo, de um pequeno burgo de 20 mil habitantes em 1870 a um aglomerado de meio milhão de pessoas em 1920, constitui um feito notável. Hoje a cidade detém mais de 13 milhões de habitantes.

A industrialização impulsionou o processo de urbanização ao deslocar uma grande parte da população das áreas rurais para os centros urbanos. Esse fenômeno é parte de um processo social complexo e significativo, que envolve a formação de um mercado nacional e esforços para integrar os equipamentos urbanos, como a expansão do consumo em diversas áreas. Isso não apenas impulsiona as relações sociais, mas também ativa o próprio processo de urbanização, como observado por Santos (2009).

É importante ressaltar que entre 1940 e 1980 ocorreu uma verdadeira mudança no local de residência da população brasileira. Durante esses 40 anos, a população total do Brasil triplicou, enquanto a população urbana aumentou mais de 7 vezes e meia (Santos, 2009, p. 31). Especificamente entre 1960 e 1980, houve um aumento espetacular na população urbana, com cerca de 50 milhões de novos habitantes, praticamente igualando o número total de habitantes do país em 1950. Esse intenso movimento de urbanização, que ocorreu após a Segunda Guerra Mundial, foi acompanhado por um forte crescimento demográfico, impulsionado por uma alta taxa de natalidade e uma redução na taxa de mortalidade, resultando principalmente dos avanços em saúde pública, melhores condições de vida e o próprio processo de urbanização (Santos, 2009).

Nesse contexto, ocorreu o adensamento populacional, a verticalização das cidades, o encarecimento dos terrenos e a construção de condomínios especiais em edificações por unidades autônomas. Como mencionado por Fogo Filho (2015, p. 3), a migração em massa para os grandes centros gerou um desequilíbrio entre a demanda e a oferta de residências e espaços urbanos, resultando em uma crise habitacional. Isso impulsionou significativamente a construção de edifícios verticais, buscando otimizar o uso do solo e obter economias de escala na compra de materiais.

Essas mudanças no cenário urbano foram evidenciadas por edifícios emblemáticos, como o À Noite (1927) no Rio de Janeiro, o edifício Martinelli (1929) em São Paulo e o edifício Santana em Campinas-SP (1929), marcando uma nova fase no desenvolvimento urbano. Posteriormente, surgiram edifícios mistos, combinando residências, espaços comerciais e lojas, como o Edifício Copam (1951) e o Conjunto Nacional implantado entre 1956 e 1960.

A urbanização e a industrialização foram essenciais para o crescimento das cidades, estabelecendo o contexto propício para o surgimento, a formação e o avanço da profissão de corretor de imóveis. Esse contexto de expansão urbana e econômica resultou em uma crescente demanda por serviços imobiliários especializados, como compra, venda e locação de propriedades. Isso proporcionou as condições necessárias para o estabelecimento e desenvolvimento dos agentes imobiliários, que se tornaram profissionais especializados em intermediações imobiliárias, exercendo essa atividade com habitualidade, em tempo integral, não mais como uma ocupação ou atividade eventual. Estavam lançadas as bases para a profissionalização dos agentes imobiliários, que adquirira expertise, técnicas e conhecimentos específicos na área dos negócios imobiliários. Consequentemente, o papel do corretor de imóveis tornou-se essencial na facilitação de transações e na mediação entre compradores e vendedores em um ambiente urbano em constante evolução, contribuindo para a dinâmica do mercado imobiliário e o desenvolvimento das cidades.

2. O SURGIMENTO DA PROFISSÃO DE CORRETOR DE IMÓVEIS E SUA REGULAMENTAÇÃO PROFISSIONAL

A intermediação imobiliária tem estado presente ao longo da história das atividades econômicas humanas, desde os primórdios das cidades por volta de 5.000 a.C., evoluindo em paralelo ao desenvolvimento do comércio e ao crescimento das áreas urbanas. No entanto, era uma atividade ocasional e não profissional, praticada de maneira amadora ou esporádica. A intermediação imobiliária ainda não havia se desenvolvido como profissão, nem se encontrava organizada como uma atividade regular. Não existia a profissão de corretor de imóveis formalmente estabelecida; em vez disso, essa atividade era desempenhada por indivíduos como comerciantes, leiloeiros, advogados ou qualquer pessoa que visasse obter ganhos financeiros por meio da intermediação imobiliária em tempo parcial.

Assim, não se poderia afirmar que existia a profissão de corretor de imóveis nesse contexto inicial, apenas uma atividade de intermediação ocasional em transações imobiliárias realizadas por pessoas que não a exerciam como principal fonte de renda.

Uma profissão é caracterizada, entre outras coisas, por uma identidade social reconhecida publicamente e um meio de subsistência regular. Nos estágios iniciais, não havia uma profissão imobiliária formalmente constituída, com um conjunto definido de conhecimentos específicos. Existia, contudo, a atividade de intermediação, realizada de modo amador ou eventual. No entanto, à medida que as cidades se urbanizavam e a demanda por moradias aumentava, surgia uma nova profissão: a de agente de negócios imobiliários, ou corretor de imóveis.

De acordo com o Rodrigues (2002), o desenvolvimento urbano no Brasil teve início com a chegada da família real em 1807, o que impulsionou o crescimento das cidades e as atividades de intermediação imobiliária. Ao longo do século XX, os negócios imobiliários se intensificaram à medida que o país passava por transformações econômicas, políticas e sociais, resultando em uma forte migração para os grandes centros urbanos. Isso contribuiu para o aumento significativo da população urbana, engrossando o contingente de trabalhadores nas cidades.

Na década de 1930, durante o Estado Novo de Vargas, a concentração de trabalhadores nas cidades e o rápido processo de urbanização levaram ao surgimento das primeiras leis trabalhistas e sindicatos, como parte das medidas adotadas pelo governo para regulamentar e proteger socialmente a população.

Nas décadas de 30 e 40 do século passado, houve um aumento significativo nos negócios jurídicos ligados ao setor imobiliário, especialmente nas áreas de locação e compra e venda de propriedades, desempenhando um papel fundamental na economia da época.

Segundo o Rodrigues (2002), foi nesse contexto que os corretores de imóveis do Rio de Janeiro e de São Paulo iniciaram sua organização. Em 1932, o corretor fluminense João Augusto de Mattos Pimenta obteve, por intermédio de seu amigo, o então ministro do trabalho Lindolfo Collor, a inclusão da atividade de corretor de imóveis no grupo de atividades consideradas autônomas.

No contexto de um intenso crescimento urbano e uma crescente atividade no mercado imobiliário, a profissão de corretor de imóveis começou a se firmar, com um número crescente de profissionais que se organizavam de maneira coletiva. Em 1936, os corretores de imóveis estabeleceram a primeira Junta de Corretores de Imóveis, que deu origem, no ano seguinte, ao primeiro Sindicato dos Corretores de Imóveis na história brasileira, especificamente em 1937, no Rio de Janeiro. No ano subsequente, em 1938, a categoria se organizou oficialmente no Estado de São Paulo, com a fundação do Sindicato dos Corretores de Imóveis e da Associação Profissional dos Corretores de Imóveis, obtendo reconhecimento pelo Ministério do Trabalho em 1942. Segundo Rodrigues (2022), em 1942, os Sindicatos de Corretores de Imóveis de São Paulo e do Rio de Janeiro lançaram o decálogo do Corretor, que descreve como deveria ser o espírito e a conduta dos profissionais – uma verdadeira legislação supletiva, que logo passou a ser adotada em várias cidades brasileiras. Surgiu assim o primeiro código de ética da categoria.

O Estado do Rio Grande do Sul se destacou como um dos pioneiros no movimento sindical classista, ao estabelecer a Associação Profissional dos Corretores de Imóveis de Porto Alegre e requerer sua investidura sindical em 1945. O pioneirismo do Rio de Janeiro, São Paulo e Rio Grande do Sul se refletiu em outras regiões do país: em 1948, foi fundado o Sindicato dos Corretores de Imóveis de Goiás; em 1953, surgiu a Associação dos Corretores de Imóveis de Minas Gerais; em 1958, foi criada a Sociedade Beneficente dos Vendedores de Imóveis do Estado da Bahia; e, em 1962, o Sindicato dos Corretores de Imóveis do Estado do Paraná também foi estabelecido.

Durante as duas décadas seguintes, a profissão experimentou um marcante avanço em sua organização. Esse progresso foi impulsionado pela mobilização em todo o país e pelo convencimento de importantes entidades públicas em apoiar a causa dos corretores de imóveis.

Um marco nesse processo foi o 1º Congresso Nacional dos Corretores de Imóveis, realizado em setembro de 1957 no Rio de Janeiro, que contou com a participação de um grande número de corretores, representando de forma significativa a classe. Durante esse evento, foi elaborado o primeiro projeto de lei para a regulamentação da profissão, contando com a colaboração do então deputado federal Adílio Martins Viana. Embora esse projeto tenha sido apresentado por Ulysses Guimarães em 1951, ele permaneceu arquivado até 1957, quando foi incorporado ao substitutivo que deu origem à primeira lei regulamentadora da atividade, promulgada em 27 de agosto de 1962.

Segundo o livro "50 anos de profissão: a História do Corretor de Imóveis de Pernambuco", em 1957, os autores Maia e Mendonça afirmam que seis sindicatos reunidos no Rio de Janeiro, durante o 1º Congresso Nacional dos Corretores de Imóveis, reivindicaram junto às autoridades federais – legislativo e executivo – a criação de uma legislação que regulamentasse as atividades profissionais. Esta demanda começou a ser atendida em agosto de 1962, com a promulgação da Lei 4.116, de 27 de agosto de 1962, que possibilitou a criação dos Conselhos Regionais de Corretores de Imóveis. Em homenagem a essa data, o dia 27 de agosto foi estabelecido como o Dia Nacional do Corretor de Imóveis.

O autor continua mencionando que em 27 de agosto de 1962, foi estabelecido o Sistema Cofeci-Creci, com o objetivo de defender os interesses da sociedade e promover a organização do setor, além de regulamentar e fiscalizar as atividades dos Conselhos e dos corretores de imóveis. Como uma autarquia federal mista, possuindo poderes de fiscalização, a instituição lidera uma das principais categorias do mercado imobiliário no Brasil, garantindo a integridade ética e combatendo práticas que facilitam ou envolvem o exercício ilegal da profissão.

A nova lei estabelecia, em seu artigo 1º, que o exercício da profissão de corretor de imóveis somente seria permitido a pessoas registradas nos Conselhos Regionais dos Corretores de Imóveis. Em sua primeira versão, a legislação não exigia do profissional nenhuma formação acadêmica. Posteriormente, a lei foi julgada parcialmente inconstitucional pelo Supremo Tribunal Federal, especialmente porque não exigia qualquer formação técnica, ou mesmo de educação geral, de quem viesse a ingressar na profissão.

Após grande mobilização da classe, com a participação do então ministro do trabalho Arnaldo Prieto, um novo projeto de lei foi elaborado, apresentado e aprovado pelo Congresso Nacional. Em 12 de maio de 1978, foi sancionada pelo Presidente da República, Ernesto Geisel, com assinatura conjunta de seu ministro do trabalho Arnaldo Prieto, a Lei 6530/78, que regulamenta a profissão de Corretor de Imóveis. Em 29 de julho daquele ano, foi aprovado o Decreto-Lei 81.871, que complementa a legislação. A nova legislação estabeleceu que o exercício profissional da corretagem só é permitido ao possuidor do título de Técnico de Transações Imobiliárias, curso técnico de nível pós-médio.

Segundo Rodrigues (2022), o regramento também ampliou as competências do profissional imobiliário, que pode exercer "a intermediação na compra, venda, permuta e locação de imóveis, podendo, ainda, opinar quanto à comercialização imobiliária". A nova lei fortaleceu ainda mais a legitimidade do sistema Cofeci-Creci.

Sediado em Brasília (DF), o Sistema Cofeci-Creci regulamenta as atividades dos Conselhos distribuídos pelo território nacional, instalados nas 25 unidades da Federação. Todas as unidades são habilitadas a prestar informações e serviços aos profissionais, às empresas do setor e ao consumidor em geral. Além da assistência à categoria, o órgão tem atuado intensamente para a valorização do mercado imobiliário, colaborando para a redução do déficit habitacional brasileiro.

Os esforços de valorização consistem em, ao mesmo tempo, exercer as atividades paralelas e complementares. O Sistema Cofeci-Creci tem intensificado o contato com a sociedade para: a) informar a opinião pública sobre seus direitos de acesso à moradia e sobre como o Corretor de Imóveis pode ajudar a todos com a relação a este anseio; b) auxiliar os poderes constituídos a viabilizar o acesso à habitação, em atuação institucional; c) aprimorar a qualificação do Corretor de Imóveis com o objetivo de torná-lo ainda mais capacitado a atender a sociedade em intermediação e consultoria imobiliária.

3. O QUE É UMA PROFISSÃO?

Como mencionado anteriormente, os corretores de imóveis conseguiram estabelecer uma profissão regulamentada. Mas o que isso implica? No Brasil, existem mais de 7.000 profissões catalogadas, sendo que segundo o CBO do Ministério do Trabalho apenas 68 delas são regulamentadas, como é o caso dos corretores de imóveis. Para compreendermos o significado disso, é importante primeiro definirmos o que é uma profissão e depois entendermos por que algumas delas alcançam o *status* de profissões regulamentadas.

Uma profissão pode ser definida como uma ocupação que requer especialização, que desempenha uma função social importante. Os sociólogos Max Weber, Émile Durkhein, Herbert Spencer e Saint Simon atribuíram às profissões um valor positivo, considerando-as formas superiores de organização social e, portanto, manifestações de desenvolvimento e modernidade.

Como surgem as profissões? De acordo com Rodrigues (2002), autor de "Sociologia das Profissões", uma profissão emerge quando um grupo definido de pessoas começa a praticar uma técnica baseada em uma formação especializada para atender às necessidades sociais.

Faria Júnior (1993) complementa esse pensamento ao afirmar que o exercício dessas funções demanda um alto nível de habilidade e é realizado em situações que não são puramente rotineiras, mas sim apresentam novos problemas e desafios a serem enfrentados. Portanto, pelas definições apresentadas, fica claro que as profissões exigem habilidades técnicas associadas à formação, lidando com problemas não comuns que só podem ser tratados por indivíduos especializados.

Uma profissão lida com um corpo de conhecimentos exclusivos, do qual derivam técnicas, princípios, práticas e metodologias para o treinamento e formação de novos profissionais. Segundo Freidson, Eliot (1995, p. 2) "Como qualquer ofício e ocupação, uma profissão é uma especialização: um conjunto de tarefas desempenhadas por membros da mesma ocupação, ou donos do mesmo ofício".

E, ao finalizarmos o conceito de profissão, citamos Goode (*apud* Rodrigues 2002, p. 10), que nos diz que:

> [...] as profissões constituem comunidades cujos membros partilham uma mesma identidade, valores, linguagem e um estatuto adquirido para toda a vida; têm poder de controle sobre si e seus membros, sobre a seleção e admissão de novos membros, bem como sobre a formação requerida.

Nesta citação, destacamos alguns pontos importantes, como a admissão de novos membros em uma profissão e os requisitos necessários para a formação de novos profissionais.

Uma profissão é uma ocupação exercida em tempo integral, não uma atividade eventual ou esporádica, constituindo o principal meio de subsistência de seus praticantes. Enquanto uma ocupação pode ser amadora, exercida em tempo parcial, sem níveis elevados de especialização, uma profissão detém uma técnica e uma especialização adquirida pela prática e pelo conhecimento teórico.

A principal diferença entre ocupações e profissões reside na formalização, especialização e regulamentação. Profissões são caracterizadas por um alto nível de conhecimento técnico e teórico, formação rigorosa, regulamentação por leis específicas, e um forte sentido de identidade profissional. Ocupações, por outro lado, tendem a ser menos formalizadas e especializadas, e podem ser realizadas de maneira mais casual ou esporádica.

Muitas profissões têm suas origens em ocupações. Uma ocupação pode se transformar em uma profissão através de um processo que envolve especialização, formalização, regulamentação e desenvolvimento de uma identidade profissional. Esse processo é impulsionado tanto pela necessidade social quanto pelo esforço dos praticantes para obter reconhecimento e estabelecer padrões elevados de prática. Dentro do conceito de profissão, destacamos que o conhecimento é a variável central. Para alcançar o estatuto de profissão, são necessários elevados níveis de conhecimento e dedicação, que nem todas as ocupações conseguem atingir.

Nós, corretores de imóveis, não apenas conseguimos constituir uma profissão, mas também conquistamos nosso espaço ao sermos incluídos no seleto rol de profissões regulamentadas por lei. Temos uma área específica de atuação: o mercado imobiliário, abrangendo intermediação imobiliária para locação, compra e venda, e podendo ainda opinar na comercialização de imóveis, conforme disposto no artigo 3º da Lei 6.530/78.

Após definirmos o conceito de profissões, é importante compreendermos como elas se desenvolvem. De acordo com Saunders e Wilson (1934 *apud* Rodrigues, 2002), as profissões surgem como uma especialização de serviços relevantes prestados à sociedade. Elas se organizam por meio da criação de associações profissionais, que visam proteger a sociedade daqueles que prestam serviços sem qualificação adequada. As profissões estabelecem-se através de uma formação específica baseada em um corpo sistemático de teorias, o que permite a construção de uma cultura profissional sólida.

As profissões se destacam pela combinação de duas competências fundamentais: a habilidade prática baseada na experiência, aliada ao conhecimento teórico adquirido por meio de uma formação extensa e reconhecida. Como afirmado por Rodrigues (2002, p. 10), "A base essencial do sistema profissional moderno resulta da integração entre profissionais acadêmicos e certas categorias de praticantes". É importante ressaltar que nossa primeira regulamentação profissional, a Lei 4.116 de 27 de agosto de 1962, foi declarada inconstitucional devido à falta de uma base acadêmica.

Quais são os elementos estruturantes de uma profissão? As profissões se estruturam por meio de escolas e instituições de formação, que desenvolvem e transmitem o corpo de conhecimentos. Seus praticantes se organizam por meio de associações profissionais que contribuem para promover os valores de orientação para a sociedade e para a manutenção e aumento da autonomia e da autoridade profissionais, e se caracterizam por um sistema de licenças que protege a autoridade e prestígio profissionais assegurando o controle social. No Brasil, esse sistema de credenciamento está sob a responsabilidade dos Conselhos Profissionais, que fiscalizam o exercício profissional. Em nosso caso, como corretores de imóveis, temos o sistema COFECI-CRECI.

O sistema COFECI-CRECI é a estrutura reguladora da profissão de corretor de imóveis no Brasil. Ele é composto pelo Conselho Federal de Corretores de Imóveis (COFECI) e pelos Conselhos Regionais de Corretores de Imóveis (CRECI) em cada estado do país.

O sistema COFECI-CRECI é fundamental para a profissionalização e valorização da categoria dos corretores de imóveis no Brasil. Através de suas atividades de regulamentação e fiscalização, ele assegura que o mercado imobiliário opere com transparência, segurança e competência, beneficiando tanto os profissionais quanto os consumidores. Além disso, a presença de uma estrutura organizada contribui para o reconhecimento da importância do corretor de imóveis na intermediação de transações imobiliárias, promovendo a credibilidade e a confiança no setor.

A profissionalização é o processo de criação de uma profissão, possibilitando uma identidade própria, com definição de seus contornos e reconhecimento na sociedade. Toda profissão é acompanhada pelo desenvolvimento de habilidades e competências específicas para seu exercício, gerando valor para a sociedade, que a reconhece por tal capacidade.

Hughes (1994) nos diz que a profissionalização é um processo de afirmação de ocupações por oposição ou afastamento dos modos amadores da atividade. Conforme discutido ao longo deste artigo, a corretagem de imóveis se desenvolveu ao longo dos séculos, deixando de ser uma atividade esporádica, exercida em caráter eventual, para se tornar uma profissão com um corpo de conhecimentos específicos. Ela conquistou um grande número de praticantes, organizou-se coletivamente, adquiriu respeito e reconhecimento da sociedade, e, finalmente, alcançou o *status* de profissão regulamentada.

Vimos que a atividade de intermediação imobiliária era exercida de modo eventual, amador ou não profissional, e que foi se desenvolvendo conforme as cidades foram se desenvolvendo, com a urbanização, a intensificação dos negócios imobiliários, a complexidade da legislação e a especialização necessária à execução dos negócios imobiliários.

Todas as profissões possuem características comuns, tais como a preocupação com o interesse geral, uma base comum de conhecimentos, comportamentos regidos por um código de ética e a existência de honorários em retribuição aos serviços prestados.

As profissões segundo Freidson (1996) se caracterizam, dentre outros aspectos, pela exposição a uma formação e ao conhecimento formal abstrato que ela transmite e, em ser uma ocupação cuja educação é pré-requisito para obter posições específicas no mercado de trabalho, excluindo aqueles que não possuem tal qualificação.

Em outras palavras, a combinação entre a formação em conhecimento e o credenciamento é o que garante às profissões um acesso exclusivo às suas posições no mercado de trabalho. O sistema de credenciamento, onde o exercício é condicionado àqueles que possuem os requisitos necessários, é sustentado por um tripé formado pelas instituições educacionais (técnicas ou universidades), as associações profissionais e o Estado, que se unem para assegurá-lo.

Como veremos a seguir, a liberdade de atuação profissional é a regra, sendo a regulamentação para o exercício a exceção. Poucas profissões conquistaram a regulamentação do seu exercício, que se tornou condicionado àqueles que cumpriram os requisitos dispostos em lei, como a obtenção de formação técnico-acadêmica necessária e o registro em conselho profissional.

Todas as profissões regulamentadas lidam com bens jurídicos extremamente relevantes para a sociedade, que devem ser protegidos daqueles que não possuam conhecimento para lidar com eles. Não se trata de reserva de mercado que limita a atuação profissional, mas de uma proteção da sociedade contra os inabilitados.

4. SUA REGULAMENTAÇÃO PROFISSIONAL

As profissões não surgem instantaneamente, mas se desenvolvem ao longo do tempo, amadurecendo com a demanda por serviços especializados e a evolução das necessidades sociais. Esse desenvolvimento é impulsionado pela combinação de conhecimento teórico e prático, que se reflete na capacidade de lidar com questões complexas e solucionar problemas específicos dentro de um campo profissional.

Um ponto crucial para uma profissão alcançar o *status* de regulamentação é a necessidade de habilidades e conhecimentos que não sejam facilmente adquiridos de forma generalizada. Isso significa que o profissional precisa passar por uma formação técnico-acadêmica específica, que vai além do conhecimento comum e abrange aspectos especializados da área em que atua. Essa expertise técnica e acadêmica é fundamental para garantir a qualidade e a segurança dos serviços prestados à sociedade.

As profissões regulamentadas têm em comum o foco em bens jurídicos ou questões de grande importância social. Esses bens abrangem a saúde das pessoas (como no caso de médicos e enfermeiros), a integridade do patrimônio financeiro (envolvendo contadores e auditores), a garantia dos direitos e a administração da justiça (advogados), o planejamento, projeto e execução de obras (engenheiros e arquitetos), bem como a facilitação de transações imobiliárias e sua realização com segurança (como os corretores de imóveis), entre outros. A regulamentação profissional busca proteger esses bens, assegurando que sejam tratados por profissionais capacitados e éticos.

Para Pereira e Neto (2003, p. 20) o conceito de profissão remete, essencialmente, a um trabalho especializado, teoricamente fundado.

> [...] Por um lado, a profissão deve deter um conhecimento delimitado, complexo e institucionalizado. Por outro, ela tem que organizar seus interesses em associações profissionais

que padronizem a conduta dos pares, realizando uma autorregulação. O controle interno da profissão é feito através da fiscalização das condutas profissionais com dispositivos formais, entre os quais se destacam os códigos de ética. A profissão deve empenhar todos os esforços para ser reconhecida como fundamental pelo Estado e pela sociedade. Uma das expressões deste reconhecimento é a regulamentação legal de seu exercício profissional.

O Art. 1º da Constituição prevê, em seu Inciso IV, os valores da livre iniciativa como sendo basilares ao Estado brasileiro. Inclui-se, aí, a livre-iniciativa privada econômica como fundamento da ordem econômica brasileira. Dentro do tema liberdade econômica a Constituição Federal, em seu Artigo 5º, inciso XIII, define que é livre o exercício de qualquer trabalho, ofício ou profissão, desde que atendida a qualificação profissional que a lei estabelecer.

De acordo com o artigo 170 da Constituição da República Federativa do Brasil (CRFB/1988), que aborda a valorização do trabalho e da livre iniciativa, "a lei não estabelecerá limites ao exercício de atividades profissionais ou obrigações de inscrição em conselho profissional". A liberdade de exercício profissional só pode ser condicionada por meio de legislação específica. No entanto, uma vez que uma profissão é regulamentada, somente aqueles que atendem às qualificações profissionais exigidas por lei podem exercê-la.

Isso ocorre porque, em prol do interesse da sociedade, podem ser estabelecidas restrições a essa liberdade de exercício profissional ampla. Essas restrições são necessárias para garantir o desempenho adequado da profissão, o que pode exigir a obtenção de requisitos específicos.

O exercício profissional no atual estágio da nossa sociedade – a era da informação ou do conhecimento – requer um corpo específico de técnicas, para que o indivíduo seja capacitado a exercer aquela profissão dentro de um padrão aceito como razoável.

A liberdade profissional pode ser facultada à comprovação de técnicas compatíveis ao desempenho esperado do trabalho, do atingimento de padrões que somente poderão ser alcançados mediante o desenvolvimento de competências peculiares ou da aquisição de um corpo de conhecimentos específicos, de modo que seu exercício não possa causar prejuízos à sociedade.

Os requisitos impostos pelo Estado para o acesso à profissão ou ao respectivo exercício só se justificam diante dos potenciais danos à sociedade. Quanto maior o risco de lesão aos bens jurídicos e valores da sociedade, maior será o espaço de conformação deferido ao Poder Público para restringir o acesso à profissão, estabelecendo requisitos ou impondo a necessidade de qualificação para seu exercício.

A fiscalização de cada profissão é delegada pela União aos Conselhos profissionais através de lei específica criada para regulamentar cada profissão. A União detém competência para organizar o trabalho, conforme dispõe o Art. 21

da CRFB: "Compete à União: (...) XXIV – organizar, manter e executar a inspeção do trabalho".

A União Federal detém a competência privativa para legislar sobre as condições para o exercício profissional, conforme disposto no Art. 22 do texto constitucional: "Compete privativamente à União legislar sobre: (...) XVI – organização do sistema nacional de emprego e condições para o exercício de profissões".

Os conselhos têm a finalidade de zelar pela integridade e pela disciplina das diversas profissões, fiscalizando o exercício das profissões regulamentadas, zelando pela ética no exercício destas. Cabe a tais entidades, além de defender a sociedade, impedir que ocorra o exercício ilegal da profissão, tanto por aquele que possui habilitação, mas não segue a conduta estabelecida, quanto para o leigo que exerce alguma profissão.

5. ASPECTOS CRÍTICOS DA CORRETAGEM DE IMÓVEIS

A corretagem de imóveis evoluiu e tornou-se uma profissão regulamentada, conforme estabelecido pela Lei 6.530/78, regulamentada pelo Decreto 81.871/78. Segundo o artigo 2º da referida lei, o exercício da profissão de corretor de imóveis é permitido aos possuidores do título de Técnico em Transações Imobiliárias. A lei garante ao corretor o direito de exercer a intermediação na compra, venda e locação de imóveis, além de permitir que ele opine sobre a comercialização imobiliária, conforme disposto no artigo 3º.

Não é demais destacar que a regulamentação da profissão de corretor de imóveis foi uma conquista coletiva das gerações de corretores que nos antecederam. Foi fruto de muito trabalho, esforço cooperativo pela auto-organização da classe e luta coletiva. Nossa primeira regulamentação veio com a Lei 4.116, de 27 de agosto de 1962, que estabeleceu as bases para a profissionalização dos corretores de imóveis no Brasil, proporcionando um marco legal que permitiu a organização e o desenvolvimento da categoria.

No entanto, essa lei foi posteriormente declarada inconstitucional, justamente por carecer de uma base curricular que capacitasse adequadamente os novos profissionais. Somente com a Lei 6.530/78 é que ganhamos uma regulamentação mais robusta, que trouxe novas diretrizes e atualizações para o exercício da corretagem imobiliária. A nova lei, juntamente com o Decreto 81.871/78, reforçou a regulamentação e estabeleceu o atual sistema COFECI-CRECI, que continua a fiscalizar, supervisionar e orientar a profissão até hoje. Por meio dessa lei foi que a nossa profissão ganhou nova regulamentação, com a premissa de que teríamos conhecimento especializado para os novos ingressantes, por meio de uma formação profissional adequada.

O curso técnico em Transações Imobiliárias (TTI) foi concebido para formar profissionais qualificados para atuarem no mercado imobiliário. A base curricular foi elaborada com disciplinas teóricas e práticas, pensadas para abranger diversas áreas do conhecimento, fundamentais para o exercício da profissão de corretor de imóveis. Dentre elas temos fundamentos de Administração e Marketing; Legislação e Documentação Imobiliária; Noções de Economia e Mercado Imobiliário; Matemática Financeira e Avaliação Imobiliária; Operações Imobiliárias (envolvendo locação, financiamento imobiliário e compra e venda de imóveis); Técnicas de Vendas; Ética e Legislação Profissional; Informática Aplicada ao Mercado Imobiliário; Planejamento e Gestão de Carreira e Práticas de Corretagem. A carga horária varia de acordo com a instituição de ensino, gravitando em torno de 800 a 1200 horas,

Ao final do curso, o aluno recebe o diploma de Técnico em Transações Imobiliárias, que o habilita a se registrar no Conselho Regional de Corretores de Imóveis (CRECI) e exercer a profissão de corretor de imóveis. Essa estrutura curricular foi concebida objetivando garantir que os futuros corretores de imóveis possuam um conhecimento abrangente e profundo das várias áreas necessárias para a prática profissional competente e ética.

No entanto, os cursos técnicos espalhados ao redor do país, com raríssimas exceções, não cumprem esse desiderato. Na prática, pouco ou nada ensinam, se tornando apenas um meio para a obtenção do certificado de Técnico em Transações Imobiliárias (TTI), documento necessário ao registro no Conselho de Corretores de Imóveis. Algumas instituições de ensino são, em geral, conhecidas pela comercialização de diplomas, ou pelo mero cumprimento de uma formalidade legal, sem o compromisso com a preparação de indivíduos para a atuação profissional.

Atualmente, existem cerca de 400 escolas habilitadas pelo COFECI para oferecer o curso de TTI. A maioria opta por modelos predominantemente online, cobrando valores irrisórios por cursos com elevada carga horária. Embora os cursos EAD sejam de grande importância pedagógica, muitos têm sido utilizados de forma indiscriminada apenas para cumprir os requisitos formais estipulados pela lei, sem compromisso com a qualidade do processo de ensino-aprendizagem.

Os conselhos regionais enfrentam um dilema quando se deparam com a má qualidade de alguns cursos. Mesmo que eles reconheçam as falhas no ensino, não podem se recusar a proceder o registro de profissionais que realizaram os cursos em entidades legalmente constituídas e autorizadas a ministrar os cursos técnicos. Isso ocorre porque, legalmente, a conclusão do curso em uma instituição autorizada é suficiente para garantir o direito ao registro profissional. Atualmente, não existem mecanismos que possibilitem o controle posterior de aprendizagem mínima ou exames que atestem a proficiência do portador do diploma.

Essa situação cria um desafio significativo para a manutenção da qualidade na profissão de corretor de imóveis. A falta de controle sobre a qualidade do ensino oferecido por algumas instituições tem resultado em profissionais mal preparados entrando no mercado, o que termina por impactar negativamente a imagem e a eficácia da categoria como um todo. Como o conhecimento é a variável central de uma profissão, corremos sérios riscos da vulgarização da nossa classe, podendo chegar ao extremo da desregulamentação da nossa profissão.

Para mitigar esse problema, é fundamental que haja uma colaboração mais estreita entre as Secretarias de Educação e os conselhos regionais, avaliando as próprias instituições de ensino. A implementação de mecanismos de avaliação contínua pode ajudar a garantir que todas as escolas mantenham altos padrões de qualidade. Além disso, incentivar o desenvolvimento profissional contínuo e oferecer cursos de atualização pode ajudar a elevar o nível de competência entre os corretores de imóveis, beneficiando o mercado imobiliário e a sociedade em geral.

Portanto, a fiscalização rigorosa, a transparência e a colaboração entre as entidades responsáveis são essenciais para assegurar que os cursos técnicos de transações imobiliárias ofereçam uma educação de qualidade, formando profissionais capacitados e preparados para atender às demandas do mercado imobiliário de maneira eficiente e ética.

Para tentar manter um controle mínimo da qualidade dos novos ingressantes, em 2006, o COFECI baixou uma resolução criando os exames de proficiência, nos moldes praticados pelo sistema CFOAB-OAB e CFC-CRC. O exame foi aplicado por 4 anos, mas esbarrou em decisões judiciais que contestavam a legalidade da exigência dessa aprovação por meio de resolução, necessitando de legislação específica, levando à revogação da norma pelo COFECI em 2010.

É fato que a adoção do exame elevou o nível técnico dos corretores naquele período. Segundo o Imobi Report,[2] citando o presidente do COFECI João Teodoro, a aprovação na primeira prova nacional, em 2006, foi de apenas 3% a 4%, mas subiu para 34% em 2010. Na época, o COFECI desenvolveu um ranking de aprovação das escolas, o que contribuiria, a médio e longo prazo, para aumentar a qualidade do ensino.

Nossa profissão foi regulamentada em um período em que a corretagem de imóveis estava em seu estágio mais simples, atendendo às necessidades sociais daquele contexto. Os legisladores da época não previam que, em um futuro próximo, a corretagem de imóveis se transformaria em uma atividade extremamente complexa e diversificada.

---

2. Disponível em: https://imobireport.com.br/cofeci-planeja-exame-de-proficiencia-obrigatorio-para-corretor-de-imoveis/. Acesso em: 16 jul. 2024.

As ramificações e especificidades da profissão exigiriam dos corretores de imóveis conhecimentos técnicos muito mais abrangentes do que os inicialmente imaginados. Esses conhecimentos se estenderiam a áreas tão específicas e diversas quanto Direito, Economia, Engenharia, Psicologia, Marketing, Relações Humanas, entre outras. Tal formação só seria possível através da frequência e avaliação de conhecimentos em cursos de nível superior.

Uma das iniciativas para elevar a nossa profissão foi a criação de cursos de Gestão de Negócios Imobiliários. Esses cursos superiores surgiram no final da década de 1990. Posteriormente, o COFECI publicou a Resolução 695/2001, permitindo que os graduados em Ciências Imobiliárias ou Gestão de Negócios Imobiliários se registrassem nos Conselhos Regionais. Isso ocorreu porque a Lei 6.530/78, que regulamenta a profissão de Corretor de Imóveis, estabelece em seu artigo 2º que o exercício da profissão é permitido a quem possui o título de Técnico em Transações Imobiliárias. Portanto, foi necessário que o Conselho Federal equiparasse os graduados ao nível superior aos técnicos para fins de registro.

A iniciativa foi tímida. A Resolução COFECI 1.402/17 alterou a de n. 1.065/2007 para reconhecer a expressão "gestor imobiliário" para os portadores de diploma de curso superior na área das Ciências Imobiliárias, ainda sem criar competências distintas entre as duas formações. Em outras palavras, os técnicos em transações imobiliárias e os gestores não possuem nenhuma área de atuação diferenciada, podendo ambas as categorias praticar todos os atos imobiliários sem distinção – o que, na prática, não estimula o estudo e a consequente elevação do nosso nível profissional.

Temos, então, dois problemas estruturais. O primeiro é a necessidade de fortalecer a nossa profissão, abrindo espaços para graduados de nível superior, criando ou reservando competências específicas para sua atuação e diferenciando-os dos técnicos, como ocorreu com os profissionais de contabilidade há décadas. O segundo é garantir que os técnicos possuam o conhecimento básico necessário para atuar, algo que não vem sendo alcançado devido à má qualidade dos nossos cursos técnicos em transações imobiliárias.

Este segundo ponto poderia ser mitigado com uma fiscalização mais rigorosa nas instituições de formação, a criação de um ranking de qualidade e a adoção de um exame de suficiência como requisito para o registro nos conselhos regionais.

Devido à formação inadequada dos novos ingressantes, observamos a entrada de diversos profissionais no mercado imobiliário a cada ano. Esses novos corretores de imóveis não possuem o conhecimento mínimo necessário para o exercício de sua profissão, não raro gerando graves prejuízos para a sociedade, falhando na nobre missão de entregar conhecimento especializado sobre negócios imobiliários. Sem a formação minimamente adequada, resta aos corretores aprenderem "na prática", desenvolvendo-se apenas na parte comercial e reduzindo-se a meros "vendedores de imóveis", sem a técnica especializada necessária para conduzirem operações imobiliárias cada vez mais complexas.

Muitas são as consequências da péssima formação profissional: descrédito perante a sociedade, prejuízos nas operações imobiliárias, invasão de outras profissões no mercado imobiliário, campanhas promovidas por plataformas que apregoam a desintermediação e o risco da desprofissionalização ou desregulamentação da profissão. Uma das ideias do COFECI é estabelecer diferentes certificações profissionais para os corretores, de acordo com a formação educacional.

No atual cenário, não é viável acabar com a formação técnica. Por essa razão, é importante preservá-la, mas criando uma barreira de entrada para o registro dos novos profissionais, como um exame de proficiência. Este exame elevaria o nível dos novos portadores de diplomas técnicos, possibilitando ainda ranquear as instituições de ensino por um critério objetivo, como os índices de aprovação no exame. Além disso, torna-se necessário mitigar algumas atribuições ou competências legais para aqueles profissionais que não possuam certificação e curso superior.

Por meio de legislação específica, é preciso separar as competências legais dos técnicos em transações imobiliárias e dos gestores de negócios imobiliários. Nesse sentido, para gerir aluguéis, atuar como responsável técnico de uma empresa imobiliária ou operar com ativos de terceiros em loteamento e incorporação, seria necessário possuir curso superior em gestão de negócios imobiliários.

A previsão para implantar o exame de proficiência consta no anteprojeto de lei que o COFECI planeja entregar ainda no primeiro semestre ao Congresso Nacional, dentro de um plano para modernizar a Lei 6.530/78, que regula a profissão do corretor.

Torna-se importante um esforço coletivo nesse sentido, para elevarmos a nossa profissão a novos patamares técnicos, compatíveis com a complexidade da atual sociedade do conhecimento e da informação. Vivemos em uma era em que a tecnologia e a informação avançam a passos largos, impactando diretamente todos os setores, incluindo o mercado imobiliário. É essencial que os corretores de imóveis estejam não apenas atualizados, mas também à frente das mudanças, dominando ferramentas tecnológicas, métodos inovadores de gestão e estratégias de marketing digital.

Já passou da hora de evoluirmos a nossa profissão imobiliária, acompanhando os ditames de um mercado cada vez mais especializado, que demanda operações cada vez mais sofisticadas, exigindo conhecimento técnico e estratégico. Este é um mercado que valoriza a capacidade de análise de dados, a compreensão das tendências econômicas e sociais, e a habilidade de oferecer soluções personalizadas para os clientes. Profissionais preparados são aqueles que buscam constantemente a capacitação, participam de cursos, workshops e eventos do setor, e estão sempre em busca de novos conhecimentos.

Se não agirmos de modo imediato, correremos o risco da desprofissionalização, com a vulgarização do conhecimento, banalizando o exercício da atividade a qualquer um. A desregulamentação da profissão é uma ameaça real, que pode ser agravada pela proliferação de plataformas digitais que facilitam a compra e venda de imóveis sem a intermediação de um corretor qualificado. Esse cenário pode levar a prejuízos significativos para a sociedade, com transações realizadas de maneira inadequada e insegura.

Portanto, é imprescindível que a classe dos corretores de imóveis se una em torno de um objetivo comum: a valorização e a profissionalização contínua da categoria. Devemos lutar por uma formação mais robusta, com currículos que abranjam não apenas a parte técnica, mas também aspectos éticos, legais e de gestão. Além disso, é fundamental o fortalecimento das instituições que regulamentam e fiscalizam a profissão, garantindo que apenas aqueles verdadeiramente capacitados possam atuar no mercado.

Neste sentido, tivemos o controverso Decreto 10.930 de 2022, que alterou a Lei 6.530/78, retirando do corretor de imóveis várias atividades essenciais, como propaganda imobiliária, atendimento ao público, indicação de imóveis para venda ou locação e divulgação de ofertas de imóveis na internet. Muitas atividades relacionadas à compra e venda de imóveis não necessitariam mais da presença de um corretor de imóveis qualificado. Assim, qualquer pessoa, mesmo sem formação ou curso específico, poderia exercer funções que antes eram exclusivas dos corretores de imóveis, contrariando todo o progresso alcançado em anos de desenvolvimento profissional.

Graças aos esforços do sistema CRECI-COFECI, o decreto foi revogado no dia seguinte, mas fica o sinal de alerta para a necessidade de uma ação imediata visando a elevação do nosso nível profissional. É fundamental que a classe se mobilize para garantir que a profissão continue valorizada e respeitada, acompanhando as exigências e sofisticações do mercado imobiliário moderno.

6. CONCLUSÃO

A atividade de intermediação imobiliária surge com o desenvolvimento das cidades, decorrente da necessidade de moradia. Com o crescimento dos espaços urbanos, impulsionado pelo comércio, pelo crescimento econômico, pela industrialização e pela urbanização, as operações imobiliárias se intensificam. A atividade de intermediação, inicialmente exercida de modo eventual e não habitual, foi se constituindo em uma ocupação em tempo parcial até se transformar em uma profissão.

As profissões possuem como característica um corpo único de conhecimentos, adquiridos pela prática e pela formação acadêmica. Seus praticantes possuem expertise na sua área de atuação, por meio de técnicas, saberes e conhecimentos especializados, não acessíveis a qualquer um. A profissão de corretor de imóveis ganhou relevância devido à importância dos negócios imobiliários em nossa sociedade. Por meio da auto-organização dos corretores em juntas, sindicatos e associações, a profissão conseguiu se estruturar, culminando no desenvolvimento da carreira e no reconhecimento social de sua relevância. Por meio de muita luta, esforço coletivo e ação política, os corretores de imóveis mostraram seu valor à sociedade.

Lidando com bens jurídicos extremamente relevantes, como o patrimônio (em sua acepção econômica), o direito à moradia (em sua acepção social) e as bases para o desenvolvimento da família (em sua acepção humana), os corretores alcançaram o *status* de profissão regulamentada com a promulgação da Lei 4.116 de 1962, posteriormente alterada pela Lei 6.530/78 e por outros decretos.

No entanto, ao longo das últimas 6 décadas, a profissão praticamente adormeceu, acomodada nas conquistas do passado. Houve uma acomodação na formação técnica, que não é capaz de atender às demandas de uma sociedade onde a tecnologia, a informação e a complexidade são as principais variáveis. Além disso, a formação técnica atual não tem cumprido seu papel mínimo de garantir profissionais com o conhecimento operacional necessário.

Sem uma ação coletiva forte e urgente para garantir a qualidade dos cursos técnicos e criar uma barreira de entrada por meio de exames nacionais de certificação, continuaremos a formar novos profissionais que não conseguirão cumprir o nobre papel social que lhes é reservado.

Com isso, corremos o risco da desprofissionalização, pela vulgarização do conhecimento técnico, abrindo espaço para que outras profissões invadam o nosso mercado, ou até mesmo que não profissionais repartam algumas de nossas competências, como por exemplo, indicadores, demonstradores, divulgadores, captadores e atendentes imobiliários.

A Constituição da República, em seu artigo 5º, inciso XIII, garante a liberdade de exercício de qualquer trabalho, ofício ou profissão atendidas as qualificações profissionais que a lei estabelecer. Quando a lei estabelece requisitos para o exercício profissional, somente aqueles que os cumprirem estarão habilitados legalmente.

Poucas são as profissões que possuem áreas de atuação reservadas, conquistando esse espaço por meio do conhecimento técnico e do cumprimento de requisitos legais que as habilitam para tal exercício qualificado. Em outras palavras, somente os que atingirem o credenciamento estabelecido em lei é que estarão aptos a atuar naquele campo delimitado. Não se trata de reserva de mercado, mas de um mercado protegido contra inabilitados.

A regulamentação de uma profissão define áreas específicas de atuação para seus profissionais, permitindo-lhes atuar exclusivamente nesses campos devido ao domínio técnico necessário. Essa especialização assegura que os bens jurídicos sob sua responsabilidade sejam protegidos por meio de uma atuação profissional qualificada.

Entretanto, quando essas áreas não são adequadamente atendidas e não há diferença técnica entre os inabilitados e habilitados, o mercado tende a se abrir, permitindo que qualquer um exerça aquela atividade. Isso pode ocorrer quando a formação e a qualificação dos profissionais não são suficientes para garantir a qualidade e a segurança dos serviços prestados. Há a desprofissionalização, com a vulgarização do conhecimento.

A desprofissionalização é o processo pelo qual uma profissão perde a sua característica de ser exercida exclusivamente por profissionais qualificados, tornando-se uma atividade que pode ser desempenhada por pessoas sem a formação e a certificação necessárias. Esse fenômeno pode ocorrer por diversos motivos, incluindo mudanças no mercado de trabalho, avanços tecnológicos, falta de regulamentação eficaz, diminuição da percepção de valor e, principalmente, educação e formação inadequadas.

As consequências da desprofissionalização incluem a redução da qualidade dos serviços, a desvalorização da profissão, a insegurança jurídica nos negócios imobiliários e graves impactos econômicos e sociais.

Para combater a desprofissionalização, é necessário investir em programas de formação e educação contínuos, desenvolver uma regulamentação rigorosa que estabeleça novos requisitos de ingresso para os profissionais, realizar campanhas de sensibilização da sociedade destacando a importância do conhecimento especializado na qualidade dos serviços prestados, elevar o nível educacional dos novos entrantes e adaptar-se às novas necessidades tecnológicas.

Nesse sentido, devemos elevar nosso nível profissional garantindo aos técnicos uma formação minimamente adequada, por meio de um rigoroso controle de entrada no sistema CRECI-COFECI. Além disso, é necessário criar um sistema de ranqueamento das instituições de ensino, em conjunto com as secretarias estaduais de educação, para combater a baixa qualidade pedagógica das entidades educacionais que oferecem cursos técnicos em transações imobiliárias. Também se faz necessária a alteração legislativa para criar novas competências legais ou reservar determinadas competências ou áreas de atuação aos portadores de diplomas de nível superior.

A elevação do nosso nível profissional não é apenas desejável, mas essencial para a sobrevivência da nossa classe. Devemos acompanhar a complexidade crescente das operações imobiliárias, garantindo ao corretor de imóveis o domínio do mercado e oferecendo à sociedade um trabalho especializado e compatível com as demandas de uma sociedade hipercomplexa.

7. REFERÊNCIAS

ABADI. *Abadi 40 anos*: uma força alimentada por dedicação e competência. São Paulo: Predicado Comunicação Empresarial, 2014.

BRASIL. Constituição da República Federativa do Brasil. Brasília, DF: Senado Federal, 1988. 496 p. Disponível em: https://www2.senado.leg.br/bdsf/bitstream/handle/id/518231/CF88_Livro_EC91_2016.pdf. Acesso em: 16 jul. 2024.

BRASIL. Decreto-Lei 81.871, de 29 de Junho de 1978. Regulamenta a Lei 6.530, de 12 de maio de 1978, que dá nova regulamentação à profissão de Corretor de Imóveis, disciplina o funcionamento de seus órgãos de fiscalização e dá outras providências. Presidência da República, Casa Civil, Subchefia para Assuntos Jurídicos. Brasília/DF, 1978. Disponível em: https://www.planalto.gov.br/ccivil_03/decreto/antigos/d81871.htm#:~:text=D81871&text=DECRETO%20N%C2%BA%20 81.871%2C%20DE%2029,fiscaliza%C3%A7%C3%A3o%20e%20d%C3%A1%20outras%20 provid%C3%AAncias. Acesso em: 16 jul. 2024.

BRASIL. Decreto 10.930, de 7 de janeiro de 2022. Declara a revogação, para os fins do disposto no art. 16 da Lei Complementar 95, de 26 de fevereiro de 1998, de decretos normativos. Brasília/DF, 2022. Disponível: https://www.planalto.gov.br/ccivil_03/_ato2019-2022/2022/decreto/d10930.htm. Acesso em: 16 jul. 2024.

BRASIL. Lei 6.530, de 12 de Maio de 1978. Dá nova regulamentação à profissão de Corretor de Imóveis, disciplina o funcionamento de seus órgãos de fiscalização e dá outras providências. Presidência da República, Casa Civil, Subchefia para Assuntos Jurídicos. Brasília/DF, 1978. Disponível em: https://www.planalto.gov.br/ccivil_03/leis/l6530. htm#:~:text=L6530&text=LEI%20N%C2%BA%206.530%2C%20DE%2012%20DE%20 MAIO%20DE%201978.&text=D%C3%A1%20nova%20regulamenta%C3%A7%C3%A3o%20 %C3%A0%20profiss%C3%A3o,fiscaliza%C3%A7%C3%A3o%20e%20d%C3%A1%20 outras%20provid%C3%AAncias. Acesso em: 16 jul. 2024.

BRASIL. Lei 4.116, de 27 de Agosto de 1962. Dispõe sobre a regulamentação do exercício da profissão de Corretor de Imóveis. Diário Oficial da União - Seção 1 - Página 8885. Disponível em: https://www2.camara.leg.br/legin/fed/lei/1960-1969/lei-4116-27-agosto-1962-353832-publicacaooriginal-1-pl.html. Acesso em: 16 jul. 2024.

BRASIL. CBO – Classificação Brasileira de Ocupações. Ministério do Trabalho. Brasília/DF, 2017. Disponível em: http://www.mtecbo.gov.br/cbosite/pages/regulamentacao.jsf. Acesso em: 06 jul. 2024.

COFECI-CRECI. Resolução 695/2001. Equipara, para fins de inscrição de pessoas físicas nos CRECIs, os Diplomas expedidos por instituições de ensino superior. Brasília/DF, 06 de abril de 2001. Disponível em: https://intranet.cofeci.gov.br/arquivos/legislacao/resolucao_0695_01. pdf. Acesso em: 16 jul. 2024.

COFECI-CRECI. Resolução 1.402/2017. Altera dispositivo da Resolução-Cofeci 1.065/2007, para permitir a utilização da expressão "Gestor Imobiliário" por portadores de Diploma de curso superior na área das Ciências Imobiliárias. Brasília/DF, 01 de dezembro de 2017. Disponível em: https://intranet.cofeci.gov.br/arquivos/legislacao/resolucao_1402_17.pdf. Acesso em: 16 jul. 2024

COFECI-CRECI. Resolução 1.065/2007. Estabelece regras para utilização de nome abreviado por pessoas físicas e de fantasia por empresários e pessoas jurídicas, assim como tamanho mínimo de impressão do número de inscrição no CRECI em divulgações publicitárias e documentais. João Pessoa/PB, 27 de setembro de 2007. Disponível em: https://intranet.cofeci.gov.br/arquivos/legislacao/resolucao_1065_07_nova.pdf. Acesso em: 16 jul. 2024.

DÉAK, Csaba; SCHIFFER, Sueli (Org.). *O Processo de urbanização do Brasil*. 2. ed. São Paulo: Edusp, 2015.

FARIA JÚNIOR, Alfredo Gomes de. Perspectivas na formação profissional em educação física. In: WEY, Moreira Wagner (Org). *Educação física e esportes*: Perspectivas para o século XXI. Campinas: Papirus, 1993.

FOGO FILHO, José Ernesto. *Administração de condomínios recém-instalados*: diretrizes para implantação do sistema de gestão técnica e operacional. 2015. 151 f. Monografia (Especialização) – Curso de MBA em Gerenciamento de Facilidades, Escola Politécnica da Universidade de São Paulo, São Paulo, 2015. Disponível em: http://poliintegra.poli.usp.br/library/pdfs/e25b1dfcb32d4eaf03e83dc354e3203b.pdf. Acesso em: 16 jul. 2024.

FREIDSON, Eliot. Para uma análise comparada das profissões: a institucionalização do discurso e do conhecimento formais. *Revista Brasileira de Ciências Sociais*, São Paulo, v. 11, n. 31, p. 141-145, 1996.

HUGHES, Everett C. *On work, lace and the sociological imagination*. Chicago: The University of Chicago Press, 1994.

MAIA, Sabrina; MENDONÇA, Petrus. *50 Anos de Profissão*: A História dos Corretores de Imóveis de Pernambuco, 1957. Disponível em: https://crecidf.gov.br/historia-do-corretor-de-imoveis/. Acesso em: 16 jul. 2024.

PEREIRA, Gildásio Lopes. *Seleta do Agenciador Imobiliário*. Imprenta: Londrina, Conselho Federal de Corretores de Imóveis, 1985.

PINASSI, Ayrton. *Administração de condomínio*: doutrina, legislação, jurisprudência e prática. São Paulo: Editora Agá Júris, 1999.

PRADO JR., Caio. *Formação do Brasil Contemporâneo*. São Paulo: Brasiliense, 2000.

PEREIRA NETO, A. F. *Ser médico no Brasil*: o presente no passado. Rio de Janeiro: Fiocruz, 2001.

PEREIRA, F. M.; PEREIRA NETO, A. O psicólogo no Brasil: notas sobre seu processo de profissionalização. *Psicologia em Estudo*, v. 8, n. 2, p. 19–27, jul. 2003. Disponível em http://www.scielo.br/scielo.php?script=sci_arttext&pid=S1413-73722003000200003. Acesso em: 16 jul. 2024.

RODRIGUES, Kátia Cubel Rosualdo (Org.). *O Corretor de Imóveis no Brasil*: O Sistema Cofeci-Creci e os 60 anos da sua regulamentação Profissional. Brasil: Cofeci, v. 1, 2022.

RODRIGUES, M. L. *Sociologia das Profissões*. Oeiras: Celta, 2002.

SANTOS, Ângela. *Política urbana no contexto federativo brasileiro*: aspectos institucionais e financeiros. Rio de Janeiro: EdUERJ, 2017.

SANTOS, A. M. S. P. Política urbana no Brasil: a difícil regulação de uma urbanização periférica. In: MARAFON, G. J., COSTA, E. M., eds. *Cidade e campo: olhares de Brasil e Portugal [online]*. Rio de Janeiro: EDUERJ, 2020, pp. 139-161. ISBN: 978-65-87949-05-5. https://doi.org/10.7476/9786587949055.0007

SANTOS, Milton. *A urbanização brasileira*. São Paulo: HUCITEC, 2009.

SIMON, Carlos. *Cofeci planeja exame de proficiência obrigatório para corretor de imóveis*. 25/03/2024. Disponível em: https://imobireport.com.br/cofeci-planeja-exame-de-proficiencia-obrigatorio-para-corretor-de-imoveis/. Acesso em: 16 jul. 2024.

A RELAÇÃO JURÍDICA ENTRE O CORRETOR DE IMÓVEIS E A IMOBILIÁRIA – O CORRETOR ASSOCIADO

Fernando Amorim Willrich

Especialista em direito e gestão empresarial (UFSC) e em direito imobiliário (UNIVALI). Professor. Vice-Presidente da BRCondos Franchising S/A. Presidente do CRECI/SC, gestão 2022/2024. Advogado

Murilo Gouvêa dos Reis

Mestre em Relações Internacionais com ênfase em Mediação e Arbitragem (UNISUL). Especialista em Direito do Trabalho e Sindical pela Universidade Regional de Blumenau (FURB). Sócio da Gouvêa dos Reis Advogados e Professor. Advogado.

1. INTRODUÇÃO

por Fernando Amorim Willrich

Sempre acreditei no associativismo empresarial e desde o momento em que resolvi empreender e abri minha primeira empresa, uma administradora de condomínios na cidade de Florianópolis, associei a empresa no SECOVI Sindicato da Habitação e procurei a Associação Comercial e Industrial da cidade. Atualmente tenho a honra de presidir o CRECI/SC Conselho Regional de Corretores de Imóveis da 11ª região, nestas entidades e algumas outras, participei, contribui e abracei diversas iniciativas importantes para o mercado imobiliário.

A representação de interesses de uma categoria, profissional ou empresarial é algo intangível, só se aprende fazendo e não sei nem se conseguiria resumir adequadamente em poucas palavras, mas é um poder/dever; uma empatia e um sentimento de agir em prol daquele coletivo buscando a justiça na solução de problemas que não pertencem a apenas um ou dois, mas realmente de alguns e potencialmente de um grupo maior.

Foi com este espírito que no ano de 2007 assumi a presidência do SECOVI Florianópolis/Tubarão/SC, que representa empresas de compra, venda, locação, administração de imóveis, administradoras de bens próprios, de condomínios, loteadoras, incorporadoras, shopping centers e condomínios e neste mesmo ano, por iniciativa da diretoria da entidade, que vinha debatendo o assunto há alguns anos, foi apresentado o Projeto de Lei 1872/2007, buscando alteração da Lei 6.530/78 – Lei do Corretor de Imóveis.

O corretor de imóveis, profissional responsável pela intermediação imobiliária é essencialmente um profissional autônomo, nada impedindo que se desenvolva totalmente nesta condição ou que busque empreender, como titular de empresa imobiliária com sede, funcionários, poucos ou muitos corretores de imóveis atuando sob sua organização, ou que atue nas demais áreas do mercado imobiliário.

Neste cenário, o corretor de imóveis que atua numa imobiliária com foco na compra e venda de imóveis, tanto poderá atuar como empregado com as características e condições do vínculo de emprego nos termos da CLT – Consolidação das Leis do Trabalho (e para a qual são conhecidos os instrumentos de formalização da relação empregatícia) ou na condição de autônomo, buscando captar imóveis, atender clientes, realizar propostas, oferecer os produtos da pauta da imobiliária e contar com a estrutura e assessorias diversas que a imobiliária dispõe para consecução do negócio, mas neste caso, não havia conceito jurídico positivado na norma, não havia contrato a atender ou configurar requisitos legais.

Assim, com a aprovação da Lei do Corretor Associado o mercado imobiliário, a duras penas, conseguiu criar esta figura jurídica, um retrato da realidade, uma figura jurídica para uma relação que já existia, um reconhecimento e um formato para a autonomia essencial a profissão do Corretor de Imóveis.

2. INTRODUÇÃO

por Murilo Gouvêa dos Reis

No ano de 2002 no SECOVI Florianópolis/Tubarão/SC, exercia a consultoria jurídica da entidade e estava conversando com o presidente da época, Empresário Marcelo Faria Brognoli, e pensando como poderíamos ajudar o mercado imobiliário do Brasil a regulamentar a relação entre corretores de imóveis e imobiliárias.

Por anos acompanhamos os julgamentos de corretores de imóveis que reclamavam vínculo de emprego com imobiliárias e construtoras. O problema estava posto: na maioria dos casos, os corretores estavam lá e não eram sócios, não eram estagiários, não eram empregados e não eram prestadores de serviços. Então qual a relação jurídica com a imobiliária? O que eram?

Esta pergunta foi o balizador para que parássemos e fizéssemos algo a respeito.

Iniciamos uma pesquisa e logo, olhando para uma profissão que de certa forma tem atuação semelhante, os advogados, surgiu uma ideia que transformou o mercado imobiliário brasileiro. Criamos por lei própria, a função de corretor de imóveis associado a imobiliárias, através da atuação do então Deputado Federal por Santa Catarina, Edinho Bez que compreendeu a importância da proposição e somou esforços nos anos seguinte, debatendo e defendendo a alteração legislativa pelo mercado imobiliário Estado de Santa Catarina e pelo Brasil.

3. O PROJETO E A LEI

A lei do Corretor de Imóveis (Lei 6.530/78) em seu artigo 6º passou a vigorar acrescido dos §§ 2º a 4º, renumerando-se o parágrafo único para § 1º, por força da Lei 13.097/15 que tratou de diversos temas e alterações legislativas, como por exemplo a consolidação do princípio da concentração da matrícula e foi sancionada pela Presidente Dilma Roussef em 19 de janeiro de 2015, primeiro mês de seu segundo mandato.

> Art. 6º As pessoas jurídicas inscritas no Conselho Regional de Corretores de Imóveis sujeitam-se aos mesmos deveres e têm os mesmos direitos das pessoas físicas nele inscritas.
>
> § 1º As pessoas jurídicas a que se refere este artigo deverão ter como sócio gerente ou diretor um Corretor de Imóveis individualmente inscrito. (Renumerado do parágrafo único pela Lei 13.097, de 2015)
>
> § 2º O corretor de imóveis pode associar-se a uma ou mais imobiliárias, mantendo sua autonomia profissional, sem qualquer outro vínculo, inclusive empregatício e previdenciário, mediante contrato de associação específico, registrado no Sindicato dos Corretores de Imóveis ou, onde não houver sindicato instalado, registrado nas delegacias da Federação Nacional de Corretores de Imóveis. (Incluído pela Lei 13.097, de 2015)
>
> § 3º Pelo contrato de que trata o § 2º deste artigo, o corretor de imóveis associado e a imobiliária coordenam, entre si, o desempenho de funções correlatas à intermediação imobiliária e ajustam critérios para a partilha dos resultados da atividade de corretagem, mediante obrigatória assistência da entidade sindical. (Incluído pela Lei 13.097, de 2015)
>
> § 4º O contrato de associação não implica troca de serviços, pagamentos ou remunerações entre a imobiliária e o corretor de imóveis associado, desde que não configurados os elementos caracterizadores do vínculo empregatício previstos no art. 3º da Consolidação das Leis do Trabalho – CLT, aprovada pelo Decreto-Lei 5.452, de 1º de maio de 1943. (Incluído pela Lei 13.097, de 2015)

Antes de tratar dos parágrafos incluídos na lei do corretor, preciso relatar que o projeto de lei que foi construído não tinha exatamente esta redação, era bem mais enxuto e objetivo e tão somente incluía mais um parágrafo e o registro do contrato disciplinando a relação se daria no Conselho Regional de Corretores de Imóveis da região de atuação das partes, veja-se:

> § 2º O corretor de imóveis pode se associar a imobiliárias, sem vínculo empregatício, mediante contrato específico, registrado no Conselho Regional de Corretores de Imóveis local.

No prazo regimental, foi apresentada emenda de redação ao projeto, por parte do Deputado Roberto Santiago, substituindo a expressão "*registrado* no Conselho Regional de Corretores de Imóveis local" pela expressão "*homologado* pelo Sindicato dos Corretores de Imóveis de sua base territorial". Posteriormente, durante sua tramitação, ainda receberia a proposta de redação de um 5º parágrafo repisando o tema do pagamento da contribuição sindical do Corretor de Imóveis, o que não subsistiu!

Essa alteração de local de registro, do Conselho Regional para o Sindicato da categoria, se deu por justificada importância de inclusão dos colegas corretores de imóveis ligados a este movimento de representação, organizados em esfera nacional na FENACI – Federação Nacional de Corretores de Imóveis, na fronte de batalha em apoio a aprovação da alteração legislativa que beneficiaria todo o mercado imobiliário.

Entretanto, não posso deixar de registrar entendimento particular e que naturalmente precisa ser recebido considerando o fato que atualmente exerço a presidência do CRECI/SC que em razão do Sistema COFFECI/CRECI ser o detentor do múnus de credenciar os profissionais corretores de imóveis pessoas físicas, bem como registrar as Pessoas Jurídicas e exercer a fiscalização ética profissional, mais lógico seria que este registro da relação entre os credenciados pessoas físicas e jurídicas se desse no âmbito dos Conselhos Regionais.

Ao final, a manutenção da expressão *registrado* ao invés de *homologado*, também foi medida sensata, haja vista a não intervenção do Sindicato no conteúdo de contrato particular entre corretor e imobiliária, não exercendo crivo ou aprovação do texto, funcionando o órgão como casa de registro.

Sobre a ideia da criação da figura jurídica do Corretor Associado, a inspiração se deu com a figura já conhecida à época do Advogado Associado. Advogados associados podem participar de mais de um escritório, sem estarem sujeitos à subordinação ou controle de jornada, sem vínculo empregatício. Eles também não participam dos lucros nem dos prejuízos da sociedade, e seus ganhos estão restritos ao que foi acordado em contrato firmado com o escritório.

O Advogado Associado normalmente participa dos honorários contratados com clientes, referentes às causas e interesses que lhe forem confiados, conjunta ou isoladamente, nos termos do contrato que tem natureza civil e estabelece a forma de pagamento, que poderá basear-se em critério de proporcionalidade ou outra forma que as partes pactuarem.

Fica clara assim a equivalência de conceitos, assim como o advogado associado, o corretor associado pode se vincular a uma ou mais de uma imobiliária, com o intuito de colaboração profissional recíproca, não se confundindo o associado com o sócio e tampouco com o empregado, diante da inexistência de vínculo e a partilha dos resultados obtidos com o trabalho será distribuída conforme contrato específico.

4. CORRETOR DE IMÓVEIS EMPREGADO X CORRETOR DE IMÓVEIS ASSOCIADO

É fundamental esclarecer desde o início, a lei do corretor associado não se presta e não tem o condão de elidir uma relação de emprego e a utilização da figura jurídica do corretor associado a fim de mascarar uma relação empregatícia é nefasto para o futuro da validade e reconhecimento de que se trata de relações distintas.

Nos termos do Art. 3º da CLT, Considera-se empregado toda pessoa física que prestar serviços de natureza não eventual a empregador, sob a dependência deste e mediante salário. "Contrato de Trabalho *stricto sensu* é o negócio jurídico pelo qual uma pessoa física (empregado) se obriga, mediante o pagamento de uma contraprestação (salário), a prestar trabalho não eventual em proveito de outra pessoa, física ou jurídica (empregador), a quem fica juridicamente subordinado" (Sussekind, p. 238).

A disciplina básica é que o direito do trabalho se pauta pela primazia da realidade, e que os requisitos do vínculo de emprego para seu reconhecimento na esfera judicial especializada são a subordinação jurídica, pessoalidade ou não eventualidade, onerosidade, pessoalidade e habitualidade.

> A profissão de corretor de imóveis foi regulamentada pela Lei 6.530, de 12 de maio de 1978, e tem natureza de trabalho autônomo. Contudo, se porventura for constatada a presença dos requisitos caracterizadores do contrato de trabalho, é possível o reconhecimento de vínculo empregatício. Aplicação do princípio da primazia da realidade. (TRT-1 – RO: 01010399820165010075 RJ, Relator: Flavio Ernesto Rodrigues Silva, Data de Julgamento: 18.11.2020, Décima Turma, Data de Publicação: 02.02.2021).

Portanto, a imobiliária que pretender ter corretores de imóveis na condição de empregados, poderá contratar neste regramento, devendo, portanto, proceder o registro do empregado, ajustar e pagar salários e encargos decorrentes, fazendo o corretor de imóveis jus a todos os direitos trabalhistas, tal como 13º salários, férias, FGTS, horas extraordinárias e noturnas caso trabalhe nestas condições, aviso-prévio trabalho ou indenizado, entre outros, bem como terá o corretor de imóveis que cumprir sua parte na condição de empregado, cumprindo horários da jornada de trabalho, atendendo as ordens do empregador conforme a natureza da atividade.

Entretanto, o modelo da contratação como empregado não é o mais habitual no mundo das imobiliárias, isso porque, a remuneração do corretor de imóveis e/ou imobiliária se dão através de pagamento de percentual do valor da venda. O corretor que atua como autônomo no mercado, fica com toda fatia dos honorários como alguns preferem chamar, numa imobiliária, o percentual ainda é dividido, entre o corretor que fez a captação do imóvel, imobiliária, gerencia e com o profissional que fez o atendimento do adquirente e o levou pela jornada de compra até a conclusão do negócio.

Uma vez que corretor de imóveis e imobiliária pretendam e estejam conforme a contratação da relação de corretor associado à imobiliária, uma vez que são inafastáveis as características da pessoalidade e da onerosidade, afinal a atividade será desenvolvida pelo corretor pessoalmente e o faz com o intuito de ser remunerado pelo trabalho com percentual do comissionamento da captação/venda, bem como da habitualidade, a menos na remota hipótese que a atividade de corretor de imóveis seja uma atividade eventual ou esporádica. a diferenciação se dará obrigatoriamente na subordinação jurídica.

> A atividade do corretor de imóveis encontra expressa previsão legal (Lei 6.530/78), podendo o trabalho ser exercido de forma autônoma ou sob vínculo empregatício. As figuras do corretor empregado e do trabalhador autônomo se diferenciam substancialmente em decorrência da subordinação jurídica, a qual é de difícil verificação em situações limítrofes, especialmente por estarem presentes a onerosidade, habitualidade e pessoalidade. (TRT-3 – RO: 0010918172018503069MG0010918-17.2018.5.03.0069, Relator: Weber Leite de Magalhaes Pinto Filho, Data de Julgamento: 16.06.2021, Nona Turma, Data de Publicação: 17.06.2021).

Porque não custa lembrar, para caracterização do vínculo empregatício precisam se fazer presentes todos os requisitos, na falta de algum deles, a relação de emprego não se perfectibiliza nos termos da legislação e não merece reconhecimento, assim, a subordinação jurídica numa relação de emprego entre imobiliária e corretor de imóveis não poderá ser identificada na relação do corretor associado a imobiliária.

> É tênue a linha que separa o corretor de imóveis autônomo daquele que trabalha sob o vínculo empregatício. Isso porque a pessoalidade, a onerosidade e a não eventualidade são elementos comuns às duas relações. O traço diferenciador entre uma e outra relação está na subordinação jurídica, inexistente no primeiro caso, regido pela Lei 6.530/78 e regulamentado pelo Decreto 81.871/78. Assim, presente a subordinação, configura-se o vínculo de emprego. Ausente, tem-se que a relação entre as partes é de autonomia na prestação de serviços. (TRT-3 – RO: 00100468620205030180 MG 0010046-86.2020.5.03.0180, Relator: Rodrigo Ribeiro Bueno, Data de Julgamento: 09.02.2022, Nona Turma, Data de Publicação: 10.02.2022).

Como então, no dia a dia do negócio, na prática, não tratar o corretor associado com a subordinação jurídica inerente a uma relação de emprego? O Corretor associado, autônomo por essência busca desenvolver sua atividade a fim de receber parte do comissionamento do negócio e não salário mensal, a realização de plantões seja na imobiliária, seja em plantões de venda de empreendimentos não deve ser uma imposição, mas decorrente das estratégias de venda da equipe da qual o corretor faz parte, afinal, não participar destes momentos reduz amargamente as chances de conhecer e se relacionar com potenciais compradores.

Além disso, o tratamento do empregador ou seus dirigentes a quem os corretores estariam ligados no dia a dia para realização das atividades, principalmente o gerente de vendas ou da equipe de fato precisa ser diferente da forma de tratamento de um empregado, relativa inclusive a cumprimento de horários, registro de ponto, utilização de uniforme obrigatório.

Atualmente como boa parte dos negócios se origina na internet, o recebimento de *leads* por meio dos canais de contato com a imobiliária, pode ser encaminhado aos corretores, independente da presença física na imobiliária, bem como boa parte do trabalho seguinte, como atendimento, encaminhamento de materiais de divulgação, fotos dos imóveis, visita ao imóvel ou local do empreendimento com o cliente. Tudo se dá com liberdade para o corretor, cujo foco está no resultado e não na subordinação.

A aplicação do princípio da primazia da realidade faz com que, a imobiliária eventualmente Reclamada em Ação Trabalhista, ao admitir a existência de relação com Corretor de imóveis Autor da demanda, mas com configuração diversa da relação empregatícia, a empresa imobiliária reclamada atrai para si o ônus da prova, por se tratar de fato modificativo/extintivo do direito do autor (art. 818, II, CLT). Assim, a relação de corretor associado não se presume, se prova! Razão da importância da formalização da relação através do Contrato de Corretor Associado.

5. CONTRATO DE CORRETOR ASSOCIADO

Inicialmente, cumpre defender que o contrato do corretor de imóveis associado com a imobiliária seja um contrato expresso, diante da clara obrigação de registro no sindicato da categoria e ainda da necessidade, quiçá, de se fazer prova em juízo da relação.

Por óbvio deve cumprir requisitos formais mínimos de um contrato, com a qualificação correta das partes e seus números respectivos de inscrição perante o Conselho (CRECI) da região, estabelecer e descrever o objeto do contrato e suas condições, bem como as obrigações das partes, estrutura da participação as partes nas comissões/honorários recebidos, prazo e sua forma de rescisão.

A relação entre corretor e imobiliária estabelecida, doravante deve ser verdadeira, de modo que o contrato espelhe sua realidade e não haja máculas como vício de vontade, no qual para conseguir emprego a parte vulnerável se vê impelida a assinar documento, qual ele seja, e posteriormente experimentar relação laboral com subordinação e obrigação de acolher o poder diretivo do empregador.

Estabelece-se uma relação de natureza civil no qual há união de esforços, conhecimentos, boas práticas e aplicação de recursos disponíveis de ambas as partes na qual a subordinação jurídica de uma relação empregatícia inexiste e se diferencia da relação civil com objetivos comuns e que serão buscados com lealdade, dedicação, produtividade e estreita colaboração.

> O autêntico corretor de imóveis autônomo atua como patrão de si mesmo, com poderes jurídicos de organização própria, por meio dos quais desenvolve o impulso de sua livre iniciativa. (TRT-3 – RO: 00113913920175030036 0011391-39.2017.5.03.0036, Relator: Antônio Carlos R. Filho, Sétima Turma).

A existência de circunstâncias como realização de plantões, estabilidade ou previsibilidade de horários, comparecimento à sede da imobiliária, cumprimento/ adoção de práticas adotadas pela empresa na realização de negócios e definição de alçadas para fechamentos não retira do corretor a característica da autonomia e tampouco configura subordinação jurídica, mas procedimento organizacional necessário, sem a qual o trabalho seria infrutífero, um caos!

Assim, pode-se estabelecer como objetos do Contrato de Corretor Associado a necessidade de regular a associação entre imobiliária e o corretor associado, à luz do disposto nos §§ 2º, 3º e 4º do Art. 6º da Lei 6.530/78, introduzidos pelo Art. 138 da Lei 13.097/2015, através do qual as partes contratantes coordenam entre si o desempenho de funções correlatas à intermediação imobiliária, estabelecendo regras de convivência, colaboração recíproca, organização do expediente e partilha dos resultados econômicos aferidos entre a imobiliária e o corretor associado, que nesta condição execute intermediação imobiliária em colaboração recíproca com aquela.

A associação entre corretor-imobiliária não implica troca de serviços, pagamentos ou remunerações, sendo o resultado das partes alcançado somente na finalização útil da intermediação imobiliária, nos termos do artigo 725 do Código Civil.

> Art. 725. A remuneração é devida ao corretor uma vez que tenha conseguido o resultado previsto no contrato de mediação, ou ainda que este não se efetive em virtude de arrependimento das partes.

Visando possibilitar a consecução do objetivo da associação a imobiliária deve franquear ao corretor, além de suas dependências, toda a sua estrutura administrativa e de pessoal compreendidos os imóveis, móveis, equipamentos técnicos e de comunicação, se a imobiliária ainda dispuser de veículos (carro), que este também possa ser utilizado pelo corretor para que este desenvolva sua atividade com liberdade e autonomia profissional, por sua conta e risco, organizando seus critérios de atuação e harmonizando suas metodologias de trabalho com as diretrizes e melhores práticas adotadas pela imobiliária.

Tanto corretor associado como imobiliária são sujeitos aos mesmos direitos e obrigações no exercício profissional como estabelece o código de ética da profissão e exsurge ainda neste cenário, a questão acerca da exclusividade da atividade do corretor, uma vez que associado. Se poderá ou não atuar em atividade de intermediação imobiliária no mercado, sem levar a participação da imobiliária, durante a vigência do contrato.

Entendo que a resposta é sim, em termo, é claro! Vejamos as seguintes hipóteses. Corretor de imóveis se associa a imobiliária que atua apenas com venda de lançamentos de determinado padrão, mas que em sua atuação profissional até então construiu relacionamento com clientes que adquirem imóveis de terceiros ou glebas de terra, por exemplo. Particularmente não vejo problema e entendo até salutar que o corretor continue mantendo sua autonomia profissional e com sua estrutura e recursos e esforços próprios continue a fazer negócios desta natureza, conciliando com sua atuação na imobiliária em que é associado de forma leal e dedicada a fim de atingir os objetivos traçados em comum.

Entretanto, entendo que seria desleal se no mesmo exemplo o corretor associado fizesse uso da estrutura, dos recursos disponibilizados pela imobiliária para atender seus clientes individuais em desatenção aos demais que potencialmente trariam fechamentos para negócios da relação corretor associado e imobiliária, ou ainda que recebesse potenciais clientes oriundos dos recursos investidos pela imobiliária e os levasse a fechar negócios fora da imobiliária para benefício exclusivamente próprio e de terceiros. Tal conduta seria insincera, traiçoeira e feriria os elementos de fidúcia inerentes a relação.

Ao final fundamental tanto a imobiliária promover uma boa seleção daqueles corretores que potencialmente se desenvolverão como corretores associados e da mesma forma o corretor precisará se conhecer e entender sua melhor forma de atuação, se de forma autônoma no mercado, se empreenderá e terá sua própria imobiliária, se atuará como empregado ou então como corretor associado, tendo esta figura agora previsão tipificada na legislação e contrato próprio para regular a relação.

6. CONCLUSÃO

A evolução legislativa no que diz respeito à figura do Corretor de Imóveis Associado é evidente e traz consigo importantes reflexões sobre as relações laborais no setor imobiliário. A introdução dos parágrafos 2º a 4º no Artigo 6º da Lei 6530/78, proporcionada pela Lei 13.097/2015 estabeleceu um marco ao reconhecer e regulamentar a associação entre corretores e imobiliárias de forma autônoma e não empregatícia.

Ao analisar o percurso que culminou nessa legislação, percebe-se a importância da participação ativa dos representantes da categoria na construção dessa normativa. Como a dinâmica da construção legislativa é viva e a sociedade e o mercado sempre esperam sua evolução, nada impede que no futuro tenhamos outras proposições no melhor intuito da busca pelo reconhecimento do profissional corretor de imóveis e melhoria do mercado imobiliário.

A distinção clara entre o Corretor de Imóveis Associado e o empregado está na ausência de subordinação jurídica na primeira modalidade, reforçando a autonomia e a colaboração mútua na intermediação imobiliária. Essa diferenciação é essencial para evitar confusões e preservar os direitos e deveres de ambas as partes envolvidas.

O Contrato do Corretor Associado, devidamente formalizado e registrado, é o instrumento que estabelece as bases dessa associação, delineando as responsabilidades, direitos e condições do exercício da função. A transparência e a lealdade são fundamentais nesse contexto, garantindo uma relação profissional sólida e eficiente.

Portanto. A previsão legal do Corretor Associado representa um avanço significativo no setor, proporcionando um ambiente de atuação mais flexível, colaborativo e alinhado com as demandas e dinâmicas do mercado imobiliário atual. É papel de todos aqueles que atuam no mercado imobiliário tratar da figura jurídica de forma correta, justa e adequada para que ganhe respaldo pelo mercado, pela sociedade e poder judiciário.

7. REFERÊNCIAS

LEI 6.530/78: Regulamentação da profissão de Corretor de Imóveis. Disponível em: http://www.planalto.gov.br/ccivil_03/leis/L6530.htm. Acesso em: 25 abr. 2024.

LEI 13.097/15: Alterações legislativas na Lei do Corretor de Imóveis. Disponível em: http://www.planalto.gov.br/ccivil_03/_ato2015-2018/2015/lei/l13097.htm. Acesso em: 25 abr. 2024.

SUSSEKIND, Arnaldo. *Instituições de Direito do Trabalho*. São Paulo: LTr, 2020. v. 1.

TRIBUNAL REGIONAL DO TRABALHO DA 1ª REGIÃO (TRT-1). RO:01010399820165010075 RJ. Relator: Flavio Ernesto Rodrigues Silva. Julgamento em: 18 nov. 2020. Disponível em: https://trt-1.jusbrasil.com.br/jurisprudencia/1143642630/recurso-ordinario-ro-1010399820165010075-rj/inteiro-teor-1143642632. Acesso em: 25 abr. 2024.

TRIBUNAL REGIONAL DO TRABALHO DA 3ª REGIÃO (TRT-3). RO: 00109181720185030069 MG. Relator: Weber Leite de Magalhaes Pinto Filho. Julgamento em: 16 jun. 2021. Disponível em: https://trt-3.jusbrasil.com.br/jurisprudencia/1242494934/recurso-ordinario-ro-00109181720185030069-mg/inteiro-teor-1242494935. Acesso em: 25 abr. 2024.

TRIBUNAL REGIONAL DO TRABALHO DA 3ª REGIÃO (TRT-3). RO: 00100468620205030180 MG. Relator: Rodrigo Ribeiro Bueno. Julgamento em: 09 fev. 2022. Disponível em: https://trt-3.jusbrasil.com.br/jurisprudencia/1384736731/recurso-ordinario-ro-00100468620205030180-mg/inteiro-teor-1384736733. Acesso em: 25 abr. 2024.

TRIBUNAL REGIONAL DO TRABALHO DA 3ª REGIÃO (TRT-3). RO: 00113913920175030036. Relator: Antônio Carlos R. Filho. Julgamento em: 15 jul. 2017. Disponível em: https://trt-3.jusbrasil.com.br/jurisprudencia/1840839407/recurso-ordinario-ro-00113913920175030036-mg/inteiro-teor-1840839408. Acesso em: 25 abr. 2024.

FINANCIAMENTO IMOBILIÁRIO: A PERSPECTIVA DOS BANCOS E AS SOLUÇÕES PARA ALAVANCAR O MERCADO IMOBILIÁRIO

Laila Lameira Vieira Nunes

Formada em direito, pós-graduada em direito imobiliário atuando no mercado de crédito imobiliário há mais de 16 anos já trinou centenas de pessoas entre colaboradores e corretores de imóveis. Com MBA em gestão comercial através da FGV e practitioner em PNL, vem desenvolvendo metodologia para preparar correspondentes bancários de alta performance. Fundadora da Academia do Correspondente Bancário e CEO da Financiatta, atua em território nacional. Com mais de 100 alunos em seu curso e mais de 5 mil contratos de financiamento imobiliário emitidos, atualmente tem a honra de fazer parte do corpo docente do Creci RJ.

Sumário: 1. Apresentação – 2. Introdução – 3. Referências.

1. APRESENTAÇÃO

Incialmente, tecerei alguns comentários introdutórios acerca da minha jornada. Sou correspondente bancária desde 2008 e nesta época mal sabia o que exatamente este profissional fazia. Eu apenas precisava ter uma renda que pelo menos 2 salários-mínimos para sustentar a minha filha. Um gestor que eu tinha identificou "tino comercial" em mim e resolveu apostar em minha capacidade.

Filha única de costureira e um pai alcoólatra, não fui muito incentivada a ser uma profissional bem-sucedida, empresária então... nem pensar! Concurso público é que garante as pessoas, dizia a minha mãe, na melhor das intenções, é claro. E por um longo tempo da minha vida acreditei nisso, que sonhar alto era tão somente o risco de uma queda dolorida.

Acreditando que casamento era a solução da minha independência, casei-me aos 16 anos, mas aos 27 me vi separada e com uma filha de 9 anos que dependia de mim. Era a hora de virar o jogo, de tomar as rédeas da minha vida. Então tomei a decisão de entrar numa faculdade. Mas fazer qual curso? Que profissional eu queria me tornar? Eu simplesmente nunca havia pensado nisso. Foi quando resolvi cursar Direito, pois em minha cabeça, seria uma profissão que me abriria um leque de oportunidades, fosse na iniciativa privada, fosse fazendo concursos públicos. E bingo! Apesar de não ter me tornado advogada, uso o direito diariamente no exercício da minha profissão. Seja analisando a documentação dos meus clientes, seja fazendo defesa junto ao jurídico dos Bancos.

No início da carreira não entendia nada desse mundo do Financiamento Imobiliário, mas tive bons mestres. A começar pelo Frederico Girald, a quem serei eternamente grata por tudo que me ensinou. Ele era gerente do crédito imobiliário do Banco Bradesco e havia assumido a implantação do Financiamento imobiliário da ASB Financeira. Era um projeto novo e com taxas e prazos muito piores que os grandes Bancos. Foi realmente um desafio para mim, além de não conhecer o produto, ainda enfrentei a dificuldade da concorrência. Mas foi realmente uma escola para mim.

Com o tempo passei por empresas dos grandes Bancos onde me especializei na profissão e trilhei minha carreira passando de consultora a diretora. Mas sempre apegada a minha CTPS, um medo absurdo de seguir a carreira solo. Lógico, mãe solo e arrimo de família. Mas Deus sabe de todas as coisas e me colocou no caminho do empreendedorismo. Foi quando nasceu a Financiatta, que foi a decisão mais acertada da minha vida.

Hoje trabalho com todos os Bancos e minha maior realização é ajudar as pessoas a realizarem o sonho da casa própria.

2. INTRODUÇÃO

O financiamento imobiliário desempenha um papel crucial no mercado imobiliário. facilitando a aquisição de imóveis por indivíduos e impulsionando o crescimento econômico. Este artigo analisa como o financiamento imobiliário influencia o mercado imobiliário e explora as perspectivas dos bancos para os próximos anos. Através de uma revisão bibliográfica e análise de dados setoriais, são discutidos os efeitos do financiamento sobre a demanda e oferta de imóveis, preços e acessibilidade habitacional, além das estratégias bancárias frente aos desafios econômicos e regulatórios.

O financiamento imobiliário é um dos principais motores do mercado imobiliário, proporcionando os recursos necessários para a aquisição de imóveis por consumidores finais. Esta relação simbiótica é fundamental para a estabilidade e crescimento do setor, influenciando diretamente a dinâmica de preços, a acessibilidade e a oferta de novos empreendimentos. Nos próximos anos, as estratégias dos bancos e a evolução das condições econômicas e regulatórias desempenharão papéis decisivos na modelagem do mercado imobiliário.

Amplia o público-alvo: A disponibilidade de financiamento imobiliário permite que mais pessoas tenham acesso à compra de imóveis. Isso amplia o público-alvo do corretor, aumentando suas chances de fechar negócios.

Estimula a demanda: Com o financiamento imobiliário, os compradores têm a oportunidade de adquirir imóveis com pagamentos mensais acessíveis, em vez de desembolsar uma quantia considerável de uma só vez. Isso estimula a demanda por imóveis, o que pode beneficiar os corretores, uma vez que há mais compradores em potencial no mercado.

Facilita negociações: Sabe aquela proposta que o vendedor não aceita de jeito nenhum? Então, com o financiamento o cliente não precisa pedir descontos.

Benefícios da Alienação Fiduciária – Segurança Jurídica para o Credor

A alienação fiduciária oferece uma garantia sólida para os credores, proporcionando segurança jurídica ao permitir que o credor recupere o bem de forma extrajudicial em caso de inadimplência. Este mecanismo reduz significativamente os riscos associados ao crédito, incentivando os bancos a oferecerem condições mais favoráveis.

Exemplo: Em um financiamento imobiliário, se o mutuário não pagar as parcelas do empréstimo, o banco pode retomar o imóvel de maneira rápida e eficiente, sem necessidade de um processo judicial demorado e oneroso. Isso proporciona uma maior segurança para o credor, garantindo que ele possa recuperar o valor emprestado.

Agilidade na Recuperação de Crédito

A recuperação de crédito através da alienação fiduciária é mais ágil comparada aos processos judiciais, reduzindo o tempo e os custos envolvidos. Isso melhora a eficiência do sistema financeiro e incentiva a concessão de crédito.

Exemplo: No Brasil, a retomada do bem pelo credor pode ocorrer em aproximadamente 60 dias após a notificação de inadimplência, comparado aos anos que podem ser necessários em um processo judicial de execução hipotecária.

Redução do Custo do Crédito

A segurança e agilidade proporcionadas pela alienação fiduciária permitem que os bancos reduzam as taxas de juros e ofereçam prazos mais longos, facilitando o acesso ao crédito para os mutuários. Isso ocorre porque os bancos enfrentam menores riscos e custos ao utilizar a alienação fiduciária como garantia.

Exemplo: Em mercados onde a alienação fiduciária é amplamente utilizada, como no Brasil, os mutuários podem encontrar taxas de juros significativamente mais baixas do que em mercados onde prevalecem outras formas de garantia.

Incentivo à Concessão de Crédito

A alienação fiduciária incentiva a concessão de crédito ao reduzir os riscos para os credores. Isso é especialmente importante em mercados emergentes onde a demanda por habitação é alta e a necessidade de financiamento é crítica para o desenvolvimento econômico.

Exemplo: Programas de habitação popular, como o "Minha Casa Minha Vida" no Brasil, utilizam a alienação fiduciária para proporcionar financiamento acessível a milhões de famílias de baixa renda, estimulando a construção civil e o crescimento econômico.

Proteção para o Devedor

Os devedores também se beneficiam da alienação fiduciária, pois podem obter crédito a condições mais favoráveis e manter a posse do bem enquanto cumprem suas obrigações contratuais.

Exemplo: Um comprador de imóvel pode morar na propriedade enquanto paga as parcelas do financiamento. Mesmo em caso de inadimplência, o devedor ainda tem a oportunidade de regularizar sua situação antes da retomada do bem pelo credor.

Flexibilidade e Adaptabilidade

A alienação fiduciária é um mecanismo flexível que pode ser utilizado tanto para imóveis quanto para bens móveis, tornando-se uma opção atraente para diversos tipos de operações de crédito.

Exemplo: Além de imóveis, a alienação fiduciária pode ser aplicada a veículos e equipamentos industriais, oferecendo uma garantia segura e eficiente para uma ampla gama de financiamentos.

Sustentabilidade e Responsabilidade Social

Projetos sustentáveis e que promovem a eficiência energética estão ganhando destaque, e a alienação fiduciária pode ser utilizada para financiar esses projetos, alinhando-se às metas globais de sustentabilidade.

Exemplo: Bancos podem oferecer linhas de crédito com condições especiais para financiamentos de imóveis que adotem práticas sustentáveis, como construções verdes certificadas pelo LEED (Leadership in Energy and Environmental Design).

A Origem do Dinheiro no Financiamento Imobiliário

Depósitos de Poupança

Os depósitos de poupança são uma das principais fontes de recursos para o financiamento imobiliário, especialmente em países como o Brasil, onde parte dos depósitos deve ser destinada ao crédito habitacional. A captação de depósitos de poupança permite aos bancos oferecerem empréstimos a taxas de juros mais baixas, beneficiando os mutuários.

Exemplo: No Brasil, a regulamentação exige que 65% dos depósitos de poupança sejam direcionados para o financiamento habitacional, garantindo uma fonte estável de recursos para o setor.

Mercado de Capitais

Bancos captam recursos no mercado de capitais por meio da emissão de títulos de dívida, como Letras de Crédito Imobiliário (LCI) e Certificados de Recebíveis Imobiliários (CRI), para financiar empréstimos imobiliários. Esses instrumentos permitem que os bancos diversifiquem suas fontes de captação e ofereçam melhores condições de crédito.

Exemplo: As LCIs são títulos de renda fixa isentos de Imposto de Renda para pessoas físicas no Brasil, tornando-os atraentes para investidores e proporcionando uma fonte de recursos mais barata para os bancos.

Linhas de Crédito de Bancos Centrais

Bancos centrais podem fornecer linhas de crédito específicas para o setor imobiliário, especialmente durante crises econômicas, para estimular o mercado habitacional. Essas linhas de crédito são oferecidas a taxas de juros subsidiadas e com condições favoráveis.

Exemplo: Durante a crise financeira de 2008, o Federal Reserve dos EUA implementou programas de compra de títulos lastreados em hipotecas (MBS) para injetar liquidez no mercado imobiliário e estabilizar o setor.

Programas Governamentais de Incentivo

Governos implementam programas de incentivo ao crédito habitacional, oferecendo subsídios e garantias de crédito para facilitar a aquisição de imóveis, como o Programa Minha Casa Minha Vida no Brasil. Esses programas são essenciais para aumentar a acessibilidade à moradia e promover a inclusão social.

Exemplo: O Programa Minha Casa Minha Vida oferece subsídios de até 90% do valor do imóvel para famílias de baixa renda, além de condições especiais de financiamento, como taxas de juros reduzidas e prazos mais longos.

Fatores que Influenciam as Taxas de Juros no Crédito Imobiliário

Política Monetária

A política monetária, como a definição da taxa Selic no Brasil ou a Federal Funds Rate nos EUA, influencia diretamente as taxas de juros no crédito imobiliário. Alterações nessas taxas básicas de juros afetam os custos de captação dos bancos e, consequentemente, as condições oferecidas aos mutuários.

Exemplo: Quando o Banco Central do Brasil aumenta a taxa Selic, os custos de captação de recursos pelos bancos sobem, levando a um aumento nas taxas de juros dos empréstimos imobiliários.

Inflação

A inflação afeta as expectativas dos credores sobre o poder de compra futuro do dinheiro, influenciando as taxas de juros cobradas nos empréstimos imobiliários. Altas taxas de inflação levam os credores a exigir taxas de juros mais altas para compensar a perda de valor do dinheiro ao longo do tempo.

Exemplo: Em países com alta inflação, como a Argentina, as taxas de juros para financiamentos imobiliários podem ser significativamente mais altas para proteger os credores contra a desvalorização da moeda.

Risco de Crédito

A avaliação do risco de crédito dos mutuários, baseada em seu histórico financeiro e capacidade de pagamento, determina as taxas de juros aplicadas. Mutuários com bom histórico de crédito e renda estável geralmente recebem taxas de juros mais baixas.

Exemplo: Um mutuário com um alto score de crédito e histórico de pagamentos pontuais pode obter um financiamento imobiliário com taxa de juros reduzida, refletindo seu baixo risco de inadimplência.

Condições Econômicas Gerais

As condições econômicas, como crescimento econômico, desemprego e nível de atividade econômica, influenciam a disponibilidade e o custo do crédito imobiliário. Em períodos de recessão, os bancos podem aumentar as taxas de juros para compensar o maior risco de inadimplência.

Exemplo: Durante a crise econômica de 2008, muitos bancos aumentaram as taxas de juros dos financiamentos imobiliários devido à incerteza econômica e ao aumento da inadimplência.

Concorrência entre Instituições Financeiras

O grau de concorrência no mercado financeiro afeta as taxas de juros, com maior concorrência levando a taxas mais baixas. Bancos que competem agressivamente por clientes são incentivados a oferecer condições mais favoráveis para atrair mutuários.

Exemplo: Em mercados altamente competitivos, como o dos Estados Unidos, instituições financeiras frequentemente oferecem promoções e descontos nas taxas de juros para captar novos clientes.

Fonte de Recursos e Custos de Captação

As fontes de recursos e os custos associados à captação influenciam as taxas de juros, com mercados voláteis e altas taxas de juros de captação resultando em custos mais altos para os mutuários.

Exemplo: Se um banco emite títulos de dívida a taxas de juros elevadas, ele precisará repassar esse custo para os mutuários através de taxas de juros mais altas nos financiamentos imobiliários.

Regulações Governamentais e Programas de Incentivo

Regulações e programas governamentais de incentivo, como subsídios e exigências de capital, impactam as taxas de juros no crédito imobiliário. Políticas que promovem a estabilidade financeira e a acessibilidade ao crédito podem reduzir as taxas de juros.

Exemplo: Programas de garantia de crédito, como os oferecidos pela FHA nos EUA, permitem que mutuários de baixa renda obtenham financiamentos a taxas de juros mais baixas.

Expectativas do Mercado

As expectativas do mercado sobre a trajetória futura das taxas de juros, inflação e crescimento econômico influenciam as taxas de juros aplicadas pelos bancos. Expectativas de alta de juros futuras podem levar os bancos a aumentarem as taxas atuais para se protegerem.

Exemplo: Se os mercados financeiros esperam um aumento nas taxas de juros devido a políticas monetárias mais restritivas, os bancos podem antecipar essa mudança aumentando as taxas de juros dos financiamentos imobiliários.

Nível de Alavancagem dos Bancos

O nível de alavancagem dos bancos, ou a relação entre seus ativos e capital próprio, afeta sua capacidade de oferecer taxas de juros competitivas. Bancos com alta alavancagem enfrentam maiores riscos e custos, resultando em taxas de juros mais altas para os mutuários.

Exemplo: Bancos que mantêm níveis mais baixos de alavancagem podem oferecer taxas de juros mais baixas, refletindo sua maior estabilidade financeira e menor exposição ao risco.

Escassez de Verba para Crédito Imobiliário nos Bancos: Causas e Fatores Influenciadores

Ciclos Econômicos

Períodos e recessão econômica e desaceleração afetam a captação de recursos e a disponibilidade de crédito nos bancos. Durante recessões, os consumidores economizam menos e retiram recursos de suas contas, reduzindo os fundos disponíveis para empréstimos.

Exemplo: Durante a recessão causada pela pandemia de COVID-19, muitos bancos enfrentaram dificuldades em captar recursos suficientes para manter a oferta de crédito imobiliário.

Política Monetária Restritiva

Políticas monetárias que aumentam as taxas de juros podem restringir a disponibilidade de recursos para crédito imobiliário. O aumento dos custos de captação desincentiva os bancos a concederem empréstimos a taxas atrativas.

Exemplo: Quando o Banco Central aumenta a taxa básica de juros para combater a inflação, os custos de captação de recursos pelos bancos sobem, levando à redução da oferta de crédito imobiliário.

Regulamentações e Regras Prudenciais

Regras prudenciais e exigências de capital podem limitar a capacidade dos bancos de conceder crédito. Regulamentações que exigem maiores provisões para perdas esperadas de crédito também podem reduzir a disponibilidade de recursos para novos empréstimos.

Exemplo: Após a crise financeira de 2008, regulamentações mais rigorosas exigiram que os bancos aumentassem suas reservas de capital, limitando a quantidade de recursos disponíveis para crédito imobiliário.

Captação de Recursos no Mercado de Capitais

Condições desfavoráveis no mercado de capitais podem dificultar a captação de recursos pelos bancos. Volatilidade e altas taxas de juros de longo prazo aumentam o custo de emissão de novos títulos, limitando a disponibilidade de fundos.

Exemplo: Durante períodos de alta volatilidade no mercado financeiro, como em crises econômicas globais, a emissão de títulos de dívida se torna mais cara e menos atrativa para os bancos.

Liquidez Bancária

Problemas de liquidez podem limitar a capacidade dos bancos de financiar novas operações de crédito. Em crises de liquidez, os bancos podem priorizar a manutenção de recursos para cumprir outras obrigações financeiras.

Exemplo: Durante a crise de 2008, muitos bancos enfrentaram problemas de liquidez e precisaram restringir a concessão de novos créditos para garantir a solvência

Demanda Excedente

Alta demanda por crédito imobiliário pode superar a capacidade dos bancos de fornecer fundos suficientes. Em períodos de grande crescimento no setor imobiliário, a demanda por crédito pode exceder a disponibilidade de recursos.

Exemplo: Em mercados aquecidos, como o imobiliário de São Paulo em certos períodos, a alta demanda por imóveis levou a uma escassez de verba para financiamento, dificultando a obtenção de crédito pelos compradores.

Programas Governamentais e Subsídios

Programas governamentais que exigem grandes volumes de financiamento subsidiado podem pressionar os recursos disponíveis dos bancos. Limitações nos fundos destinados a esses programas podem afetar a disponibilidade geral de crédito imobiliário.

Exemplo: Programas como o "Minha Casa Minha Vida" no Brasil exigem grandes volumes de recursos subsidiados. Quando os fundos governamentais são limitados, a disponibilidade de crédito imobiliário subsidiado pode ser restringida.

3. REFERÊNCIAS

ASSOCIAÇÃO BRASILEIRA DAS ENTIDADES DE CRÉDITO IMOBILIÁRIO E POUPANÇA (ABECIP). (2023). Anuário Estatístico.

BANCO CENTRAL DO BRASIL. (2023). Relatório de Estabilidade Financeira.

COMISSÃO DE VALORES MOBILIÁRIOS (CVM). (2023). Mercado de Capitais e Financiamento Imobiliário.

FEDERAL RESERVE. (2022). Federal Funds Rate and Its Impact on Mortgage Rates.

FINANCIAL STABILITY BOARD (FSB). (2023). Prudential Regulation and its Impact on Credit Markets.

INSTITUTO BRASILEIRO DE GEOGRAFIA E ESTATÍSTICA (IBGE). (2023). Indicadores Econômicos e Impactos no Setor Imobiliário.

MINISTÉRIO DA ECONOMIA. (2023). Programas de Subsídio Habitacional e Impactos Econômicos.

ORGANIZAÇÃO PARA A COOPERAÇÃO E DESENVOLVIMENTO ECONÔMICO (OCDE). (2023). Housing and Mortgage Markets in OECD Countries.

WORLD BANK. (2022). Global Housing Watch.

Este artigo oferece uma visão abrangente das diversas dinâmicas que influenciam o financiamento imobiliário, destacando a importância de cada fator na determinação da disponibilidade e custo do crédito. Compreender essas dinâmicas é crucial para formuladores de políticas, profissionais do setor financeiro e mutuários, permitindo uma navegação mais eficaz e informada no mercado de crédito imobiliário.

TOKENIZAÇÃO DOS DIREITOS ECONÔMICOS DE IMÓVEIS: A REVOLUÇÃO DAS PROPRIEDADES DESCENTRALIZADAS

Leandro Sender

Pós-graduado em Direito Imobiliário pela ABADI. Professor de Direito Imobiliário. Presidente da Comissão de Direito Condominial da ABA/RJ. Diretor de Relações Institucionais do NEED – Núcleo de Estudos e Evolução do Direito. Presidente da Comissão de Leilões Judiciais e Extrajudiciais de Bens Imóveis da ABAMI. Membro da Comissão de Direito Imobiliário do IAB. Membro das Comissões de Direito Imobiliário e Condominial da OAB/RJ. Coordenador do Núcleo Imobiliário de Arbitragem da Cames. *Chairman* da Ribus. Coordenador e Coautor da Obra Coletiva "Direito Imobiliário 4.0", Coordenador e Coautor da Obra Coletiva "Condomínio: Aspectos Práticos da Cobrança de Cotas e Inadimplência". Palestrante, Autor de diversos artigos jurídicos, Sócio do Escritório Sender Advogados, Associados.

Daniel Carius

Formado em Direito e apaixonado pelo mundo tecnológico. Em 2018 iniciou ingressou para a gerência de projetos, supervisão e pesquisa em Blockchain e Criptoativos, e em 2020 fundou sua consultoria em Tokenização e Gestão de Ativos Digitais, onde desenvolveu 3 projetos de Crypto, e gerenciou milhões de dólares. Cofundou a Ribus em 2021, sendo pioneiro em tokenização para o setor imobiliário. CVO e Founder da Ribus.

Sumário: 1. Introdução – Contexto histórico e tecnológico – 2. Definição e conceitos básicos – 3. Direitos econômicos sobre imóveis – 4. Aspectos jurídicos – 5. Vantagens da tokenização – 6. Desvantagens e desafios – 7. Exemplos práticos de tokenização – 8. Futuro da tokenização imobiliária – 9. Considerações finais – 10. Referências.

1. INTRODUÇÃO – CONTEXTO HISTÓRICO E TECNOLÓGICO

Objetivo do Artigo

O objetivo deste artigo é explorar de maneira aprofundada a tokenização dos direitos econômicos sobre imóveis. Para isso, definiremos o conceito de tokenização e como ele se aplica ao mercado imobiliário, discutiremos os benefícios e desafios dessa tecnologia, e apresentaremos exemplos práticos de sua aplicação. Além disso, abordaremos os aspectos jurídicos da tokenização, incluindo a validade jurídica dos tokens, a execução de contratos inteligentes, a regulamentação de valores mobiliários e a proteção dos investidores. Por fim, analisaremos o futuro da tokenização imobiliária, discutindo tendências e inovações que podem transformar o setor nos próximos anos.

Contexto histórico

A evolução tecnológica tem sido marcada por transformações significativas que mudaram a maneira como vivemos, trabalhamos e interagimos. A internet, em particular, desempenhou um papel central nessas mudanças. Desde a criação da Web 1.0 até a emergência da Web 3, cada fase da evolução da internet trouxe novas oportunidades e desafios. Para compreender a revolução que a tokenização dos direitos econômicos sobre imóveis representa, é essencial traçar um contexto histórico da evolução tecnológica.

A Web 1.0, que predominou entre os anos 1990 e início dos anos 2000, foi uma era de páginas estáticas, onde os usuários eram meros consumidores de informação. A interação era mínima, e a maioria dos sites oferecia apenas conteúdo fixo, sem possibilidade de colaboração ou personalização. Esta fase foi importante para a disseminação inicial da internet, mas suas limitações logo se tornaram evidentes à medida que os usuários desejavam mais interatividade e personalização.

Com a chegada da Web 2.0, a internet se transformou em uma plataforma de colaboração e compartilhamento. Surgiram redes sociais, blogs, wikis e outros serviços que permitiam aos usuários criar e compartilhar conteúdo. A Web 2.0 não apenas mudou a forma como interagimos com a internet, mas também abriu novas oportunidades para o comércio eletrônico e o marketing digital. No entanto, essa fase também trouxe consigo uma centralização significativa do poder e dos dados nas mãos de poucas grandes corporações, o que gerou preocupações sobre privacidade e monopólio.

A Web 3, por outro lado, promete uma internet mais descentralizada, onde os usuários têm maior controle sobre seus dados e transações financeiras. A tecnologia blockchain é a espinha dorsal dessa nova era, possibilitando a criação de sistemas distribuídos e transparentes, onde transações podem ser realizadas sem intermediários. Dentro deste contexto, a tokenização surge como uma inovação crucial, permitindo que ativos físicos, como imóveis, sejam representados digitalmente e negociados de forma eficiente e segura.

2. DEFINIÇÃO E CONCEITOS BÁSICOS

Tokenização

A tokenização é o processo de conversão de ativos ou direitos em tokens digitais que podem ser negociados em uma blockchain. No contexto imobiliário, a tokenização envolve a transformação de direitos econômicos sobre imóveis em tokens digitais. Esses tokens representam uma fração de propriedade ou direitos sobre um imóvel e podem ser comprados e vendidos por investidores em mercados secundários. A tokenização torna o mercado imobiliário mais acessível, permitindo que pequenos investidores adquiram frações de propriedades em vez de precisar comprar um imóvel inteiro.

A tokenização facilita a liquidez no mercado imobiliário, permitindo que os tokens sejam negociados rapidamente em plataformas de negociação. Isso é uma mudança significativa em comparação com o mercado imobiliário tradicional, onde a venda de uma propriedade pode levar meses ou até anos.

Blockchain

A blockchain é uma tecnologia de registro distribuído que permite a criação de registros imutáveis e transparentes de transações. Cada transação é registrada em um bloco, que é então adicionado a uma cadeia de blocos (blockchain) em ordem cronológica. A natureza descentralizada da blockchain garante que não haja um único ponto de falha, tornando-a mais segura contra ataques cibernéticos e fraudes.

No contexto da tokenização de imóveis, a blockchain garante a transparência e a imutabilidade das transações. Cada token representa uma fração de propriedade ou direitos sobre um imóvel e é registrado na blockchain, criando um histórico claro e verificável de propriedade e transferências. A tecnologia blockchain também permite a automação de processos através de contratos inteligentes, que executam automaticamente os termos acordados quando determinadas condições são atendidas.

Contratos Inteligentes (Smart Contracts)

Os contratos inteligentes são programas de computador que executam automaticamente as condições definidas entre as partes. Eles são fundamentais para a tokenização, pois garantem que as transações sejam realizadas de maneira segura e transparente. Um contrato inteligente é executado automaticamente quando as condições predefinidas são atendidas, eliminando a necessidade de intermediários e reduzindo os custos de transação.

No contexto da tokenização de imóveis, os contratos inteligentes podem ser usados para automatizar uma variedade de processos, incluindo a verificação de propriedade, a distribuição de rendimentos de aluguel e a execução de transferências de propriedade. Por exemplo, um contrato inteligente pode ser programado para distribuir automaticamente os rendimentos de aluguel aos detentores de tokens com base em sua participação na propriedade. Isso não só aumenta a eficiência, mas também reduz o risco de erros e fraudes.

Criptomoedas e NFTs

As criptomoedas são moedas digitais que utilizam a tecnologia blockchain para garantir a segurança e a descentralização das transações. As criptomoedas, como Bitcoin e Ethereum, podem ser usadas para comprar tokens imobiliários, facilitando transações internacionais e eliminando barreiras cambiais. Os NFTs (tokens não fungíveis) são um tipo especial de token que representa um ativo único e indivisível. Diferentemente dos tokens fungíveis, como as criptomoedas tradicionais, os NFTs são únicos e não podem ser trocados por outro ativo de valor igual. No contexto imobiliário, os NFTs podem ser usados para representar propriedades individuais ou direitos específicos sobre um imóvel, proporcionando uma forma inovadora de digitalizar e negociar ativos imobiliários.

3. DIREITOS ECONÔMICOS SOBRE IMÓVEIS

Tipos de Direitos Econômicos

Os direitos econômicos sobre imóveis referem-se à capacidade de gerar renda a partir de uma propriedade. Existem vários tipos de direitos econômicos que podem ser tokenizados, incluindo:

- *Renda de Aluguel:* Este é um dos tipos mais comuns de direitos econômicos que podem ser tokenizados. A renda gerada pelo aluguel de uma propriedade pode ser distribuída aos detentores de tokens com base em sua participação na propriedade.

- *Valorização de Capital:* A valorização de capital refere-se ao aumento do valor de uma propriedade ao longo do tempo. Os investidores que possuem tokens representando uma fração de uma propriedade podem se beneficiar da valorização do capital quando a propriedade é vendida. A tokenização permite que os investidores participem da valorização de capital de propriedades de alto valor sem precisar comprar o imóvel inteiro.

- *Direitos de Exploração:* Esses direitos referem-se à capacidade de explorar uma propriedade para fins comerciais ou industriais, como a extração de recursos naturais. Os direitos de exploração podem ser tokenizados e vendidos a investidores que desejam participar das atividades de exploração sem precisar adquirir a propriedade completa.

4. ASPECTOS JURÍDICOS

Validade Jurídica dos Tokens

Os tokens devem ser reconhecidos legalmente como ativos, o que implica na necessidade de uma estrutura jurídica que valide a transferência de propriedade por meio de tokens. Em muitas jurisdições, a legislação ainda está se adaptando a essa nova realidade, o que pode gerar incertezas e desafios para investidores e operadores do mercado. Além disso, é crucial que os contratos subjacentes aos tokens sejam claros e exequíveis para garantir a proteção dos direitos dos investidores.

O Código Civil regulamenta a propriedade e os direitos reais, mas não aborda especificamente a tokenização. Portanto, a adaptação e interpretação das leis existentes são necessárias para validar legalmente os tokens imobiliários. No entanto, a Lei 14.063/2020, que trata da autenticidade de documentos eletrônicos, pode fornecer uma base para a validade jurídica dos tokens como ativos digitais.

Classificação do Token como Bem Móvel

De acordo com o art. 82[1] do Código Civil Brasileiro, são bens móveis aqueles que podem ser deslocados sem perder suas características essenciais ou sua função econômica.

Os tokens, criados e registrados em uma blockchain, são representações digitais de direitos ou ativos, que podem ser transferidos eletronicamente entre diferentes partes. A movimentação de tokens entre carteiras digitais ocorre sem qualquer alteração na substância do bem (o token) ou na sua destinação econômico-social (os direitos representados pelo token). Dessa forma, eles mantêm sua integridade e funcionalidade econômica, independentemente do titular da posse.

Além disso, a característica de transferência eletrônica dos tokens, realizada por meio de transações em blockchain, reforça sua natureza de bem móvel. A movimentação dos tokens é realizada sem a necessidade de intervenção física, mas através de operações digitais que garantem a segurança e a integridade das transações.

O doutrinador Anderson Schreiber reforça este posicionamento ao afirmar que "a referência à destinação econômica-social vem flexibilizar o antigo posicionamento segundo o qual a distinção entre coisas móveis e imóveis atendia simplesmente a um critério físico ou natural".[2]

Portanto, fundamentado no art. 82 do Código Civil, os tokens podem ser classificados como bens móveis, uma vez que são suscetíveis de movimento próprio, através de transferências eletrônicas, sem alteração de sua substância ou destinação econômica.

Execução de contratos inteligentes

Os contratos inteligentes são fundamentais para a execução automática de transações na tokenização de imóveis. No entanto, a execução de contra-

---

1. Art. 82. São móveis os bens suscetíveis de movimento próprio, ou de remoção por força alheia, sem alteração da substância ou da destinação econômico-social.
2. SCHREIBER, Anderson. *Manual de Direito Civil Contemporâneo*. 5. ed. São Paulo: SaraivaJur, 2022, p. 196.

tos inteligentes também levanta questões jurídicas, como a validade desses contratos em tribunais e a resolução de disputas que possam surgir de sua execução. A legislação precisa evoluir para reconhecer e regular adequadamente os contratos inteligentes, garantindo que eles sejam juridicamente vinculativos e exequíveis.

Nos Estados Unidos, por exemplo, vários estados, incluindo Arizona, Nevada e Tennessee, adotaram leis que reconhecem a validade jurídica dos contratos inteligentes e das assinaturas eletrônicas baseadas em blockchain. Isso proporciona uma base legal para a execução de contratos inteligentes nesses estados. No Brasil, a aplicação dos contratos inteligentes pode ser vista à luz dos artigos 104[3] e 421[4] do Código Civil, que tratam dos requisitos de validade dos contratos e da liberdade de contratar, respectivamente. A jurisprudência sobre contratos eletrônicos, como no caso do STJ (REsp 1.495.920[5]), também pode ser relevante para validar a execução dos contratos inteligentes.

---

3. Art. 104. A validade do negócio jurídico requer: I – agente capaz; II – objeto lícito, possível, determinado ou determinável; III – forma prescrita ou não defesa em lei.
4. Art. 421. A liberdade contratual será exercida nos limites da função social do contrato.
5. Recurso especial. Civil e processual civil. Execução de título extrajudicial. Executividade de contrato eletrônico de mútuo assinado digitalmente (criptografia assimétrica) em conformidade com a infraestrutura de chaves públicas brasileira. Taxatividade dos títulos executivos. Possibilidade, em face das peculiaridades da constituição do crédito, de ser excepcionado o disposto no art. 585, inciso II, do CPC/73 (art. 784, inciso III, do CPC/2015). Quando a existência e a higidez do negócio puderem ser verificadas de outras formas, que não mediante testemunhas, reconhecendo-se executividade ao contrato eletrônico. Precedentes. 1. Controvérsia acerca da condição de título executivo extrajudicial de contrato eletrônico de mútuo celebrado sem a assinatura de duas testemunhas. 2. O rol de títulos executivos extrajudiciais, previsto na legislação federal em "numerus clausus", deve ser interpretado restritivamente, em conformidade com a orientação tranquila da jurisprudência desta Corte Superior. 3. Possibilidade, no entanto, de excepcional reconhecimento da executividade de determinados títulos (contratos eletrônicos) quando atendidos especiais requisitos, em face da nova realidade comercial com o intenso intercâmbio de bens e serviços em sede virtual. 4. Nem o Código Civil, nem o Código de Processo Civil, inclusive o de 2015, mostraram-se permeáveis à realidade negocial vigente e, especialmente, à revolução tecnológica que tem sido vivida no que toca aos modernos meios de celebração de negócios, que deixaram de se servir unicamente do papel, passando a se consubstanciar em meio eletrônico. 5. A assinatura digital de contrato eletrônico tem a vocação de certificar, através de terceiro desinteressado (autoridade certificadora), que determinado usuário de certa assinatura a utilizara e, assim, está efetivamente a firmar o documento eletrônico e a garantir serem os mesmos os dados do documento assinado que estão a ser sigilosamente enviados. 6. Em face destes novos instrumentos de verificação de autenticidade e presencialidade do contratante, possível o reconhecimento da executividade dos contratos eletrônicos. 7. Caso concreto em que o executado sequer fora citado para responder a execução, oportunidade em que poderá suscitar a defesa que entenda pertinente, inclusive acerca da regularidade formal do documento eletrônico, seja em exceção de pré-executividade, seja em sede de embargos à execução. 8. Recurso especial provido (STJ – REsp: 1495920 DF 2014/0295300-9, Relator: Ministro Paulo De Tarso Sanseverino, Data de Julgamento: 15.05.2018, T3 – Terceira Turma, Data de Publicação: DJe 07.06.2018).

Regulamentação de Valores Mobiliários

A tokenização de direitos econômicos sobre imóveis pode ser considerada uma forma de emissão de valores mobiliários, o que implica na necessidade de conformidade com as regulamentações de valores mobiliários vigentes. Isso inclui a necessidade de registro junto a órgãos reguladores, a divulgação de informações aos investidores e a conformidade com as leis de prevenção à lavagem de dinheiro e financiamento ao terrorismo. Em várias jurisdições, como nos Estados Unidos e na União Europeia, já existem regulamentações que tratam da emissão e negociação de tokens como valores mobiliários, mas há uma necessidade contínua de harmonização e adaptação das leis para acomodar essa nova forma de ativos digitais.

Nos Estados Unidos, a Comissão de Valores Mobiliários (SEC) tem emitido orientações sobre a tokenização de ativos e a conformidade com as leis de valores mobiliários. A SEC classifica muitos tokens como valores mobiliários, o que significa que as plataformas de tokenização devem cumprir as regulamentações de valores mobiliários, incluindo o registro de tokens e a divulgação de informações aos investidores. Na União Europeia, a Autoridade Europeia dos Valores Mobiliários e dos Mercados (ESMA) também tem abordado a questão da tokenização e sua regulamentação. A ESMA emitiu orientações sobre a conformidade com as leis de valores mobiliários e a proteção dos investidores.

No Brasil, a Comissão de Valores Mobiliários (CVM) é responsável pela regulamentação do mercado de valores mobiliários. A Instrução CVM 88, que regulamenta o *crowdfunding* de investimento, pode ser uma referência para a tokenização de ativos imobiliários.

Proteção dos investidores

É essencial garantir que os investidores tenham acesso a informações claras e precisas sobre os ativos tokenizados, incluindo os riscos associados ao investimento. Além disso, mecanismos de proteção, como seguros contra fraudes e garantias de execução dos contratos inteligentes, devem ser implementados para aumentar a confiança dos investidores.

A transparência é uma das principais vantagens da blockchain, pois cada transação é registrada de forma imutável e verificável. No entanto, é essencial que as plataformas de tokenização forneçam informações claras e precisas sobre os ativos tokenizados, incluindo a avaliação dos imóveis, os rendimentos esperados e os riscos associados. Além disso, a governança é crucial para garantir que os investidores tenham voz nas decisões que afetam seus investimentos. As plataformas de tokenização devem implementar mecanismos de governança que permitam aos investidores votar em questões importantes e influenciar a gestão dos ativos tokenizados.

5. VANTAGENS DA TOKENIZAÇÃO

Acessibilidade

A tokenização permite que investidores de diferentes perfis participem do mercado imobiliário, adquirindo frações de direitos econômicos. Isso torna o mercado acessível para pequenos investidores, que anteriormente eram excluídos devido aos altos custos de entrada.

A acessibilidade proporcionada pela tokenização também permite que investidores de diferentes partes do mundo participem do mercado imobiliário global. Por exemplo, um investidor na Europa pode adquirir tokens representando uma fração de uma propriedade nos Estados Unidos, permitindo a diversificação geográfica do portfólio de investimentos. Além disso, a tokenização permite que investidores com diferentes níveis de capital participem do mercado imobiliário, desde pequenos investidores individuais até grandes investidores institucionais.

Liquidez

Diferentemente do mercado imobiliário tradicional, onde a venda de um imóvel completo pode ser um processo demorado, os investidores que possuem tokens podem comprar e vender frações de ativos imobiliários de maneira rápida, sem depender da venda do imóvel em si. Isso significa que, ao invés de aguardar a liquidação total de um bem, os investidores conseguem resgatar seu capital mais rapidamente ao vender seus tokens diretamente para outros interessados no mercado secundário.

Além disso, a presença de um mercado secundário proporciona uma dinâmica contínua de negociação, permitindo que esses tokens sejam novamente comercializados, gerando uma espécie de fluxo de liquidez no mercado. Isso se traduz em um acesso mais ágil ao capital investido, pois um investidor que precise de liquidez imediata pode vender parte ou a totalidade de seus tokens, liberando recursos de forma prática e sem a necessidade de alienação integral do bem tokenizado.

Transparência e segurança

A tecnologia blockchain permite o registro imutável de todas as transações, criando um histórico confiável e auditável de propriedade e transferências. Isso reduz o risco de fraudes e aumenta a confiança entre os participantes do mercado. A transparência também permite que os investidores monitorem o desempenho de seus ativos em tempo real, proporcionando uma visão clara e precisa de seus investimentos.

6. DESVANTAGENS E DESAFIOS

Desafios regulamentares

Apesar das numerosas vantagens, a tokenização dos direitos econômicos sobre imóveis também apresenta desafios significativos que precisam ser abordados para garantir sua adoção e sucesso a longo prazo. A falta de uma estrutura regulatória clara pode criar incertezas e riscos legais. Diferentes jurisdições têm diferentes leis e regulamentos que podem complicar a tokenização de imóveis.

A regulamentação da tokenização varia de uma jurisdição para outra. Nos Estados Unidos, por exemplo, a SEC tem emitido orientações sobre a tokenização de ativos e a conformidade com as leis de valores mobiliários. Na União Europeia, a ESMA também tem abordado a questão da tokenização e sua regulamentação. É essencial que os desenvolvedores de plataformas de tokenização e os investidores estejam cientes das regulamentações aplicáveis em suas jurisdições para garantir a conformidade legal.

No Brasil, a CVM tem monitorado de perto o avanço das tecnologias blockchain e a emissão de tokens, reconhecendo seu potencial transformador no mercado financeiro. A Instrução CVM 88 representa a normativa mais segura para a tokenização de ativos imobiliários, pelo menos por enquanto.

Riscos Tecnológicos e Adoção do Mercado

Embora a tecnologia blockchain e os contratos inteligentes ofereçam soluções robustas, sua infalibilidade não é garantida, e eventuais falhas ou bugs podem abalar a confiança do mercado nesses recursos tecnológicos. A adoção de blockchain também enfrenta resistência, sobretudo entre proprietários de imóveis e investidores tradicionais, que muitas vezes demonstram cautela em relação à integração de novas tecnologias no mercado imobiliário.

Além disso, a falta de conhecimento sobre blockchain e tokenização é um obstáculo que pode retardar a adoção em larga escala, dado que o entendimento pleno dessas tecnologias ainda não é amplamente difundido. A volatilidade dos preços dos tokens imobiliários também gera preocupação quanto à estabilidade do investimento, tornando o cenário mais desafiador para quem busca segurança em seus aportes. Mesmo com a segurança reforçada da blockchain, o mercado deve lidar com esses riscos e barreiras educacionais para consolidar sua confiança e aceitação ampla.

7. EXEMPLOS PRÁTICOS DE TOKENIZAÇÃO

Para ilustrar melhor o funcionamento da tokenização dos direitos econômicos sobre imóveis, é útil apresentar exemplos práticos de projetos que já utilizam essa tecnologia.

Estudos de Caso

I. *Aspen Digital Token:* O Aspen Digital Token foi um dos primeiros exemplos de tokenização de imóveis de alto valor. Este projeto tokenizou uma participação no St. Regis Aspen Resort, um hotel de luxo em Aspen, Colorado. Os tokens emitidos representavam uma participação na propriedade e permitiam que investidores de todo o mundo comprassem e vendessem suas participações em mercados secundários. Isso trouxe maior liquidez ao mercado de imóveis de luxo, que tradicionalmente tem baixa liquidez.

II. *RealT:* RealT é uma plataforma que permite a tokenização de propriedades residenciais nos Estados Unidos. Cada propriedade listada na plataforma é dividida em tokens, que representam uma participação nos rendimentos de aluguel e na valorização do imóvel. Os tokens são negociáveis em mercados secundários, proporcionando maior liquidez aos investidores. Além disso, a plataforma utiliza contratos inteligentes para distribuir automaticamente os rendimentos de aluguel aos detentores de tokens.

III. *Ribus:* A Ribus é uma das principais plataformas de tokenização de imóveis, oferecendo uma ampla gama de serviços para facilitar a tokenização de ativos imobiliários, permitindo que desenvolvedores e proprietários de imóveis comerciais e residenciais emitam tokens representando participações em suas propriedades. Os tokens podem ser comprados e vendidos por investidores em mercados secundários e subsequentes, proporcionando maior liquidez aos imóveis. A empresa utiliza a tecnologia blockchain para garantir a integridade das transações e proteger os interesses dos investidores, garantindo a conformidade com as regulamentações de valores mobiliários, proporcionando um ambiente seguro e regulado para a negociação de tokens imobiliários.

Transferência de Tokens

Podemos sugerir alguns modelos disruptivos e inovadores de tokenização, como, por exemplo, um conceito revolucionário de transferência de tokens de propriedade sem a necessidade de lavrar escrituras, registro em cartório e pagamento de ITBI. Neste caso, todos os imóveis tokenizados permanecem registrados em nome da plataforma perante o Registro Geral de Imóveis (RGI). Dessa forma, as transferências dos tokens representativos de propriedade são realizadas internamente na plataforma, através da movimentação dos tokens entre os usuários.

Esse modelo apresenta diversas vantagens, como a eliminação de custos associados a escrituras e registros, além da agilidade nas transações. Por outro lado,

TOKENIZAÇÃO DOS DIREITOS ECONÔMICOS DE IMÓVEIS

também pode trazer desafios, como a necessidade de regulamentação específica e a aceitação desse formato pelos órgãos reguladores e pelo mercado.

Importante esclarecer que a transferência de tokens de propriedade não implica automaticamente na transferência da titularidade do próprio imóvel. Para que alguém seja reconhecido legalmente como proprietário de um imóvel, é imprescindível que o título de propriedade seja registrado no Registro Geral de Imóveis (RGI) competente, conforme determina o art. 1.245[6] do Código Civil Brasileiro.

Os tokens funcionam como representações digitais de frações de direitos sobre o imóvel e permitem a negociação desses direitos de maneira rápida e eficiente por meio da tecnologia blockchain. No entanto, esses tokens não substituem o registro formal no RGI, que é o ato jurídico necessário para conferir publicidade, segurança jurídica e oponibilidade a terceiros, conforme estabelecido no art. 1.227[7] do Código Civil.

Assim, embora a posse dos tokens possa conferir ao investidor certos direitos econômicos, como a participação nos rendimentos de aluguel ou na valorização do imóvel, a titularidade formal do imóvel permanece com o detentor do registro no RGI.

Portanto, no modelo sugerido, os atuais detentores de tokens na plataforma têm a opção de solicitar a queima destes criptoativos a qualquer momento e registrar definitivamente o imóvel em seu nome no RGI. Esse processo proporciona flexibilidade e segurança aos investidores, permitindo que eles exerçam total controle sobre seus ativos.

Transferência de Tokens por Doação e Herança

A transferência de tokens imobiliários pode ocorrer de forma similar à transferência de outros bens móveis. Em casos de doação, o doador pode transferir os tokens diretamente para o endereço de carteira do donatário na plataforma, sem necessidade de formalidades adicionais.

No caso de herança, os tokens imobiliários deverão ser incluídos no processo de inventário dos bens do falecido. A plataforma poderá fornecer um relatório detalhado dos tokens detidos pelo falecido, facilitando a identificação e divisão dos ativos entre os herdeiros. A transferência dos tokens para os herdeiros será

---

6. Art. 1.245. Transfere-se entre vivos a propriedade mediante o registro do título translativo no Registro de Imóveis.
7. Art. 1.227. Os direitos reais sobre imóveis constituídos, ou transmitidos por atos entre vivos, só se adquirem com o registro no Cartório de Registro de Imóveis dos referidos títulos (arts. 1.245 a 1.247), salvo os casos expressos neste Código.

realizada mediante apresentação de documentação legal que comprove a conclusão do inventário e a partilha dos bens.

Resolução 88 da CVM[8] e Crowdfunding Tokenizado

A Instrução 88 da CVM regulamenta o *crowdfunding* de investimento no Brasil, permitindo que pequenas e médias empresas captem recursos diretamente do público investidor. No contexto da tokenização, o *crowdfunding* tokenizado emerge como uma poderosa ferramenta para financiar projetos imobiliários, democratizando o acesso ao investimento imobiliário e ampliando as oportunidades para pequenos investidores.

O *crowdfunding* tokenizado permite que projetos imobiliários emitam tokens representando frações do empreendimento, que podem ser adquiridos por investidores de diversas partes do mundo. A tecnologia blockchain garante a segurança e a transparência das transações, enquanto os contratos inteligentes automatizam o processo de distribuição de rendimentos e a execução de direitos dos investidores.

A segurança jurídica do *crowdfunding* tokenizado é reforçada pela conformidade com as regulamentações da CVM, que exigem a divulgação de informações detalhadas sobre o projeto e os riscos associados, bem como a implementação de mecanismos de proteção aos investidores. Isso inclui a segregação dos recursos captados, a auditoria periódica das contas e a garantia de que os tokens emitidos estejam em conformidade com as leis de valores mobiliários.

Além disso, o *crowdfunding* tokenizado oferece vantagens significativas em termos de custo e eficiência. Ao eliminar a necessidade de intermediários tradicionais, como bancos e corretoras, os custos de transação são reduzidos, tornando o investimento mais acessível. A automação dos processos através de contratos inteligentes também aumenta a eficiência e a rapidez das transações, beneficiando tanto os emissores quanto os investidores.

8.   FUTURO DA TOKENIZAÇÃO IMOBILIÁRIA

Tendências e inovações

O futuro da tokenização imobiliária é promissor, com muitas oportunidades para inovação e crescimento. A tokenização tem o potencial de transformar completamente o mercado imobiliário, tornando-o mais acessível, eficiente e transparente.

A adoção da tokenização imobiliária deve ser acompanhada de uma harmonização das leis para facilitar a adoção global da tokenização de imóveis.

---

8. Disponível em: https://conteudo.cvm.gov.br/legislacao/resolucoes/resol088.html.

Isso inclui a criação de diretrizes específicas para a tokenização de imóveis, a proteção dos investidores e a promoção da transparência nas transações. A colaboração entre reguladores, desenvolvedores de tecnologia e participantes do mercado é crucial para criar um ambiente seguro e confiável para a tokenização de imóveis.

Além disso, a educação e a conscientização sobre os benefícios e riscos da tokenização são fundamentais para promover sua adoção em larga escala. Programas de treinamento e certificação podem ajudar a disseminar o conhecimento e construir a confiança na nova tecnologia. A confiança na tecnologia blockchain e nos contratos inteligentes pode ser fortalecida através da auditoria e certificação de plataformas de tokenização por terceiros independentes.

Investir em tecnologias robustas de segurança cibernética é essencial para proteger os ativos tokenizados contra ataques e fraudes. A confiança na tecnologia blockchain e nos contratos inteligentes pode ser fortalecida através da auditoria e certificação de plataformas de tokenização por terceiros independentes.

Impacto no mercado imobiliário

A tokenização também pode abrir novas oportunidades para o financiamento de projetos imobiliários. Ao permitir que os desenvolvedores emitam tokens representando participações em suas propriedades, a tokenização pode ajudar a atrair um pool maior de investidores e facilitar o financiamento de novos projetos. Isso pode acelerar o desenvolvimento imobiliário e promover a inovação no setor.

A tokenização pode facilitar a criação de comunidades de investidores com interesses comuns. Por exemplo, investidores que compartilham um interesse em projetos de desenvolvimento sustentável podem se reunir para financiar projetos imobiliários verdes através da tokenização.

9. CONSIDERAÇÕES FINAIS

Resumo dos benefícios e desafios

A tokenização dos direitos econômicos sobre imóveis, possibilitada pela tecnologia blockchain, representa uma transformação significativa no setor imobiliário. Com benefícios claros em termos de acessibilidade, liquidez, transparência e redução de custos, a tokenização também apresenta desafios que precisam ser abordados para garantir um crescimento sustentável. A introdução de propriedades descentralizadas, onde direitos de uso, econômicos e de governança são fracionados e distribuídos, abre novas possibilidades para investidores e proprietários, revolucionando a forma como os imóveis são possuídos e gerenciados.

Perspectivas e recomendações

Para que essa transformação seja bem-sucedida, é essencial que haja uma compreensão clara dos benefícios e desafios envolvidos, além de uma abordagem proativa para superar os obstáculos regulamentares e tecnológicos. A educação e conscientização sobre os benefícios e riscos da tokenização são fundamentais para promover sua adoção em larga escala.

Além disso, é importante que os investidores estejam cientes dos riscos associados à volatilidade do mercado e adotem estratégias de mitigação de riscos. A diversificação dos investimentos e o acompanhamento constante do mercado são essenciais para gerenciar a volatilidade e garantir a estabilidade dos investimentos em tokens imobiliários.

A tokenização dos direitos econômicos sobre imóveis tem o potencial de democratizar o acesso ao mercado imobiliário, tornando-o mais inclusivo e acessível para uma ampla gama de investidores. No entanto, para realizar plenamente esse potencial, é necessário abordar os desafios regulamentares, tecnológicos e educacionais que ainda persistem. Com uma abordagem cuidadosa e bem-informada, a tokenização pode transformar o setor imobiliário, proporcionando um mercado mais eficiente, transparente e acessível para todos.

10. REFERÊNCIAS

BUTERIN V. A Next-Generation Smart Contract and Decentralized Application Platform. Retrieved from: ethereum.org/whitepaper. 2014.

GELTNER D, MILLER N, CLAYTON J, EICHHOLTZ PMA. Commercial real estate analysis and investments. USA: South-Western Educational Pub, 2013.

HOESLI M. & MACGREGOR B. D. *Property Investment*: Principles and Practice of Portfolio Management. Pearson Education. 2000.

NAKAMOTO, S. *Bitcoin*: A Peer-to-Peer Electronic Cash System. Bitcoin.org. 2008.

SCHREIBER, Anderson. *Manual de Direito Civil Contemporâneo*. 5. ed. São Paulo: SaraivaJur, 2022.

SZABO N. *The Idea of Smart Contracts*. Retrieved from: szabo.best.vwh.net/smart.contracts.html. 1997.

TAPSCOTT D. & TAPSCOTT A. *Blockchain Revolution*: How the Technology Behind Bitcoin Is Changing Money Business and the World. Penguin/ Portfolio. New York 2016.

TAPSCOTT D. & TAPSCOTT A. *Blockchain Revolution*: How the Technology Behind Bitcoin and Other Cryptocurrencies is Changing the World. Penguin/ Portfolio. New York. 2018.

LOCAÇÃO – A EVOLUÇÃO DO MERCADO NAS ÚLTIMAS TRÊS DÉCADAS – DA LEI DO INQUILINATO AO PÓS-PANDEMIA

Luiz Claudio Oliveira Moreira

Pós-graduado em direito imobiliário pela EMERJ/RJ. Especialista em direito civil e processual civil pela FGV/RJ. Professor, parecerista e articulista. Corretor de imóveis atuando há mais de três décadas no mercado imobiliário. Empresário do ramo imobiliário e de seguros. Membro da diretoria do SECOVI/RIO e ADEMI/Niterói. Conselheiro titular do conselho de contribuintes do município de Niterói, RJ. Advogado.

Sumário: 1. Introdução – 2. Contexto histórico da legislação – 3. O crescimento do mercado de locação nas últimas décadas; 3.1 O dirigismo estatal e os entraves para a evolução do mercado de aluguel; 3.2 Mudanças no ambiente político e econômico na década de 1990 e a consequente retomada do mercado de locação de imóveis; 3.3 O início da retomada; 3.3.1 Domando o dragão e arrumando a casa; 3.3.2 O início da digitalização e profissionalização do mercado imobiliário de locação; 3.3.3 A pandemia e a aceleração das mudanças – 4. Conclusão – 5. Referências.

1. INTRODUÇÃO

Nas últimas três décadas, o mercado de aluguéis no Brasil passou por transformações significativas, influenciadas por fatores econômicos, legislativos e tecnológicos. A Lei do Inquilinato, promulgada em 1991, estabeleceu um novo marco regulatório nas relações locatícias, buscando equilibrar os direitos e deveres de locadores e locatários tendo papel fundamental na estruturação do mercado.

Com o passar dos anos, a referida legislação se consolidou definindo regras claras para contratos de locação, protegendo os inquilinos contra práticas abusivas, como por exemplo, a criação de limites para o reajuste dos aluguéis e limitando-os a um índice preestabelecido, proporcionando maior tranquilidade para os mesmos.

Para os locadores trouxe aumento da segurança jurídica, introduzindo a figura do seguro-fiança como garantia opcional ao fiador tradicional e a possibilidade de despejo liminar em alguns casos.

Nas locações comerciais, passou a regular o direito à renovação do contrato de forma coercitiva, desde que respeitados alguns critérios. Também criou a figura da ação revisional do aluguel, visando restabelecer o valor do locativo ao valor do mercado após três anos de vigência do contrato.

Esses são alguns aspectos que contribuíram para um mercado mais dinâmico e adaptável às necessidades contemporâneas.

Mesmo com a eficácia da legislação, o mercado enfrentou altos e baixos com períodos de crise econômica alternando com momentos de otimismo e preocupação. O avanço da tecnologia nas operações de administração de locações, seguida pela pandemia de COVID-19, trouxeram desafios sem precedentes ao setor. A crise do coronavírus acelerou sobremaneira as mudanças que já estavam em curso, como a digitalização e a valorização de espaços mais flexíveis e adaptáveis ao trabalho remoto.

Neste artigo, faremos uma análise da evolução do mercado de locação desde a entrada em vigor da lei 8245/1991 até o pós-pandemia, destacando nossa percepção sobre esse importante segmento do mercado imobiliário.

2. CONTEXTO HISTÓRICO DA LEGISLAÇÃO

Antes de adentrarmos ao tema principal, necessário se faz uma breve digressão sobre o contexto histórico, conceito de locação, bem como, sobre o alcance da Lei do inquilinato.

Segunda doutrina de Venosa,[1] locação de coisa se dá quando uma pessoa (o locador) se obriga a entregar o uso e gozo de uma coisa durante um certo tempo a outra (o locatário), o qual, por sua vez, se obriga a pagar um preço. O código civil de 1916 tratou da locação de coisas em geral nos arts. 1.188 a 1.199 e da locação de prédios nos arts. 1.200 a 1.209, com disposição especial para os prédios urbanos no art. 1.210 e disposição para os prédios rústicos nos arts. 1.211 a 1.1215.

Desde a entrada em vigor do código de Beviláqua, a legislação inquilinatícia no Brasil tem um histórico complexo e detalhado, refletindo as mudanças sociais e econômicas ao longo do tempo. Foi ele o primeiro marco regulatório específico para locações. Nos poucos artigos dedicados à locação foram abordados aspectos relativos ao aluguel de imóveis, mas de maneira muito geral.

Em seguida foi publicado o Decreto Legislativo 4.403 de 1921, que vigorou até 1928 e foi sucedido por outras normas, como o Decreto-Lei 24.150 de 1934, conhecido como "Lei de Luvas", que interveio nas relações locatícias não residenciais, proibindo a prática de cobrança de luvas, que se configurava como uma taxa extra para a renovação de contratos comerciais, estabelecendo assim, a ação renovatória para proteger o ponto comercial do locatário.

---

1. Venosa, Sílvio de Salvo. Lei *do inquilinato comentada*: doutrina e prática: Lei 8245/1991. 8. ed. São Paulo: Atlas, 2005, p. 05.

LOCAÇÃO – A EVOLUÇÃO DO MERCADO NAS ÚLTIMAS TRÊS DÉCADAS

Antes da vigência do referido decreto, o pagamento de luvas dava margem ao enriquecimento sem causa do Locador, pois, o Locatário, após agregar valor ao ponto comercial com o fruto de seu trabalho e investimento, não tinha nenhum instrumento jurídico para proteger o direito de inerência ao ponto, ficando à mercê do Locador que, no ato da renovação locatícia, poderia exigir luvas e, não sendo estas pagas, ficaria com o ponto comercial a "custo zero" e toda sobrevalorização resultante dos esforços do Locatário.

Com os efeitos da segunda guerra mundial (1939-1945) até o ano de 1964 (marcado pelo golpe militar), o Brasil editou 21 leis "temporárias/transitórias" para regular o caos social instaurado por efeito das guerras em todo o mundo devido à escassez de imóveis.

Com isso, até meados do século XX predominou o sistema de livre mercado. A partir da década de 1950 seguiu-se uma fase de forte dirigismo do Estado. Citamos como exemplo a Lei 1.300/1950, que praticamente paralisou o setor, graças às restrições que impôs aos locadores durante quase quatorze anos, em que não se podia reajustar os aluguéis (art. 3º Lei 1300/50). Ou ainda, a impossibilidade de denúncia do contrato, a não ser, que o proprietário preenchesse uma das possibilidades elencadas no art. 15 da citada norma.

Por quatorze anos a Lei 1300/50 foi renovada, até que em 1964 foi revogada pela Lei 4494/1964 que teve vigência por uma década e meia. Esta legislação mitigou em parte a situação dos locadores, permitindo o reajuste dos locativos de acordo com índices de correção monetária. Porém, foram mantidas as restrições à retomada pelos locadores.

Em 1979, foi promulgada a Lei 6.649/79, que só entrou em vigor em 1981. Essa legislação introduziu regras mais detalhadas e rígidas sobre as locações urbanas. Estabeleceu prazos mínimos para contratos e regulamentou reajustes de aluguel. Registre-se que antes da entrada em vigor desta norma, no ano de 1967 foi publicada a Lei 5.334/1967, que tratou exclusivamente da questão dos reajustes do aluguel, flexibilizando de forma tímida a possibilidade do locador repor o valor do locativo à realidade do mercado, contudo, com o choque do petróleo ocorrido em 1970, a inflação voltou forte e tudo retornou à estaca zero.

A atual legislação do Inquilinato, Lei 8.245/1991, que vige atualmente, teve como desafio a regulação das relações de locação de imóveis urbanos em todo território nacional, sejam residenciais ou comerciais.

A locação de imóveis rústicos continua sob a égide do código civil e demais legislações afins. Neste sentido, deve ser observada a destinação do imóvel para considerarmos se a locação será regida pela norma especial ou pela norma geral. A melhor doutrina entende que essa distinção se dará, principalmente, com relação à destinação do imóvel, sendo este conceito extraído do art. 4º, I da Lei 4.504/1964.[2]

Além dos dispositivos que regulamentam o direito material, a Lei do Inquilinato trouxe em seu bojo a regulamentação processual, sendo um microssistema dentro do macrossistema processual no ordenamento jurídico.

A nosso sentir, esse foi um ponto crucial para o sucesso desta legislação, já que regulou de forma pontual cada procedimento que envolve as locações.

Decorridos mais de três décadas, desde sua promulgação, ela mantém sua espinha dorsal inalterada, recebendo adequações pontuais para adequar-se às mudanças sociais, porém, sem se afastar dos seus objetivos principais:[3]

- Introduzir uma gradual liberação do mercado;
- incentivar a construção de novas unidades para locação;
- acelerar a prestação jurisdicional;
- unificar o regime jurídico da locação.

Nos parece que boa parte destes objetivos foram alcançados, contudo, ainda há o que ser feito em relação a alguns pontos, como por exemplo, dar mais celeridade na prestação jurisdicional.

Depois de três décadas, sem dúvida, houve avanços que devem ser louvados por todos que atuam neste mercado.

3. O CRESCIMENTO DO MERCADO DE LOCAÇÃO NAS ÚLTIMAS DÉCADAS

3.1 O dirigismo estatal e os entraves para a evolução do mercado de aluguel

O dirigismo estatal, caracterizado pela intervenção direta do Estado na economia, sem dúvida, foi o responsável por diversos entraves para a evolução do mercado de aluguel até as últimas décadas do século XX.

Essa intervenção se manifestou por meio de regulamentações rígidas, controle de preços e políticas habitacionais que, embora muitas vezes visaram proteger inquilinos e promover a acessibilidade, na realidade geraram efeitos adversos.

---

2. Art. 4º Para os efeitos desta Lei, definem-se:

   I – "Imóvel Rural", o prédio rústico, de área contínua *qualquer que seja a sua localização* que se destina à exploração extrativa agrícola, pecuária ou agroindustrial, quer através de planos públicos de valorização, quer através de iniciativa privada.

3. SOUZA, Sylvio Capanema de. *A nova Lei do Inquilinato comentada*. Rio de Janeiro : Forense, 1993. p. 2.

Alguns dos principais entraves que o dirigismo estatal causou ao mercado de aluguel, principalmente a partir da década de 1940, foram:

1. Controle de Aluguel.

O controle de preços foi política comum em vários períodos da história recente do Brasil. Os governos que se sucederam desde meados do século XX, impuseram limites ao valor que os proprietários podiam cobrar pelo aluguel de suas propriedades, bem como, aos reajustes. Embora essa medida tenha ajudado a manter os aluguéis acessíveis em áreas de alta demanda, por outro lado, desincentivavam os proprietários a investir em novas propriedades ou em realizar melhorias nas existentes, devido à redução da rentabilidade.

2. Regulamentações Excessivas.

Excessivas regulamentações sobre contratos de aluguel, direitos de despejo, reajustes, retomada por denúncia vazia e outros aumentaram os custos de gerenciamento e operação das propriedades locadas. Esses custos adicionais passaram a ser repassados aos inquilinos na forma de aluguéis mais altos.

3. Incerteza Jurídica.

Políticas de dirigismo que mudavam frequentemente criavam um ambiente de incerteza para os investidores e proprietários de imóveis. A incerteza jurídica fez com que os investidores hesitassem em investir no mercado imobiliário, reduzindo, assim, o capital disponível para a expansão e melhoria do estoque habitacional.

Embora a intenção por trás do dirigismo estatal tenha sido ajudar, visando proteger inquilinos e promover a acessibilidade habitacional, infelizmente, o tiro saiu pela culatra e levou à escassez de imóveis disponíveis para alugar e à deterioração da qualidade dos já existentes.

Com vistas ao futuro, devemos aprender com os erros do passado, entendendo que é crucial que tais políticas sejam cuidadosamente calibradas para evitar efeitos colaterais adversos como os que foram percebidos no século passado.

Frequentes publicações nos jornais brasileiros entre as décadas de 1940 e 1970 defendendo e ao mesmo tempo demonstrando as consequências de uma legislação desequilibrada em favor do inquilino. Fonte https://arquiteturadaliberdade.wordpress.com/

3.2 Mudanças no ambiente político e econômico na década de 1990 e a consequente retomada do mercado de locação de imóveis

A década de 1990 foi um período de transformações significativas no Brasil, marcado por uma série de reformas políticas e econômicas que redefiniram o cenário nacional. Após um processo de redemocratização iniciado na década anterior, o país vivenciou suas primeiras eleições diretas para presidente em mais de trinta anos, culminando na eleição de Fernando Collor de Mello em 1989.

O governo Collor implementou medidas controversas, como o confisco de poupanças, mas, por outro lado, iniciou o processo de abertura e desnacionalização com a implementação de políticas neoliberais que buscavam reduzir a participação do Estado e incentivar a atuação de empreendedores privados e do capital internacional.

A democracia estava dando seus primeiros passos, com isso, várias atitudes do governo recém-eleito desagradaram grande parte dos deputados e senadores eleitos, somado à descoberta de diversas falcatruas, que acabaram levando ao *impeachment* do presidente.

No mercado de locação, a década de 1990 representou um período de novos desafios e oportunidades. A abertura da economia, a criação do Código de Defesa do Consumidor, o Plano Real e a promulgação da Lei do Inquilinato foram fatores que influenciaram diretamente o setor.

3.3 O início da retomada

Dentre os operadores do mercado imobiliário, é consenso que a atual Lei do Inquilinato trouxe o equilíbrio necessário e ajudou a apaziguar os ânimos, estabelecendo os direitos e deveres tanto dos locadores quanto dos locatários, proporcionando um ambiente de negociação mais justo e transparente.

Isso foi crucial para a confiança dos investidores e para a saúde financeira do setor, que dependia de um quadro legal claro e estável para prosperar. Com a legislação em vigor, o mercado imobiliário pôde se desenvolver de forma mais dinâmica e resiliente, adaptando-se às tendências econômicas e às expectativas dos consumidores.

Como resultado, verificou-se um crescimento paulatino do padrão de profissionalismo dos agentes que atuam no setor de locações, seja corretor, imobiliária ou empresas que oferecem serviços terceirizados, como seguradoras etc.

Diferente do que foi alardeado pelos que eram contra o liberalismo introduzido pela novel legislação e que chegaram a afirmar que "ela era o produto da ganância e insensibilidade social de proprietários e administradores de imóveis que, por meio de seus órgãos representativos, redigiram o anteprojeto e lograram aprová-lo no congresso",[4] a nova lei foi e tem sido o sustentáculo do avanço do mercado de aluguel.

A locação sempre foi o "patinho feio" do mercado. Poucos eram os empreendedores que se aventuravam na administração de aluguel, pois o ambiente conflituoso instaurado entre inquilinos e senhorios fazia com que esses profissionais labutassem muito mais do que aqueles que intermediavam a compra e venda.

Outro fator que afugentava os corretores da administração de locação era a dificuldade de obter resultado justo na cobrança de comissionamento. Inflação alta e falta de profissionalismo do setor, somados a todo um contexto histórico que culminou com uma visão distorcida dos proprietários em relação ao mercado, dificultavam a cobrança de honorários.

Com a economia mais previsível e sem inflação, aos poucos, os proprietários de imóveis vazios passaram a trazê-los para o mercado. Além disso, em momentos de baixa nas taxas de juros, a rentabilidade de ativos imobiliários alugados passou a ser atraente do ponto de vista financeiro.

Como consequência, a partir do ano de 2005 o mercado de locação passou a ficar aquecido, culminando com a entrada de diversas novas empresas disputando espaço nesse segmento, algumas, com vultosos aportes de capital estrangeiro.

Quase duas décadas depois do início da chamada era de ouro do mercado imobiliário, observou-se uma queda gradativa na oferta de imóveis residenciais para locação. Essa escassez se deve, em parte, pela estagnação do mercado de lançamentos, ocorrida a partir do ano de 2015.

---

4. SOUZA, Sylvio Capanema de. *A nova Lei do Inquilinato comentada*. 10. ed. Rio de Janeiro: Forense, 2017.

O número de novas unidades entregues na última década veio decrescendo, culminando com a escassez que se vê nos dias de hoje. O resultado é um crescente aumento do valor dos aluguéis nos últimos doze meses.

3.3.1 Domando o dragão e arrumando a casa

O "dragão da inflação" era um dos fantasmas que assombravam o mercado. Lembro-me que, em 1992, quando iniciei minha jornada, era comum que o valor do aluguel ao final do contrato fosse inferior ao valor da conta de luz que o inquilino pagava, tamanha a defasagem causada pelo descontrole inflacionário.

A partir da década de 1990, dois fatores foram cruciais para a retomada do setor.

O primeiro foi o sucesso do plano real, que conseguiu debelar a inflação, que no início da década era de 80% *ao mês*. Com o passar dos anos foi recuando, até que no final dos anos 2000 chegou a ser de 5,97% *ao ano*.

---

5. Fonte: ABECIP.
6. Fonte: CEPAI/SECOVIRIO.

O segundo fator foi a entrada em vigor da lei do inquilinato. Para exemplificar, destacamos duas situações de ordem prática que foram fundamentais:

- Os contratos residenciais celebrados por trinta meses não poderiam ser rescindidos pelo locador sem justa causa antes de seu termo. O locatário, todavia, passou a ter direito a resilir o contrato, pagando a multa estipulada. Por outro turno, decorrido o prazo contratual, ele poderia retomar a posse direta do imóvel pela denúncia imotivada.

- Os aluguéis passaram a ser reajustados anualmente pelo índice estabelecido entre as partes. Decorridos três anos, caso o valor do contrato estivesse desalinhado com mercado, os envolvidos poderiam revê-lo por acordo. Caso não chegassem a um consenso, caberia uma ação judicial para ajustar o valor da locação.

Somado a isso, a jurisprudência foi se consolidando a favor da aplicação das normas contidas na Lei 8.245/1991, tornando as relações entre locadores e locatários mais previsíveis e sem tanta interferência estatal, culminando no cenário que temos atualmente.

3.3.2 O início da digitalização e profissionalização do mercado imobiliário de locação

A digitalização e profissionalização do mercado imobiliário de locação, principalmente a partir do ano 2000, representaram uma transformação significativa no setor. Este processo, acelerado pela pandemia, trouxe uma série de inovações e mudanças na maneira como as transações imobiliárias passaram a ser realizadas. A adoção de tecnologias digitais permitiu uma maior eficiência e transparência nas operações, além de facilitar o acesso a informações e serviços imobiliários.

---

7. Fonte: https://www.paulogala.com.br/o-caos-da-inflacao-nos-anos-80/.

O avanço do uso da internet revolucionou a forma como as propriedades eram anunciadas e encontradas. Os classificados impressos passaram a perder força. Plataformas como o "Planeta Imóvel", que foi o precursor do poderoso "ZAP", surgiram com o objetivo de facilitar a vida de quem procurava um imóvel, mudando drasticamente o panorama, permitindo que proprietários e inquilinos se conectassem de maneira mais eficiente.

Com a implementação de plataformas online (CRM), os processos tornaram-se mais ágeis e menos burocráticos, proporcionando uma experiência melhor, tanto para locadores quanto para locatários.

A utilização de recursos digitais como os sistemas de gestão imobiliária (ERP), mudaram a forma como os negócios eram conduzidos e gerenciados. As empresas passaram a abandonar os controles físicos, reduzindo o tempo na gestão, dando maior confiabilidade à gestão dos negócios.

Os arquivos físicos passaram a ser substituídos por "harddisks" e em seguida pelo armazenamento em nuvem. Os contratos passaram a ser digitalizados e assinados eletronicamente. Formas de pagamento digitais como TED e DOC passaram a substituir os cheques até que o surgimento do "pix" levou as transações bancárias a um novo patamar.

Fonte: FEBRABAN

A partir da década de 2010 o mercado de locação que, até então, era considerado o "patinho feio" do imobiliário, passou a ter relevância, passando a ser disputado por empresas que antes só tinham olhos para a compra e venda.

O ano de 2013 marcou definitivamente a mudança do setor com o surgimento da startup "quinto andar". Ela iniciou a operação no mercado de aluguel administrando o recebimento do aluguel pago pelo inquilino e repassando-o ao proprietário, dispensando a apresentação de garantias. Além disso, a referida startup trouxe inovações tecnológicas e uma visão moderna que mudou a relação entre administradores e clientes.

LOCAÇÃO – A EVOLUÇÃO DO MERCADO NAS ÚLTIMAS TRÊS DÉCADAS **249**

A partir daí, as empresas ditas "tradicionais" viram-se obrigadas a se atualizar, sob pena de ver seus clientes migrando para essa nova realidade. A profissionalização começou a ser vista como única forma de se adequar aos novos tempos.

Instituições de classe como o Conselho Federal de Corretores de Imóveis (COFECI) e os Conselhos Regionais de Corretores de Imóveis (CRECI) no Brasil começaram a oferecer cursos e certificações para garantir que os profissionais do setor estivessem atualizados com as melhores práticas e regulamentações.

Esse amadurecimento da profissão é evidenciado pelo aumento no número de profissionais qualificados vindos de outras áreas e pela criação de padrões e normativas que regulamentam as práticas de mercado. Isso inclui a formação de corretores de imóveis com conhecimentos especializados em tecnologia e marketing digital, bem como, a implementação de códigos de ética e conduta dentro das empresas visando assegurar a integridade das transações.

3.3.3 A pandemia e a aceleração das mudanças

Até o final dos anos 2019 as mudanças iniciadas ainda na década de 1990, vinham sendo introduzidas no mercado de forma gradativa, porém, em ritmo cada vez mais intenso. Ocorre que no início do ano de 2020 o planeta praticamente parou, devido à necessidade de adaptação ao isolamento social imposto pela pandemia de COVID-19.

As empresas imobiliárias viram-se impelidas a incorporar em seu dia a dia tecnologias que permitissem a continuidade dos negócios de forma remota, o que até então já existia, porém, era pouco utilizado. Isso incluiu visitas virtuais, assinatura eletrônica de contratos, reuniões via aplicativos. Até os cartórios tiveram que incorporar essas tecnologias.

Fato é que, com o fim das restrições, percebeu-se que muitas das inovações introduzidas no momento de crise, proporcionaram uma experiência mais conveniente e eficiente para os clientes, que passaram a explorar opções de moradia, realizar simulações de financiamento e até mesmo fechar negócios integralmente online.

Além disso, a análise de dados e o uso de inteligência artificial vêm contribuído para uma tomada de decisão mais assertiva e estratégica. Essas ferramentas digitais também passaram a ter papel crucial na personalização dos serviços, permitindo que as imobiliárias atendam às necessidades específicas de cada cliente.

Não há dúvida de que essa tendência de digitalização é um caminho sem volta. A adoção de estratégias digitais eficazes tornou-se essencial para as empresas que desejam prosperar no novo ambiente de mercado. Isso envolve não apenas a implementação de tecnologias, mas também a compreensão de novos modelos de gestão, análise de dados para tomada de decisões assertivas e a promoção de uma cultura de inovação.

A pandemia também alterou a percepção das pessoas sobre as moradias. Com o aumento do trabalho remoto, muitos passaram a valorizar mais o espaço, conforto e lazer em suas residências, o que influenciou diretamente suas decisões de compra ou locação.

Investidores e proprietários, por sua vez, precisaram adaptar-se a essas novas demandas, reavaliando aspectos como localização, tamanho e qualidade dos imóveis em seu portfólio. Em resumo, a digitalização do mercado imobiliário pós-pandemia não foi apenas uma resposta temporária a uma crise global, mas sim uma evolução que ainda está redefinindo o setor.

O mercado imobiliário de locação se tornou cada vez mais dinâmico e adaptável às novas demandas dos consumidores, que buscam não apenas um imóvel, mas também conveniência, segurança e uma experiência de locação sem complicações.

Exemplo disso é o perfil das garantias utilizadas na locação. As garantias financeiras, como o seguro e a fiança onerosa, passaram a ganhar espaço, enquanto o fiador tradicional vem perdendo fôlego a cada ano. Diversas empresas que oferecem garantias pagas surgiram no pós-pandemia, ávidas por novos contratos. Esse tipo de garantia confere agilidade ao processo e confere uma segurança imediata que a fiança tradicional não consegue entregar. Essa, a nosso ver, é mais uma tendência sem volta.

4. CONCLUSÃO

Nessas quase três décadas e meia, as relações sociais foram alteradas significativamente, principalmente no pós-pandemia. Em que pese a eficácia da lei do inquilinato, urge a necessidade de serem enfrentadas algumas questões com uma nova adequação da norma.

Citamos, como exemplo, o PL 3.999/2020, que encontra-se tramitando na Câmara dos Deputados. O referido projeto dispõe sobre o despejo extrajudicial e a consignação extrajudicial de chaves.

Notadamente, esta é uma questão que merece toda a atenção e discussão na casa legislativa, pois, de um lado, quando houver inadimplemento da obrigação pelo inquilino, criará a possibilidade do locador reaver a posse direta do imóvel de forma mais rápida.

Atualmente, o tempo médio para desalijo do inquilino inadimplente varia entre um e dois anos, a depender de diversos fatores. Durante esse tempo, em se tratando de imóveis localizados em condomínios edilícios, acumula-se uma dívida com o condomínio, sem falar do IPTU. Mesmo que o contrato esteja garantido, essa demora causa grandes transtornos a todos.

Por outro lado, quem é contra este tipo de medida defende que isso poderá agravar ainda mais a situação do déficit habitacional, colocando na rua diversas famílias que não terão para onde ir em caso de despejo.

Para além dos interesses individuais dos agentes envolvidos neste mercado, entendemos que o impacto desta mudança será positivo. Espera-se um aumento da oferta de imóveis para locação, pois o maior medo do locador é ter um inadimplente que não sai do imóvel.

Essas alterações também refletem uma tendência de modernização e adaptação do setor às novas realidades sociais e econômicas, promovendo um ambiente mais equilibrado para todos os envolvidos.

O crescimento da participação do mercado de locações no cenário nacional está refletido no aumento de domicílios alugados, considerando os anos de 2016 a 2022, cujo percentual subiu de 19,7% para 23,2%, conforme apontam os dados da Pesquisa Nacional por Amostra de Domicílios Contínua (Pnad Contínua) Domicílios e Moradores, divulgada pelo IBGE.[8]

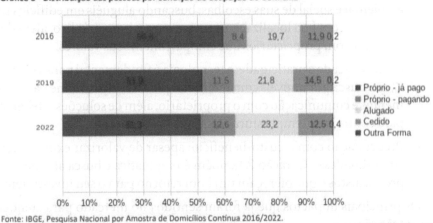

Gráfico 3 - Distribuição das pessoas por condição de ocupação do domicílio

Fonte: IBGE, Pesquisa Nacional por Amostra de Domicílios Contínua 2016/2022.

---

8. Fonte: IBGE.

Ainda há muito a avançar para que o Brasil alcance patamares similares aos de outros países, ou mesmo da média da América Latina, que é de 28% de domicílios alugados. Em países desenvolvidos, esse percentual pode chegar a 41%, como na Alemanha e 36%, como nos Estados Unidos.[9]

A continuidade do avanço da participação do aluguel no mercado imobiliário é uma tendência apontada por diversos analistas que apontam vários fatores para tanto. Um deles é a chegada da geração Z, nascida entre meados da década de 1990 e início dos anos 2010, que está trazendo consigo novas expectativas e comportamentos que impactam significativamente o setor imobiliário.

Algumas características definem a relação entre esta geração e o aluguel:

- Priorização da flexibilidade e mobilidade: A Geração Z valoriza a flexibilidade e a liberdade de se mudar com frequência, buscando aluguéis de curto prazo, sem burocracias complexas e com a possibilidade de rescisão rápida do contrato.

- Valorização da experiência e das comodidades: essa geração busca imóveis que ofereçam experiências e comodidades que agreguem valor ao seu dia a dia, como espaços compartilhados, áreas de lazer, serviços de coworking, sustentabilidade e tecnologia integrada.

- Consciência ambiental e social: a Geração Z se preocupa com o impacto ambiental e social de suas escolhas, buscando aluguéis em edifícios sustentáveis, com boa localização e acesso a transporte público, além de se conectar com proprietários que compartilhem seus valores.

- Conectividade e praticidade: a tecnologia é fundamental para a Geração Z, que busca por imóveis com internet rápida, serviços online para pagamentos e comunicação com o proprietário, além de soluções inteligentes para controle de temperatura, iluminação e segurança.

- Preocupação com o custo-benefício: apesar de valorizar experiências e comodidades, a Geração Z também é pragmática e busca aluguéis com preços justos e que ofereçam um bom retorno para o seu investimento.

Os principais impactos que já foram sentidos no mercado para atender a essa geração são:

- Mudança na oferta de imóveis: proprietários e incorporadoras precisaram se adaptar às demandas da Geração Z, oferecendo imóveis com as características que essa geração valoriza, como flexibilidade, experiências, sustentabilidade e tecnologia.

---

9. Disponível em: https://www.globalpropertyguide.com/.

- Novos modelos de aluguel: surgiram novas modalidades de aluguel, como coliving, flats e aluguéis de curto prazo, que atendem melhor às necessidades da Geração Z.

- Plataformas digitais: plataformas online facilitam a busca por aluguéis, a comunicação entre inquilinos e proprietários e a gestão de contratos, tudo de forma digital e prática.

- Relação mais próxima entre inquilinos e proprietários: A Geração Z busca uma relação mais próxima e transparente com os proprietários, valorizando a comunicação clara e o atendimento personalizado.

Espera-se que as novas gerações transformem o mercado de aluguel, impulsionando mudanças na oferta de imóveis, nos modelos de negócio e na relação entre inquilinos e proprietários.

Para se destacar nesse mercado, é fundamental que os personagens que nele atuam se adaptem às novas demandas dessas gerações, oferecendo soluções inovadoras, flexíveis e que atendam às suas expectativas, sob pena de não conseguir competir com os que já perceberam a grande oportunidade que vem pela frente.

5. REFERÊNCIAS

SOUZA, Sylvio Capanema de. *A nova Lei do inquilinato comentada*. Rio de Janeiro: Forense, 1993.

SOUZA, Sylvio Capanema de. *A nova Lei do inquilinato comentada*. 10. ed. rev., atual. e ampl. Rio de Janeiro: Forense, 2017.

VENOSA, Sílvio de Salvo. *Lei do inquilinato comentada*: doutrina e prática: Lei 8.245, de 18.10.1991. 8. ed. São Paulo: Atlas, 2005.

DA ATRAÇÃO À CONVERSÃO: O PAPEL VITAL DO MARKETING NA JORNADA DO CLIENTE ATÉ O CONTRATO IMOBILIÁRIO

Julio Cesar Rogério

Especialista em Marketing e Docência do Ensino Superior pela Universidade Cândido Mendes (UCAM) e em Gestão Estratégica em Marketing Digital pela Faculdade Prominas. Pós-graduando em Gestão Empresarial pela Faculdade Focus. Bacharel em Comunicação Social – Publicidade e Propaganda pela Universidade Salgado de Oliveira. Atua no mercado de comunicação desde 2001. Faz parte do corpo docente da Pós-Graduação em Estratégia em Conteúdo e Comunicação Digital da UNILASALLE – RJ. Professor do curso de Comunicação Social da UNIVERSO – RJ. Já palestrou e ministrou aulas em diversas empresas e universidades. Em 2005, fundou a Equilíbrio Digital, uma agência de marketing onde atua desde então, atendendo clientes de vários tamanhos e segmentos do mercado.

Sumário: 1. Introdução – 2. Conceitos básicos de marketing – 3. Equívocos a serem evitados – 4. Quem é o meu cliente?; 4.1 A jornada do cliente; 4.1.1 Jornada na locação; 4.1.2 Jornada na compra; 4.1.3 Jornada do proprietário; 4.1.4 Jornada do colaborador – 5. Como fazer? Metodologia AIDA – 6. Ações na prática – Guia para ações; 6.1 Identidade visual; 6.2 Site; 6.2.1 *SEO On-Page*; 6.2.2 *SEO Off-Page*; 6.2.3 *SEO* Técnico; 6.2.4 *SEO* Local; 6.3 Portais imobiliários; 6.3.1 Qualidade textual; 6.3.2 Fotos; 6.4 Redes sociais; 6.5 Youtube; 6.6 Atendimento; 6.7 Vídeos – 7. Atalhos para o convencimento: gatilhos mentais; 7.1 Prazer x Dor; 7.2 Escassez; 7.3 Urgência; 7.4 Exclusividade; 7.5 Urgência; 7.6 Antecipação; 7.7 Prova social; 7.8 Autoridade; 7.9 Aversão à perda; 7.10 Humanização; 7.11 Benefícios; 7.12 *Storytelling* – 8. Conclusão – 9. Referências.

1. INTRODUÇÃO

Qualquer pessoa que queira dar visibilidade a um produto ou serviço, e realizar bons negócios, já fala por intuição: "Precisamos fazer um bom marketing!"

Hoje em dia, as primeiras respostas geralmente seguem o senso comum, mesmo que de forma empírica, ou seja: precisamos de uma identidade visual profissional, um bom site, um canal no Youtube, Instagram, Tik Tok, fazer anúncios no Google Ads, utilizar portais imobiliários etc.

Mas, se essas respostas são tão fáceis de serem respondidas, qual o motivo de tantas empresas não darem certo? Afinal, se todos sabem o caminho, ou pelo menos os canais para fazer marketing, qual o motivo de algo que parece tão fácil nem sempre não dar certo?

Como fazer bom marketing então? E como atrair e conduzir o público correto para imobiliárias?

Para responder à pergunta que vale 1 milhão de dólares, ou até mais, primeiro precisamos refletir sobre: O que é marketing?

Antes de ler o próximo parágrafo, pare e reflita: qual seria a sua definição de marketing?

Marketing é comumente confundido apenas com a divulgação, publicidade, propaganda, mas será que o marketing é realmente só isso? Foi essa a sua reflexão inicial?

Todos os envolvidos no segmento imobiliário têm o mesmo objetivo: geração de negócios. Para que um negócio imobiliário seja concretizado, existe um caminho a ser percorrido, e é sobre essa jornada que vamos falar nas próximas páginas.

2. CONCEITOS BÁSICOS DE MARKETING

Para deixar um pouco mais claro, precisamos de definições mais precisas sobre o que é marketing. Não vamos estender muito, pois esse não é o objetivo aqui, mas essa parte teórica é importantíssima para conseguirmos refletir sobre a sua importância e o que realmente precisamos fazer.

Se fossemos traduzir ao "pé da letra", a palavra da língua inglesa "Market" significa Mercado, e o gerúndio "ing" teria a função de demonstrar ação, então seria algo como *Mercado em Ação*. Poderíamos então dizer, que marketing nada mais é do que a elaboração de estratégias com o intuito de fazer com que negócios sejam gerados através das necessidades e desejos das pessoas, isso em uma definição mais simplória possível, ou seja, mesmo sendo uma definição simples, é muito mais do que apenas divulgar e propagar algo.

Ao explorarmos grandes estudiosos de marketing, os conceitos estão em constante evolução. Seguimos analisando algumas definições: "marketing é uma filosofia de negócios".[1] Abraçamos a concepção de que toda a estratégia de planejamento e implementação dos projetos empresariais visa primordialmente satisfazer as necessidades de seus clientes. Com essa definição, reconhecemos que a função do marketing pode ser muito mais ampla do que aqui apresentada.

De acordo com Philip Kotler, que é considerado o "pai do marketing", temos o seguinte conceito: "Marketing é o processo social e gerencial através do qual indivíduos e grupos obtêm aquilo de que necessitam e desejam por meio da criação e troca de produtos e valores".[2]

---

1. SEMENIK, R. J.; BAMOSSY, G. J. *Princípios de marketing*: uma perspectiva global. São Paulo: Makron Books, 1995.
2. KOTLER, P. A. *Administração de Marketing*: análise, planejamento, implementação e controle. 5. ed. São Paulo: Atlas, 1998.

Então se voltarmos agora à nossa pergunta inicial (Como fazer um bom marketing?) precisamos lembrar dessas definições e perceber que o marketing é composto por estratégias, e que essas estratégias precisam inicialmente serem planejadas, mas ainda antes, precisam ser analisadas através de pesquisas, levantamentos e principalmente pelo estudo da jornada de compra dos consumidores, afinal, *o cliente é o grande protagonista* e não o produto, como se pensava no século XX.

Assim como as definições evoluem e se adequam à sociedade, as próprias estratégias de marketing evoluem, acompanhando as tecnologias e o comportamento do consumidor.

Após a revolução industrial, no século XX, com o contexto da industrialização em massa e da escassez de oferta, as empresas se preocupavam em produzir em larga escala, não se importando com a qualidade ou as preferências dos consumidores. A redução de custos e a lucratividade eram o que importavam. A padronização dos produtos era algo que contribuía nesse processo, principalmente por oferecer um valor mais acessível do produto. Um exemplo disso é a famosa frase de Henry Ford, fundador da Ford Motor Company:

"O cliente pode ter o carro que quiser, desde que seja preto".[3]

A frase é explicada pelo motivo da tinta preta, na época, ser mais barata e secar mais rápido, logo todos os carros da Ford eram pretos.

Essa fase do marketing é conhecida como *Marketing 1.0*, onde o foco era predominantemente maximizar as vendas, negligenciando as preferências e necessidades dos consumidores. Nessa abordagem, a comunicação era unidirecional, centrada na disseminação massiva de propagandas e na persuasão como principal estratégia.

Como passar dos tempos, passamos pelo Marketing 2.0 (nessa fase, passou-se a analisar as necessidades dos consumidores), Marketing 3.0 (já na era da internet, essa é fase onde entende-se que o consumidor é um ser humano, com suas aspirações culturais, sociais e ambientais), marketing 4.0 (fase em que as ferramentas digitais ajudam em um melhor entendimento do consumidor, por meio de ferramentas que conseguem monitorar os usuários e personalizar as formas de comunicação conforme a sua etapa na jornada de compra).

Como vimos de forma simplificada no parágrafo anterior, o marketing evoluiu, assim como a análise do comportamento do consumidor, que passa a ser o grande protagonista para as empresas, ou seja, ele precisa ser analisado e

---

3. FORD, H. *My life and work* (1922). [s.l.] Book Jungle, 2006.

monitorado, e com base nessas informações, a comunicação deve evoluir para que suas expectativas sejam atendidas.

Não adianta falar o que queremos falar, precisamos falar o que o seu público-alvo quer ouvir, da forma que eles preferem, no veículo, formato, linguagem e horário que eles estão!

3. EQUÍVOCOS A SEREM EVITADOS

Infelizmente, em pleno século XXI, muitas empresas continuam com o mesmo pensamento do século XX, priorizando apenas os seus produtos, tentando "empurrar de goela abaixo", sem se preocupar com o que realmente o consumidor deseja.

Vamos então dar o primeiro exemplo do mercado imobiliário neste capítulo. Com certeza, você já viu várias imobiliárias que apenas lotam suas redes sociais com imóveis, transformando-as em grandes vitrines, semelhantes aos antigos classificados de jornal.

Quanto aos canais no Youtube, apenas vídeos de imóveis são inseridos. Essas empresas não oferecem conteúdo informativo em seus sites ou mesmo uma página institucional com informações úteis para o consumidor. Além disso, o primeiro contato com a imobiliária muitas vezes é frio, pois a equipe não possui um treinamento adequado. Muitas vezes, o corretor não presta a devida atenção às necessidades do cliente, limitando-se a tentar "empurrar" os imóveis disponíveis no momento. Não há perguntas sobre as necessidades, desejos, dificuldades ou motivos do cliente para procurar um imóvel. Nesse cenário, o cliente deixa de ser o protagonista, dando lugar aos imóveis disponíveis na imobiliária.

A forma de se comunicar também mudou. Apesar dos avanços tecnológicos que permitem uma comunicação omnichannel, ou seja, por múltiplos canais, muitas empresas ainda se comunicam como nos tempos dos jornais, panfletos e outdoors. Essa abordagem é unidirecional, sem emoção, e não leva em consideração as dores e expectativas do público-alvo.

Além disso, a utilização de robôs no atendimento deve receber uma atenção especial. Embora a automação seja uma contribuição valiosa da tecnologia ao marketing, ela foi inicialmente desenvolvida com foco exclusivo na eficiência. Os primeiros sistemas de e-mail marketing e chatbots priorizavam a automatização, agilidade e redução do tempo de atendimento humano. Criados por equipes de Tecnologia da Informação, esses sistemas funcionam bem tecnicamente, mas não consideravam a importância de uma linguagem adequada e um tom de voz apropriado para os usuários, leads e clientes. Como resultado, a comunicação geralmente é fria e ineficaz, deixando os consumidores com uma impressão negativa dos atendimentos automatizados. Hoje, os clientes clamam por atenção e calor humano nas interações.

Não é à toa que muito se ouve falar em humanização das marcas. Mas o que seria isso? Criar um mascote? Ter um garoto ou garota propaganda?

É muito além disso! E tudo começa com uma *pesquisa* baseada no seu público-alvo, no seu consumidor. Precisamos saber quais são os seus hábitos, seus ideais, quais são as suas perspectivas e como podemos sanar a sua necessidade, hoje tão conhecida como "dor" para ter a sua satisfação.

Com o advento das mídias sociais, surgiu a chamada "democratização da informação," uma teoria estudada por pesquisadores de Comunicação Social que ainda gera bastante controvérsia. Embora se acredite que qualquer pessoa possa se comunicar de forma orgânica (sem pagar para divulgar suas mensagens), a realidade é que a verdadeira democratização é questionável, pois os grandes veículos de comunicação ainda pertencem a poucas empresas gigantes. Essa percepção criou a falsa ilusão de que todos veriam e ouviriam nossas mensagens. No entanto, os algoritmos limitam a visibilidade das mensagens a um número restrito de usuários. Para que uma mensagem alcance um público amplo, ela precisa ser extremamente interessante e engajar os usuários, ou será necessário utilizar estratégias de Tráfego Pago, onde se paga para as plataformas impulsionarem as mensagens, funcionando como um amplificador.

A grande vantagem dessa "democratização da informação" é que a comunicação se tornou bidirecional. Empresas e consumidores agora trocam informações constantemente. No entanto, muitas empresas ainda insistem em manter uma comunicação unidirecional, ignorando comentários e mensagens dos consumidores. É importante monitorar os usuários para conhecê-los melhor e explorar as valiosas informações que fornecem. Isso permite entender melhor as expectativas do público-alvo e atender às suas necessidades de forma mais eficaz. Aproveitar essa troca de informações é crucial para o sucesso.

4.   QUEM É O MEU CLIENTE?

A definição do cliente ideal (ICP – Ideal Customer Profile) é o ponto de partida essencial para qualquer estratégia de marketing no mercado imobiliário, pois "Quem fala com todos não fala com ninguém".[4]

Para começar, é crucial entender as modalidades de negócio da imobiliária: venda ou locação? Qual é a região de atuação e o ticket médio dos imóveis ofertados?

---

4. SPINA, F. *Personalização*: Quem fala com todos não fala com ninguém. SP: DVS Editora, 2019.

Com base na modalidade de negócio, temos diferentes públicos a serem alcançados: potenciais compradores, potenciais locatários e proprietários interessados em alugar e/ou vender seus imóveis. É importante ter uma variedade de opções disponíveis para atender às necessidades de todos esses segmentos.

Para alcançar resultados eficazes no mercado imobiliário, é fundamental adotar estratégias personalizadas para atender às necessidades específicas de cada público-alvo. A personalização é a chave para o sucesso! As preocupações e objetivos dos proprietários, que buscam vender ou alugar seus imóveis com rapidez e pelo melhor valor possível, são completamente diferentes das preocupações dos compradores e locatários. Entender essas nuances é essencial para oferecer soluções que realmente atendam às expectativas e necessidades de cada cliente.

4.1   A jornada do cliente

O caminho que o cliente irá percorrer da descoberta da sua dor até a assinatura do contrato é chamada de jornada do cliente, ou jornada de compra. Aqui também precisamos ficar atentos sobre qual é a finalidade do negócio, pois as jornadas são diferentes.

4.1.1   Jornada na locação

Vamos dar uma espiada na vida de alguém que está à procura de um lugar para alugar. Imagine só: esse cliente normalmente está correndo contra o tempo, por mil e uma razões possíveis. Pode ser que esteja dando adeus à casa dos pais, procurando algo mais perto do trabalho, ou até mesmo começando um novo negócio. Ou quem sabe seja um casal prestes a subir ao altar, ou um casalzinho recentemente agraciado com um bebê e desesperado por um quarto extra. As possibilidades são infinitas, mas uma coisa é certa: todos esses casos têm uma pitada de urgência. E é por isso que a jornada desse cliente, desde o primeiro clique até a assinatura do contrato, é uma corrida contra o relógio.

4.1.2   Jornada na compra

Comprar um imóvel não é como comprar um biscoito ou um tênis, é uma jornada bem mais longa e cheia de reviravoltas. Primeiro, o investimento é muito mais significativo, então é natural haver cautela em relação à localização, ao preço e até mesmo às dúvidas sobre a planta do imóvel, financiamento etc. E não para por aí! A negociação, a análise de documentação e um montão de outras questões podem prolongar essa saga por um tempo considerável. Então, se prepare para uma aventura imobiliária cheia de emoção e paciência, pois essa é mais longa do que a de locação!

4.1.3 Jornada do proprietário

Aqui tanto faz se é um proprietário que deseja vender ou alugar o imóvel, o objetivo é o mesmo: concretizar o negócio o quanto antes. Afinal, ter uma propriedade parada e vazia não é só uma chatice, também pode pesar no bolso com impostos e taxas de condomínio (*dica de ouro, essa é a principal dor de um proprietário e deve ser explorada na atração do mesmo*). Sem contar nas possíveis obras para manter tudo em ordem enquanto o lugar está sem uso.

Agora, com essas informações em mãos, fica evidente que cada jornada no mundo imobiliário é única, cheia de desafios e oportunidades distintas que podem tornar o caminho mais longo ou mais curto até a concretização do tão sonhado negócio.

Então, sabemos que precisamos criar essa trilha, desenvolver estratégias para alcançar os potenciais clientes no momento exato de sua jornada, desde chamar a atenção na captação até o final do funil de vendas, quando o cliente finalmente concretiza com a assinatura do contrato.

4.1.4 Jornada do colaborador

Para garantir que nossos colaboradores estejam engajados e alinhados com os objetivos da empresa, é essencial investir em sua jornada desde o primeiro contato. O Endomarketing, ao interligar as estratégias de marketing com o RH, busca criar um ambiente de trabalho onde os colaboradores se sintam valorizados, motivados e bem informados.

Ao oferecer treinamentos contínuos e capacitações específicas, incentivamos o crescimento profissional e pessoal de cada membro do time. Um ambiente de trabalho agradável e saudável, com comunicação clara e aberta, reforça o sentimento de pertencimento e lealdade. Eventos sociais e de capacitação não só fortalecem o espírito de equipe, mas também promovem a troca de conhecimento e a inovação.

Lembre-se, um colaborador bem instruído e motivado é o primeiro passo para o sucesso do negócio. Quando ele "compra a ideia", ele não só realiza seu trabalho com excelência, mas também se torna um verdadeiro embaixador da empresa, contribuindo para um ambiente produtivo e positivo que se reflete diretamente nos resultados e no crescimento sustentável da organização.

5. COMO FAZER? METODOLOGIA AIDA

Já ouviu falar em metodologia AIDA? É uma abordagem simples, mas poderosa, usada no mundo do marketing para guiar os profissionais na jornada de conquistar a atenção, despertar o interesse, criar o desejo e, por fim, levar à ação.

Profissionais do mercado imobiliário ouvem muito falar em funil de vendas, esse aqui é semelhante e anda em paralelo, é uma estratégia de marketing utilizada para guiar a jornada de forma planejada.

Atenção (Topo do Funil)

Aqui, no topo do funil, é onde começamos a jornada. Nosso objetivo é chamar a atenção dos potenciais clientes de uma forma que os faça parar e pensar. Não se trata apenas de mostrar nossos imóveis, mas também de abordar possíveis dores e oferecer conteúdo relevante que prenda a atenção deles. Imagine criar conteúdos que respondam às perguntas que eles nem sabiam que tinham! É como acender uma luz em um cômodo escuro – é impossível não notar. Vamos criar conexões desde o primeiro contato!

Como fazer a atração: Vamos dar um mergulho na estratégia orgânica (sem investimento em anúncios). Imagine usar as redes sociais como uma tela em branco, pronta para ser preenchida com vídeos e posts cheios de informação e educação. Ou quem sabe, nutrir o seu canal do YouTube com uma série cativante, respondendo às perguntas mais comuns do seu público-alvo. E que tal um blog recheado dessas dúvidas e respostas? Aqui, o objetivo é atrair a atenção revelando soluções para dores que talvez nem tenham sido percebidas pelo seu público ainda, ou que em algum momento ele tenha buscado mais informações sobre. É como plantar sementes de conhecimento, esperando que elas germinem e floresçam em conexões duradouras. Então, vamos lá, vamos cativar e educar!

Vamos entrar na parte em que investimos (tráfego pago). Aqui, estamos falando de expandir o alcance das nossas mensagens para um público mais amplo e direcionado, graças aos investimentos nas plataformas digitais. Pense em usar as redes sociais, mas de uma forma mais ampla! Podemos compartilhar o mesmo conteúdo incrível de antes, mas agora com um alcance muito maior e mais direcionado. Estamos falando de fazer com que o seu anúncio apareça no YouTube ou em outros sites (sabe, aquela coisa chamada Rede de Display). E não podemos esquecer dos anúncios na rede de busca do Google, onde as pessoas já estão procurando ativamente por um novo lar. Mas calma lá, não é só colocar um anúncio e esperar o melhor. A chave aqui é a qualidade do anúncio – o direcionamento certo e uma redação que realmente chame a atenção são fundamentais para o sucesso. Então, vamos investir com inteligência e fazer com que essas estratégias pagas tragam resultados incríveis!

Você já ouviu aquela frase clássica: "a primeira impressão é a que fica"? Pois é, ela tem um poder real, especialmente quando se trata de conquistar clientes. Se você não conseguir impressioná-los desde o início, pode ser difícil mantê-los interessados em seguir em frente. Por isso, é crucial pensar bem antes de começar.

O levantamento de requisitos e o planejamento são etapas vitais – afinal, você não terá uma segunda chance para criar a primeira impressão. Então, mãos à obra e vamos garantir que essa primeira impressão seja inesquecível!

Pense que no passo da atração, nem sempre o usuário sabe que tem aquela dor, ela pode estar "escondida", então imagine sempre que o seu conteúdo deve ser diversificado, para atrair pessoas que já estão pensando em procurar um imóvel, já estão procurando e ainda não se deram conta que vão precisar de um imóvel, mas vão.

Vamos voltar a refletir que a maneira de se fazer marketing mudou, não adianta ficar tentando fazer a publicidade de uma forma antiga, "empurrando o produto de goela abaixo", precisamos agir de forma inteligente, ser agradáveis, atrair realmente a atenção do nosso público-alvo de forma que ele goste, afinal, ninguém entra nas redes sociais para ver anúncios, as pessoas entram para ver: entretenimento, notícias, fofocas, humor, etc.

Interesse (Meio do Funil)

Agora que capturamos a atenção dos potenciais clientes, é hora de despertar o interesse deles de forma genuína. Aqui, no coração do funil, nosso objetivo é mergulhar mais fundo nas necessidades e desejos dos clientes em potencial no mercado imobiliário. Apresentamos detalhes cativantes sobre nossos imóveis, oferecendo soluções para as dores que eles possam ter. Queremos que eles se sintam inspirados e motivados a explorar mais sobre o que podemos oferecer. É como abrir as cortinas para revelar um cenário encantador – é impossível resistir ao desejo de ver mais. Vamos continuar construindo essa conexão forte e duradoura!

Para conquistar a atenção dos consumidores em meio a esse turbilhão de informações, é crucial focar nas dores e necessidades das pessoas. Em vez de simplesmente expor imóveis para venda, devemos criar conteúdos que realmente resolvam os problemas e preocupações do nosso público. Isso significa oferecer uma variedade de conteúdos interessantes e relevantes, que abordam temas que realmente importam para as pessoas, como dicas para encontrar o lar ideal, guias sobre financiamento imobiliário ou até mesmo informações sobre decoração e manutenção de imóveis. Ao nos concentrarmos nas dores e interesses do nosso público, podemos criar uma conexão mais profunda e significativa, e assim capturar sua atenção de forma mais eficaz.

Desejo

Chegamos ao ponto crucial da jornada. Capturamos a atenção e despertamos o interesse dos potenciais clientes. Agora, precisamos transformar esse interesse em um desejo intenso de possuir o imóvel dos sonhos. Essa é a fase que nossos esforços começam a se concretizar, criando uma conexão emocional com o cliente.

Imagine que estamos apresentando uma casa. Vamos além das meras descrições técnicas e focamos nos benefícios emocionais e tangíveis. Por exemplo, em vez de apenas mencionar que a casa tem uma cozinha espaçosa, descrevemos como essa cozinha pode ser o cenário perfeito para preparar refeições deliciosas em família ou para receber amigos em jantares memoráveis. Detalhamos como a luz natural invade os cômodos, criando um ambiente acolhedor e agradável para relaxar após um dia agitado.

Exemplos Práticos para Despertar o Desejo:

- *Visualizações Imersivas*: Ofereça tours virtuais 3D ou vídeos que permitam aos clientes explorar cada canto do imóvel, visualizando como seria viver ali. Imagine poder passear pela sala de estar, sentir a amplitude do espaço e até visualizar a vista da varanda, tudo a partir do conforto do seu próprio lar.

- *Histórias Inspiradoras*: Compartilhe histórias reais de famílias que encontraram o lar perfeito. Testemunhos autênticos e emocionantes podem fazer maravilhas para criar uma conexão emocional. "João e Maria encontraram seu refúgio dos sonhos neste condomínio; veja como suas vidas mudaram."

- *Eventos e Experiências*: Organize eventos abertos e dias de visita, onde os interessados possam sentir o ambiente, conhecer a vizinhança e até mesmo interagir com possíveis futuros vizinhos. Crie uma atmosfera acolhedora, oferecendo pequenas degustações de comidas e bebidas locais para enriquecer a experiência.

- *Ofertas Irresistíveis*: Utilize promoções limitadas no tempo para criar um senso de urgência. Descontos exclusivos, condições de financiamento atrativas ou pacotes de decoração podem ser o empurrão final que o cliente precisa para tomar a decisão.

Vamos imaginar uma situação: você está mostrando um apartamento em um bairro tranquilo e arborizado. Ao invés de apenas falar sobre os metros quadrados e o número de quartos, você começa a pintar uma imagem de como é acordar com o som dos pássaros, tomar um café na varanda enquanto aprecia a vista para o parque e ter a segurança e tranquilidade que a vizinhança oferece. Mostre como aquele espaço pode se transformar no lar onde memórias serão criadas, onde os filhos brincarão no quintal e onde os momentos de felicidade serão abundantes.

Ação

Finalmente, chegamos ao último passo da metodologia AIDA: levar os clientes a agir. Este é o momento de converter todo o desejo e interesse acumulado em uma ação concreta – a decisão de compra.

Estratégias para Facilitar a Ação

- *Simplificação do Processo*: Ofereça uma experiência de compra descomplicada. Tenha uma equipe preparada para ajudar com todas as etapas, desde a visita ao imóvel até a assinatura do contrato. Facilitar o acesso ao financiamento e fornecer apoio jurídico também são diferenciais importantes.

- *Call to Action Direto*: Utilize chamadas para ações claras e objetivas em todas as suas comunicações. Frases como "Agende sua visita agora", "Entre em contato para mais informações" ou "Garanta sua unidade com condições especiais" ajudam a direcionar o cliente para o próximo passo.

- *Benefícios Adicionais*: Ofereça incentivos que tornem a oferta ainda mais atraente, como upgrades no acabamento, isenção de taxas de condomínio por um período ou mesmo um bônus para a decoração do novo lar.

- *Acompanhamento Personalizado*: Mantenha um acompanhamento próximo, oferecendo atendimento personalizado. Um corretor dedicado pode fazer a diferença, mostrando disponibilidade e prontidão para tirar dúvidas e oferecer apoio.

Imagine que, após todas as etapas de atenção, interesse e desejo, o cliente está quase lá, mas ainda tem uma última dúvida sobre o financiamento. Um corretor experiente entra em cena, explicando todas as opções de forma clara e simples, aliviando qualquer preocupação. Além disso, oferece uma condição especial de financiamento que só está disponível por tempo limitado. Esse tipo de suporte pode ser o fator decisivo que leva o cliente a dizer "sim" e assinar o contrato.

Utilizar a metodologia AIDA no mercado imobiliário é conduzir a jornada de forma planejada. Desde a captura da atenção até a conversão da ação, cada etapa é vital para construir uma jornada do cliente bem-sucedida. Com essa abordagem, não apenas vendemos imóveis, mas também criamos sonhos, construímos lares e ajudamos a transformar vidas.

Agora, com todas essas estratégias em mãos, você está preparado para aplicar o método AIDA e ver seus resultados florescerem. Lembre-se, o segredo está em entender e conectar-se verdadeiramente com seu público-alvo, oferecendo não apenas um imóvel, mas um futuro repleto de possibilidades.

6. AÇÕES NA PRÁTICA – GUIA PARA AÇÕES

Provavelmente, quando você viu que o capítulo era sobre marketing, quis logo ver a parte prática da coisa. Agora que já passamos sobre análises e estratégias, vamos falar um pouco sobre a mão na massa e como executar.

Já sabemos que planejar é preciso. Vamos tentar fazer um guia de boas práticas para as ações de marketing do mercado imobiliário:

6.1 Identidade visual

A identidade visual é fundamental para o sucesso de uma empresa do segmento imobiliário, pois ajuda a construir uma marca reconhecida e confiável. A fixação da marca através de um logotipo consistente e cores bem escolhidas cria uma conexão emocional com o público e diferencia a empresa no mercado. As cores transmitem mensagens e emoções específicas, enquanto objetos e elementos gráficos refletem a essência da empresa e tornam a marca mais reconhecível. A clareza na tipografia e nos layouts garante fácil leitura e assimilação das informações, transmitindo profissionalismo. Uma identidade visual forte aumenta o poder de lembrança da marca, fazendo com que os clientes pensem nela quando precisarem de serviços imobiliários. Investir em uma identidade visual coesa é essencial para construir uma presença de marca sólida e estabelecer um vínculo duradouro com os clientes.

6.2 Site

A primeira presença na web. O site é importantíssimo para o segmento imobiliário, pois lá é a vitrine de imóveis disponíveis. Mas não adianta simplesmente ter um site, ele precisa ser planejado com muito cuidado para ter um desempenho bom.

Todos querem que o site esteja nas primeiras colocações dos mecanismos de busca, mas para isso, precisamos atender critérios no desenvolvimento do mesmo, ou na contratação de uma plataforma pronta, e além disso, precisamos ter rotinas contínuas de boas práticas para a otimização do seu conteúdo para que consigamos atender os requisitos sugeridos pelos motores de busca.

Um bom site, deve então obedecer boas práticas de SEO, ou Search Engine Optimization (Otimização para Motores de Busca), que é um conjunto de estratégias e técnicas utilizadas para melhorar a visibilidade de um site nos resultados orgânicos dos motores de busca, como Google, Bing e Yahoo. O objetivo do SEO é aumentar o tráfego qualificado para o site, melhorando seu ranking nas páginas de resultados de busca (SERPs – Search Engine Results Pages).

O SEO é dividido em várias áreas principais, cada uma focando em diferentes aspectos do site e da sua presença online:

6.2.1   SEO On-Page

- *Palavras-chave*: identificação e uso de palavras-chave relevantes no conteúdo do site, títulos, meta descrições e cabeçalhos.

Nesse tópico, é importante alertar que principalmente os textos dos imóveis devem ser bem redigidos, seja criativo! Ah, você pode pedir uma ajudinha para as inteligências artificiais, isso vai te poupar um bom tempo nas descrições.

- *Qualidade do conteúdo*: criação de conteúdo útil, relevante e de alta qualidade que responde às perguntas e necessidades dos usuários.

Mais uma vez falamos dos textos de descrições dos imóveis, além de conteúdos informativos como a parte institucional da imobiliária, dúvidas frequentes e blog.

- *Tags HTML*: uso correto de tags HTML como títulos (H1, H2 etc.), meta descrições e alt text para imagens. Geralmente as plataformas do mercado imobiliário já estão preparadas com essas funções, mas é bom consultar.
- *URL Amigáveis*: Estruturação de URLs de forma clara e descritiva. Aqui estamos falando do endereço do site e das páginas internas, o *www.seusite. com.br/venda/apartamento-3-quartos-rio.*
- *Velocidade de Carregamento*: Otimização da velocidade de carregamento das páginas para melhorar a experiência do usuário.

Um dos critérios mais exigidos pelos motores de busca. Dica de ouro! Faça um teste de velocidade do seu site e outros critérios de SEO na plataforma do Google: https://pagespeed.web.dev/.

- *Responsividade*: Garantir que o site seja compatível com dispositivos móveis.

Temos várias formas de visualizar um site: computadores desktop, smartphones, smartTVs etc., logo, o site precisa ser perfeitamente visualizado em todos os dispositivos, permitindo uma fácil navegação.

6.2.2   SEO Off-Page

- *Backlinks*: aquisição de links de outros sites que apontam para o seu site, sinalizando relevância e autoridade.

Aqui a parceria é importantíssima, então tente links de sites parceiros para o seu. Uma dica importante é escrever conteúdos para outros sites, que podem render links para o seu.

- *Marketing de conteúdo*: promoção do conteúdo através de blogs, redes sociais e outros canais para atrair links e engajamento.
- *Presença nas redes sociais*: manter uma presença ativa nas redes sociais para aumentar a visibilidade e atrair tráfego.

6.2.3   SEO Técnico

- *Arquitetura do Site*: estruturação do site para facilitar a navegação e indexação pelos motores de busca.
- *Sitemaps*: criação e submissão de sitemaps XML para ajudar os motores de busca a entender a estrutura do site.
- *Robots.txt*: uso de arquivos robots.txt para direcionar os motores de busca sobre quais páginas indexar.
- *HTTPS*: implementação de HTTPS para garantir a segurança e melhorar o ranking.

6.2.4   SEO Local

- *Google My Business*: Otimização e gestão do perfil do Google My Business para atrair clientes locais.
- *Citações*: Consistência do nome, endereço e telefone em diretórios locais e outros sites.
- *Avaliações*: Incentivo a clientes para deixar avaliações positivas online.

6.3   Portais imobiliários

Quanto mais veículos divulgarem os seus imóveis, melhor. "Portais imobiliários são um mal necessário".[5] Um mal porque é como se construíssemos uma casa em um terreno alugado, nada lá é seu, diferente do seu site.

Temos que ficar alerta aos planos e ao real retorno em termos de LEAD's, visitas e negócios concretizados.

Os algoritmos dos portais também são um caso à parte, mas, em geral, obedecem uma lógica semelhante aos motores de busca, então vamos ver algumas dicas importantes:

---

5. Frase divulgada em palestras por Sidenir Barroso, Consultor de Tecnlogia e Processos para Imobiliárias.

6.3.1 Qualidade textual

Geralmente, as plataformas de sites já fazem uma carga automática dos imóveis para os portais, então a dedicação aplicada no cadastro dos imóveis por lá vai refletir aqui também. É primordial a dedicação na qualidade da descrição do imóvel. Saia da descrição de classificados de jornal, onde apenas os cômodos são descritos, explore a região, tente contar uma história sobre o imóvel, para que o mesmo fique realmente atrativo para a leitura.

Se você acha que isso não faz sentido, então reflita que os motores de busca e os portais gostam de um mínimo de caracteres nas descrições, que irão contribuir também para o tempo do usuário no imóvel em questão, ou seja, as ferramentas classificam essa página como "boa", pois o usuário levou um tempo dentro dela.

6.3.2 Fotos

Imagem é tudo! Então vamos fazer o máximo para produzirmos as melhores fotos do imóvel. Parece fácil, não é? Mas é pavoroso como tem fotos muito ruins no mercado imobiliário. A falta de preocupação em arrumar um cômodo, não observar detalhes é pior do que a incapacidade técnica.

Faça o simples bem feito para começar. Ah, existem imóveis que nem todos os cômodos favorecem, então seja esperto! Usei as melhores imagens do imóvel e talvez omita fotos de um cômodo que precise de obras, por exemplo.

6.4 Redes sociais

Devemos estar presentes nos locais onde o nosso público-alvo está, então vamos também para as redes sociais. Sua imobiliária deve analisar muito bem as preferências e não agir com o "achismo". Então, não ignore nenhum veículo e estudo todos com muito carinho.

Aqui, o Marketing de Conteúdo vai ter um papel importantíssimo, pois você não quer lotar a sua rede social de propaganda e ser um chato. Lembre-se de que ninguém entra na rede social para ver anúncios, e isso não significa que você não irá fazer, mas precisa fazer da forma mais agradável possível, pois precisamos manter o usuário em nosso funil até a conversão.

Diversifique conteúdos e formatos, explore vídeos, *cards* estáticos, carrosséis, stories, conheça mais do seu público com perguntas.

Não esqueça que as redes sociais permitem o tráfego pago, e uma boa estratégia pode ser certeira em seu público-alvo no momento certo.

6.5   Youtube

O Youtube é uma das principais plataformas de vídeo do mundo, juntamente com o Tiktok e o Instagram. Muitas pessoas navegam diariamente no Youtube para ouvir músicas, procurar informações, assistir lives, etc.

Além de conteúdos interessantes e relevantes sobre o mercado imobiliário, os seus imóveis devem estar exibidos na plataforma. Praticamente um segundo site em forma de vídeos, além desses vídeos também serem incorporados dentro do seu site, que serão replicados nos portais imobiliários.

Assim como no site, o Youtube também precisa ser otimizado com técnicas de SEO, para ter um melhor desempenho, então não negligencie os títulos e as descrições, utilize palavras-chave e nunca se esqueça de inserir os seus contatos, afinal, esse é o objetivo principal.

6.6   Atendimento

Pode parecer uma piada de mau gosto, mas nem sempre o primeiro atendimento no mercado imobiliário é bom.

Vamos pensar que, após conseguirmos captar um LEAD, temos algumas hipóteses:

– O usuário preenche um formulário de contato (portal, site, rede social);

– O possível cliente manda uma mensagem por WhatsApp;

– O possível cliente liga para a imobiliária;

– O possível cliente visita a imobiliária.

Nas duas primeiras hipóteses, o tempo no atendimento é primordial, pois o ser humano está cada vez mais ansioso e a velocidade conta muito.

Em todas as hipóteses, a simpatia e/ou antipatia no atendimento pode encaminhar para o sucesso ou insucesso desse negócio.

Muitas vezes, gestores de imobiliárias podem achar isso quase que ridículo, pois não conseguem enxergar esse "gargalo" em seu processo. Uma pergunta importante: quando foi a última vez que você fez um cliente oculto para saber como anda todo o seu processo de atendimento?

Em muitas consultorias que fiz em imobiliárias consolidadas, um dos principais gargalos era o atendimento inicial, a secretaria de vendas, recepção e/ou SDR, não estava alinhado com a cultura que o gestor achava que era o ideal e essa barreira acabava derrubando os índices, pois os LEADs chegavam, mas não eram atendidos da melhor forma.

A capacitação contínua do time de atendimento é essencial para a geração de resultados.

6.7 Vídeos

Na verdade, esse tópico deveria estar inserido dentro de outros como o site, redes sociais, Youtube e portais imobiliários, mas ele é tão importante na atualidade, que ganhou esse destaque aqui.

Os vídeos são uma poderosa ferramenta de marketing, especialmente no segmento imobiliário, onde aproximam o usuário da experiência real de visitar um imóvel. Um vídeo bem produzido pode transmitir uma sensação de espaço, luz e atmosfera que fotos e descrições escritas não conseguem capturar. No entanto, é crucial abordar a produção de vídeos com cuidado, pois a qualidade e a execução são fundamentais para causar uma boa impressão.

A Importância dos vídeos

Os vídeos permitem que os potenciais compradores vejam detalhes do imóvel como se estivessem lá pessoalmente. Isso pode incluir tours completos pelo imóvel, mostrando todos os cômodos, além de destacar características específicas, como a vista das janelas, o acabamento de luxo ou a disposição dos móveis. Vídeos podem transmitir emoções e criar uma conexão mais forte com os espectadores, ajudando-os a imaginar como seria viver naquele espaço.

Profissionalismo na produção

Idealmente, a produção de vídeos deve ser realizada por profissionais que possuam habilidades em captura de imagens e edição. Esses especialistas sabem como utilizar a iluminação, ângulos e movimento da câmera para criar um vídeo envolvente e de alta qualidade. Além disso, profissionais de edição podem adicionar elementos como música, legendas e gráficos para enriquecer o conteúdo e torná-lo mais informativo e atraente.

Começando do básico

Embora o ideal seja contratar profissionais, qualquer pessoa pode começar a aprender e produzir vídeos básicos. O importante é ter consciência de que, mesmo os vídeos mais simples, devem ser bem-feitos para causar um impacto positivo. Aqui estão algumas dicas para quem está começando:

- *Planejamento*: Antes de começar a filmar, planeje o que você quer mostrar. Faça um roteiro simples destacando os pontos principais do imóvel e as cenas que deseja capturar.

- *Equipamento*: Utilize um smartphone com uma boa câmera ou uma câmera digital de qualidade. Um tripé e um estabilizador podem ajudar a evitar imagens tremidas e garantir uma filmagem estável.

- *Iluminação*: Aproveite a luz natural ao máximo, filmando durante o dia e garantindo que os cômodos estejam bem iluminados. Evite áreas escuras ou sombras fortes. Priorize dias de sol!

- *Áudio*: Certifique-se de que o áudio esteja claro, especialmente se houver narração ou comentários. Considere usar um microfone externo para melhorar a qualidade do som.

- *Edição*: Use software de edição simples, como CapCut e Inshot, para cortar partes indesejadas, adicionar música de fundo e inserir títulos ou legendas.

Dicas de produção

- *Comece pelo básico*: no início, pode ser mais difícil fazer um vídeo andando, então faça vídeos parados e mova apenas horizontalmente a câmera.

- *Tour virtual*: faça um tour virtual completo, mostrando a entrada, todos os cômodos, áreas externas e pontos de destaque do imóvel.

- *Destaques*: foque nos detalhes que diferenciam o imóvel, como uma cozinha gourmet, uma vista panorâmica, acabamentos de alta qualidade ou uma área de lazer.

- *Narrativa*: crie uma narrativa envolvente que conduza o espectador pelo imóvel, destacando o que torna aquele espaço especial.

- *Call to Action*: inclua uma chamada para ação ao final do vídeo, incentivando os espectadores a entrar em contato, agendar uma visita ou acessar mais informações no site.

7. ATALHOS PARA O CONVENCIMENTO: GATILHOS MENTAIS

Durante alguns processos, o cérebro humano decide realizar algumas ações de forma quase automática, para evitar que você tenha um desgaste desnecessário. Aparentemente, o cérebro humano toma cerca de 35.000 decisões durante o dia. Segundo estudo de pesquisadores da Universidade de Cornell, as pessoas tomam, em média, 226,7 decisões por dia, somente sobre alimentação.[6] Para impedir que a nossa mente explodisse, evoluímos para que parte das nossas decisões, sejam

---

6. WANSINK, Brian, SOBRAL, Jeffery. *Mindless Eadting*: The 200 Daily Food Decisions We Overllok. [s.d]

tomadas de forma automática, como por exemplo, andar, piscar os olhos, entre outras ações do nosso cotidiano.

Com base nessas informações, o marketing explora alguns atalhos, que também podemos chamar de gatilhos mentais, com o objetivo de facilitar decisões que o cérebro toma no nível do inconsciente.

Temos muitos gatilhos utilizados na redação publicitária, e vamos destacar alguns aqui:

7.1   Prazer x Dor

É inerente ao ser humano buscar o prazer e evitar a dor ao enfrentar os desafios da vida.

No mercado imobiliário, as empresas frequentemente utilizam esse princípio para demonstrar como uma compra pode transformar positivamente a vida dos consumidores. Para isso, é fundamental compreender as necessidades específicas de cada cliente, o que lhes proporciona felicidade, e como o produto imobiliário pode conduzi-los de um estágio para outro.

Um exemplo típico nesse setor é a preocupação dos proprietários com a inadimplência dos inquilinos. Nesse contexto, uma campanha poderia destacar os benefícios de utilizar uma plataforma que assegura pagamentos de aluguel de forma segura e tranquila.

7.2   Escassez

O princípio da escassez é uma estratégia crucial no mercado imobiliário. Quando as pessoas percebem que uma oportunidade está se esgotando, geralmente agem rapidamente para não perder essa chance única.

Esse comportamento está intrinsecamente ligado ao instinto de assegurar recursos essenciais antes que eles desapareçam por completo.

Um exemplo marcante desse princípio pode ser observado em lançamentos imobiliários exclusivos, onde unidades limitadas são vendidas rapidamente devido à percepção de escassez e exclusividade.

No contexto do mercado imobiliário, a escassez atua como um poderoso motivador para incentivar decisões de compra rápidas. A informação de que restam poucas unidades disponíveis, vagas limitadas ou um benefício exclusivo para os primeiros compradores é utilizada para criar urgência e estimular uma resposta imediata dos interessados. Essa abordagem não apenas aumenta o valor percebido das propriedades, mas também impulsiona ações decisivas por parte dos potenciais compradores que desejam garantir seu lugar antes que as oportunidades se esgotem.

7.3   Urgência

O gatilho da urgência é semelhante ao da escassez, pois também desperta a sensação de oportunidade limitada: "é agora ou nunca!". No entanto, a urgência está diretamente ligada ao fator tempo, exigindo ação imediata para não perder a oportunidade única.

Essa estratégia é amplamente empregada em campanhas imobiliárias com promoções e condições especiais por tempo limitado. No texto de venda, expressões como "última oportunidade!" ou "válido apenas até o fim do mês" são frequentes, muitas vezes acompanhadas de um contador regressivo para enfatizar a contagem regressiva do prazo.

7.4   Exclusividade

O gatilho mental da exclusividade desperta um sentimento de valorização única. Quando alguém tem acesso exclusivo a uma propriedade especial, seja pela localização privilegiada, pelo design exclusivo ou pelas características únicas, isso tende a fazê-lo sentir-se superior. É como ter a chave para um mundo à parte, onde apenas alguns têm o privilégio de viver.

O marketing imobiliário de alto padrão sabe aproveitar esse gatilho com base no Efeito Esnobe. Este fenômeno reflete o desejo por propriedades que não são apenas populares, mas sim exclusivas e acessíveis somente a quem possui maior poder aquisitivo.

No entanto, o marketing de exclusividade não se limita ao mercado de luxo. Basta criar uma estratégia que faça os potenciais compradores sentirem o privilégio de ter acesso a uma propriedade única, com características especiais que a destacam das demais disponíveis.

Um exemplo é a abordagem da XYZ Imóveis, que oferece residências exclusivas em bairros selecionados da cidade, projetadas por renomados arquitetos e com amenidades personalizadas. Os clientes que adquirem esses imóveis não apenas investem em uma propriedade, mas também se tornam parte de uma comunidade exclusiva, onde cada detalhe é pensado para proporcionar uma experiência de vida diferenciada e privilegiada.

Essa estratégia é como oferecer um passe para um estilo de vida único, onde o cliente não apenas compra um imóvel, mas se conecta a um círculo seleto de indivíduos que valorizam o que há de melhor no mercado imobiliário.

7.5 Urgência

O gatilho da urgência é semelhante ao da escassez, pois também desperta a sensação de oportunidade limitada: "é agora ou nunca!". No entanto, a urgência está diretamente ligada ao fator tempo, exigindo ação imediata para não perder a oportunidade única.

Essa estratégia é amplamente empregada em campanhas imobiliárias com promoções e condições especiais por tempo limitado. No texto de venda, expressões como "última oportunidade!" ou "válido apenas até o fim do mês" são frequentes, muitas vezes acompanhadas de um contador regressivo para enfatizar a contagem regressiva do prazo.

7.6 Antecipação

O gatilho da antecipação é semelhante ao da curiosidade, pois ambos buscam despertar o interesse do público sobre o que está por vir. No entanto, neste contexto, as marcas devem criar expectativas e pintar um quadro do futuro que os consumidores desejam vivenciar.

Essa antecipação é fundamental para o bem-estar humano. A simples ideia de ter algo para esperar já traz uma sensação de felicidade muito antes do evento ocorrer de fato.

No mercado imobiliário, essa estratégia pode ser comparada à forma como empresas do setor de turismo operam. Elas constroem a experiência de viver em um determinado local muito antes do cliente comprar o imóvel. Por exemplo, apartamentos decorados para a visitação, plantas detalhadas, maquetes realistas e tours virtuais são utilizados para aguçar o desejo de morar naquele ambiente, criando uma narrativa envolvente que cativa os potenciais compradores.

7.7 Prova Social

O gatilho da prova social é essencial no mercado imobiliário, evidenciando que somos seres sociais que valorizam a pertença e a opinião de grupos. Portanto, tendemos a tomar decisões influenciadas pelo que outras pessoas pensam ou esperam de nós.

No setor imobiliário, esse princípio pode ser observado quando potenciais compradores consideram uma propriedade mais atraente se perceberem que muitos outros já se interessaram por ela. Da mesma forma, depoimentos de clientes satisfeitos e estudos de caso de sucesso são estratégias poderosas. Ao mostrar quantas pessoas confiaram na sua imobiliária e destacar experiências positivas de outros clientes, você aumenta a credibilidade da sua marca e gera mais confiança nos potenciais compradores.

No mercado imobiliário, o gatilho da autoridade é fundamental, pois confiamos mais em quem é reconhecido como especialista no setor.

Essa autoridade não surge do nada; ela precisa ser conquistada. Não basta chegar e afirmar que você conhece tudo. É necessário construir relacionamentos sólidos e ganhar a confiança das pessoas ao longo do tempo.

7.8 Autoridade

Estabelecer autoridade em seu nicho é uma estratégia poderosa para atrair clientes. Além de criar um blog para demonstrar conhecimento e expertise, é fundamental utilizar vídeos com conteúdos relevantes nas redes sociais e YouTube. Realizar lives, palestras e participar ativamente de eventos do setor também são formas eficazes de mostrar sua autoridade e estar sempre atualizado com as tendências e inovações do mercado.

Isso não apenas fortalece a percepção de autoridade junto aos potenciais clientes, mas também pode resultar em uma posição de destaque nos resultados de busca do Google. Quando os usuários encontram seu conteúdo educativo e participativo em diversas plataformas, isso reforça que sua empresa é uma referência confiável no mercado imobiliário.

7.9 Aversão à Perda

Os seres humanos tendem a sentir mais intensamente as perdas do que os ganhos, um comportamento estudado pelos psicólogos como aversão à perda.

Esse fenômeno se reflete no cotidiano, especialmente quando se trata de decisões significativas como investir em imóveis, mudar de residência ou realizar grandes transações financeiras. O receio de tomar uma decisão errada e enfrentar perdas potenciais é um impulso natural que motiva as pessoas a buscar segurança e minimizar riscos.

No contexto do mercado imobiliário, as empresas podem utilizar esse gatilho ao destacar as consequências negativas que o potencial cliente poderá enfrentar se não optar por adquirir um determinado imóvel. Por exemplo, ao não investir em uma propriedade de valorização garantida, o cliente corre o risco de perder oportunidades futuras de valorização e segurança financeira. Ao apresentar esses cenários, as empresas ajudam os clientes a visualizar os impactos negativos de não agir, incentivando-os a tomar decisões informadas e assertivas.

Um exemplo disso poderia ser um anúncio de uma imobiliária que destaca: "Não perca a oportunidade de garantir seu futuro financeiro. Invista agora em um imóvel seguro e rentável com nossa assistência especializada."

7.10 Humanização

A humanização desempenha um papel crucial na conexão com os potenciais compradores. As pessoas naturalmente se identificam mais com outras pessoas do que com objetos ou paisagens.

Esse fenômeno ocorre porque a presença humana evoca empatia e conexão emocional, elementos essenciais para construir confiança e atrair interesse. No marketing imobiliário, ao selecionar imagens para sites, redes sociais e outras peças de marketing, é importante utilizar esse gatilho da humanização. Mostrar fotos de clientes felizes em seus novos lares, vídeos que destacam histórias pessoais de sucesso ou depoimentos que humanizem a experiência de compra podem fortalecer significativamente a relação com os potenciais compradores.

7.11 Benefícios

Esse gatilho está intimamente ligado à busca pelo conforto e qualidade de vida, conceitos fundamentais para potenciais compradores. Ao considerar a compra de um imóvel, os clientes não estão apenas adquirindo um espaço físico, mas sim os benefícios que esse lar proporcionará em seu dia a dia.

Quando visitam uma propriedade, os clientes podem perguntar sobre características específicas, como o número de quartos ou a área do terreno. No entanto, inconscientemente, estão interessados em entender como essas características irão impactar positivamente suas vidas. Por exemplo, ao questionar sobre o sistema de aquecimento, estão buscando conforto e economia de energia.

Dessa forma, nas estratégias de marketing imobiliário, é crucial destacar como cada propriedade pode melhorar significativamente a vida dos compradores em termos de conforto, segurança, praticidade e bem-estar. Ao promover um imóvel, é essencial que os materiais de marketing transmitam claramente os benefícios tangíveis que os futuros moradores irão desfrutar, como espaços bem projetados, tecnologias modernas integradas, áreas de lazer ou localizações privilegiadas. Essa abordagem ajuda os clientes a visualizarem o prazer e a satisfação que terão ao viver naquela residência específica.

7.12 *Storytelling*

Desde os primórdios da humanidade, contar histórias tem sido uma forma de criar conexões emocionais, provocar sentimentos e transmitir mensagens significativas.

No marketing imobiliário contemporâneo, o storytelling é empregado para envolver os clientes ao longo de sua jornada de compra. Isso inclui desde a identificação de suas necessidades habitacionais até a realização de seu sonho de ter um lar próprio, enfrentando desafios como encontrar o espaço ideal ou tomar decisões financeiras importantes.

Além disso, o storytelling é utilizado na criação de conteúdos de marca para engajar a audiência de maneira autêntica. Nesse contexto, o foco não está apenas no produto imobiliário em si, mas em transmitir os valores e o posicionamento da marca de forma a conectar emocionalmente com o público-alvo.

Por exemplo, uma imobiliária pode produzir uma série de vídeos que não apenas mostram as propriedades disponíveis, mas também destacam histórias reais de clientes que encontraram o lar dos seus sonhos através da empresa. Essas narrativas não apenas informam sobre as características dos imóveis, mas também evocam emoções e inspiram confiança na marca.

8. CONCLUSÃO

O setor imobiliário demanda muito mais do que simples execução de ações. É crucial uma análise detalhada do mercado, um planejamento estratégico cuidadoso, o uso eficaz de ferramentas tecnológicas e o acompanhamento meticuloso da jornada de compra dos clientes em todas as etapas.

O segmento imobiliário possui suas particularidades que exigem um pensamento estratégico específico. Não basta simplesmente replicar as estratégias de sucesso de outros players, pois cada empresa possui suas próprias limitações e pontos fortes. É essencial considerar tanto os aspectos micro (forças e fraquezas internas) quanto os macro (oportunidades e ameaças externas) do ambiente empresarial.

Executar ações sem análise e planejamento adequados pode resultar em consequências indesejadas. Portanto, é fundamental realizar o básico de maneira sólida e sempre manter à disposição um plano estratégico bem definido.

Em resumo, o marketing imobiliário requer uma abordagem integrada, que combine análise profunda, planejamento estratégico e adaptação às especificidades do mercado, garantindo assim resultados positivos e sustentáveis para as empresas do setor.

9. REFERÊNCIAS

FORD, H. *My life and work* (1922). [s.l.] Book Jungle, 2006.

GABRIEL, Martha; KISO, Rafael. *Marketing na Era Digital* – Conceitos, Plataformas e Estratégias. 2. ed. São Paulo: Atlas, 2020.

KOTLER, P. A. *Administração de Marketing*: análise, planejamento, implementação e controle. 5. ed. São Paulo: Atlas, 1998.

KOTLER, Philip; GARY, Armstrong. *Princípios de marketing*. Rio de Janeiro: Prentice Hall do Brasil, 1998.

MARQUES, Vasco. *Marketing digital 360*. 2. ed. São Paulo: Grupo Almedina, 2018. E-book.

MOWAT, Jon . Vídeo Marketing: *Como usar o domínio do vídeo nos canais digitais para turbinar o marketing de produtos, marcas e negócios*. Belo Horizonte: Autêntica, 2018.

SEMENIK, J. R.; BAMOSSY, G. J. *Princípios de marketing*: uma perspectiva global. São Paulo: Makron Books, 1995.

SPINA, F. *Personalização*: Quem fala com todos não fala com ninguém. São Paulo: DVS Editora, 2019.

WANSINK, Brian, SOBRAL, Jeffery. *Mindless Eadting*: The 200 Daily Food Decisions We Overllok. [s.d].

TOKENIZAÇÃO IMOBILIÁRIA

João Pedro Lamana Paiva

Registrador de Imóveis no Registro de Imóveis da 1ª Zona de Porto Alegre-RS
e Presidente do Conselho Deliberativo do ONR.

Sumário: 1. Introdução – 2. Relação entre a realidade digital e a realidade jurídica – 3. Referências.

1. INTRODUÇÃO

Preliminarmente, antes de ingressar propriamente no tema da tokenização imobiliária, importa traçar um breve histórico do Sistema Registral Brasileiro. Desde 1º de janeiro de 1976 está em vigor no Brasil a Lei de Registros Públicos – Lei 6.015, de 31 de dezembro de 1973, que primou por uma maior simplificação, acabando com os "livrões". Por meio da adoção do Sistema de Matrícula (Fólio Real) os registros, antes manuscritos, passaram a ser datilografados e, posteriormente, eletrônicos, com a publicação da Lei 11.977 de 2009 (arts. 37 e ss.), o qual foi aprimorado pela Lei 14.382 de 2022, que dispõe sobre o Sistema Eletrônico dos Registros Públicos (Serp).

A Lei 8.935 de 18 de novembro de 1994, por sua vez, regulamentou o artigo 236 da Constituição Federal e disciplinou no artigo 1º que "os serviços notariais e de registro são os de organização técnica e administrativa destinados a garantir a publicidade, autenticidade, segurança e eficácia dos atos jurídicos".

Na dicção do art. 1.227 do Código Civil, *Os direitos reais sobre imóveis constituídos, ou transmitidos por atos entre vivos, só se adquirem com o registro no Cartório de Registro de Imóveis dos referidos títulos (arts. 1.245 a 1.247), salvo os casos expressos neste Código.* Com efeito, de acordo com o artigo 1.245 do Código Civil *"transfere-se entre vivos a propriedade mediante o registro do título translativo no Registro de Imóveis"*. Logo, está muito bem estruturado o modo de aquisição da propriedade imóvel no Brasil, matéria esta já secular.

Conforme Tiago Machado Burtet[1] "toda aquisição do direito real imobiliário perpassa por um ato produzido pelo Registro de Imóveis, seja para constituir ou para declarar o direito, seja para modificá-lo ou extingui-lo. A constituição e a

---

1. BURTET, Tiago Machado. *Tokenização da propriedade imóvel no Brasil:* realidade ou ficção? 2023.

declaração prestam-se para que se estabeleça um fenômeno relevantíssimo, que é a *disponibilidade jurídica do bem*".

No mesmo estudo ainda leciona que dominar a ideia central da disponibilidade jurídica é de fundamental importância para saber operar o Registro de Imóveis. Nesse diapasão, o art. 1.420 do CC precisa ser apresentado: "*Só aquele que pode alienar poderá empenhar, hipotecar ou dar em anticrese; só os bens que se podem alienar poderão ser dados em penhor, anticrese ou hipoteca*". Em outras palavras, ninguém pode dispor regularmente de imóvel se não constar do Registro de Imóveis.

Todavia, a Sociedade e o Mercado passaram por muitas mudanças e, consequentemente, evoluíram. Assim, nada mais justo que os operadores do Direito envidarem esforços para acompanhar dita evolução.

O mercado imobiliário é um dos eixos impulsionadores da economia planetária e não poderia permanecer ileso diante da transformação disruptiva de todas as novas tecnologias que são apresentadas quase que diariamente. Em virtude de todo este avanço tecnológico ocorrido nas últimas décadas, quando se fala na Indústria 4.0, pode-se dizer que vivemos atualmente na chamada Quarta Revolução Industrial, lastreada na propagação da microeletrônica, algoritmos, inteligência artificial e uma infinidade de aplicativos e softwares.

O mercado imobiliário foi se modernizando e em virtude disso foram sendo criados diversos novos institutos jurídicos como a multipropriedade, a extensão ou recarregamento da Hipoteca, a alienação fiduciária da propriedade superveniente etc.

Nesta senda da modernização um novo instituto parece estar buscando espaço para germinar: chamada "tokenização de bens imóveis", que vem ganhando certo lugar nos negócios no país, representando uma atividade em expansão.

A tokenização consiste em um registro que é efetuado na *Blockchain,* que se trata de uma plataforma que recepciona transações eletrônicas de toda ordem (com ou sem lastro na realidade jurídica estabelecida), que são distribuídas, criptografadas e tornam-se, em tese, incorruptíveis.

Na definição de Leandro Pamplona,[2] Coordenador do Grupo de Estudos da OAB/RS na obra Manual dos Contratos Imobiliários "a tokenização imobiliária pode ser conceituada como o ato de atrelar a um bem imóvel um certificado digital que representa sua propriedade. O token, portanto, é o ativo representativo do bem".

---

2. BORGES, Marcos Vinícius Motter (Coord.). *Manual dos contratos imobiliários.* São Paulo: Thomson Reuters Brasil, 2023.

Os tokens podem ser classificados em pelo menos duas modalidades: tokens fungíveis ou tokens não fungíveis.

Com relação aos bens fungíveis a definição é aquela constante do artigo 85 do Código Civil, qual seja "são fungíveis os móveis que podem substituir-se por outros da mesma espécie, qualidade e quantidade", ou seja, a troca/substituição ou entrega diversa em nada influência o direito do proprietário, um exemplo de bem fungível é o Bitcoin.

De outro lado, os tokens não fungíveis ou NFT *(non-fungible token)* são aqueles a *contrario sensu* da definição do Código Civil, ou seja, não podem ser substituídos por outro ativo que seja da mesma espécie.

Com efeito, a Blockchain, permite a realização de novos negócios, inclusive no âmbito do mercado financeiro/imobiliário.

Contratações imobiliárias normais são e continuarão sendo implementadas, sendo que a tokenização não substitui o registro tradicional de obtenção de um imóvel (sistema registral tradicional), mas cria novas alternativas para o mercado de investimentos. Parece ser mais um instrumento para dar efetividade à função social da propriedade quando pretende oportunizar o acesso aos rendimentos advindos de imóveis por meio da utilização de plataforma que se vale do Blockchain.

Importante compreender como isso pode se estabelecer no Brasil em face do sistema de proteção da propriedade imóvel existente, senão vejamos:

O imóvel é permutado (trocado) por um token criptografado, que representa algo único e imutável *(infungível)*. É este token que é objeto da negociação, não o imóvel *(é preciso deixar bem evidenciado isso e a partir daqui é que se corre o risco de errar se não compreendidos os pressupostos acima apresentados)*. É o token (bem móvel, e não o imóvel em si) que é comercializado e quem compra passa a ser proprietário dele que, por sua vez, é dono da propriedade digital. Mas isso não representa a propriedade do próprio imóvel em si, pois são bens distintos: o imóvel e o token. A negociação com o imóvel só pode ocorrer pelo sistema registral imobiliário, segundo o que decorre do Código Civil, da Lei 6.015/73 e de vasta legislação esparsa que se relaciona com a matéria.

A base para a negociação do token é a tecnologia *Blockchain*, mecanismo de banco de dados avançado que permite o compartilhamento de informações. De acordo com Cássio J. Krupinsk[3] "O mercado de imóveis é atualmente um dos mais impactados pela adoção da criptografia de ativos e direitos. A tokenização

---

3. KRUPINSK, Cássio J. Disponível em: https://blockbr.com.br/tokenizacao-imobiliaria-e-a-descentralizacao-dos-cartorios/.

imobiliária tende a destravar uma série de nós que, hoje em dia, impedem o crescimento do setor".

Para o direito registral brasileiro, o real proprietário do imóvel é a empresa de tecnologia que tem sua denominação indicada no Fólio Real (Livro da Coisa), enquanto no mundo virtual, o dono do token, detentor da propriedade digital, é a pessoa qualificada para transacionar o imóvel como se proprietário real fosse.

Assim, teremos duas realidades (dimensões) paralelas e que precisam ser bem definidas: a do Registro de Imóveis, que trata efetivamente da aquisição da propriedade imóvel, e a da Blockchain, cuja propriedade do token é regulada por um *Smart Contract*, que não reflete direitos reais, mas direitos obrigacionais.

Mas será que a tokenização também atuará nas atividades notariais e registrais? A resposta é SIM; esse é um processo natural, à medida em que as empresas e a sociedade passarem a enxergar os ganhos provenientes da tokenização, em especial se ela estiver sujeita aos efeitos decorrentes da segurança jurídica que somente as atividades notariais e registrais podem proporcionar ao cidadão. Isto porque não são institutos que se excluem, mas sim que podem interagir, cada uma servindo para uma determinada função e finalidade.

O Estado do Rio Grande do Sul, em especial a Capital do Estado e o Registro de Imóveis da 1ª Zona foram pioneiros na materialização das negociações envolvendo tokens. E como essa materialização ocorreu? Por meio da permuta de um token por um imóvel mediante a lavratura da escritura pública de permuta. Ou seja, a empresa que disponibiliza o Token permite o acesso ao Blockchain, para que lá sejam feitos negócios, recebendo em seu nome o imóvel de quem fica com o token.

Com efeito, ainda não existe lei federal ou estadual regendo a matéria no Brasil.

O que se tem no momento aqui no Rio Grande do Sul é uma norma administrativa da Corregedoria Geral da Justiça do Estado (Provimento 38/2021) indicando a possibilidade de lavrar uma escritura pública de permuta e registrar o título de negociação de imóvel, contanto que não se faça vinculação alguma com o *Blockchain*. Na esteira da Corregedoria Gaúcha igualmente a Corregedoria do Estado do Rio de Janeiro regulou a questão.

Assim sendo, atualmente os registros das escrituras de permuta de imóvel por token são realizados de acordo com as regras do referido Provimento. Em síntese, a compreensão atual é a de que *"ativo digital"* não substitui e não guarda vínculo com a propriedade formal que decorre do sistema legal, deixando isento de dúvidas que não se constituem de institutos similares, mas sim de situações jurídicas que conversam entre si.

Para lavratura da escritura pública, o negócio jurídico é submetido ao fisco para aferição do imposto incidente sobre a negociação (ITBI).

Na seara digital, a empresa que disponibiliza o Token permite o acesso ao Blockchain para que lá sejam feitos negócios, recebendo em seu nome o imóvel de quem fica com o token. Como já mencionado, não existe Lei regendo a matéria.

Entretanto, o Registro de Imóveis da 1ª Zona de Porto Alegre e o 9º Tabelionato de Notas da Capital foram pioneiros e arrojados na condução da materialização desses negócios jurídicos, pois o Direito está numa constante evolução e bate a nossa porta, daí a razão da necessidade do aprimoramento das nossas atividades.

Para termos a certeza da possibilidade da lavratura da escritura e do registro, solicitamos que a ANOREG-RS e o Fórum de Presidentes das entidades extrajudiciais gaúchas, por meio do Ofício 020/2021 recorressem à CGJ/RS para obter orientações a respeito do procedimento adotado em caso de permuta de bens imóveis com contrapartida de tokens/criptoativos.

Na consulta formulada, a CGJRS confirmou a regularidade da lavratura da Escritura e o Registro da Permuta, com a edição do Provimento 038/2021.

Pelo referido Provimento, foi regulamentada a lavratura de escrituras públicas de permuta de bens imóveis por tokens/criptoativos, sendo estabelecidas algumas condições que o título e o registro devem possuir.

Além disso, foi definido no artigo 3º do Provimento que todos os atos notariais e registrais realizados na forma do provimento deverão ser comunicados ao Conselho de Controle de Atividades Financeiras – COAF (Provimento 88/2019 – CNJ) situação que visa evitar/prevenir problemas de outras ordens que interessam ao Estado Brasileiro, como a lavagem de dinheiro, financiamento ao terrorismo, ocultação de bens etc.

O Provimento 38/2021 – CGJ/RS, assim determinou:

Considerando a consulta da Associação dos Notários e Registradores do Estado do Rio Grande do Sul – ANOREG-RS e do Fórum de Presidentes das entidades extrajudiciais gaúchas, veiculada no Ofício 020/2021, a respeito do procedimento a ser adotado em caso de permuta de bens imóveis com contrapartida de tokens/criptoativos;

Considerando o disposto no artigo 6º da Lei 8.935/94; e

Considerando o dever da Corregedoria-Geral da Justiça de orientar, fiscalizar e adotar providências convenientes à melhoria dos Serviços Extrajudiciais,

Provê:

Art. 1º Os Tabeliães de Notas apenas lavrarão escrituras públicas de permuta de bens imóveis com contrapartida de tokens/criptoativos mediante as seguintes condições cumulativas:

I – declaração das partes de que reconhecem o conteúdo econômico dos tokens/criptoativos objeto da permuta, especificando no título o seu valor;

II – declaração das partes de que o conteúdo dos tokens/criptoativos envolvidos na permuta não representa direitos sobre o próprio imóvel permutado, seja no momento da permuta ou logo após, como conclusão do negócio jurídico representado no ato;

IV – que o valor declarado para os tokens/criptoativos guarde razoável equivalência econômica em relação à avaliação do imóvel permutado;

IV – que os tokens/criptoativos envolvidos na permuta não tenham denominação ou endereço (link) de registro em blockchain que deem a entender que seu conteúdo se refira aos direitos de propriedade sobre o imóvel permutado.

Art. 2º Os Registradores de Imóveis, na qualificação de títulos referentes a transações de imóveis por tokens/criptoativos, observarão a presença das exigências do art. 1º, e, caso atendidas, transcreverão expressamente no ato as cláusulas relativas aos incisos I e II.

Art. 3º Todas os atos notariais e registrais realizados na forma deste provimento deverão ser comunicados ao Conselho de Controle de Atividades Financeiras – COAF, na forma do Provimento 88/2019 do Conselho Nacional de Justiça.

Art. 4º Este provimento entrará em vigor no primeiro dia útil seguinte à data de sua disponibilização no Diário da Justiça Eletrônico.

Atualmente, já foram efetuados cerca de 40 registros de escrituras públicas de permuta de bens imóveis por tokens/criptoativos no Registro de Imóveis da 1ª Zona de Porto Alegre. Há também registros de permutas sucessivas do token com a subsequente compra e venda definitiva do imóvel, a qual, por sua vez, opera de consequência a extinção do token.

Como se vê, os atos notariais e registrais continuam sendo praticados normalmente sem qualquer prejuízo para notários e registradores, pois a inovação, ao ser idealizada, não abriu mão de se valer dos Serviços Extrajudiciais como garantia da segurança jurídica das negociações tokenizadas, até porque, segundo a legislação federal citada, não há outro modo para alcançar a propriedade imóvel se não através do Registro de Imóveis, instituição secular do Estado Brasileiro, que sempre contribuiu para o progresso e o desenvolvimento do Brasil pelos efeitos que entrega.

2. RELAÇÃO ENTRE A REALIDADE DIGITAL E A REALIDADE JURÍDICA

A negociação na forma como ocorre atualmente não guarda nenhuma vinculação da realidade digital com a jurídica decorrente dos atos praticados na matrícula do imóvel, pois são duas dimensões paralelas que são inconfundíveis, mesmo que possam conversar entre si, haja vista que o registro do ativo imobiliário na Blockchain para fins de comercialização através da Tokenização não tem o condão de criar e/ou modificar direitos reais imobiliários, tampouco transmiti-los. Um token emitido sem relação com a matrícula do imóvel não produz efeitos jurídicos, apenas obrigacionais.

Quem acessa fica ciente de que deixa de ser titular de direito real sobre o imóvel, despojando-se da propriedade e confiando que a empresa lhe devolverá o imóvel quando requerido. A relação existente é *puramente de confiança, de caráter obrigacional.*

Portanto, a tokenização é dos negócios de investimentos no mercado imobiliário e não da propriedade de bem imóvel, dos direitos reais, prestando-se para a realização de negócios no plano obrigacional, contratual, a quem conscientemente pretenda assumir os bônus e os ônus decorrentes de ativos virtuais, sabendo que não restará vínculo de direito real com o imóvel. Quem contrata fica ciente de que deixa de ter vínculo de direito real com a coisa, vínculo este que permanece com a empresa enquanto novos negócios/investimentos com o token estão sendo realizados na plataforma do Blockchain.

Efetivamente, trata-se de uma realidade sem precedentes cujos benefícios para a Sociedade e para os Mercados somente serão auferidos com o tempo.

Importante destacar que a empresa adota regra de Governança de modo a ela própria bloquear o seu patrimônio, ou seja, a de não permitir a livre disposição do bem alcançado pela permuta. Isso consta do seu Contrato Social arquivado no Registro Público do Comércio, Indústria e Serviços. É uma boa ferramenta de Compliance, mas não atende a todas as questões (judiciais, por exemplo).

Em virtude dessas inovações, questiona-se: A tokenização acabará com o Registro de Imóveis?

No Brasil, *não*, em virtude da estruturação do Sistema Registral Imobiliário desenvolvido ao longo de 180 anos, demonstrando ser atividade estatal imprescindível para o desenvolvimento saudável da sociedade e da economia. Hoje é um sistema que oportuniza o alcance do Direito pelo modo mais célere e seguro e menos oneroso ao cidadão.

O Registro de Imóveis no Brasil adota o Sistema de Registro de Direitos, que decorre de uma atuação estatal para ofertar efeitos jurídicos plenos aos atos praticados, conferindo a eles ampla e imparcial publicidade, sendo que por meio de uma certificação oficial o Estado é capaz de informar, com precisão e rapidamente, qual é o imóvel e quem é o seu titular, o que precisa ser respeitado por todos (efeito *erga omnes*). O mesmo não ocorre nos países com sistema diverso (Registro de Títulos – mero arquivamento), a exemplo dos Estados Unidos, tendo em vista a inexistência de um sistema próprio de proteção do direito de propriedade como o adotado pelo Brasil.

O acesso aos serviços registrais e notariais se tornou mais fácil e prático, ainda, com a entrada em vigor da Lei 14.382/2022, que instituiu o SERP (Sistema Eletrônico dos Registros Públicos). Atualmente, qualquer cidadão, de qualquer lugar, tendo acesso à internet, poderá usufruir dos benefícios do registro de forma digital, sem precisar se deslocar até um tabelionato ou registro de imóveis.

O Sistema Registral Brasileiro depura vícios previamente e realiza a conexão com o histórico (continuidade e disponibilidade) das ocorrências antecedentes, de modo a poder ofertar a certeza, e consequentemente, segurança jurídica na informação (efeitos jurídicos) sobre a coisa imóvel.

A Tokenização, como vislumbrada hoje, tem campo fértil para ser aplicada em países que não possuem a certeza que decorre do Sistema Registral Brasileiro (Registro de Direitos), onde não há a certificação Estatal com efeitos perante todos.

No Brasil, ela poderá se aliar ao Registro de Imóveis quando estabelecida uma interconexão, de modo que ambas as dimensões (digital e jurídica) expressem o mesmo significado.

Enquanto isso não for criado, quem adentra na realidade digital é conhecedor dos riscos que enfrenta ao se despojar da propriedade e confiar em quem "vende" a ideia.

A Tokenização como realizada hoje está fundada na *confiança* depositada não no Estado Brasileiro, mas no que uma empresa privada informa.

Por isso a necessidade de se estabelecer um *elo*, uma *ligação*, uma *interconexão* entre o que ocorre na plataforma digital (Blockchain) com a realidade jurídica da coisa, decorrente do Registro de Imóveis.

Importante destacar o artigo de Luis Flávio Fidelis Gonçalves,[4] sobre a necessária participação do Registro de Imóveis no processo de Tokenização Imobiliária que assevera que na concepção ideal a emissão do Token (NFT) deveria ser efetuada pelo próprio Registro de Imóveis, a exemplo do que ocorrerá na Espanha, tendo em vista que através da atualização legislativa da Lei das Hipotecas – Lei 11/2023 (atualmente em *vacatio legis* e que entrará em vigor em maio de 2024), foi criado o registro eletrônico que irá replicar o registro na Blockchain.

Defende-se a necessidade de que todas as ocorrências do mundo digital sejam comunicadas ao Registro de Imóveis, criando-se uma interconexão entre os sistemas (real e digital) de forma que ambos se conversem.

A interconexão gerada por essa comunicação tem como principal objetivo evitar informações assimétricas, gerando mais transparência para o próprio negócio ofertado pela empresa e evitando a criação de "sistemas registrais paralelos".

O lançamento de atos administrativos (matrícula, registro e/ou averbação) no álbum imobiliário, ou fólio real, proporciona o conhecimento do *status* jurídico completo da "coisa" e todas as mutações a que ela está sujeita (transmissões, fracionamentos, indisponibilidade, penhora etc.) a um só tempo, pelo alcance de

---

4. GONÇALVES, Luis Flávio Fidelis. *Revista da Associação dos Registradores de Imóveis do* Paraná – ARIPAR. 2023.

certidão, materializando o princípio da publicidade, o que *smj* não acontece com negociações que ocorrem apenas no ambiente digital.

Não se está sugerindo um engessamento de rotinas, mas o alcance de uma uniformidade no trato da informação sobre a coisa, que irá ofertar maior segurança jurídica e estabilidade a quem adere a essa nova modalidade de contratação.

Estamos trabalhando com a Corregedoria Geral da Justiça do Rio Grande do Sul para a incorporação desta realidade "Tokenização" no Provimento 001/2020-CGJRS (Consolidação Normativa Notarial e Registral – CNNR), fazendo constar o quanto prevê o Provimento 38/2021-CGJ/RS.

Ainda, está sendo objeto de estudo em parceria com a Egrégia Corregedoria que toda a movimentação ocorrida no ambiente digital seja comunicada digitalmente ao Registro de Imóveis competente, gerando um ato de anotação/averbação (Princípio da Concentração), facultando a recepção de todas as movimentações realizadas no âmbito digital, através do encaminhamento da operação via Operador Nacional do Sistema de Registro Eletrônico de Imóveis – ONR e o ato a ser praticado seria uma averbação.

O ONR representa uma plataforma que gera a interoperabilidade entre os 3.642 Registros de Imóveis do Brasil, que poderá ser interligado ao Blockchain formando uma verdadeira interconexão para recepção das transações decorrentes dos Ativos Digitais, o que representaria uma ferramenta fluída, atualizada e com precedente de perfeito funcionamento.

Para gerar os atos de averbação poderíamos aplicar o artigo 167, inciso II, item 5 c/c o artigo 246, *caput*, da Lei 6.015/73.

> Art. 167. No Registro de Imóveis, além da matrícula, serão feitos. (Renumerado do art. 168 com nova redação pela Lei 6.216, de 1975).
>
> (...)
>
> II – a averbação:
>
> (...)
>
> 5) da alteração do nome por casamento ou por desquite, ou, ainda, de outras circunstâncias que, de qualquer modo, tenham influência no registro ou nas pessoas nele interessadas;
>
> Art. 246. Além dos casos expressamente indicados no inciso II do *caput* do art. 167 desta Lei, serão averbadas na matrícula as sub-rogações e outras ocorrências que, por qualquer modo, alterem o registro ou repercutam nos direitos relativos ao imóvel. (Redação dada pela Lei 14.382, de 2022)

Somente assim restará atendida a esperada segurança jurídica, na medida em que impedirá a empresa de dispor do imóvel para terceiros, ficando obrigada a entregar (obrigação de dar/entregar) o imóvel quando requerido. Quem negocia no ambiente digital teria a segurança mediante o acesso à informação na matrícula (disponibilidade e continuidade).

Tiago Machado Burtet[5] assevera que "vislumbra-se a necessidade de aperfeiçoamento da norma num duplo sentido, seja para permitir a averbação de notícia da afetação do imóvel a negócios doravante realizados no ambiente digital, seja, também, no sentido de estabelecer uma real e efetiva comunicação entre os sistemas (interconexão), de modo a tudo o que for negociado no ambiente digital tenha a mesma representação no mundo jurídico através da realização de ato de averbação na matrícula do imóvel concentrando no ambiente próprio, conforme a lei, todas as informações relevantes sobre o imóvel".

Havendo esta averbação na matrícula do imóvel, além de garantir os direitos do adquirente também irá resguardar direitos de terceiros que poderão efetuar a busca por patrimônio (busca de bens, penhora, indisponibilidade de bens), em face da publicidade ofertada pelo Sistema Registral, a qual não ocorre no ambiente digital.

De acordo com o Registrador Luis Flávio Fidelis Gonçalves[6] "enquanto inexistente previsão legal para que a emissão do NFT seja realizada pelo próprio serviço de registro imobiliário, entende-se que a criação de um sistema de interconexão entre os sistemas (real e digital) de modo que ambos conversem, seria suficiente para gerar a publicidade necessária e permitir o conhecimento da situação jurídica do imóvel em ambas as pontas (token e matrícula) ".

Por todo o exposto, conclui-se que a Blockchain e a Tokenização são ferramentas que devem se comunicar com os Registros de Imóveis, visando estender a segurança jurídica decorrente dos atos de registro para quem se vale destas novas tecnologias para a realização de novos negócios.

O envolvimento dos Notários e Registradores é que permitirá o desenvolvimento dessas novas ideias? É claro que não! Se não participarmos acontecerá igualmente; porém, com menor margem de aproveitamento da ideia que pode fomentar novos negócios e, quiçá, o acesso à propriedade imóvel. Desta forma, temos que incorporar essas tecnologias, razão pela qual se busca a normatização efetiva desse novo negócio jurídico.

Essas novas ideias são frutos da tecnologia e do mercado. Novas ideias geram novos negócios, que podem gerar novos atos notariais e registrais.

Sabe-se que o "Ativo Digital" não serve como paralelo com a propriedade formal decorrente do registro, são universos coexistentes, que não se confundem,

---

5. BURTET, Tiago Machado. *Tokenização da propriedade imóvel no Brasil*: realidade ou ficção? 2023.
6. GONÇALVES, Luis Flávio Fidelis. *Revista da Associação dos Registradores de Imóveis do Paraná – ARIPAR*. 2023.

o que muito bem ficou delineado no Provimento 038/2021 da CGJ/RS, deixando isento de dúvidas que não se tratam de situações semelhantes.

Sendo assim, importa dar seguimento no aprimoramento do Provimento já existente, o qual restou muito claro, pela dissociação das dimensões (física e digital). Acessará quem quiser a digital, conhecendo e concordando não haver vínculo com a realidade jurídica atual, que foi projetada para atender às necessidades do mundo físico. Porém, não podemos descuidar de questões que interessam ao País e a toda a Sociedade, decorrentes do fenômeno da publicidade, só alcançada pela interconexão vislvislumbrada.

O progresso bate à porta do Registro de Imóveis, sendo bem recebido. Um mundo novo nos é apresentado a cada dia.

Este mundo pretende acabar ou diminuir com nossas atividades? Entendo que não.

Penso que será mais um produto para agregar ao portfólio dos Notários e Registradores, sendo possível a pratica de atos que antes não eram praticados (escrituras e registros de permutas e, depois, da devolução – nova permuta – quando da saída do ambiente digital).

3. REFERÊNCIAS

BORGES, Marcos Vinicius (Coord.). *Manual dos contratos imobiliários*. São Paulo: Thomson Reuters Brasil, 2023.

BURTET, Tiago Machado. *Tokenização da propriedade imóvel no Brasil*: realidade ou ficção? Programa de Mestrado da Universidade do Vale do Rio dos Sinos, Porto Alegre, 2023.

GONÇALVES, Luis Flávio Fidelis. *Revista da Associação dos Registradores de Imóveis do Paraná – ARIPAR*. 2023.

KRUPINSK, Cássio J. Disponível em: https://blockbr.com.br/tokenizacao-imobiliaria-e-a-descentralizacao-dos-cartorios/.

PAIVA, João Pedro Lamana. *Tokenização de Negócios Imobiliários*. Disponível em: https://www.1ripoa.com.br/tokenizacao-de-negocios-imobiliarios/. Acesso em: 02 maio 2024.

COMO RECEBER E CAPACITAR NOVOS PROFISSIONAIS PARA O MERCADO IMOBILIÁRIO

Mário Augusto Reis de Amorim

Corretor de Imóveis desde 1983. Bacharel em Direito pela UFRJ. Atualmente ministrando treinamento e capacitação para novos profissionais e gestores do mercado imobiliário. Consultor em desenvolvimento de novos produtos, da aquisição de terreno à estratégia comercial.

Sumário: 1. Introdução – 2. Desenvolvimento; 2.1 Legislação e regulamentações da atividade e do mercado imobiliário; 2.2 Comunicação; 2.3 Ética; 2.4 Marketing; 2.5 Prospecção; 2.6 Atendimento; 2.7 Pós-contração – 3. Conclusão.

Agradecimentos

Depois de escrever essas linhas, quase um depoimento de vivências, preciso reconhecer e agradecer àqueles que sempre terão meu respeito e gratidão na minha jornada. Citarei por ordem cronológica e de forma reduzida, mesmo sabendo que não conseguirei falar de todos, mas o carinho é mais amplo do poderia lembrar.

Marlei Feliciano – Ética Imobiliária

Rubem Vasconcelos – Patrimóvel

Plínio Serpa Pinto – Patrimóvel e Brasil Brokers

Sérgio Freire, Ariovaldo Rocha e Ronaldo Fróes – Brasil Brokers

Espero que esse artigo possa ajudar de alguma forma meus colegas e empresas a refletirem sobre a importância em receber novos profissionais, priorizando sempre a capacitação e a busca incessante pelo conhecimento.

Gratidão a todos os colegas pelo carinho que sempre recebi e peço a Deus que os abençoe.

1. INTRODUÇÃO

O mercado imobiliário vem evoluindo como a sociedade. As famílias vêm se formando e se desmobilizando. Os jovens saem de casa ou voltam. Os imóveis ganharam inúmeros acessórios e os condomínios cresceram muito em equipamentos e serviços. Sem falar que os meios de transporte em massa evoluíram, nem tanto como precisamos, mas avançamos em parte. Em mais de 40 anos vivendo nesse mercado como profissional, a reflexão é inevitável. Com a maturidade, me permito escrever algumas linhas desejando abordar o importante momento profissional a quem está dando os primeiros passos nesse mercado, no qual muitas pessoas enxergam uma real possibilidade de recomeço de atividade profissional. É por essa razão que estamos produzindo esse material.

Preciso situar uma parte dessa narrativa usando a minha própria jornada. Iniciei no mercado antes de completar 22 anos, no início de 1983. Vivíamos num mundo totalmente analógico. Sem computadores, celulares e toda essa tecnologia que veio com tudo isso. Estar ainda no mesmo mercado, mas num ambiente muito diferente, agora totalmente digital e até virtual. Todos tiveram que se adaptar no seu tempo. Hoje as informações circulam de forma instantânea, muito diferente de como era. Podemos acessar notícias ou conteúdos relevantes de forma imediata. Agora é possível conhecer os meandros jurídicos, tão importantes nessa atividade, sem necessitar de estudo aprofundado. Mesmo assim, entendi que quanto mais preparado, mais poderia contribuir com meus clientes. Já no primeiro ano percebi que esse conhecimento dos aspectos legais seria importante para que eu pudesse atender pessoas e cuidar do seu patrimônio de forma mais cuidadosa, independentemente da assessoria comercial. Tive a felicidade de prestar as provas e conseguir entrar para a faculdade de direito da UFRJ. O difícil foi conseguir completar o curso e conciliar com o trabalho. Mesmo assim, consegui a graduação. Com extrema necessidade de subsistência, a corretagem se transformou num grande desafio, pelo fato de não haver qualquer suporte financeiro. Ao contrário, temos de nos sustentar até que a comissão entre. São jornadas longas, que na maioria das vezes nos demandam os sete dias da semana. Talvez, justamente por isso, eu tenha mergulhado tão fundo em busca de negócios. Não havia interrupção, poderia usar o tempo a meu favor, buscando o conhecimento que me faltava. Outro desafio foi a falta de maturidade, acrescida pela falta de capacitação. Estava frequentando as aulas do SENAC no curso de Técnico em Transações Imobiliárias para aprender a teoria e obter o certificado que me habilitaria ao CRECI. Quando as coisas começaram a acontecer e os resultados chegaram, tive um grande aumento de motivação por entender que o meu esforço estava sendo recompensado. O tempo foi sendo um aliado e o crescimento veio com empenho e preparo. Poucos anos depois, já gerenciando uma empresa de imóveis prontos, dei os primeiros passos para criar alguma orientação para aqueles que queriam ingressar na atividade com pouca ou nenhuma experiência. Por não ter esquecido o que passei no início, achava que aquilo seria um diferencial para quem acabou de chegar. O fato de ter engajado outros profissionais da empresa nessa orientação aos novos, acelerou bem o processo. Ainda falando de vivência, aquele grupo passou a ter um padrão de qualidade acima de nossos concorrentes. A produtividade cresceu nessa proporção. O cuidado com o processo receptivo acabou contagiando todas as etapas do trabalho.

Tempos depois, migrei para o mercado primário ou de lançamentos. Lembro que atuar no mercado de prontos ou secundário foi uma lição importante. Só que vender na "planta" era mais subjetivo e menos concreto, devido ao material que se dispunha na época. Os desafios agora eram parecidos, mas eram outros. No mercado de compra e venda de prontos, o ponto principal era atender o cliente até que encontrasse um imóvel que fosse o melhor. Sem falar na captação, item de fundamental importância. Já no mercado de lançamentos, o foco principal era oferecer aqueles imóveis que seriam os próximos a lançar a todas as pessoas que conhecíamos e ainda que pudéssemos encontrar. Com esse novo cenário, as ferramentas se tornaram mais aperfeiçoadas, principalmente pela chegada da internet e digitalização. Já estava me sentindo capacitado para reiniciar o processo de capacitação de novos profissionais.

Pouco tempo depois, até pelo tamanho das equipes nesse mercado, ter um processo receptivo se fez ainda mais necessário. Precisava usar a linguagem e as ferramentas usadas naquele momento. Já estávamos no momento de digitalização dos processos e dos materiais utilizados. A comunicação começava a ficar mais ágil e com mais canais disponíveis. O uso de computadores já era uma realidade e a troca de e-mails documentava as conversas.

2. DESENVOLVIMENTO

Esse mercado sempre foi bastante aberto e receptivo para novos profissionais. Era bem mais difícil, se manter e ter sequência de produtividade, o que ainda acontece nos dias de hoje. A "barreira de entrada sempre foi baixa". Com a formação mínima de escolaridade ao nível secundário já é possível acessar o credenciamento. Com a abertura de capitais de várias empresas do ramo na Bolsa de Valores, tivemos um novo impulso. Empresas construtoras, incorporadoras e até imobiliárias conseguiram vultosas somas de capital para crescer. Assim, no início dos anos 2000, o ambiente imobiliário iniciou uma nova etapa de crescimento acelerado. A implantação do "Plano Real" permitiu equilibrar a inflação que tanto corroía nossa economia. Passando a circular mais recursos e, também, impulsionado pelos programas de incentivo à casa própria, o mercado que já era receptivo se tornou atrativo. Os produtores de imóveis puderam investir além de adquirir terrenos. Puderam enxergar a importância de dar maior capacitação às suas equipes e na elaboração do material dos produtos. As imobiliárias, por sua vez, tiveram que ir além do aumento da oferta de novos produtos, precisando atualizar cada vez mais as suas equipes para que pudessem crescer na produtividade. Sem falar das agências de marketing que rapidamente se adaptaram à comunicação e divulgação. Por consequência, também houve aumento de imóveis prontos no mercado de compra, venda e locação. Assim, toda a cadeia estava se desenvolvendo e tornando a atividade mais convidativa. Atualmente percebemos uma grande atração e, por esta razão, a busca de conhecimento constante permite um melhor aproveitamento e a efetiva inserção do profissional no mercado. Por estar mais atraente, também se tornou ainda mais competitivo, fazendo com que o diferencial na capacitação seja o grande destaque dos mais produtivos. A globalização percebida na economia como um todo, não foi diferente com o mercado imobiliário. Preservando-se os aspectos legais, vários adquirentes desse mercado de fora do nosso país, brasileiros ou não, vêm adquirindo imóveis, seja para uso eventual ou para renda. Alguns ainda aproveitam as plataformas específicas e revezam a utilização com períodos locados, permitindo baixo custo ou até o ganho de renda mesmo que utilize em algumas datas do ano. O mercado já percebeu mais oportunidades e os profissionais precisam incluir esse tema para atrair mais investidores. Com isso, temos os portais que são muito significativos na comercialização de imóveis prontos. Em alguns casos, clientes residentes em outros países podem acessar esses portais. Já as redes sociais são as que permitirão buscar de forma mais ampla esses clientes fora da sua região primária e do país. O cliente que entra num portal procurando algum imóvel já tomou a decisão de olhar alguma coisa. O que é impactado em sua rede social acaba sendo despertado e passa a ter interesse. Ou seja, precisamos buscar aqueles que querem e influenciar os que podem analisar um investimento imobiliário. Podendo ser para uso ou renda. Percebemos que a visão mais abrangente é fundamental para enxergar as oportunidades.

Mesmo sendo uma atividade que tem a essência da autonomia, nada impede que o profissional cresça num ambiente de empresa, ainda que seja autônomo. Caso futuramente se sinta melhor trabalhando sozinho, já terá vivência suficiente para tomar suas decisões e seguir a jornada. Quanto mais for capaz de usar os instrumentos de busca de imóveis e clientes, mais produtivo poderá ser e somente a partir desse ponto poderá vislumbrar a atuação como autônomo ou empresário.

É preciso que o profissional perceba, o tempo todo, tudo que está acontecendo no mercado. Buscar informações sobre o contexto é sempre necessário. Existem muitos canais de formação e de informação, como o CRECI, UNICRECI, SECOVI, SINDUSCON e ADEMI que são alguns importantes exemplos. Isso não depende se o profissional atua numa empresa ou de forma individual. Ser curioso e aproveitar cada oportunidade de ter mais informações são parte da rotina do corretor de imóveis.

Como a moradia faz parte da vida de todas as pessoas, é preciso estar atento às várias formas de utilizar um imóvel, seja comprando, alugando ou compartilhando. O importante é também acompanhar a presença cada vez maior de investidores no mercado. Existe um número muito grande de pessoas que só

COMO RECEBER E CAPACITAR PROFISSIONAIS PARA O MERCADO IMOBILIÁRIO

podem ou preferem alugar e é necessário que existam pessoas produzindo esses imóveis. O olhar do profissional precisa conciliar a visão técnica com a do cidadão. Entender as tendências, nas formas de ocupação de um imóvel auxilia na estratégia de atendimento ao seu cliente. Vale ressaltar o anseio de muitos pelas alternativas ligadas à preservação do meio ambiente, com utilização de energias limpas e reuso de água. Além do compromisso ambiental que muitos já possuem, alguns investidores percebem que a captação de energia solar ou eólica e reuso de água da chuva permitem redução no custo condominial, o que aumenta diretamente a sua renda. Há também o sentimento de estar inserido no comportamento de viver com o máximo de harmonia com o meio ambiente. Vale lembrar que parte dos danos que estamos presenciando com os desastres ambientais podem ser amenizados com o engajamento de cada cidadão no cuidado com o planeta. Temos que refletir como usamos a energia, a água e até como descartamos nosso lixo. Depois dessa reflexão que inclui nossa responsabilidade como cidadão, seguiremos falando da atividade no mercado imobiliário, dos corretores e das ferramentas à sua disposição. Precisamos reconhecer que a educação ajuda a formar um cidadão consciente e um corretor de imóveis precisa conhecer como podemos viver melhor em nossa cidade. Em harmonia, para levar em consideração quando for aconselhar um cliente. Os imóveis podem valer mais se estiverem em locais onde o meio ambiente é mais preservado.

Por mais que existam ferramentas modernas para buscar ou avaliar imóveis, a mentalidade do profissional que a usa é que vai qualificar o atendimento.

Nesta etapa, vamos abordar os itens que precisam ser desenvolvidos na elaboração do treinamento receptivo para novos profissionais. Mesmo já tendo ajudado várias imobiliárias a realizarem esse "Treinamento Receptivo", sempre houve conteúdos com alguns itens comuns a todos, mas vários outros com as especificidades da empresa e do segmento em que atuam, sem falar do momento vivido. Com isso, seguem alguns tópicos que considero comuns a todas as imobiliárias independentes dos seus segmentos.

2.1 Legislação e regulamentações da atividade e do mercado imobiliário

Este tópico deve abranger, além da regulamentação da atividade com a criação do CRECI (Conselho Regional de Corretores de Imóveis), a legislação que norteia a atividade da imobiliária. Temos que nos situar também, entendendo e respeitando a legislação para a construção, venda, locação ou compartilhamento de imóveis. O olhar curioso pode levar o profissional a ampliar sua área de atuação ou deixá-lo especializado em um nicho específico. Ninguém pode substituir a atuação de um corretor numa intermediação. Para exercer esse direito, o profissional precisa estar legalizado e atualizado. Com isso, consultar a legislação que regulamenta a atividade é o ponto de partida.

2.2   Comunicação

Após compreender a normatização da atividade, podemos seguir os primeiros passos na atividade imobiliária. É fundamental que o profissional se comunique de maneira clara e transparente. Buscar a resposta correta, falar a verdade e ponderar com argumentos sólidos e embasados. Os meios que devemos usar para esta comunicação devem respeitar o momento, a agenda e o canal de preferência do cliente. Falar pessoalmente sempre será o melhor. Falar ao telefone também pode ajudar, mas muitas vezes os clientes preferem comunicações por mensagens escritas ou gravadas. Ainda assim, mesmo utilizando estes canais virtuais, não podemos nos esquecer da importância de olhar, ouvir e falar com os clientes. Os canais virtuais, tão presentes em nossas rotinas, podem também construir uma distância perigosa quando se trata de clientes. Lembro que, por muito tempo, atendíamos clientes pessoalmente ou por telefone. Poderiam não ser tantos quanto seriam se fossem contatos virtuais, mas a assertividade era suficiente para se produzir e crescer. Sendo assim, sugiro o uso de todas as alternativas, mas sem esquecer as mais adequadas para concretizar os negócios.

2.3   Ética

A cada dia este tema toma mais espaço em qualquer atividade, principalmente onde se lida com altos valores. Fundamental é respeitar o esforço que as pessoas imprimem para adquirir seus bens, independente de classe social. A preocupação com este tópico pode definir a sobrevivência e a longevidade profissional. O desenvolvimento deste item será feito com os demais, levando em consideração a visão, os valores e a estratégia de cada empresa. Além da preocupação na ética com os clientes, não se pode esquecer da relação com outros profissionais. A atividade já cresceu muito pelo tamanho do mercado, seja na produção de imóveis como na sua utilização. Temos mais profissionais presentes e assim mais concorrência. Importante também lembrar que esse tópico tem bastante material disponível com diversos autores facilmente adaptáveis a qualquer segmento. Muitas empresas divulgam um "manual de procedimentos", mostrando ali como o profissional deve se portar perante os clientes e com os demais profissionais. Ajuda bastante para entenderem os limites do seu direito. Muitas vezes um ato pode ser considerado "legal", mas pode ser "imoral" perante o ambiente que estamos. Mas o fundamental é o exemplo dos gestores em relação aos seus profissionais e clientes e de como cada um demonstra sua conduta. A conclusão é que o exemplo é o maior gerador de autoridade.

2.4 Marketing

Este tema é o que mais se enriqueceu de alternativas que facilitam a vida do profissional e do cliente. A informatização permitiu a evolução na busca e demonstração dos imóveis. Seja quando o cliente visita algum portal ou site, seja quando o corretor envia material com imagens diretamente ao cliente. Desta forma, os atendimentos ficaram mais fidedignos com a utilização de imagens. Lembro que saímos dos classificados em papel para os portais digitais, redes sociais e sites, entre outros. Houve alguma dificuldade no primeiro momento, mas em algum tempo todos estavam adaptados. São muitas alternativas atualmente. O cliente ganhou em qualidade e praticidade. No caso de imóvel na planta, as demonstrações virtuais se mostram quase reais ao observador. Com a utilização de imagens, sejam fotos ou filmes, o corretor fica obrigado a evoluir na qualidade da informação. As novas ferramentas enaltecem o que o imóvel tem de qualidade, mas não transformam seus defeitos. Hoje vemos muitos corretores produzindo excelentes materiais entre fotos e filmes, apenas com a utilização de um smartphone, coisa que pouco tempo atrás seria muito difícil de imaginar. Cabe ao profissional se preparar para ajudar o cliente nas suas decisões. Precisa perceber quais são os itens fundamentais para a conclusão do negócio, ressaltar o que entende que vai ser positivo e saber defender os aspectos não fundamentais ou negativos aos olhos do cliente.

2.5 Prospecção

Quando inicia o processo de qualificação para atuar no mercado imobiliário, o tópico prospecção preocupa e até assusta muitas pessoas. Peço licença para voltar ao meu exemplo, que por ter iniciado com pouco mais de 21 anos de idade, não tinha conhecimento nem maturidade necessários no mercado. Por conta de uma timidez, tive extrema dificuldade de vencer os bloqueios e procurar as pessoas para oferecer imóveis ou serviços. Poderia ser o medo de ouvir um "não" ou ser distratado por estar sendo invasivo. Algum tempo depois, com a insistência e já como gestor de equipes, pude preparar um treinamento receptivo onde tentava atenuar essa dificuldade inicial. Foi quando nasceu a chamada "Lista 100", que de forma resumida seria o seguinte: pense em 100 pessoas que você conheça e se comunique com elas para informar a sua nova atividade. O mínimo relacionamento anterior é o que alivia a tensão dos tímidos. Assim, a repetição da divulgação da atividade e, eventualmente, o recebimento de perguntas ou até mesmo de pedidos para assessoria, vai permitir o atendimento seguro do profissional. O surpreendente é que por muitas vezes nas empresas em que pude realizar esse tipo de treinamento com inclusão da "Lista 100", tivemos vários negócios que aconteceram ainda na fase de capacitação do futuro corretor. Importante relembrar o impacto que uma negociação ainda em período de aprendizagem, trazendo por consequência uma expressiva comissão, pode ajudar na motivação do profissional em formação. Paralelamente ao amadurecimento e à confiança conquistada, esse corretor em treinamento ficará mais seguro para ampliar a sua prospecção para novos horizontes. Ganha também com isso várias ferramentas que se encontram à sua disposição, seja para captar imóveis ou clientes no mercado. Com isso, o profissional precisa crescer na prospecção, pois é assim que poderá ter produtividade constante e crescente. Convivi os primeiros anos de atuação vendo muitos corretores que se dirigiam para a imobiliária ou stand para participar de um sorteio e esperar chegar na sua vez para atender um cliente. A prospecção é uma maneira objetiva de construir uma carteira de clientes e imóveis. Hoje não devem mais existir corretores que sobrevivem esperando e cliente aparecer. Existem várias formas de prospecção. Algumas particularidades de cada segmento podem sugerir o uso maior de algum meio em relação a outro. Além do conhecido telefone, os virtuais mais frios – como e-mail ou mensagem, e ainda as mais quentes – redes sociais que permitem produtos com imagens e informações relacionadas ao produto ou mercado. Volto a falar do tão questionado telefone. Quanto à utilização dessas redes, precisamos ressaltar a importância da qualidade das imagens e a relevância do conteúdo oferecido. Esses canais podem atingir pessoas de vários lugares e até outros países. O cuidado com a veracidade e conteúdo valoroso serão constantes. Podemos reparar que o mercado de alto padrão utiliza muito as redes sociais e pouco os portais tradicionais. Ainda percebemos que os demais segmentos, seja de baixa renda, econômico ou de médio padrão, já estão presentes nessas redes também. Essa percepção de oferta de imóveis é muito dinâmica e o que está sendo relevante hoje pode se alterar em pouco tempo. Quem usa esses canais sociais deve sempre oferecer postagens contendo assuntos ligados ao mercado que atuam para conseguirem mais relevância e respeito na sua audiência. Mas alguns cuidados também precisam ser tomados. Postagens de cunho social ou familiar são bem-vindas, mas devemos considerar que em algumas ocasiões, é melhor usar um canal para assunto pessoal e outro apenas profissional quando opiniões muito polêmicas e alguma exibição podem incomodar um cliente que está em atendimento. Existem canais muito usados como o investimento em palavras-chave para que quando o cliente realize uma busca de imóvel, encontre aquele do corretor ou empresa que enxerga esse posicionamento como um diferencial importante. Tem sido para muitos.

2.6   Atendimento

Este tópico é tão importante que pode definir o sucesso ou o fracasso do profissional. É o "cartão de visitas" do corretor e por consequência da empresa. É onde as ferramentas podem criar um valoroso diferencial na qualidade do trabalho. Seja para venda, locação ou captação. A conclusão do atendimento se dá na assinatura do contrato, seja com que finalidade, e é nesse momento que se inicia o pós-venda ou pós-contratação. Quando o atendimento se dá com um cliente entrando em contato, é necessário entender o que procura com o máximo de informações possíveis para que essa busca seja eficiente. Incluir a informação do que já tenha visto também vai ajudar. Nesse momento, quanto mais próximo estiver do cliente, poderá fazer a diferença para entender a direção que vai tomar. Já estão disponíveis ferramentas de inteligência artificial (IA) para acelerar a busca em vários ambientes. A velocidade e atenção aos detalhes de interesse do cliente são fundamentais. Quando o cliente respondeu a uma postagem feita diretamente no seu canal, o questionamento para entender o perfil também é importante e tentar já ali mesmo um contato por telefone ou até pessoal para evitar o distanciamento que as mensagens possuem pode ajudar muito. Lembro que os clientes também estão se atualizando na forma de buscar o que precisa. Cada vez mais iniciam num ambiente virtual e menos via telefone ou pessoalmente. Aproveito para destacar quando o atendimento se inicia numa captação. É o conjunto das captações de um corretor ou de uma imobiliária que mostra, além do seu nicho preferido, a sua produtividade. A combinação perfeita para ser muito produtivo é a quantidade com qualidade. O corretor precisará pesquisar bem os demais imóveis semelhantes àquele para que tenha condições de opinar quanto ao valor para a comercialização, mesmo que o cliente não solicite ou não concorde com o que vai ponderar. É necessário deixar a informação que explique o mercado que vai encontrar ou que já tenha encontrado. Com o mercado mais lento, a maioria dos clientes acredita que quanto mais locais expuser seu imóvel e em tantos mais corretores estiverem envolvidos, maior será a sua chance. Discordo desse pensamento, pois na maioria das vezes os canais utilizados são praticamente os mesmos. Com isso encontramos o exagero de ver um mesmo imóvel ofertado com mais de uma dezena de corretores, com fotos e até valores diferentes daquele que está tratando naquele momento. Muitos profissionais não têm interesse em entrar numa discussão com o proprietário sobre valores, principalmente quando está acima do que percebe. Mas essa conversa, com conteúdo e convicção, não garante redução de valor, mas ao menos pode preparar o cliente para uma negociação. E ainda, a defesa bem feita pelo corretor poderá ser decisiva para estreitar a relação. Tenho certeza de que no mercado de imóveis prontos, o sucesso na comercialização começa no momento da captação. Quem prefere atuar no segmento de prontos precisa ter uma completa percepção dos valores praticados na sua região de atuação. E ainda temos que lembrar que, em muitos casos, quando um cliente deseja vender um imóvel, precisa, ao mesmo tempo, adquirir outro. Se já era importante uma relação próxima, nesses casos é ainda mais necessário. Se trata de uma venda "casada" com a compra e num momento que a tensão fica maior e a confiança conquistada pode aliviar esse momento tão sensível. E ainda tem que considerar que o cliente que está vendo imóveis prontos pode ter a opção de adquirir um ainda em construção, obrigando ao corretor uma visão abrangente do mercado e suas oportunidades. Esse tópico é muito rico de possibilidades e em todos os casos exige muito preparo e cuidado do profissional. As pessoas precisam, em muitos casos, uma vida inteira para adquirir seu mais importante patrimônio. A atuação de um profissional interessado em resolver a demanda do cliente faz toda a diferença. Nesses casos o cliente seguirá indicando aquele profissional que atuou num momento tão importante da sua vida. A maior parte das orientações aqui narradas se referem ao mercado de compra e venda. Além de ter sido onde finquei minhas raízes, vejo que os desafios no mercado de locação têm muito em comum, mas possui algumas particularidades que não estão contempladas nesse texto.

2.7   Pós-contração

Após a assinatura do contrato, a relação daqueles que alugam e vão administrar esse imóvel está apenas começando. A manutenção e fidelização desse cliente está ligada à sua satisfação na forma como será administrada. Para aqueles que realizam um contrato de venda, é muito importante entender as dificuldades nessa trajetória para que possa gerar uma reflexão interna para novos atendimentos. Seja para o mesmo cliente ou para as suas indicações. Saber organizar esses contatos para se comunicar de tempos em tempos também será uma maneira de não se distanciar. Tive boas experiências ao solicitar que o cliente respondesse algumas perguntas no ato da contratação para perceber como foi a sua jornada. Um dado me chamou a atenção, enquanto fui gestor de empresa de lançamentos, que foi ver que vários clientes conversavam com mais de um corretor da mesma empresa ao mesmo tempo, sem mencionar os dos concorrentes. Fica claro que a qualidade e presteza no atendimento fizeram grande diferença para a conclusão do negócio. Seguir em contato quando o cliente precisa contratar financiamento também fará diferença na manutenção da relação. Sendo assim, cabe ao corretor e à empresa onde atua marcar presença em todas as etapas antes e após a contratação. A fidelização não deve ser a razão, mas a consequência natural a partir do bom atendimento. Ao perceber que o cliente é o mais valioso patrimônio que podemos colecionar, profissionais e empresas fincam suas bandeiras no mercado e constroem histórias que marcam as vidas dos envolvidos.

3.   CONCLUSÃO

Depois de mais de quatro décadas atuando nesse mercado, tenho tido a boa experiência de atender, de forma consultiva, algumas empresas que precisam de algumas das minhas vivências para oferecer aos seus profissionais. Isso me mantém presente no cenário e com a obrigação de acompanhar a chegada e a evolução das ferramentas utilizadas. Um assunto muito falado atualmente é a IA. Pelo visto, será ainda mais falado e utilizado a cada dia que passa. Sugiro a todos que experimentem a tecnologia, que está presente e de fácil acesso, inclusive uma boa parte podendo ser utilizada sem custo. Basta que tenha um smartfone e curiosidade. Hoje podemos ter um profissional que, aparelhado com um smartphone e um computador pode funcionar como uma empresa. As construtoras, incorporadoras e imobiliárias já estão usando e evoluindo, tanto na agilidade quanto na qualidade do trabalho. Já podemos perceber a presença da IA na elaboração de textos, tratamento de imagens, busca de imóveis e clientes. Tem muito mais coisas benéficas acontecendo e por isso é importante começar o quanto antes para não ficar fora do contexto. Quando saímos da máquina de datilografia para o computador, houve uma certa perplexidade, mas logo veio a adaptação. No momento que migramos do classificado em papel para os portais, foi mais outro desafio. Como foi para uma melhor atuação, ficou ainda mais fácil se adaptar. Agora, com a IA tão presente em nossas vidas, só vejo coisas boas vindo por aí. Mais uma vez, não tenho dúvidas que haverá um gradual aproveitamento por todos do mercado. Não imagino qualquer ameaça dessa inteligência quanto a substituir um corretor, mas tenho certeza de que poderá qualificar ainda mais os que estão nessa busca. Os clientes também já começam a utilizar ao menos para melhorar a eficiência no processo de busca de imóveis. Por mais que as ferramentas evoluam, serão os usuários que buscam a excelência que serão os mais beneficiados. Podemos dizer com isso, que quem já é bom no analógico, ficará ainda melhor no digital, bastando que passe a usar a tecnologia. Lembro uma propaganda que vi algum tempo atrás que fazia um questionamento ao profissional: "O cliente está fazendo novas perguntas. Você tem as novas respostas?" O que refleti naquele momento é que para atender bem preciso estar atualizado com as informações e em como utilizá-las. Precisava e ainda preciso seguir me atualizando para não ficar fora do contexto. Nesse momento que o mundo todo está discutindo os limites da IA, devemos inicialmente usar ao máximo para crescer e se beneficiar. Preciso mencionar a importância que as empresas e principalmente seus gestores têm nesse processo receptivo aos novos profissionais. O uso das ferramentas, o estímulo na busca do conhecimento muitas vezes por "contágio". Uma parte importante dessa jornada precisa considerar que as pessoas são diferentes e algumas podem acelerar na busca de capacitação enquanto outros podem necessitar de mais atenção, mas nem por isso devem ser dispensadas nas primeiras dificuldades. Vale lembrar que o início dessa atividade é para a maioria um recomeço. Existem os desafios que o recomeço imprime em cada um. Um grande desafio do gestor é justamente a gestão de pessoas, que lhe obriga a lidar com diferentes formações e capacidades. É um momento delicado e a atuação do gestor vai marcar de forma decisiva esses primeiros passos. Vale ressaltar que ao gestor cabe lidar com os diversos comportamentos e a sua habilidade vai ser decisiva para que todos tenham uma excelente atuação. Usar de inteligência emocional o tempo todo, não apenas a sua capacidade de fechar negócios será necessária, mas tudo aquilo que compõe uma gestão ampla. As pessoas estão descobrindo novas habilidades, pois algumas atividades já começam e se extinguir, mas o nosso mercado ainda é um excelente ambiente para aqueles que o buscam com desejo de atender bem as pessoas e realizar seus anseios e seus sonhos. Preciso voltar no momento que vivemos a pandemia, quando ficamos limitados em vários sentidos. Foi difícil a convivência e para muitos também foi uma oportunidade de refletir como viver ou sobreviver. Para alguns foi o ponto de partida para recomeçarem suas vidas. Foram cerca de dois anos de quase paralisia. Algumas empresas ficaram pelo caminho e com isso, muitos ficaram sem trabalho. Prefiro nem entrar no mérito dos óbitos e daqueles que ficaram com sequelas irreversíveis. Ainda vamos falar desse momento por muitas gerações. Hoje nos cabe entender como estamos depois do que vivemos. O mundo voltou e está se redescobrindo. A economia ainda tenta se equilibrar. O mercado imobiliário que conseguiu crescer naquele momento e, mais uma vez, foi atrativo para muitos. Muitos conseguiram num curto espaço de tempo resultados extraordinários. Estavam preparados para essa prosperidade. Para quem não pode aproveitar o bom momento, precisa seguir buscando a evolução. A necessidade de voltar a produzir e gerar recursos fez muita diferença. Não é apenas a responsabilidade de produção pecuniária que faz o profissional se desenvolver. Não é apenas o resultado financeiro que o mercado oferece. Precisa saber que será testado a cada dia, seja pelas pessoas ou pelos negócios. Muito importante que busque o equilíbrio emocional para que possa contribuir de forma assertiva. Estamos além dos objetivos monetários, que são necessários em qualquer atividade. Quem já viveu essas experiências pode explicar como isso motiva. Mas os que ainda não tiveram essa oportunidade, podem começar a se preparar para viver essas emoções. Pode ser o momento de descobrir uma nova vocação, um novo propósito e se motivar a cada dia com isso. Posso dizer com toda a tranquilidade que desde o início, assim que comecei a ter resultados financeiros, comecei a receber a gratidão dos clientes e com isso percebi que poderia ir além do retorno financeiro. Estava descobrindo um novo propósito na minha vida. Mesmo tendo cursado uma faculdade de direito ainda no início da atividade como corretor, mesmo na formatura não me senti tentado a mudar a atividade. Queria mesmo era ser um profissional mais preparado, mais capacitado para atender aos clientes, pensando em como proteger cada passo da sua jornada. Posso também dizer que não sou "suspeito" para falar dessa atividade, sou convicto! Os desafios vieram a ainda chegam, mas jamais me impediram de seguir buscando meus sonhos e ajudando a realizar alguns. Não apenas quando o cliente se realiza, mas tenho certeza de que pude contagiar alguns com meu entusiasmo e vontade de crescer. Muita alegria em ver que muitos colegas compraram seus imóveis, criaram seus filhos e orgulharam as suas famílias. Se eu já tinha a noção da importância dessa atividade desde o início, imagine depois de mais de quarenta anos e ainda tendo boa saúde física e mental para seguir atuando, mesmo que agora em um outro ambiente, mas ainda junto aos que me fazem bem. Me apaixonei desde o início, me alimentei dos desafios e da busca do conhecimento, e a recompensa, além do patrimônio físico, tenho orgulho do que pude acumular com lindas emoções e realizações.

CAPTAÇÃO, PERSUASÃO E NEGOCIAÇÃO: TÉCNICAS DE ALTA PERFORMANCE PARA CORRETORES DE IMÓVEIS

Rafael Nunes Sieiro

Especialista em Direito Imobiliário pela Universidade Cândido Mendes. Especialista em Negócios Jurídicos Empresariais e Imobiliários pela Universidade de Vassouras. MBA Executivo em Negócios Imobiliários e Especialista em Direito Notarial e Registral pela Faculdade Unyleya. Pós-graduando em Neuromarketing: Neurociência do Consumidor. Há 15 anos atuando no mercado imobiliário, criador da Mentoria Ciclo Completo da Locação, Treinamento Expert em Locação de Imóveis e Método CPN – Captação, Persuasão e Negociação para Corretores de Imóveis.

Sumário: 1. Introdução – 2. Desenvolvimento; 2.1 Aplicando SPIN *Selling* para descobrir as premissas do cliente; 2.2 Usando as premissas para vender à mente, não ao cliente; 2.3 Construindo influência e confiança com o cliente; 2.4 Lidando com objeções de forma eficaz; 2.5 Utilizando palavras mágicas para fechar negócios; 2.6 Como utilizar a Inteligência Artificial para otimizar o trabalho do corretor de imóveis – 3. Conclusão – 4. Referências.

1. INTRODUÇÃO

O mercado consumidor evoluiu consideravelmente nas últimas décadas. Um fator determinante nesse processo foi o uso de novas tecnologias e ferramentas e no segmento imobiliário não foi diferente. O mundo mudou e o mercado também e não se adaptar a isso é se excluir dele.

O lead (pessoa que tem interesse nos produtos, serviços ou conteúdos de um corretor) já não é mais tão "cru" como antes. Muitas das vezes, sabe mais do produto ou serviço que o próprio corretor, pois já pesquisou inúmeras opções pela *internet*.

Por este motivo, o modelo tradicional de negociação, em que uma parte perde para outra ganhar, tornou-se obsoleto. A gigantesca oferta de produtos e serviços, colocou o cliente em uma posição de vantagem nas negociações. O desafio é saber como conduzir esta situação.

O cliente não quer comprar ou contratar porque você entende que aquilo é o melhor para ele, mas sim, quer entender o real benefício que aquele negócio lhe trará.

No cenário atual do mercado imobiliário, a capacidade de negociar com eficácia usando as próprias premissas do cliente pode diferenciar significativamente os resultados dos negócios. Este artigo explora como técnicas de vendas baseadas no neuromarketing podem ser habilmente aplicadas para melhor entender e influenciar decisões de compra.

Estas técnicas não só aumentam a eficácia em alcançar fechamentos, mas também fortalece o relacionamento entre clientes e corretores, criando uma base de confiança e entendimento mútuo.

Este artigo desenvolve uma narrativa que mostra como corretores podem ajustar suas estratégias conforme as necessidades explícitas e implícitas dos clientes, oferecendo *insights* valiosos sobre como se conectar profundamente com o cliente, usando técnicas que vão desde a identificação precisa das necessidades até a superação de objeções com elegância e eficiência e o uso da Inteligência Artificial na otimização de tarefas repetitivas.

Através de uma abordagem baseada em neurociência e psicologia comportamental, os corretores de imóveis podem decifrar e utilizar os próprios fundamentos do cliente (seus desejos, medos, preferências e aversões) para facilitar uma negociação que se alinha com suas expectativas e aspirações. Este trabalho proporcionará uma compreensão detalhada de como aplicar estas técnicas no dia a dia, transformando cada interação em uma oportunidade de negociação bem-sucedida e satisfatória.

No mercado imobiliário atual, a habilidade de conectar-se efetivamente com os clientes e entender suas necessidades profundas não é apenas uma vantagem competitiva, mas uma necessidade.

Corretores de imóveis devem não só entender as especificidades dos imóveis que oferecem, mas também as motivações subconscientes de seus clientes, que muitas vezes nem eles próprios compreendem completamente. A neurociência oferece ferramentas poderosas para desvendar esses mistérios, possibilitando uma abordagem mais assertiva e personalizada que conduz a resultados mais efetivos e satisfatórios.

Parte da base essencial dessas estratégias está na retórica que, conforme diz Aristóteles, é uma contraparte da dialética e "estas coisas se situam, mais ou menos, no horizonte geral de todos os indivíduos, sem ser do domínio de nenhuma ciência determinada".[1] O neuromarketing passou a estudar e aplicar esses conceitos, aliados à outras variáveis que influenciam diretamente na decisão do consumidor.

Essas técnicas podem ser aplicadas no ciclo dos negócios imobiliários, desde a prospecção até o fechamento do negócio, demonstrando como entender me-

---

1. ARISTÓTELES. 384-322 a.C. *Retórica*. Tradução, textos adicionais e notas Edson Bini. São Paulo: Edipro, 2011.

lhor o cliente pode transformar a experiência do cliente. Através de uma análise detalhada, você terá uma nova perspectiva sobre as estratégias de vendas que se alinham não só ao que o cliente diz querer, mas ao que realmente motiva sua decisão de compra.

Para que essas estratégias tenham efetividade, é importante que você tenha um funil de vendas bem estruturado. O funil de vendas é a jornada do seu cliente durante um processo de venda ou locação. No Método CPN (Captação, Persuasão e Negociação), ensino como estruturar uma operação de locação lucrativa, usando um funil de oito estágios, que foi o que melhor atendeu às especificidades do mercado imobiliário. Suas fases são: Prospecção; Abordagem; Qualificação, Apresentação; Follow up; Negociação; Fechamento e Pós-venda.

Ter essa estrutura bem definida vai facilitar a condução do lead por cada uma dessas fases, identificar e otimizar gargalos na transição entre cada estágio e criar um banco de dados extremamente poderoso para analisar copys[2] de anúncios, de negociações etc.

A copy certa tem o poder de vender diretamente à mente, conduzindo o lead pelos quatro níveis de consciência: *Alice, Frodo, Woody e Indiana Jones.*

– *Nível 1:* tem um problema, mas não sabe. Por exemplo, mora em uma área de difícil acesso, que torna sua jornada para o trabalho mais longa e cansativa, mas, já se acostumou com isso. É o *lead Alice* (de "Alice no País das Maravilhas" – curiosa e exploradora, mas sem noção clara dos problemas).

– *Nível 2:* ele sabe que tem um problema, mas não sabe se tem algo a ser feito. Aquele lead que sabe que o local em que mora dificulta sua vida, mas ainda não sabe se tem que fazer algo em relação a isso. É o *lead Frodo* (de "O Senhor dos Anéis" – consciente do problema, mas relutante em iniciar a jornada).

– *Nível 3:* conhece seu problema, quer resolver, mas ainda não está fazendo nada para solucionar. Ele está insatisfeito com o tamanho do seu apartamento, quer se mudar de lá, mas não está fazendo nada para achar outro imóvel. É o *lead Woody* (de "Toy Story" – sabe do problema e está motivado a resolver, mas ainda planejando).

– *Nível 4:* sabe do problema, quer resolver e está buscando uma solução. O lead acha seu imóvel pequeno, quer mudar para um maior e está procurando uma nova moradia. É o tão desejado *lead Indiana Jones* (proativo e resoluto em encontrar a solução).

A função do corretor de imóveis é transformar o lead *Alice* em *Indiana Jones* e para isso, tem técnica e você conhecerá quais são e como usá-las na sua jornada.

---

2. Copy é a estrutura de texto que você utiliza nos seus anúncios e nas suas falas com objetivo de vendas.

2. DESENVOLVIMENTO

2.1 Aplicando SPIN Selling para descobrir as premissas do cliente

O método SPIN Selling, criado por Neil Rackham,[3] é uma abordagem de vendas estruturada que se baseia em quatro tipos de perguntas-chave: *Situação, Problema, Implicação e Necessidade de solução*. No contexto do mercado imobiliário, essa metodologia é especialmente poderosa para desvendar as premissas profundas dos clientes, que muitas vezes não são imediatamente aparentes.

Perguntas de Situação: inicialmente, o corretor deve fazer perguntas gerais para entender o contexto atual do cliente. Isso inclui inquirir sobre o tamanho da família, o tipo de bairro que preferem, e outras preferências logísticas ou estéticas. Por exemplo, perguntar "Em que bairro você mora atualmente?" pode revelar preferências implícitas sobre estilo de vida e segurança.

Perguntas de Problema: aqui, o foco é identificar desafios ou insatisfações com a situação de moradia atual do cliente. Perguntas como "Por que você quer sair do imóvel em que mora?" ajudam a identificar problemas específicos que o cliente deseja resolver. Essas informações são cruciais para compreender o que realmente motiva a busca por um novo imóvel.

Perguntas de Implicação: estas perguntas ajudam a explorar as consequências dos problemas identificados. Por exemplo, "Como a falta de segurança tem impactado a vida da sua família?" Essa abordagem não só amplifica a percepção do problema na mente do cliente, mas também prepara o terreno para apresentar soluções personalizadas.

Perguntas de necessidade de solução: finalmente, essas perguntas visam fazer o cliente articular suas necessidades de mudança e solução. Por exemplo, "Como este imóvel poderia melhorar seu dia a dia?" ou "Por isso você quer um imóvel dentro de um condomínio fechado?". Essas perguntas motivam o cliente a imaginar sua vida melhorada por uma mudança de imóvel, efetivamente usando suas próprias premissas para direcionar a decisão de compra.

Ao aplicar estas perguntas estrategicamente, os corretores podem desvendar as verdadeiras necessidades e desejos dos clientes, muitas vezes não expressos diretamente. Isso não apenas fornece uma base sólida para personalizar as recomendações de imóveis, mas também estabelece uma conexão mais profunda e confiante entre o corretor e o cliente. O entendimento detalhado das circunstâncias e desafios do cliente permite ao corretor posicionar suas ofertas de forma

---

3. RACKHAM, Neil. *Alcançando a excelência em vendas.* SPIN Selling. Construindo relacionamentos de alto valor para seus clientes. São Paulo: M. Books do Brasil Editora LTDA, 2009.

que ressoem diretamente com as premissas e expectativas do cliente, aumentando significativamente as chances de sucesso na negociação.

Aprofundando a aplicação do SPIN Selling no mercado imobiliário, percebemos que não é apenas uma técnica de vendas, mas um meio de construir relacionamentos duradouros baseados em entendimento e respeito mútuos pelas necessidades do cliente, guiando-o a uma decisão de compra informada e satisfatória.

2.2 Usando as premissas para vender à mente, não ao cliente

Jürgen Klaric[4] enfatiza a importância de entender o cérebro do consumidor para vender mais e melhor. Utilizando técnicas de neurovendas, os corretores de imóveis podem adaptar sua comunicação para se conectar emocionalmente com os clientes, usando estímulos que atingem diretamente o sistema límbico, responsável pelas emoções. Essa abordagem envolve usar a linguagem correta, o tom de voz adequado e apresentar os imóveis de maneira que ressoe com os desejos inconscientes dos compradores.

O conceito de neurovendas, popularizado por Jürgen Klaric, apresenta uma abordagem revolucionária para a venda baseada no entendimento profundo de como o cérebro humano toma decisões. Este conhecimento é particularmente útil no mercado imobiliário, onde as decisões de compra são fortemente influenciadas por fatores emocionais e racionais que muitas vezes o cliente não consegue explicitar.

Para entender como isso funciona, é preciso voltar ao ano de 1970, quando Paul MacLean passou a estudar a Teoria do Cérebro Trino, teoria esta que foi apresentada por ele em 1990, no seu livro "*The Triune Brain in evolution*: Role in paleocerebral functions".[5]

A neurociência nos ensina que decisões de compra, especialmente de alto valor como as de imóveis, envolvem tanto o cérebro emocional (sistema límbico) quanto o racional (neocórtex), mas, a decisão final é tomada pelo cérebro instintivo (sistema reptiliano). No Método CPN (Captação, Persuasão e Negociação) eu mostro como entender esse mecanismo, que permite ao corretor de imóveis criar estratégias que apelam para ambos os aspectos, utilizando técnicas que podem ativar respostas emocionais positivas enquanto satisfazem o raciocínio lógico, pois, assim que o instintivo toma a decisão de compra, o neocórtex passa a

---

4. KLARIC, Jürgen. *Venda à mente, não ao cliente*. Como aplicar a neurociência para negociar mais falando menos. São Paulo: Planeta, 2017.
5. MCLEAN, Paul. *The Triune Brain in evolution*: Role in paleocerebral functions. Springer; 1990th edition em inglês.

buscar uma justificativa para compra. Entregar essa justificativa para o neocórtex funciona como um atalho para fechar mais negócios.

As emoções desempenham um papel crucial nas decisões de compra. Corretores podem usar técnicas de Storytelling[6] envolventes para descrever não apenas as características físicas de um imóvel, mas também as experiências de vida que o imóvel pode proporcionar. Por exemplo, descrever o pôr do sol visto da varanda ou a sensação de segurança em um bairro familiar pode evocar fortes respostas emocionais que predisponham o cliente a favor da compra.

Enquanto o instinto (cérebro reptiliano) forma a base da decisão, o cérebro racional (neocórtex) busca justificação para a escolha. Aqui, corretores podem apresentar dados concretos como a valorização imobiliária da área, a qualidade da construção, e os benefícios econômicos de comprar em determinada localização. Isso ajuda a reforçar a decisão emocional com lógica e fatos, tornando a escolha mais sólida e justificável, afinal, nosso cérebro, por questões fisiológicas, busca sempre o menor esforço ao tomar suas decisões, com forma de poupar energia.

Além de entender as funções emocionais, instintivas e racionais do cérebro, é fundamental aplicar técnicas de persuasão que são endossadas pela neurociência. Isso inclui o uso de gatilhos mentais como escassez (agir antes que uma oportunidade desapareça), autoridade (mostrar credenciais e conhecimento do mercado), e compromisso e coerência (onde o cliente se alinha progressivamente mais com a compra à medida que avança no processo de decisão).

A neurociência também sugere que o ambiente onde as vendas ocorrem pode influenciar significativamente a decisão de compra. Elementos como iluminação, sons, aromas e até a disposição do mobiliário podem afetar o estado emocional do cliente. Corretores podem manipular esses aspectos (sempre respeitando a ética profissional) para criar uma atmosfera que encoraje uma percepção positiva e um estado de espírito receptivo.

Ao integrar técnicas de neurovendas no seu cotidiano, corretores de imóveis podem aprimorar significativamente suas habilidades de venda, adaptando-se às necessidades subconscientes e conscientes dos clientes, resultando em negociações mais eficazes e satisfatórias. Essa abordagem não só aumenta as taxas de conversão, mas também, fortalece a relação cliente-corretor, estabelecendo uma base de confiança e entendimento mútuo que pode perdurar além da venda imediata.

---

6. Storytelling é a técnica de contar histórias de maneira envolvente e cativante. É utilizada para comunicar ideias, emoções e informações através de narrativas planejadas, que podem ser verbais, visuais ou escritas.

Cenário: apresentação de um imóvel a um comprador potencial

Ambiente emocional: ao apresentar um imóvel, o corretor utiliza técnicas de ambientação que apelam aos sentidos do comprador. Por exemplo, ele pode garantir que o imóvel esteja bem iluminado, limpo, arejado e, se possível, com uma leve música de fundo. Esses elementos criam uma atmosfera acolhedora, que pode influenciar positivamente a percepção do cliente.

Storytelling visual e sensorial: durante a visita, o corretor narra histórias que envolvem o comprador, destacando características únicas do imóvel. Ele pode descrever um jantar ideal no espaçoso terraço durante o pôr do sol, a conveniência de ter um escritório em casa com vista para o jardim ou aquele café da manhã na varanda com a família, com uma vista maravilhosa para lagoa. Essas histórias ajudam o cliente a visualizar-se vivendo e desfrutando do imóvel, apelando às suas emoções.

Linguagem corporal e sensorial: o corretor deve prestar atenção à linguagem corporal do cliente e responde de forma empática. Se ele parece impressionado com a cozinha, o corretor reforça essa emoção com comentários que validam sua impressão, como "Parece que você gostou bastante desta cozinha! Ela é perfeita para quem adora cozinhar e receber amigos, não acha?". Essa validação emocional pode fortalecer a ligação do cliente com o imóvel.

Utilização de gatilhos mentais: empregando gatilhos como escassez e urgência, o corretor pode mencionar, sutilmente, que tem havido muita procura por imóveis nesta área e que esta oportunidade é única. Essa técnica não só cria um senso de urgência, mas também eleva o valor percebido do imóvel. Segundo Gustavo Ferreira,[7] você pode criar uma influência positiva para que as pessoas tomem a ação que você quer, seja para comprar um produto ou um serviço e até nas coisas mais simples da vida.

Fechamento empático: ao concluir a visita, o corretor faz perguntas que levam o comprador a expressar suas emoções e pensamentos sobre o imóvel, como "Como você se sentiria morando aqui com a sua família?" ou "Quais são suas impressões sobre o espaço do quintal para seus filhos?". Essas perguntas permitem ao corretor entender melhor os sentimentos do cliente e ajustar sua abordagem conforme necessário.

Ao integrar essas estratégias, corretores podem criar uma experiência envolvente que não apenas satisfaz, mas também supera as expectativas do cliente, aumentando significativamente a probabilidade de uma decisão de compra.

---

7. FERREIRA, Gustavo. *Gatilhos mentais*: o guia completo com estratégias de negócios e comunicações provadas para você aplicar. São Paulo: DVS Editora, 2019.

2.3   Construindo influência e confiança com o cliente

Elementos como reciprocidade, compromisso, prova social, autoridade, simpatia e escassez, quando aplicados corretamente, podem aumentar significativamente a eficácia de uma venda. Por exemplo, demonstrações de conhecimento de mercado e testemunhos de clientes anteriores podem estabelecer a autoridade e a prova social necessárias para construir confiança e facilitar a decisão de compra.

Corretores de imóveis podem utilizar os pilares da persuasão para construir relações de confiança e credibilidade com seus clientes. Estas relações são fundamentais no mercado imobiliário, onde as transações envolvem grandes somas e um alto nível emocional.

Reciprocidade: este princípio sugere que as pessoas têm uma tendência natural de querer retribuir favores. No contexto imobiliário, corretores podem oferecer avaliações gratuitas, conselhos sobre o mercado ou mesmo relatórios personalizados sobre tendências de bairro. Ao fornecer valor sem pedir nada em troca inicialmente, o corretor estabelece uma dívida psicológica que pode encorajar o cliente a escolher seus serviços quando estiver pronto para comprar.

Compromisso e coerência: as pessoas tendem a ser consistentes com o que já disseram ou fizeram anteriormente. Corretores podem utilizar esta tendência pedindo aos clientes que articulem suas necessidades e preferências de forma detalhada, e depois se comprometam com pequenas ações iniciais (micros comprometimentos), como visitar um ou mais imóveis, dizer qual deles é o "perfeito", perguntar qual sua esposa e filhos acharia o melhor. Isso pode aumentar a probabilidade de eles continuarem engajados e eventualmente realizarem uma compra.

Prova social: no mercado imobiliário, a prova social pode ser incrivelmente persuasiva. Corretores podem destacar histórias de sucesso de clientes anteriores, especialmente aqueles que o cliente potencial possa conhecer ou respeitar. Testemunhos, classificações online e casos de estudo detalhados são ferramentas poderosas para mostrar que outras pessoas confiaram no corretor e ficaram satisfeitas com seus serviços.

O poder da prova social é sensacional. Imagine dois restaurantes, um ao lado do outro, ambos com o mesmo padrão, sendo que, o restaurante 1 está totalmente vazio. Você só vê os garçons. Já o restaurante 2 está com todas as mesas ocupadas e uma pequena fila na entrada. Qual deles as pessoas tendem a entrar? Sim, o restaurante 2, pois, "parece" que ele tem algo melhor, já que é o mais procurado pelas pessoas. E isso é feito de maneira instintiva.

Autoridade: demonstrar conhecimento especializado e autoridade no mercado imobiliário ajuda a construir confiança. Isso pode ser alcançado através de certificações profissionais, prêmios da indústria, ou publicações em mídias respeitadas e nas redes sociais. Mostrar que se é um líder reconhecido no campo pode tranquilizar os clientes sobre a competência e a habilidade do corretor.

A tecnologia deu uma ferramenta extraordinária para gerar e mostrar autoridade, de forma absolutamente gratuita: as redes sociais. O que você planta nelas vai florescer na sua vida pessoal e profissional. Para os profissionais de excelência, estar nas redes é fundamental.

De acordo com o Relatório Digital 2024: 5 billion social media users, publicado em parceria entre We Are Social e Meltwater, o Brasil é o segundo país em que os usuários passam mais tempo on-line, com média de 9:13h, atrás apenas da África do Sul com 9:24h.[8]

O Brasil está em terceiro lugar mundial no tempo gasto em redes sociais, com os usuários dedicando em média 3h37 diariamente.

Os brasileiros ocupam a quinta posição no uso do Instagram.

Além disso, segundo dados da ABCom (Associação Brasileira de Comércio Eletrônico), o e-commerce brasileiro registrou um faturamento de R$ 185,7 bilhões e um total de 395 milhões de pedidos em 2023.[9]

A ABComm calcula que, em 2023, 87,8 milhões de brasileiros fizeram alguma aquisição no e-commerce.

Esses dados não deixam dúvidas sobre a necessidade do corretor de imóveis estar presente nas redes sociais.

Simpatia: os clientes são mais propensos a comprar de pessoas de quem gostam. Corretores podem construir simpatia sendo genuínos, mostrando genuíno interesse pelos clientes e adaptando sua abordagem para combinar com a personalidade do cliente. Pequenos gestos, como lembrar de detalhes pessoais e demonstrar empatia, podem fazer uma grande diferença.

Uma estratégia que tem dado um excelente resultado na nossa empresa é seguir os clientes nas redes sociais. Através disso, conseguimos criar mais familiaridade com os clientes, pois temos acesso dados como: formatura de filhos, aniversários, compra do carro novo, viagens e usamos isso para enviar mensagens de felicitações, aumentando nosso contato com os clientes.

Escassez: este princípio é particularmente eficaz em mercados imobiliários competitivos. Enfatizar a unicidade de um imóvel ou a rapidez com que as pro-

---

8. Disponível em: https://www.metropoles.com/colunas/m-buzz/brasil-e-o-2-pais-em-que-usuarios-passam-mais-tempo-on-line. Acesso em: 14 jul. 2024.
9. Disponível em: https://valor.globo.com/patrocinado/dino/noticia/2023/10/23/e-commerce-deve-movimentar-r-1857-bilhoes-em-2023.ghtml. Acesso em: 14 jul. 2024.

priedades estão sendo vendidas pode criar um senso de urgência que incentiva os clientes a agirem rapidamente para evitar perder uma oportunidade.

Na nossa imobiliária, agendamos as visitas aos imóveis com um tempo calculado para que os clientes se cruzem na entrada do imóvel e fazemos questão de informar a todos que aquele imóvel está com alta procura. Isso aumentou nossa taxa de fechamentos em 9,7% no ano de 2023.

Utilizando esses princípios de influência de forma ética e estratégica, corretores de imóveis podem aprofundar seus relacionamentos com clientes, proporcionando uma base sólida para transações mais eficazes e resultados de venda otimizados. Ao construir credibilidade e confiança, eles não só melhoram suas chances de sucesso imediato, mas também estabelecem as bases para futuras recomendações e negócios repetidos.

Cenário: convencendo um cliente indeciso sobre a compra de um imóvel

Reciprocidade: o corretor pode começar oferecendo algo de valor sem custo para o cliente, como uma consulta gratuita sobre financiamento imobiliário ou um relatório detalhado sobre a valorização imobiliária na região desejada (já deixe um e-book pronto com essas informações). Este gesto cria uma predisposição positiva no cliente, que pode se sentir mais inclinado a retribuir escolhendo esse corretor para a compra.

Compromisso e coerência: durante as interações iniciais, o corretor encoraja o cliente a falar sobre suas necessidades e desejos em relação ao imóvel ideal (aqui o Método SPIN faz toda diferença). Uma vez expressas, essas preferências podem ser revisitadas, e o corretor pode mostrar propriedades que alinhem exatamente com o que foi mencionado, levando o cliente a manter a coerência com suas próprias declarações, aumentando as chances de um compromisso com a compra.

Prova social: para um cliente indeciso, ouvir ou ler testemunhos de outros compradores satisfeitos, pode ser muito influente (você pode fazer isso usando as suas redes sociais ou criar um e-book com depoimentos de clientes satisfeitos). O corretor pode compartilhar histórias de sucesso de clientes anteriores, especialmente aqueles em situações semelhantes, para demonstrar a satisfação e os benefícios de trabalhar com ele e de escolher determinados imóveis.

Autoridade: destaque sua experiência e conhecimento no mercado, mencionando suas qualificações, prêmios, ou publicações em que foi destaque. Apresentar-se como um especialista na área não só constrói confiança, mas também reforça sua influência nas recomendações que faz.

Você pode demonstrar autoridade de forma genérica "sou especialista em imóveis no bairro da Barra da Tijuca" ou autoridade específica "trabalho há 10 anos vendendo e alugando imóveis no condomínio Península na Barra da Tijuca". Perceba que, quanto mais específico, mais autoridade você passa.

E se você não tem essa autoridade ainda, pode usar o que se chama de "autoridade emprestada". Se você trabalhou 3 anos na empresa Xpto, referência no mercado imobiliário, pode usar "tenho experiência de 3 anos na área de vendas da empresa Xpto". Você "pega emprestada" a autoridade da empresa Xpto.

Simpatia: criar uma conexão pessoal com o cliente é essencial. O corretor pode buscar interesses comuns ou detalhes pessoais compartilhados durante conversas anteriores, usando-os para criar uma relação mais próxima e amigável, o que pode facilitar a abertura e a confiança do cliente. É essencial não trazer assuntos polêmicos para conversa como religião, ideologias, política, futebol (salvo se corretor e cliente torcerem para o mesmo time) ou qualquer outro tema que possa causar discordância entre os negociantes.

Escassez: enfatizar a exclusividade ou a limitação na disponibilidade de um imóvel particular pode motivar o cliente a tomar uma decisão mais rapidamente. Frases como "Este imóvel tem sido muito procurado e pode não estar disponível por muito tempo" ou "Tenho uma próxima visita para este imóvel ainda hoje", aplicam uma pressão suave, mas eficaz, para agir.

Ao empregar essas táticas de influência de maneira ética e estratégica, você pode guiar seus clientes através do processo de decisão, aumentando significativamente as chances de concluir a venda.

2.4   Lidando com objeções de forma eficaz

Assim como saber persuadir e negociar é importante, entender o que são objeções, como identificá-las e contorná-las, vai fazer total diferença na jornada do cliente. No mercado imobiliário, isso pode envolver técnicas de escuta ativa, empatia e reenquadramento das preocupações dos clientes, mostrando como as características do imóvel podem superar suas resistências.

Lidar com objeções é uma arte essencial no processo de vendas, especialmente no mercado imobiliário, onde as decisões envolvem grandes investimentos emocionais e financeiros. O corretor precisa usar estratégias para transformar objeções em oportunidades, solidificando a confiança e movendo o processo de vendas para frente de maneira eficaz.

As objeções, invariavelmente passam por três possibilidades: dinheiro, tempo e perfil.

– Dinheiro: "Este valor fica acima do que eu posso pagar".

– Tempo: "Não tenho tempo de visitar o imóvel".

– Perfil: "Esse imóvel não atende ao que eu quero".

Como lidar com as objeções?

Antecipação de objeções: uma abordagem proativa em vendas envolve antecipar possíveis objeções antes que elas surjam. Corretores bem-sucedidos estudam seus clientes e o mercado para prever as preocupações que podem aparecer. Por exemplo, se um imóvel está localizado em uma área em desenvolvimento, o corretor pode preparar dados sobre projetos futuros e como eles valorizarão a região, antes que o cliente expresse preocupações sobre a localização (objeções de perfil).

Escuta ativa e empatia: antes de responder a qualquer objeção, é vital que o corretor pratique a escuta ativa, demonstrando compreensão e empatia pelas preocupações do cliente. Isso não só ajuda a construir uma relação de confiança, mas também fornece informações cruciais que podem ser usadas para personalizar as respostas.

Validação de emoções do cliente: ao enfrentar uma objeção, é crucial que o corretor reconheça e valide as emoções do cliente. Por exemplo, se um cliente está hesitante sobre o preço, o corretor deve primeiro reconhecer que entender a importância do investimento é fundamental, e só depois apresentar argumentos racionais que demonstrem o valor do imóvel, como a qualidade da construção, o potencial de valorização e comparativos de mercado.

Clarificação e questionamento: quando uma objeção é levantada, o corretor deve primeiro buscar clarificar o ponto específico da preocupação. Perguntas como "Você poderia me explicar um pouco mais sobre sua preocupação com o espaço do quintal?" permitem ao corretor entender completamente a objeção e responder de forma mais direcionada.

Perguntas de descoberta: frequentemente, as objeções surgem de mal-entendidos ou falta de informação. Corretores podem usar perguntas estratégicas para descobrir a raiz da objeção e, então, fornecer informações ou esclarecimentos que podem dissipar preocupações. Perguntas como "O que especificamente sobre o preço parece desafiador para você?" podem abrir um diálogo que leva à resolução de objeções.

As primeiras objeções, geralmente, são falsas, elas são uma forma de se "defender" do vendedor. Isso é uma tendência natural, pois, a maioria de nós adora comprar, mas não gostamos que vendam pra nós.

Contornar objeções é como descascar uma cebola, você tira camada por camada, até chegar no centro dela, onde se encontram as verdadeiras objeções.

Reenquadramento e perspectiva: esta técnica envolve mudar a forma como uma objeção é vista pelo cliente. Se a objeção for o custo de uma propriedade, por exemplo, o corretor pode reenquadrar essa preocupação destacando o custo-benefício a longo prazo, a economia em manutenções futuras devido à qualidade superior do imóvel, ou comparando com custos maiores associados a propriedades de menor valor que requerem reformas constantes ou com outros imóveis que possuam as mesmas características.

Demonstração de valor: É importante que o corretor esteja preparado para demonstrar o valor do imóvel em relação às objeções apresentadas. Isso pode incluir comparativos de mercado, testemunhos de outros compradores sobre o bairro, ou mesmo dados sobre o desenvolvimento futuro da área que possam tranquilizar o cliente.

Utilização de histórias de sucesso: compartilhar histórias de clientes anteriores que enfrentaram objeções semelhantes e como eles se beneficiaram após seguir as recomendações do corretor pode ser muito persuasivo. Isso não apenas fornece prova social, mas também ajuda o cliente atual a visualizar a solução de suas próprias preocupações.

Compromisso incremental: outra estratégia eficaz é encorajar o cliente a tomar pequenos compromissos ao longo do processo de vendas, o que pode levar a um compromisso maior no final. Isso pode ser tão simples quanto concordar em considerar detalhadamente uma proposta revisada ou visitar outro imóvel semelhante que ofereça perspectivas diferentes.

Proposta de soluções alternativas: Se uma objeção parece insuperável em relação a um determinado imóvel, o corretor deve estar pronto para apresentar alternativas de outros imóveis que atendam melhor às necessidades e preocupações do cliente. Isso mostra flexibilidade e comprometimento em encontrar a melhor solução para o cliente, não apenas fechar uma venda.

Utilizando estas técnicas sofisticadas, o corretor pode manejar objeções de forma não apenas reativa, mas proativa e estratégica, guiando os clientes através de suas hesitações e em direção a decisões de compra informadas e confiantes. Ao dominar a arte de superar objeções, os corretores estabelecem-se como consultores confiáveis, aumentando significativamente suas taxas de sucesso em vendas.

Estas técnicas, quando aplicadas habilmente, permitem que o corretor de imóveis maneje objeções de forma proativa e eficaz, transformando potenciais barreiras em oportunidades para reafirmar o valor do imóvel e facilitar uma decisão positiva de compra.

2.5 Utilizando palavras mágicas para fechar negócios

Palavras e frases específicas têm o poder de influenciar a tomada de decisão do cliente. No contexto imobiliário, palavras como "exclusivo", "oportunidade" e "último disponível" podem criar um sentido de urgência ou exclusividade, motivando o cliente a agir mais rapidamente.

Cada uma dessas palavras, quando integradas às técnicas que estamos tratando, compõe uma abordagem robusta e sofisticada para a negociação de imóveis, não apenas respondendo às necessidades explícitas dos clientes, mas também aos seus desejos e motivações subconscientes.

No mercado imobiliário, as palavras escolhidas pelo corretor podem ter um impacto profundo na decisão de compra dos clientes e influenciar a percepção do cliente e facilitar o fechamento de vendas.

Palavras que conectam emocionalmente: certas palavras e frases têm o poder de evocar emoções fortes, que são cruciais em decisões de compra significativas, como a aquisição de um imóvel. Frases como "lar ideal", "refúgio seguro", e "comunidade acolhedora" podem gerar uma conexão emocional profunda, fazendo com que o cliente se sinta emocionalmente atado ao imóvel antes mesmo de tomar uma decisão racional.

Palavras que criam urgência: no dinâmico mercado imobiliário, criar um senso de urgência pode ajudar os clientes a tomar decisões mais rapidamente. Expressões como "oportunidade única", "últimas unidades disponíveis" ou "oferta limitada" podem acelerar o processo de decisão, incentivando os clientes a agir para evitar perder uma oportunidade excepcional.

Palavras que estabelecem confiança: a confiança é um componente fundamental na relação entre cliente e corretor. Palavras que demonstram competência e confiabilidade, como "experiência comprovada", "especialista em mercado" e "atendimento personalizado", ajudam a construir essa confiança, mostrando ao cliente que ele está fazendo uma escolha segura ao escolher esse corretor ou imóvel.

Palavras que incentivam a visualização: facilitar que o cliente visualize a vida no novo imóvel é uma técnica poderosa. Frases como "imagine desfrutar de seu café da manhã nesta varanda ensolarada" ou "pense nas memórias que você criará neste belo jardim" ajudam o cliente a se ver vivendo no imóvel, o que pode ser decisivo para o fechamento da venda.

Palavras que reduzem a percepção de risco: reduzir a percepção de risco pode encorajar clientes hesitantes a avançar com uma compra. Usar termos como "garantia de satisfação", "seguro" ou "investimento protegido" pode diminuir a ansiedade associada à compra de um imóvel, tornando a decisão mais fácil.

Palavras que reforçam a exclusividade: fazer com que os clientes se sintam exclusivos e valorizados pode fortalecer sua inclinação a fechar um negócio. Termos como "seleção exclusiva para clientes VIP" ou "acesso antecipado para clientes especiais" podem fazer com que o cliente se sinta parte de um grupo seleto, aumentando seu interesse e comprometimento.

O uso cuidadoso e estratégico dessas "palavras mágicas" pode transformar conversas de vendas em interações mais persuasivas e impactantes. Ao empregar essas técnicas de linguagem, corretores não apenas comunicam eficazmente o valor de um imóvel, mas também criam uma atmosfera favorável que conduz ao fechamento de vendas de forma mais consistente e eficaz.

O uso estratégico dessas técnicas de linguagem não só aumenta as chances de fechar uma venda, mas também ajuda a criar uma experiência positiva para o cliente, que é essencial para fidelização e referências futuras.

2.6 Como utilizar a Inteligência Artificial para otimizar o trabalho do corretor de imóveis

O mercado imobiliário sempre foi um ambiente dinâmico e competitivo, exigindo que os corretores se adaptem constantemente às novas tecnologias e tendências. Nos últimos anos, a inteligência artificial (IA) se tornou uma ferramenta poderosa que veio revolucionar a forma como os corretores trabalham, otimizando processos, aumentando a produtividade e aprimorando a experiência do cliente.

A IA oferece diversas ferramentas e soluções que podem ser utilizadas por corretores de imóveis para otimizar suas atividades. Uma das principais vantagens é a automação de tarefas repetitivas e morosas, como a triagem de leads, agendamento de visitas, envio de e-mails e organização de documentos. Isso libera tempo para que os corretores se concentrem em atividades mais estratégicas, como prospecção de novos clientes, negociação de vendas e construção de relacionamentos.

Ela também pode ser utilizada para analisar grandes volumes de dados de mercado, como preços de imóveis, tendências de compra e venda e perfis de clientes. Através dessas análises, se pode obter insights valiosos para tomar decisões mais precisas e assertivas, como a definição de preços adequados para os imóveis, a identificação de oportunidades de negócio e a personalização da comunicação com os clientes.

A personalização do atendimento ao cliente é outro aspecto fundamental que pode ser aprimorado com a utilização da IA. Chatbots e assistentes virtuais podem oferecer suporte aos clientes 24 horas por dia, 7 dias por semana, respondendo perguntas frequentes, agendando visitas e fornecendo informações sobre os imóveis. Além disso, a IA pode ser utilizada para segmentar os clientes de acordo com suas necessidades e preferências, permitindo que os corretores ofereçam um atendimento mais personalizado e eficaz.

Além disso, pode ser utilizada para encontrar novos clientes em potencial e qualificar leads através da análise de dados de redes sociais e websites. As ferramentas de IA podem identificar pessoas que estão demonstrando interesse em comprar ou alugar imóveis. Essas informações podem ser utilizadas para entrar em contato com os leads e apresentar as melhores opções de acordo com suas necessidades.

A utilização da IA no mercado imobiliário ainda está em seus estágios iniciais, mas o potencial para transformar a indústria é enorme. Corretores que se adaptarem a essa nova realidade e utilizarem as ferramentas de IA de forma estratégica terão uma vantagem competitiva significativa no mercado.

Estão disponíveis incontáveis ferramentas gratuitas de IA que, mesmo com alguma limitação de funcionalidades, têm um impacto ultra positivo na jornada de trabalho dos profissionais do mercado imobiliário.

A utilização da IA exigirá que os corretores se adaptem a novas ferramentas e processos, o que pode gerar resistência e necessidade de treinamento. É importante que os corretores estejam dispostos a aprender e se manter atualizados sobre as últimas novidades em IA para poderem tirar o máximo proveito dessa tecnologia.

É importante ressaltar que a inteligência artificial não substitui o corretor de imóveis. Pelo contrário, a IA deve ser vista como uma ferramenta para auxiliar o profissional em suas tarefas, permitindo que ele se concentre em atividades que exigem mais criatividade, relacionamento interpessoal e conhecimento do mercado.

A utilização da IA também pode gerar algumas preocupações éticas, como a possibilidade de discriminação em relação aos clientes. É importante que os corretores utilizem as ferramentas de IA de forma responsável e transparente, evitando qualquer tipo de discriminação ou viés nos resultados.

Apesar dos desafios, as oportunidades oferecidas pela inteligência artificial para o mercado imobiliário são enormes. Os corretores que se adaptarem a essa nova realidade e utilizarem as ferramentas de IA de forma estratégica terão uma vantagem competitiva significativa e poderão alcançar novos patamares de sucesso.

Para ilustrar melhor como a inteligência artificial pode ser utilizada na prática, vamos analisar alguns exemplos de ferramentas e soluções que já estão disponíveis no mercado:

- *Chatbots e assistentes virtuais:* podem ser utilizados para fornecer suporte aos clientes 24 horas por dia, 7 dias por semana, respondendo perguntas frequentes, agendando visitas e fornecendo informações sobre os imóveis.
- *Análise de dados de mercado:* ferramentas de IA podem analisar grandes volumes de dados de mercado, como preços de imóveis, tendências de

compra e venda e perfis de clientes, fornecendo insights valiosos para os corretores tomarem decisões mais precisas e assertivas.

- *Plataformas de CRM:* podem ser utilizadas para gerenciar o relacionamento com os clientes, armazenar informações sobre leads e imóveis, e acompanhar o andamento das negociações.

- *Ferramentas de prospecção:* podem ajudar os corretores a encontrarem novos clientes em potencial, identificar oportunidades de negócio e qualificar leads.

- *Sistemas de automação de marketing:* podem ser utilizados para enviar e-mails personalizados para os clientes, criar campanhas de marketing direcionadas e acompanhar os resultados das ações de marketing.

É importante ressaltar que essas são apenas algumas das muitas possibilidades que a inteligência artificial oferece para o mercado imobiliário. Novas ferramentas e soluções estão sendo desenvolvidas constantemente, e os corretores devem estar atentos às últimas novidades para poderem tirar o máximo proveito dessa tecnologia.

Um dos exemplos mais inovadores da utilização da inteligência artificial no mercado imobiliário é a utilização de realidade virtual. Através da realidade virtual, os clientes podem visitar os imóveis à distância, como se estivessem realmente lá. Isso pode ser muito útil para clientes que estão morando em outras localidades ou que não têm tempo para visitar os imóveis pessoalmente.

Outra aplicação promissora da inteligência artificial é a utilização de chatbots para negociar com os clientes. Chatbots podem ser utilizados para negociar preços, agendar visitas e até mesmo fechar negócios. Isso pode liberar tempo para que os corretores se concentrem em outras atividades, como prospecção de novos clientes e relacionamento com os clientes já existentes.

O futuro do mercado imobiliário é promissor para os corretores que se adaptarem à inteligência artificial. Aqueles que utilizarem as ferramentas de IA de forma estratégica e responsável terão uma vantagem competitiva significativa e poderão alcançar novos patamares de sucesso.

A inteligência artificial está apenas começando a transformar o mercado imobiliário, mas o potencial é enorme. Nos próximos anos, podemos esperar ver ainda mais ferramentas e soluções inovadoras sendo desenvolvidas, o que exigirá dos corretores uma postura proativa de adaptação e aprendizado contínuo.

É fundamental que os corretores estejam abertos a novas tecnologias e estejam dispostos a investir em treinamento e desenvolvimento profissional para se manterem atualizados sobre as últimas novidades em IA.

O futuro do mercado imobiliário pertence aos corretores que abraçarem a inteligência artificial e a utilizarem para otimizar seu trabalho, aprimorar a experiência do cliente e se destacar no mercado.

Em resumo, a inteligência artificial é uma ferramenta poderosa que pode ajudar os corretores de imóveis a alcançarem novos patamares de sucesso. No entanto, é importante utilizá-la de forma estratégica, responsável e ética.

Agora, imagine juntar tudo o que você viu sobre as técnicas de persuasão, gatilhos mentais e influência com a inteligência artificial... O céu é o limite!

Para você ter uma ideia, este artigo foi construído "à seis mãos", por mim, o Chat GPT 4.0[10] e o Gemini.[11] Ele representa uma união da minha experiência de mais de 15 anos de mercado com os insights que a IA possui em seus bancos de dados. Imagine como isso pode ser escalado para tudo o que fazemos no dia a dia.

3. CONCLUSÃO

As técnicas apresentadas neste artigo, desde a aplicação de SPIN Selling para desvendar as necessidades do cliente até o emprego de palavras estrategicamente escolhidas para facilitar o fechamento de vendas, são essenciais para corretores que buscam não apenas atender, mas exceder as expectativas de seus clientes. A adoção dessas abordagens permite aos profissionais do setor não só alcançar melhores resultados, mas também construir relacionamentos duradouros e baseados na confiança com seus clientes.

Neste artigo, exploramos como técnicas avançadas de vendas, inspiradas por *best sellers* do campo e integradas com os insights da neurociência, podem ser aplicadas com sucesso no mercado imobiliário. O uso do modelo SPIN Selling, estratégias de neurovendas, táticas de influência e manejo eficaz de objeções demonstram não apenas uma compreensão profunda das necessidades do cliente, mas também como atender essas necessidades de maneira eficaz e emocionalmente engajadora.

---

10. ChatGPT é uma ferramenta de inteligência artificial desenvolvida pela OpenAI, projetada para entender e gerar texto em linguagem natural. Para os corretores de imóveis, o ChatGPT pode ser um assistente valioso em diversas áreas do seu trabalho diário. Em resumo, o ChatGPT é um assistente virtual versátil que pode melhorar a eficiência, a qualidade do atendimento e a capacidade de produção de conteúdo dos corretores de imóveis, liberando mais tempo para se concentrarem em atividades estratégicas e interações pessoais. Este conceito foi gerado pelo próprio Chat GPT 4.0, usando o comando (prompt): "Defina o que é o ChatGPT para um público de corretores de imóveis."

11. O *Gemini*, anteriormente conhecido como Bard, é uma ferramenta de inteligência artificial (IA) do Google que oferece recursos inovadores para otimizar o trabalho de corretores de imóveis. O Gemini é uma ferramenta em constante evolução, com novos recursos e funcionalidades sendo adicionados regularmente. Este conceito foi gerado pelo próprio Gemini, usando o comando (prompt): "Defina o que é o Gemini para um público de corretores de imóveis."

A integração dessas técnicas permite aos profissionais do setor imobiliário uma abordagem mais holística e científica, resultando em interações mais significativas com os clientes e, consequentemente, em um maior sucesso nas vendas. A capacidade de se conectar em um nível emocional e racional não só melhora a experiência do cliente, mas também aumenta a confiança e a satisfação dele, culminando em transações mais suaves e decisões de compra mais rápidas.

Portanto, a adoção dessas abordagens não é apenas uma mudança de técnica, mas uma evolução necessária para enfrentar os desafios do mercado imobiliário contemporâneo. Agentes e corretores que se equiparem com essas ferramentas estarão melhor preparados para atender às expectativas dos clientes modernos e se destacarão em um mercado altamente competitivo.

Demonstramos como utilizar perguntas estratégicas para entender profundamente as necessidades dos clientes e guiar as interações de vendas de forma mais eficaz, garantindo que cada proposta esteja alinhada com as expectativas e necessidades dos potenciais compradores.

Apresentamos métodos para engajar os clientes em um nível emocional, utilizando o entendimento do funcionamento cerebral para criar conexões mais profundas e persuasivas. Essas técnicas permitem aos corretores comunicarem o valor de um imóvel de maneira que ressoe tanto emocional quanto racionalmente com os compradores.

Exploramos como os princípios de influência podem ser utilizados para construir credibilidade e confiança, elementos cruciais na corretagem de imóveis. Desde estabelecer autoridade até utilizar a prova social, essas abordagens ajudam a solidificar a confiança dos clientes nas recomendações do corretor.

Analisamos técnicas avançadas para enfrentar e transformar objeções em oportunidades, permitindo aos corretores manejarem preocupações com confiança e eficácia, e conduzir as negociações para conclusões bem-sucedidas.

Enfatizamos como a escolha cuidadosa das palavras pode impactar significativamente a decisão de compra, desde criar um senso de urgência até ajudar os clientes a visualizar a vida no novo lar.

Também destacamos como a inteligência artificial é uma ferramenta poderosa que pode ajudar os corretores de imóveis a otimizarem seu trabalho, aumentar a produtividade e aprimorar a experiência do cliente. Ao adotar as ferramentas de IA de forma estratégica, os corretores podem se destacar no mercado e alcançar novos patamares de sucesso.

Cada um desses tópicos foi abordado com um foco em como aplicar teorias de vendas consolidadas de forma prática e direcionada para melhorar a interação com o cliente e aumentar as taxas de sucesso em vendas imobiliárias.

Aplicando as técnicas que viu aqui, você terá uma lista de *leads Indiana Jones* nas mãos e isso te dará resultados como esses:

@braddfer: "Comecei em janeiro, já tô com 4 de adm... + as comissões de 1° mês, já tá dando uns 7 pila... fora as vendas."

@isabellasantos: "...Em menos de 30 dias, estou com 8 excelentes prospecções. Detalhe: iniciei com absolutamente nenhum cliente."

@vivanemartins.corretora: "Que técnica maravilhosa! Essa funcionou demais comigo. Me pergunto pq ñ fiz isso antes. Eu comecei a ligar para a minha carteira de imóveis e consegui captar 3."

@daniella.amaral: "...Adquiri seu curso em abril, na cara e na coragem, era minha última cartada, ou vai ou desistia da corretagem e ia trabalhar CLT. Hoje, 1 ano depois, minha carteira fechou janeiro faturando locação 8 mil por mês... Sem levar em consideração a intermediação das administrações. Em outubro, intermediei uma locação de 75 mil..."

Esses são apenas quatro depoimentos de um banco de mais de 500 e significam mudança de vida real para esses corretores e corretoras. Eles significam uma vida de abundância e o fim da escassez.

O que esses profissionais fizeram e que você também pode fazer é aplicar técnicas já testadas e com provas de resultados consistentes.

Acredite, tudo é técnica, não há dom. Dom é o personagem do filme Velozes e Furiosos.

4. REFERÊNCIAS

ARISTÓTELES. 384-322 a.C. *Retórica*. Tradução, textos adicionais e notas Edson Bini. São Paulo: Edipro, 2011.

KLARIC, Jürgen. *Venda à mente, não ao cliente*. Como aplicar a neurociência para negociar mais falando menos. São Paulo: Planeta, 2017.

MCLEAN, Paul. *The Triune Brain in evolution*: Role in paleocerebral functions. 1990th edition, Springer; 1990.

RACKHAM, Neil. *Alcançando a excelência em vendas. SPIN Selling. Construindo relacionamentos de alto valor para seus clientes*. São Paulo: M. Books do Brasil Editora LTDA, 2009.

REVOLUÇÃO DIGITAL NO MERCADO IMOBILIÁRIO, TENDÊNCIAS TECNOLÓGICAS E REGULATÓRIAS

William Lima Rocha

Doutorando em Ciências Jurídicas – UCA (Univ. Católica da Argentina). Mestrado em Direito Empresarial Econômico – UCA (Univ. Católica da Argentina). Mestrando em Ciência da Informação – IBICT/UFRJ. Especialista com MBA em Direito do Consumidor e da Concorrência pela FGV/RJ. Sócio do Terra Sarmento Rocha Advogados, especialista em Defesa do Consumidor, Telecomunicações e Proteção de Dados. Participa da Comissão de Defesa do Consumidor e da Comissão de Proteção de Dados e Privacidade da OAB/RJ. Ex-Procurador Adjunto da Jucerja, Assessor da Presidência da Jucerja e Encarregado de Proteção de Dados (DPO) da Jucerja. Diretor Vogal do IBEF-Rio para contratos e LGPD e Conselheiro da GovDados

Sumário: 1. Introdução – 1.1 Experiência do cliente aprimorada; 1.2 Processos agilizados e eficientes; 1.3 Novos modelos de negócio e inovações disruptivas; 1.4 Impacto nos profissionais do setor; 1.5 Desafios e considerações – 2. Novas tecnologias para o setor imobiliário; 3. A transformação digital do mercado imobiliário: tendências tecnológicas, inovações e impactos regulatórios; 3.1 A Ascensão dos *PropTechs*; 3.2 Impactos da transformação digital; 3.3 Tendências futuras; 3.4 Aspectos Regulatórios; 3.5 O futuro do mercado imobiliário: uma jornada através da inovação, sustentabilidade e acessibilidade; 3.5.1 A Ascensão da tecnologia; 3.5.2 Sustentabilidade como diferencial; 3.5.3 Acessibilidade para todos; 3.5.4 O Papel dos Regulamentadores; 4. Conclusão; 5. Referências; Para saber mais, acesse os seguintes recursos.

1. INTRODUÇÃO

O mercado imobiliário, historicamente tradicional e conservador, está passando por uma profunda transformação digital. Impulsionadas por avanços tecnológicos e mudanças no comportamento do consumidor, novas ferramentas e soluções estão surgindo, remodelando a forma como imóveis são comprados, vendidos, gerenciados e utilizados.

No mês de outubro de 2022, o Brasil teve a primeira venda digital de fração de imóvel, na qual a porto-alegrense Lenita Ruschel, de 82 anos, adquiriu 20% de um apartamento na capital gaúcha. O negócio foi possível graças ao NFT (*non fungible token*, ou token não fungível, em português), um selo digital de autenticidade que pode ser usado para bens e itens físicos ou digitais. Para o pagamento, ela usou o PIX, sistema de transferência recentemente implementado no país.

Negociações do tipo tendem a crescer pois possibilitam que as pessoas que não têm dinheiro para comprar um imóvel inteiro não deixem de investir e, ainda, eventualmente recebam o aluguel proporcional àquela parcela que comprarem. As frações do token também podem ser vendidas a qualquer momento pelos donos, estejam elas valorizadas ou não.

Como o mercado imobiliário conta com ativos digitais para atrair clientes? Ao tokenizar um ativo imobiliário, uma incorporadora pode dividir um bem físico em ativos digitais que correspondem a uma fatia do empreendimento, e pode negociá-los na quantidade que o investidor desejar. Um imóvel de R$ 1 milhão, por exemplo, pode virar 10 mil tokens de R$ 100 que serão negociados no mercado.

Segurança e transparência nas transações – Além de ágeis, as negociações imobiliárias também ganham uma camada a mais de proteção. Os tokens são desenvolvidos com a tecnologia blockchain, que transporta a informação digital em pequenos blocos criptografados e quase invioláveis. Assim, é possível reduzir o risco de fraudes nas negociações e, claro, trazer mais confiança ao processo.

O Bitcoin já vem se tornando bastante popular e, com isso, o blockchain nasceu para ser a tecnologia que garante a emissão e a circulação das criptomoedas de forma bastante segura. Com o desenvolvimento dessa tecnologia, as tendências do mercado imobiliário já apontam para futuras transações de imóveis por meio do blockchain, com alguns especialistas cogitando até mesmo que o modelo substitua o sistema cartorário da Lei 6.015/15.

Essa possível (para não dizer provável) mudança, porém, não é dada como 100% certa e depende de uma combinação de fatores para que possa vir a acontecer. Ainda assim, já vale para advogados da área imobiliária ligarem o sinal de alerta se quiserem sair na frente.

A informação passou a ser um bem jurídico essencial, para as mais simples vidas individuais e para as mais poderosas empresas e nações. O progresso tecnológico cresce, mas aumentam também os perigos de falta de respeito aos direitos humanos.

José Alcebíades Junior definiu a "Quinta Geração de Direitos" como aquela que trata dos direitos da realidade virtual, "que nascem do grande desenvolvimento da cibernética na atualidade, implicando no rompimento de fronteiras tradicionais, estabelecendo conflitos entre países com realidades distintas, via Internet, por exemplo" (*Teoria Jurídica e novos direitos*. Rio de Janeiro. Lúmen Iures, 2000).

A Revolução Digital está em plena transformação para o mercado imobiliário, impulsionado por uma onda de inovações tecnológicas que redefine a forma como imóveis são comprados, vendidos, gerenciados e experienciados. Essa Revolução Digital está abrindo portas para um futuro mais eficiente, transparente e acessível para todos os envolvidos no setor.

Para entendermos a magnitude dessa transformação, vamos explorar os principais aspectos que estão sendo impactados:

1.1 Experiência do cliente aprimorada

- Listagens Online e Plataformas de Busca: Sites e aplicativos especializados facilitam a busca por imóveis, permitindo que compradores filtrem por diversos critérios, visualizem fotos e vídeos de alta qualidade, façam tours virtuais e até mesmo agendam visitas online.

- Realidade Virtual e Aumentada: Imersão total em imóveis à distância, com tours virtuais 360°, plantas baixas interativas e até mesmo a possibilidade de "mobiliar" o ambiente virtualmente, proporcionando uma experiência mais completa e realista.

- Chatbots e Inteligência Artificial: Ferramentas inteligentes respondem perguntas frequentes 24/7, agendam visitas, qualificam leads e até mesmo auxiliam na negociação, tornando o processo mais ágil e personalizado.

1.2 Processos agilizados e eficientes

- Assinaturas Digitais e Contratos Online: Agilidade e segurança nas transações imobiliárias, com a assinatura eletrônica de documentos e a possibilidade de finalizar todo o processo de forma online, reduzindo burocracia e custos.

- Gestão Imobiliária Inteligente: Softwares especializados na gestão de propriedades facilitam o dia a dia de síndicos, proprietários e inquilinos, desde a organização de contas e pagamentos até a comunicação eficiente e a tomada de decisões estratégicas.

- Valuation e Análise de Mercado: Algoritmos inteligentes analisam grandes volumes de dados para estimar o valor justo de um imóvel, considerar tendências de mercado e fornecer insights precisos para compradores, vendedores e investidores.

1.3 Novos modelos de negócio e inovações disruptivas

- PropTechs e Startups Inovadoras: Novas empresas estão surgindo com soluções tecnológicas disruptivas para o mercado imobiliário, desde plataformas de crowdfunding para investimento em imóveis até ferramentas de gestão de propriedades compartilhadas.

- Economia Compartilhada e Aluguel de Curta Duração: Plataformas como Airbnb e Vrbo democratizam o acesso à moradia e oferecem novas oportunidades de renda para proprietários, impulsionando o mercado de aluguéis de curta duração.

- Impressão 3D e Construção Modular: Tecnologias inovadoras de construção prometem revolucionar o setor, com projetos mais rápidos, eficientes e sustentáveis, além da possibilidade de personalização de imóveis.

1.4   Impacto nos profissionais do setor

- Novas Habilidades e Adaptabilidade: Corretores de imóveis, síndicos e outros profissionais do setor precisam se adaptar às novas ferramentas digitais e desenvolver novas habilidades, como marketing digital, análise de dados e relacionamento com clientes online.

- Upskilling e Reskilling: Treinamentos e cursos de capacitação são essenciais para que os profissionais se mantenham atualizados e competitivos nesse mercado em constante transformação.

- Colaboração e Integração: A colaboração entre diferentes profissionais, como corretores, arquitetos, engenheiros e incorporadores, se torna cada vez mais importante para oferecer soluções completas e personalizadas aos clientes.

1.5   Desafios e considerações

- Acesso à Internet e Divisão Digital: É importante garantir que todos tenham acesso à internet e às ferramentas digitais para que ninguém seja excluído dos benefícios da Revolução Digital no mercado imobiliário.

- Segurança Cibernética e Proteção de Dados: A segurança das informações dos clientes e a proteção contra fraudes online são aspectos cruciais que precisam ser considerados pelas empresas e pelos profissionais do setor.

- Regulamentação e Legislação: Governos e órgãos reguladores precisam acompanhar a rápida evolução do mercado e atualizar as leis e normas para garantir um ambiente seguro, transparente e justo para todos.

2.   NOVAS TECNOLOGIAS PARA O SETOR IMOBILIÁRIO

O setor imobiliário está em constante transformação, impulsionado pelas novas tecnologias que surgem a cada dia. Essas inovações estão mudando a forma como as pessoas compram, vendem, gerenciam e investem em imóveis, tornando o processo mais eficiente, transparente e acessível para todos.

Um morador de Uberaba (MG) foi condenado a devolver mais de R$ 65 mil para uma mulher que havia lhe comprado um terreno. Toda a transação foi realizada por meio do WhatsApp, incluindo o envio do recibo de depósito do dinheiro (R$ 50 mil) e cópias de documentos. Mas a escritura não foi lavrada e a compradora acionou a Justiça.[1]

O juiz Lúcio Eduardo de Brito, da 1ª Vara Cível de Uberaba, considerou que, apesar de inusitada, a forma com que o negócio foi fechado tem valor legal. Mas deixou claro que negociar assim não é nem um pouco recomendável. "Não compraria nem uma bicicleta velha desse jeito", disse o magistrado à reportagem do jornal O Estado de S. Paulo.

Algumas das principais novas tecnologias que estão impactando o setor imobiliário incluem:

- *Realidade virtual e aumentada:* Permita que os compradores em potencial visitem imóveis à distância, como se estivessem lá pessoalmente, usando óculos VR ou AR. Isso pode economizar tempo e dinheiro, e também pode ajudar os compradores a ter uma melhor ideia de um imóvel antes de se comprometerem a comprá-lo.

- *Inteligência artificial (IA):* Sendo usada para desenvolver chatbots que podem responder a perguntas dos compradores, gerar leads e até mesmo ajudar a negociar preços. A IA também está sendo usada para analisar dados de mercado e identificar tendências, o que pode ajudar os corretores e investidores a tomar decisões mais informadas.

- *Internet das Coisas (IoT):* Permita que os imóveis sejam mais inteligentes e eficientes, com recursos como termostatos inteligentes, fechaduras inteligentes e iluminação inteligente. Isso pode tornar os imóveis mais confortáveis e convenientes para os moradores, e também pode ajudar a economizar energia e dinheiro.

- *Blockchain:* Pode ser usada para criar um registro seguro e transparente de transações imobiliárias. Isso pode ajudar a reduzir a fraude e agilizar o processo de compra e venda de imóveis.

- *Impressão 3D:* Está sendo usada para construir casas e outros edifícios, o que pode revolucionar a indústria da construção. As casas impressas em 3D podem ser construídas mais rápido e com menos desperdício do que as casas tradicionais, e também podem ser personalizadas para atender às necessidades específicas dos proprietários.

---

1. Fonte: http://epocanegocios.globo.com/Informacao/Acao/noticia/2015/07/justica-valida-venda-de-imovel-pelo-whatsapp.html.

Além dessas tecnologias, há muitas outras inovações que estão surgindo no setor imobiliário. Por exemplo, algumas empresas estão usando drones para tirar fotos e vídeos de imóveis, enquanto outras estão usando plataformas de mídia social para se conectar com compradores e vendedores em potencial.

As novas tecnologias estão tendo um impacto positivo no setor imobiliário, tornando-o mais eficiente, transparente e acessível. Essas inovações também estão criando novas oportunidades para empresas e indivíduos que estão dispostos a se adaptar às mudanças.

A tecnologia está revolucionando o setor imobiliário, trazendo inovações que impactam desde a busca por um imóvel até a gestão de propriedades.

Algumas das principais tendências das novas tecnologias para o mercado imobiliário:

1. Realidade virtual e aumentada

- *Visitas imersivas:* explore imóveis à distância como se estivesse lá, usando óculos VR ou AR.
- *Decoração virtual:* teste móveis e decorações no ambiente antes de comprar.
- *Plantas baixas interativas:* visualize o layout do imóvel em 3D e personalize-o à sua maneira.

2. Inteligência artificial (IA)

- *Chatbots 24/7:* tire dúvidas, agende visitas e receba sugestões personalizadas de imóveis.
- *Análise preditiva: encontre* o imóvel ideal com base em suas preferências e histórico de navegação.
- *Avaliação automatizada: obtenha* estimativas rápidas e precisas do valor de mercado do seu imóvel.

3. Internet das Coisas (IoT):

- *Casas inteligentes: automatize* tarefas como iluminação, climatização e segurança, proporcionando conforto e economia.
- *Manutenção preventiva: monitore* o estado do imóvel em tempo real e evite problemas antes que aconteçam.
- *Sustentabilidade:* otimize o consumo de energia e água, reduzindo o impacto ambiental.

4. Blockchain:

- *Segurança nas transações:* registre a propriedade e as transações de forma imutável e transparente, combatendo fraudes.

- *Agilidade burocrática:* simplifique e agilize processos como compra, venda e aluguel de imóveis.

- *Novos modelos de investimento:* invista em frações de imóveis de forma segura e acessível.

5. Impressão 3D:

- *Construção rápida e eficiente:* edifique casas e outros imóveis com menos tempo, material e custo.

- *Personalização sob medida:* crie projetos únicos e personalizados, atendendo às suas necessidades específicas.

- *Sustentabilidade:* utilize materiais ecológicos e reduza o desperdício na construção.

6. Outras inovações:

- *Plataformas online:* encontre, compare e negocie imóveis de forma rápida e prática.

- *Assinaturas de moradia:* acesse diversos imóveis por um único valor, com mais flexibilidade e liberdade.

- *Coworking imobiliário:* compartilhe um espaço de trabalho em um imóvel com outras empresas, reduzindo custos.

3. A TRANSFORMAÇÃO DIGITAL DO MERCADO IMOBILIÁRIO: TENDÊNCIAS TECNOLÓGICAS, INOVAÇÕES E IMPACTOS REGULATÓRIOS

O mercado imobiliário, historicamente tradicional e conservador, está passando por uma profunda transformação digital. Impulsionadas por avanços tecnológicos e mudanças no comportamento do consumidor, novas ferramentas e soluções estão surgindo, remodelando a forma como imóveis são comprados, vendidos, gerenciados e utilizados.

3.1 A Ascensão dos PropTechs

As PropTechs, startups que combinam tecnologia e inovação ao setor imobiliário, estão se tornando cada vez mais relevantes. Essas empresas oferecem soluções disruptivas para diversos segmentos do mercado, como:

- *Plataformas online para compra e venda de imóveis:* Facilitam a busca por imóveis, a comparação de preços e a realização de transações online, proporcionando maior transparência e comodidade aos consumidores.

- *Ferramentas de gestão de propriedades:* Auxiliam proprietários e gestores de imóveis na administração de seus bens, desde a cobrança de aluguel até a manutenção preventiva.

- *Soluções para financiamento imobiliário:* Agilizam o processo de obtenção de crédito, oferecem taxas mais competitivas e facilitam o acesso à moradia própria.

- *Tecnologias imersivas:* permitem aos potenciais compradores visitarem imóveis virtualmente através de tours 360° e realidade virtual, proporcionando uma experiência mais completa e realista.

- *Inteligência artificial:* aplicada na avaliação de preços, análise de crédito, personalização de ofertas e automação de tarefas repetitivas, a inteligência artificial otimiza processos e aumenta a eficiência do mercado.

3.2 Impactos da transformação digital

A transformação digital do mercado imobiliário gera diversos impactos positivos, como:

- *Maior transparência e acesso à informação:* consumidores têm mais acesso a informações sobre imóveis, preços e condições de mercado, permitindo decisões mais conscientes e assertivas.

- *Agilidade e eficiência nas transações:* processos como compra, venda, aluguel e gestão de imóveis se tornam mais rápidos, simples e eficientes, reduzindo custos e burocracia.

- *Novas experiências para consumidores:* tecnologias como realidade virtual e inteligência artificial proporcionam experiências imersivas e personalizadas aos consumidores, facilitando a busca por imóveis e a tomada de decisão.

- *Democratização do acesso à moradia:* soluções inovadoras, como plataformas de *crowdfunding* imobiliário e fintechs especializadas em crédito, podem facilitar o acesso à moradia para pessoas com renda mais baixa.

- *Profissionalização do setor:* A adoção de ferramentas digitais exige maior profissionalização dos corretores, gestores e demais profissionais do mercado imobiliário, que precisam se adaptar às novas tecnologias e demandas do mercado.

3.3 Tendências futuras

A Inteligência Artificial (IA) está chegando com força nos condomínios, trazendo inovações que transformam a forma como esses espaços são gerenciados e vividos pelos moradores.

A IA é uma ferramenta poderosa que pode trazer muitos benefícios para os condomínios. Se você está pensando em implementar a IA no seu condomínio, é importante se informar sobre as soluções disponíveis, avaliar os custos e benefícios e envolver os moradores no processo de decisão.

A casa do futuro não é apenas um sonho futurista, mas sim uma realidade que está se tornando cada vez mais presente. As tecnologias inovadoras e as mudanças nas necessidades das pessoas estão moldando novas formas de habitar, com foco na sustentabilidade, na eficiência, no conforto e na conectividade.

O futuro do mercado imobiliário será marcado por ainda mais inovações, com destaque para:

- *Inteligência artificial:* algoritmos inteligentes serão utilizados para prever tendências de mercado, identificar oportunidades de investimento e auxiliar na tomada de decisões estratégicas.

- *Internet das Coisas (IoT):* Casas e edifícios inteligentes se tornarão cada vez mais comuns, oferecendo maior conforto, segurança e eficiência energética.

- *Blockchain:* A tecnologia blockchain pode ser utilizada para garantir a segurança e a transparência das transações imobiliárias, além de viabilizar novos modelos de negócios.

- *Realidade aumentada e virtual:* essas tecnologias serão utilizadas para criar experiências ainda mais imersivas para os consumidores, permitindo que eles visualizem reformas, decorações e mobiliários em seus imóveis antes mesmo de comprá-los.

3.4 Aspectos Regulatórios

A rápida evolução do mercado imobiliário digital exige um marco regulatório adequado para garantir a segurança, a transparência e a proteção dos consumidores. Alguns dos principais desafios regulatórios incluem:

- *Definição clara do que caracteriza uma PropTech:* É necessário estabelecer critérios claros para definir quais empresas se enquadram no conceito de PropTech, a fim de garantir a aplicação justa e consistente da legislação.

- *Proteção de dados pessoais:* as empresas PropTech devem garantir a segurança e a privacidade dos dados pessoais dos consumidores, em conformidade com a Lei Geral de Proteção de Dados Pessoais (LGPD).

- *Combate à lavagem de dinheiro:* É necessário implementar medidas eficazes para prevenir a lavagem de dinheiro e outros crimes financeiros no mercado imobiliário digital.

- *Garantia da concorrência leal:* as autoridades devem garantir que as empresas PropTech operem em um ambiente de concorrência leal, evitando práticas anticompetitivas que prejudiquem o mercado.

3.5 O futuro do mercado imobiliário: uma jornada através da inovação, sustentabilidade e acessibilidade

O mercado imobiliário se encontra em um momento de profunda transformação, impulsionado por avanços tecnológicos, mudanças nas expectativas dos consumidores e novas realidades socioambientais. Para navegar nesse cenário em constante evolução, é crucial entender as tendências que moldarão o futuro do setor e as oportunidades que elas podem trazer.

3.5.1 A Ascensão da tecnologia

A transformação digital é a principal força motriz por trás da mudança no mercado imobiliário. As PropTechs, startups que combinam tecnologia e inovação, estão surgindo com soluções disruptivas para diversos segmentos, como:

- *Plataformas online:* facilitam a busca por imóveis, a comparação de preços e a realização de transações, proporcionando *maior transparência e comodidade* aos consumidores.

- *Ferramentas de gestão:* auxiliam proprietários e gestores na administração de seus bens, desde a cobrança de aluguel até a manutenção preventiva, otimizando processos e *aumentando a eficiência*.

- *Soluções de financiamento:* agilizam o processo de obtenção de crédito, oferecem taxas mais competitivas e facilitam o acesso à moradia própria, *democratizando o mercado*.

- *Tecnologias imersivas:* permitem aos compradores virtuais visitarem imóveis através de tours 360° e realidade virtual, proporcionando uma experiência *mais completa e realista*.

- *Inteligência artificial:* aplicada na avaliação de preços, análise de crédito, personalização de ofertas e automação de tarefas repetitivas, a inteligência artificial *otimiza processos e aumenta a eficiência* do mercado.

3.5.2 Sustentabilidade como diferencial

As questões *ambientais, sociais e de governança (ESG)* estão ganhando cada vez mais importância nas decisões de compra e investimento em imóveis. Consumidores e investidores buscam por propriedades que sejam:

- *Eficientes energeticamente:* utilizam recursos de forma consciente e apresentam baixo consumo de energia, reduzindo o impacto ambiental e *gerando economia* para os moradores.

- *Construídas com materiais sustentáveis:* utilizam materiais reciclados, de origem local ou com menor impacto ambiental, promovendo práticas mais *responsáveis e ecológicas.*

- *Com boa infraestrutura para mobilidade alternativa:* localizadas em áreas com acesso a transporte público, ciclovias e outras opções de mobilidade que não sejam o carro individual, *diminuindo a emissão de poluentes* e promovendo cidades mais *viváveis.*

- *Que ofereçam espaços verdes e áreas de lazer:* proporcionam bem-estar aos moradores e contribuem para a *qualidade de vida* nas cidades.

3.5.3 Acessibilidade para todos

O mercado imobiliário precisa se tornar *mais acessível* para atender às necessidades de diferentes públicos, como:

- *Pessoas com deficiência:* imóveis precisam ser adaptados com recursos de acessibilidade universal, como rampas, elevadores, pisos táteis e sinalização adequada, garantindo *igualdade de oportunidades* para todos.

- *Famílias com crianças:* imóveis com áreas de lazer para crianças, playgrounds e espaços seguros para brincar são cada vez mais procurados pelas famílias, proporcionando um *ambiente familiar acolhedor.*

- *Pessoas de baixa renda:* soluções inovadoras, como microcrédito imobiliário e modelos de moradia popular sustentável, podem facilitar o acesso à moradia para *quem mais precisa.*

3.5.4 O Papel dos Regulamentadores

O marco regulatório precisa acompanhar a evolução do mercado imobiliário, garantindo a segurança jurídica, a transparência e a proteção dos consumidores. Alguns dos principais desafios regulatórios incluem:

- *Definição clara do que caracteriza uma PropTech:* É necessário estabelecer critérios claros para definir quais empresas se enquadram no conceito de PropTech, a fim de garantir a aplicação justa e consistente da legislação.

- *Proteção de dados pessoais:* AS empresas PropTech devem garantir a segurança e a privacidade dos dados pessoais dos consumidores, em conformidade com a *Lei Geral de Proteção de Dados Pessoais (LGPD).*

- *Combate à lavagem de dinheiro:* É necessário implementar medidas eficazes para prevenir a lavagem de dinheiro e outros crimes financeiros no mercado imobiliário digital.

- *Garantia da concorrência leal:* as autoridades devem garantir que as empresas PropTech operem em um ambiente de concorrência leal, evitando práticas anticompetitivas que prejudiquem o mercado.

4. CONCLUSÃO

A Revolução Digital no mercado imobiliário está apenas começando e o futuro reserva ainda mais inovações e transformações. As empresas e os profissionais que conseguirem se adaptar a essa nova realidade e abraçar as tecnologias disruptivas serão os que mais se destacarão e terão sucesso nesse mercado cada vez mais dinâmico e competitivo.

O futuro do direito e da moradia no mercado imobiliário está intrinsecamente ligado às inovações tecnológicas e às mudanças sociais que impactam a forma como as pessoas vivem, trabalham e interagem com o espaço urbano. Diversas tendências já estão em curso e devem se intensificar nos próximos anos, exigindo novas perspectivas e soluções jurídicas para garantir o acesso à moradia digna e a segurança jurídica das transações imobiliárias.

Desafios da Revolução Digital no mercado imobiliário

Regular o uso da tecnologia: A rapidez da evolução tecnológica torna difícil para o Direito acompanhar e regular o uso da tecnologia de maneira eficaz.

Proteção de dados pessoais: O aumento da coleta e armazenamento de dados pessoais exige que sejam estabelecidas normas claras sobre a proteção desses dados e o uso que pode ser feito deles.

Conflitos de jurisdição: Na era digital, os conflitos podem surgir em diferentes jurisdições, tornando difícil determinar o local adequado para solução de disputas.

Questões de privacidade: A privacidade na era digital é um assunto complexo, com muitas questões ainda sem resposta sobre o que é aceitável e o que não é.

Neutralidade da rede: A neutralidade da rede é uma questão importante, pois trata da igualdade de acesso à Internet e à informação.

Propriedade intelectual: O Direito Digital precisa equilibrar os direitos de propriedade intelectual com a liberdade de expressão e o acesso à informação.

Esses são apenas alguns dos desafios enfrentados pelo Revolução Digital, e é importante continuar a debater e buscar soluções para garantir que as leis se mantenham relevantes e aplicáveis na era digital.

É fundamental que os profissionais do direito, os governos, as empresas e a sociedade civil se unam para construir um futuro em que todos tenham acesso à moradia digna, segura e sustentável.

5. REFERÊNCIAS

ALCEBÍADES JUNIOR, José. *Teoria Jurídica e novos direitos.* Rio de Janeiro. Lúmen Iures, 2000.

BORGES, M. A. *Aspectos Socioeconômicos Da Nova Realidade Do Mercado Imobiliário Brasileiro.* 2012. Disponível em: http://www.avm.edu.br/Docpdf/Monografias_publicadas/K219969.Pdf. Acesso em: Maio 2020.

CAMPANI, B. J. *A Era Digital E Mercado Imobiliário*: Transformação E Oportunidades. 2019. Disponível em: https://www.riuni.unisul.br/bitstream/handle/12345/7074/. Acesso em: Maio 2020.

DAMASO, O. R. O *potencial do mercado de locação residencial no Brasil.* 2008. Disponível em: http://bibliotecadigital.fgv.br/ojs/index.php/cc/article/view/24547/23320. Acesso em: Maio de 2020.

FURTADO, Rafael e FIÚZA, Paulo. *Gestão Imobiliária 4.0*: A Transformação Digital do Mercado Imobiliário. 2023.

GONÇALVES, Rodrigo Franco et al; SACOMANO, José Benedito et al (Org.). *Transformação Digital e Indústria 4.0*: produção e sociedade. São Paulo: Blucher, 2023.

PARA SABER MAIS, ACESSE OS SEGUINTES RECURSOS

- *Como o avanço tecnológico impacta o mercado imobiliário*: https://exame.com/bussola/como-o-avanco-tecnologico-impacta-o-mercado-imobiliario/

- *6 tendências de tecnologias que estão impulsionando o setor imobiliário*: https://blog.instacasa.com.br/6-tendencias-de-tecnologias-que-estao-impulsionando-o-setor-imobiliario/

- *O impacto da tecnologia no mercado imobiliário: confira tendências e inovações*: https://m.spimovel.com.br/blog/?categoriaid=0&p=184

ANÁLISE DE RISCOS NOS NEGÓCIOS IMOBILIÁRIOS E A CONCENTRAÇÃO DOS ATOS NA MATRÍCULA (ART. 54 DA LEI 13097/15)

Wilson Gomes Martins

Mestre em ciência jurídica pela Universidade Portucalense, Porto, Portugal. Pós-graduado em direito imobiliário pela Universidade Estácio de Sá. Professor de Direito Civil e Imobiliário das Universidades Candido Mendes e Corporativa do CRECI do Rio de Janeiro. Corretor de imóveis. Sócio da WMARTINS Gestão Imobiliária. Vice-Presidente da comissão de Direito Urbanístico e Imobiliário (57ª subseção da OAB/RJ – Barra da Tijuca), da BIB – RIO (Bolsa de Imóveis da Barra da Tijuca) e Membro da comissão de Gestão de Propriedades Urbanas, Mercado e Negócios Imobiliários da OAB/RJ. Advogado.

Sumário: 1. Introdução – 2. Função social da propriedade e da moradia – 3. Panorama da legislação acerca dos modos de aquisição dos bens imóveis; 3.1 Aquisição pelo registro – 4. Riscos na aquisição e concentração dos atos na matrícula do imóvel – 5. Conclusão – 6. Referências.

1. INTRODUÇÃO

O objetivo deste trabalho de pesquisa está contido na análise de risco nos negócios imobiliários, a luz do princípio da concentração dos atos na matrícula perante o Cartório de Registro de Imóveis, em um olhar focal no artigo 54 da Lei 13097 de 2015, modificado pela Lei 14.382 de 2022 e os seus contornos acerca das certidões do imóvel e do vendedor, quer sejam as necessárias ou imprescindíveis para celebração de contratos imobiliários públicos ou particulares para transferência da propriedade ou direitos reais inerentes ao domínio.

A pertinência da temática, decorre do forte apelo social, econômico e jurídico da propriedade, sobretudo quando para fins de moradia, estampados em singelos ditos populares, tais como: "quem casa quer casa", "minha casa minha vida" e #fiqueemcasa, todos a consagrar sua significação, fazendo com que, invariavelmente tenhamos de agir, quer seja na mediação imobiliária ou assistência jurídica, com prudência visando minimizar a margem de risco.

Os elos de justificação dessa abordagem passam por destacar o quanto se faz intertemporal a ciência do direito, ou seja, suas modificações ao longo do tempo, sedimentar a importância dos contratos imobiliários e as implicações de uma eventual insolvência em face do vendedor que pode estar demostrada em suas certidões, propiciando significativas informações para as partes e para os atores que operam o mercado, buscando alcançar a almejada estabilidade jurídica.

Utilizaremos os métodos qualitativo e comparado, trazendo investigação jurídica no direito positivado, na doutrina, nos costumes, nos tratados internacionais e na jurisprudência dos tribunais, tudo com fito de propiciar sua validação.

À estruturação está norteada em três capítulos, partindo da função social da propriedade e da moradia, faremos uma intercessão com o panorama da legislação acerca do modo de aquisição pelo registro e, no último capítulo, abordaremos o princípio da concentração dos atos na matrícula do imóvel, sopesando com os riscos que podem deixar de ser aferidos diante da não observação das certidões pessoais.

2. FUNÇÃO SOCIAL DA PROPRIEDADE E DA MORADIA

Desde os tempos mais remotos, ao menos a contar da linha do tempo da Pré-História, quando o homem deixou de ser nômade, passando a sedentário, fixando-se em cavernas, desenvolvendo os primórdios da escrita, cria de animas e cultivo da terra; o sentimento de pertencimento do lugar, abrigo e proteção, ensejou uma das mais importantes necessidades da cultura humana, um verdadeiro marco da evolução, aduzindo a importância social da propriedade, sobretudo quando para fins de moradia.

Segundo o autor James Hunter, na obra O Monge e o Executivo (uma história sobre à essência e a liderança), ao mencionar a hierarquia das necessidades humana, à moradia é citada como inserida dentro do contexto das necessidades mais elementares do homem, como aquelas que se relacionam com o ser biológico. São as mais importantes necessidades para manter-se vivo, tais como: respirar, comer, beber e descansar, mas, para tanto, faz-se necessário um abrigo,[1] uma proteção, a qual, nomeamos por moradia.

Outro ponto a considerar, acerca da função social trazida à baila é o fato de que à família, independentemente de suas características, justifica-se como base da sociedade, neste contexto, para sua melhor estruturação e facilitar o cumprimento do seu papel, será necessário um casulo para sua proteção, nesse diapasão vem à tona a propriedade, sobretudo para moradia como essencial ao amparo da célula mãe da sociedade.[2]

---

1. HUNTER, James C. *O Monge e o Executivo*: uma história sobre a essência e a liderança. Rio de Janeiro: Sextante, 2004. ISBN 857-54-2102-6.
2. MORENO, Carlos. *Direito das famílias no Brasil como base da sociedade moderna* [em linha]. [*S. l.*]: Jusbrasil, 2017. Disponível em https://susiquadros.jusbrasil.com.br/modelos-pecas/435850089/direito-das-familias-no-brasil-como-base-da-sociedade-moderna. Acesso em: 12 jul. 2024

Medidas para preservação do domicílio, da moradia e da propriedade estão entoadas nas grandes convenções internacionais desde meados do século passado, neste sentido, colacionamos os termos da Convenção Europeia dos Direitos do Homem, firmada em Roma, 1950,[3] na qual, está positivado o norte de proteção:

> Artigo 8º. Direito ao respeito pela vida privada e familiar 1. *Qualquer pessoa tem direito ao respeito da sua vida privada e familiar, do seu domicílio* e da sua correspondência. 2. Não pode haver ingerência da autoridade pública no exercício deste direito senão quando esta ingerência estiver prevista na lei e constituir uma providência que, numa sociedade democrática, seja necessária para a segurança nacional, para a segurança pública, para o bem-estar econômico do país, a defesa da ordem e a prevenção das infrações penais, a proteção da saúde ou da moral, ou a proteção dos direitos e das liberdades de terceiros.

Nesse mesmo sentido, à Convenção Americana de Direitos Humanos,[4] o conhecido Pacto São Jose, firmado em 1969 na Costa Rica, na linha do precedente da Convenção Europeia, traz no seu artigo 21, a seguinte norma de conteúdo programático:

> *Direito à propriedade privada* 1. Toda pessoa tem direito ao uso e gozo de seus bens. A lei pode subordinar esse uso e gozo ao interesse social. 2. *Nenhuma pessoa pode ser privada de seus bens,* salvo mediante o pagamento de indenização justa, por motivo de utilidade pública ou de interesse social e nos casos e na forma estabelecidos pela lei.

Tangenciando os tratados internacionais, à Constituição Federal do Brasil de 1988,[5] no artigo 5º, inciso XXII, estabelece a garantia do Direito a Propriedade Privada. À luz do Direito Internacional Comparado, destacamos o artigo 65 da Constituição Portuguesa de 1976, a qual, alinhada com o fato de Portugal ser signatário da Convenção Europeia e membro do Tribunal Europeu dos Direitos do homem, faz preconizar em sua carta magna que: "A todos é garantido o direito à propriedade privada e à sua transmissão em vida ou por morte, nos termos da Constituição". Colacionamos a seguir o conteúdo social da propriedade no artigo 65 da Constituição em comento:[6]

---

3. TRIBUNAL EUROPEU DOS DIREITOS DO HOMEM. *Convenção Europeia dos Direitos do Homem* [em linha]. Roma: Tribunal Europeu dos Direitos do Homem, 1950. Disponível em: https://www.echr.coe.int/documents/convention_por.pdf. Acesso em: 12 jul. 2024.
4. CONFERÊNCIA ESPECIALIZADA INTERAMERICANA SOBRE DIREITOS HUMANOS. *Convenção Americana dos Direitos Humanos (Pacto de San José da Costa Rica)* [em linha]. San José de Costa Rica: Conferência Especializada Interamericana sobre Direitos Humanos, 1969. Disponível em: https://www.conjur.com.br/dl/pacto-san-jose-costa-rica.pdf. Acesso em: 12 jul. 2024.
5. BRASIL. *Constituição da República Federativa do Brasil.* 31. ed. São Paulo: Saraiva, 2003. ISBN 9788502042575.
6. PORTUGAL. *Constituição da República Portuguesa* [em linha]. Portugal: República Portuguesa, 1976. Disponível em https://www.parlamento.pt/Legislacao/Paginas/ConstituicaoRepublicaPortuguesa.aspx. Acesso em: 12 jul. 2024

Artigo 65.º, habitação e urbanismo. 1. Todos têm direito, para si e para a sua família, a uma habitação de dimensão adequada, em condições de higiene e conforto e que preserve a intimidade pessoal e a privacidade familiar. 2. Para assegurar o direito à habitação, incumbe ao Estado: a) Programar e executar uma política de habitação inserida em planos de ordenamento geral do território e apoiada em planos de urbanização que garantam a existência de uma rede adequada de transportes e de equipamento social; b) Promover, em colaboração com as regiões autônomas e com as autarquias locais, a construção de habitações econômicas e sociais; c) Estimular a construção privada, com subordinação ao interesse geral, e o acesso à habitação própria ou arrendada; d) Incentivar e apoiar as iniciativas das comunidades locais e das populações, tendentes a resolver os respectivos problemas habitacionais e a fomentar a criação de cooperativas de habitação e a autoconstrução. 3. O Estado adotará uma política tendente a estabelecer um sistema de renda compatível com o rendimento familiar e de acesso à habitação própria.

Em vista de tamanha repercussão, observamos que o Direito a Propriedade privada consta como recepcionado nas Constituições do Brasil, de Portugal e regulamentado em extravagante legislação ordinária, no entanto, o direito à propriedade não se confunde com direito social à moradia clausulado no artigo 6º da Constituição Brasileira que traz a seguinte programação: "São direitos sociais a educação, a saúde, a alimentação, o trabalho, a *moradia*, o transporte, o lazer, a segurança, a previdência social, a proteção à maternidade e à infância, a assistência aos desamparados, na forma desta Constituição".

Neste contexto, trazemos o julgado do Supremo Tribunal Federal, no qual em sede de Recurso Extraordinário 605.709,[7] o Min. Luís Roberto Barroso abordou o direito à propriedade e o direito à moradia, destacando que, assim como o proprietário tem direto a moradia em seu bem, o locatário tem idêntico direito no imóvel que lhe é dado em locação.

Recurso Extraordinário manejado contra Acórdão publicado em 31.8.2005. Insubmissão à sistemática da repercussão geral. Premissas distintas das verificadas em precedentes desta Suprema Corte, que abordaram garantia fidejussória em locação residencial. Caso concreto que envolve dívida decorrente de contrato de locação de imóvel comercial. Penhora de bem de família do fiador. Incompatibilidade com o direito à moradia e com o princípio da isonomia.

Pelo exposto até então, com fundamento nos pactos Internacionais, tais como a Convenção Europeia dos Direitos do Homem e o Pacto São Jose da Costa Rica,

---

7. SUPREMO TRIBUNAL FEDERAL [STF]. *Recurso extraordinário Supremo Tribunal Federal 605.709* [em linha]. São Paulo: STF, 2018. Disponível em https://stf.jusbrasil.com.br/jurisprudencia/22294621/recurso-extraordinario-re-605709-sp-stf. Acesso em: 15 jul. 2024

nas Constituições Portuguesa, brasileira e julgado, podemos identificar fundamentação para justificar a relevância da função social da propriedade e da moradia, *tudo com fito de criarmos um prenúncio do impacto que, gravames sobre o imóvel ou a insolvência que pode estar em curso ao vendedor, potencializam indesejáveis riscos que poderão ser detectados e mitigados na rigorosa análise das certidões, corroborando com a almejada estabilidade jurídica nos negócios imobiliários.*

3. PANORAMA DA LEGISLAÇÃO ACERCA DOS MODOS DE AQUISIÇÃO DOS BENS IMÓVEIS

Inicialmente destacamos o contexto dos modos de aquisição dos bens imóveis, uma vez que, ninguém poderá transmitir para outrem, aquilo que ainda não possui como sendo sua ou, ainda que seja direitos inerentes a ela, sem o que, não estará apto para celebrar contratos de venda ou transferência de direitos da propriedade.

Em análise do histórico dos modos de aquisição, fazemos constar os termos do Código Civil anterior, Lei 3071 de 1916,[8] no qual, desdobravam-se em: artigo 530. Adquire-se a propriedade imóvel: I – pela transcrição do título de transferência no Registro do Imóvel; II – pela acessão; III – pelo usucapião; IV – pelo direito hereditário.

Comparando o anterior para com o atual Código Civil, insta observar substancial modificação trazida pelo artigo 168 da Lei 6.015 de 1973,[9] o qual, acentuou que na designação genérica de *Registro*, consideram-se englobadas as inscrições e transcrições a que se referem as leis civis, pacificando a nomeação desse modo de aquisição de grande envergadura, quando então foi acolhido pelo Código Civil atual,[10] desse modo, tal como exposto no artigo 1.227, os direitos reais sobre imóveis constituídos, ou transmitidos entre vivos, só se adquirem com o registro no Cartório de Registro de Imóveis dos referidos títulos. Outra substancial alteração foi a supressão da aquisição pelo Direito Hereditário do Livro do Direito das Coisas, passando em boa hora ao livro do Direito das Sucessões.

Dito isso, torna-se imperioso trazermos à baila os modos de aquisição da propriedade imóvel, os quais, com as modificações positivadas no Livro III do Código Civil (Direito das Coisas), encontramos no Título III, que trata da propriedade, os

---

8. BRASIL. *Lei 3.071, de 1º de janeiro de 1916* [em linha]. Rio de Janeiro: Estados Unidos do Brasil, 1916. Disponível em https://www2.camara.leg.br/legin/fed/lei/1910-1919/lei-3071-1-janeiro-1916-397989-publicacaooriginal-1-pl.html. Acesso em: 21 jul. 2024
9. BRASIL. *Lei 6.015, de 31 de dezembro de 1973* [em linha]. Brasília: Presidência da República, 1973. Disponível: http://www.planalto.gov.br/ccivil_03/leis/l6015compilada.htm. Acesso em: 21 jul. 2024
10. BRASIL. *Lei 10.406, de 10 de janeiro de 2002* [em linha]. Brasília: Presidência da República, 2002. Disponível: www.planalto.gov.br/ccivil_03/leis/2002/L10406compilada.htm. Acesso em: 21 jul. 2024.

seguintes modos: pelo Usucapião nos artigos 1238 ao 1244; pelo Registro regrado no 1245, 1246 e 1247 e pelas Acessões, as quais constam nos artigos 1248 e seguintes.

Por oportuno, fazemos registro dos traços de similitudes entre a legislação do Brasil e de Portugal, termos em que, consta no Código Civil Português que o momento da aquisição da propriedade está positivada no artigo 1317, onde no qual, consta tipificado os seguintes modos: a) pelo contrato, devendo, pois, serem observados os artigo 408 e 409, sobretudo no que tange ao fato de que só a clausula constante do registro é que propicia oponibilidade a terceiros; b) pela sucessão por morte; c) pelo usucapião e d) nos casos de ocupação e acessão.

Na doutrina brasileira, tais modos de aquisição são classificados quanto a procedência em: Derivado e Originário, nesse diapasão, será modo Derivado, todo aquele que tiver nexo de casualidade entre o proprietário atual para com o anterior, sendo tipificados como tal, a aquisição pelo Registro e pelo Direito Hereditário. Assim, em sentido diametralmente oposto, será originária toda aquisição em que não se verificar nexo causal entre o proprietário atual com o anterior, portanto são originárias as aquisições pelo Usucapião e Acessão.

A aquisição da propriedade imóvel se apresenta em formas originárias (sem atuação intermediária de ninguém) e formas derivadas (com atuação intermediária). Nessa toada, na forma originária, não existe translatividade, sendo a propriedade recebida de maneira livre e desembaraçada. Já na forma derivada, há translatividade, de modo que a propriedade será recebida com todas as características e os gravames que tinha preteritamente. As formas originárias de aquisição da propriedade são duas: acessão e usucapião. São originárias porque prescindem de proprietário anterior. "Didaticamente, pode-se afirmar que a propriedade começa do zero. As formas derivadas de aquisição da propriedade são, também, duas: registro do título e a sucessão hereditária. Há uma transferência, nestas situações, do proprietário anterior para o novo proprietário".[11]

Não obstante ao modo de aquisição da propriedade, o fato é que, o núcleo central das faculdades que consubstanciam o domínio está contido no Código Civil Brasileiro no artigo 1.228. Ele pontua que a propriedade se traduz nas faculdades de usar, gozar, dispor e o direito de reavê-la do poder de quem quer que injustamente a possua ou detenha. Desse modo, com o intuito de alcançarmos uma definição para a propriedade, vimos citar Carlos Roberto Gonçalves, o qual, define a propriedade na forma que segue:[12]

Considerando-se apenas os seus elementos essenciais, enunciados no art. 1.228 retrotranscrito, pode-se definir o direito de propriedade como o poder

---

11. TARTUCE, Flávio. *Direitos das Coisas*. São Paulo: Método, 2013, p. 146.
12. GONÇALVES, Carlos Roberto. *Direito Civil Brasileiro*. 10. ed. São Paulo: Saraiva, 2015, p. 229-230.

jurídico atribuído a uma pessoa de usar, gozar e dispor do bem, corpóreo ou incorpóreo, em sua plenitude e dentro dos limites estabelecidos na lei, bem como de reivindicá-lo de quem injustamente o detenha.

Declinadas as faculdades, passaremos ao panorama de cada uma delas, assim, consignamos que, *usar* traduz-se na utilidade da coisa e, um exemplo típico é o fato do proprietário estar imitido na posse direta do seu imóvel, quando então inexistiria o desdobramento da posse em direita e indireta, tal como consta do artigo 1197 do Código Civil, o qual, assim estabelece: A posse direta, de pessoa que tem a coisa em seu poder, temporariamente, em virtude de direito pessoal, ou real, não anula a indireta, de quem aquela foi havida, podendo o possuidor direto defender a sua posse contra o indireto.

Noutro ponto, a faculdade de *gozar* pode ser identificada no instituto da locação de imóveis, quando então, mediante uma contrapartida, ao que denominamos do pagamento do aluguel, o proprietário cede a posse direta ao locatário, ficando desdobrada a posse indireta a seu favor.

No que tange à faculdade de *dispor*, nela identificamos a liberalidade do proprietário em poder vender, doar, transmitir a que título for os direitos ou a plena propriedade, dar em garantia e até mesmo perder o seu patrimônio. *Pois bem, é dentro dessa faculdade que está contida a transferência da propriedade, diante da qual, uma eventual insolvência que possa estar em curso ao vendedor ou gravames pendentes sobre a matrícula do imóvel, poderão ocasionar riscos na aquisição, decorrendo desta ambiência a racionalidade costumeira do alcance das certidões.*

Ainda no que se refere as faculdades que consubstanciam o domínio, temos o Direito Constitucional do proprietário ou do signatário de direitos sobre o imóvel, estampado no artigo 5º, inciso XXII, da Constituição de 1988, o qual, traduz o amparo para que se possa *reaver* a coisa das mãos daquele que atentar em prática de atos de esbulho ou turbação, em face dos quais, respectivamente, poderão ser interpostas as Ações de Reintegração e Manutenção de Posse ou, ainda, alternativamente, valer-se da defesa direta da propriedade ou da posse, mediante o instituto do Desforço Imediato, também nomeado por legitimada defesa da posse, desde que, estejam presentes os pressupostos do imediatismo, injusta agressão e proporcionalidade na resposta a agressão.

Nesse contexto, colacionamos uma passagem da obra da Doutrina de Orlando Gomes:[13] "A propriedade é um direito complexo, se bem que unitário, consistindo num feixe de direitos consubstanciados nas faculdades de usar, gozar, dispor e reivindicar a coisa que lhe serve de objeto".

---

13. GOMES, Orlando. *Direitos Reais*. 21. ed. rev. e atual. por Luiz Edson Fachin. Rio de Janeiro: Forense, 2012, p. 104.

Feita essa singela reprise, passaremos a seguir para análise do modo de aquisição da propriedade pelo Registro do contrato na matrícula, isto em razão de que, repousa neste modo, invariavelmente a maioria das transferências patrimoniais afeta ao mercado imobiliário e, para além disso, especialmente requer abordagem, à medida de que o cerne da nossa questão é o princípio da concentração dos atos na matrícula do imóvel constante do Cartório do Registro de Imóveis.

3.1 Aquisição pelo registro

Esse modo de aquisição notabiliza-se como de implementação em escala, tendo em vista que, a máxima instituída no Brasil ser no sentido de que o título aquisitivo, independente da forma, ou seja, compra, permuta ou doação, não é suficiente para efetivar à transferência, sendo imperioso que ocorra o ato do Registro, tal como consta da norma do artigo 1227 do Código Civil: Os direitos reais sobre imóveis constituídos, ou transmitidos por atos entre vivos, só se adquirem com o registro no Cartório de Registro de Imóveis dos referidos títulos, salvo os casos expressos neste Código.

Outro ponto de destaque é que diante dos contornos do artigo 108 do Código Civil, observamos que o ordenamento Brasileiro exigirá que o contrato tenha a forma pública: "Não dispondo a lei em contrário, a escritura pública é essencial à validade dos negócios jurídicos que visem à constituição, transferência, modificação ou renúncia de direitos reais sobre imóveis de valor superior a trinta vezes o salário-mínimo vigente no País".

É bem verdade que, apesar da Escritura Pública ser a regra como forma da aquisição, existem hipóteses de admissibilidade de Instrumentos Particulares, os quais, se notabilizam por romperem com essa lógica de ser imprescindível o ato público, assim, trazemos as seguintes exceções: a) Contrato de Compra com adjeto de Alienação Fiduciária em Garantia (artigo 38 da lei 9514 de 1997); b) Contrato de Promessa de Compra e Venda (artigo 1417 do Código Civil) e c) Contrato de Compra de Lote (artigos 25 e 26 da lei 6766 de 1979).

A título de Direito Comparado, na França o título aquisitivo por si só produz o efeito de operar a transmissão dos bens imóvel, ao passo que, no Direito Alemão, o contrato que serve como forma da aquisição, em sentido diametralmente oposto ao Francês, não opera a transmissão, fazendo com que seja necessário a celebração de outro pacto, conhecido como Convênio Jurídico Real, desse modo na Alemanha, somente após o qual, é que se opera a transferência dos bens imóveis, neste contexto trazemos a seguinte citação:[14]

---

14. FIGUEIREDO, Luciano; FIGUEIREDO, Roberto. *Direito Civil*: Direitos Reais. 6. ed. Salvador: JusPodivm, 2020, v. 12, Coleção Sinopses para Concursos, p. 157-161.

O registro público é de suma importância para o sistema imobiliário nacional, o qual é híbrido, mas de maior influência romana. Isso porque o Brasil abraça a noção segundo a qual o simples negócio jurídico, por si só, não é capaz de ocasionar a transferência proprietária. O negócio é apenas o título proprietário. Para que haja a efetiva transferência, mister será a implementação de um modo (solenidade na transferência), o qual, no caso de imóveis, será o registro do título. Curioso perceber que nos afastamos do sistema francês, em que o título já é capaz de transferir a propriedade, sendo o registro um mero ato de publicização; e do alemão, que demanda, além do contrato como título, um novo negócio, batizando-o de convenção jurídica real para a transferência do título. Justo por isso, enquanto não se registrar o título translativo, o alienante continua a ser havido como dono do imóvel (§ 1º, art. 1.245). O mesmo ocorre enquanto não se promover, por meio de ação própria, a decretação de invalidade do registro e o respectivo cancelamento, hipótese na qual o adquirente continua a ser havido como dono do imóvel (§ 2º, art. 1.245). Para a lei civil, o registro é eficaz desde o momento em que se apresentar o título ao oficial de registro e este o prenotar no protocolo (art. 1.246, CC e art. 186 da Lei de Registros Públicos). Trata-se do princípio da prioridade da prenotação a gerar uma presunção de verdade relativa, *juris tantum*, a ser ilidida mediante o cancelamento do próprio registro.

Não obstante esse modo de aquisição estar positivado no Código Civil nos artigos 1.245, 1.246 e 1.247, destacamos a Lei 6.015 de 1973, à medida que se notabiliza como lei especial acerca dos registros públicos, com especialmente atenção ao artigo 167, por delinear em seus contornos, o elenco dos atos passíveis de registro e averbação na matrícula do imóvel.

Temos que a matrícula é uma ordem numérica, como se, em analogia distante, fosse o "número da identificação do imóvel"; dentro da qual serão praticados atos sob a forma de Registro ou Averbação. No que tange ao Registro, designado na matrícula como pela letra (R), traduz-se por ato de especial envergadura, tais como a constituição de direito sobre a propriedade, renúncia, modificação ou transmissão, portanto, atos com impactante repercussão jurídica. No que tange às averbações, podemos assim dizer que se destinam em prover publicidade aos atos de "menor" envergadura, se comparados aos atos de registro, ainda assim, apesar de cada qual possuir sua relevância, determinadas informações sobre precisam estar estampadas na matrícula, daí se apresentam sob a forma de averbação designada pela abreviatura (AV).

Não obstante o artigo 1227 antes mencionado, inaugurar o caminho da aquisição pelo registro no Código Civil, observamos contornos de maior especificidades do 1245 ao 1247, diante dos quais depuramos o seguinte: a) transfere-se entre vivos a propriedade mediante o registro do título translativo no Registro de

Imóveis; b) enquanto não se registrar o título translativo, o alienante continua a ser havido como dono do imóvel; c) enquanto não se promover, por meio de ação própria, a decretação de invalidade do registro, e o respectivo cancelamento, o adquirente continua a ser havido como dono do imóvel; d) o registro é eficaz desde o momento em que se apresentar o título ao oficial do registro, e este o prenotar no protocolo e; f) se o teor do registro não exprimir a verdade, poderá o interessado reclamar que se retifique ou anule.

Frise-se um ponto que merece destaque nos itens acima (f), afinal traduz-se na lógica de que, ainda que o ato de registro tenha sido praticado, mas, se restar comprovado que o seu teor atenta contra a fumaça do bom direito, tais como típicos casos de fraude à execução, motivada por dívida capaz de conduzir o alienante ao estado de insolvência, considerando a presunção relativa que norteia o Direito Registral Brasileiro, a regra vai no sentido de que poderá o prejudicado reclamar até mesmo a anulação do registro.

Diante de tal constatação, não resta a menor dúvida do quão imprescindível se mostra o registro do título aquisitivo, a ponto de caracterizar a perda da chance de alcançar estabilidade jurídica quando da aquisição do imóvel, à medida que, carecendo da prática de tal ato, a propriedade permanecerá em nome do vendedor e, como tal, poderá recair sobre o imóvel eventual constrição patrimonial por dívida do alienante, tendo como efeito uma potencial desestabilização jurídica na aquisição.

Noutro ponto, devemos frisar que o registro é eficaz desde o momento da protocolização perante o cartório imobiliário competente, feito isso, o título ficará em exame e, dentro do qual, nasce a prioridade em face daquele que primeiro prenotar.

Subsidiariamente observamos que tal modo de aquisição está alicerçado em princípios que dotam os procedimentos com firme estruturação, nesse diapasão trazemos a coletânea dos princípios alcançada no Tribunal de Justiça do Estado de Sergipe.[15]

Publicidade: Através da publicidade, o imóvel, suas características, os direitos reais que nele incidirem, bem como o nome do proprietário serão de conhecimento de todos, pois qualquer pessoa pode requerer uma certidão no ofício imobiliário. Visa a proteção dos interesses de terceiros, dando a estes a segurança de que as informações constantes dos registros públicos correspondem à realidade presente quanto às pessoas interessadas e ao bem a que se refere. Assim, este

---

15. TRIBUNAL DE JUSTIÇA DO ESTADO DE SERGIPE. *Princípios Norteadores dos Registros Públicos* [em linha]. Aracaju: Portal do Tribunal de Justiça do Estado de Sergipe, 2020. Disponível em: https://www.tjse.jus.br/portal/servicos/judiciais/cartorios/principios-norteadores-dos-registros-publicos. Acesso em: 15 jul. 2024.

princípio torna público todos os atos relativos a imóveis, sejam de constituição, transferência ou modificação dos direitos reais, indicando a situação física e jurídica do imóvel, tornando ditos direitos oponíveis contra terceiros, conferindo ao titular o direito de reaver o imóvel de quem injustamente o detenha ou possua. *Legalidade*: Tem como objetivo impedir que sejam registrados títulos inválidos, ineficazes ou imperfeitos. Quando um título é apresentado para ser registrado, este é examinado à luz da legislação em vigor ou da época de sua firmação e, havendo exigência a ser cumprida, o oficial as indicará por escrito, conforme preceitua o artigo 198 da Lei Federal 6.015/73. Então, a validade do registro de um título diz respeito à validade do negócio jurídico causal. Nulo o negócio, nulo será o registro. Anulado o negócio, anulado será o registro. *Especialidade*: Consiste na determinação precisa do conteúdo do direito, que se procura assegurar, e da individualidade do imóvel que dele é objeto. A Lei Federal 6.015, de 31 de dezembro de 1973, em seus artigos 225 e 176, § 1º, inciso II, item 3, esmerou – se no sentido de individualizar cada imóvel, tornando-o inconfundível com qualquer outro, exigindo a plena e perfeita identificação deste nos títulos apresentados, devendo haver correspondência exata entre o imóvel objeto do título e o imóvel constante do álbum imobiliário para que o registro seja levado a efeito. *Continuidade*: Somente será viável o registro de título contendo informações perfeitamente coincidentes que aquelas constantes da respectiva matrícula sobre as pessoas e bem nela mencionados. Identifica-se a obediência a este princípio nos artigos 195, 222 e 237 da Lei Federal 6.015/73, determinando o imprescindível encadeamento entre assentos pertinentes a um dado imóvel e as pessoas neles constantes, formando uma continuidade ininterrupta das titularidades jurídicas de um imóvel. Baseado neste princípio, não poderá vender ou gravar de ônus, quem não figurar como proprietário no registro imobiliário. Respeitando o princípio da continuidade, se for anulado um negócio jurídico por sentença transitada em julgado, o respectivo registro será cancelado, e, consequentemente, serão cancelados todos os posteriores que nele se apoiaram. *Prioridade*: Está prenotado o título quando lançado no Livro Protocolo e esta prenotação, ou seja, o número de ordem, determinará a prioridade do registro deste título, e esta, a preferência dos direitos reais, beneficiando, assim, a pessoa que primeiro apresentar seu título, pois a prioridade é garantida pela ordem cronológica da apresentação dos títulos, garantindo a prioridade de exame e de registro e a preferência do direito real, oponível perante terceiros. Quando um imóvel é vendido pela mesma pessoa duas vezes, temos um caso de direito real contraditório incompatível, sendo registrado o título que primeiro ingressar no protocolo e devolvido o outro com os motivos da recusa, pois os títulos são contraditórios no seu conteúdo, colidentes entre si. Já, os direitos reais contraditórios compatíveis são aqueles atribuídos pelo mesmo transmitente, a titulares diversos ou não, incidentes sobre o mesmo imóvel, como se verifica no caso da hipoteca, onde os direitos não se anulam reciprocamente, apenas se graduam. *Instância*: O princípio da instância diz respeito à provocação ao registro, ou seja, o oficial precisa ser provocado por alguém para exercer sua função, não podendo agir *ex officio* (salvo algumas exceções), manifestando-se, neste sentido, os artigos 13 e 217, da Lei Federal 6.015/73. Qualquer pessoa pode apresentar um título para que seja registrado, independente de qualquer formalidade e, para lançar uma averbação que tenha influência no registro ou nas pessoas nele interessadas, é necessário um requerimento escrito e instruído com documento comprobatório. Como exceções a este princípio, temos a averbação de nomes de logradouros decretados pelo Poder Público e a averbação de qualquer ônus que conste na certidão oriunda de outra circunscrição, quando da abertura de matrícula, podendo o oficial averbar de ofício, ou seja, por iniciativa própria. *Obrigatoriedade*: A Lei Federal 6.015/73, menciona quais os atos que são obrigados ao registro, mas não impõe sanções ou penalidades diretas à pessoa que deixa de registrar algum dos títulos, uma vez que o prejuízo pela indiligência será sofrido pelo próprio titular que não promoveu o registro do seu título. Assim, é escopo do princípio da obrigatoriedade evitar que títulos não sejam registrados, pois quem não observar este dever arca com o ônus da sua omissão, não obtendo os benefícios do registro, ou seja, a autenticidade, segurança jurídica e eficácia do registro imobiliário, oponível contra terceiros. *Tipicidade*: O princípio da tipicidade visa o registro dos títulos legalmente previstos, conforme expressão reconhecidos em lei, contida no artigo 172 da Lei Federal 6.015/73, estando ditos títulos relacionados no artigo 167 da mesma Lei, que não exauriu, porém, todos os atos e títulos que necessitam de registro. Como exemplo de título atípico, podemos citar a escritura pública de cessão de direitos hereditários que não é título hábil para o registro, mas sim para a habilitação no processo de inventário, do qual resultará o formal de partilha, que consiste no título típico para o registro da transmissão da propriedade. Então, serão registrados ou averbados no registro de imóveis todos os títulos ou atos, *inter vivos* ou *causa mortis*, reconhecidos em Lei, que constituam, declarem, transladem ou extingam direitos reais sobre imóveis. *Presunção e fé pública*: A fé pública inerente ao registro e a presunção de domínio estão diretamente ligadas à validade do negócio jurídico. Como sabemos, o título só será registrado se atender aos requisitos legais, donde presume-se que é perfeitamente válido o negócio jurídico que originou o título registrado, conferindo a seu titular uma presunção *juris tantum* de domínio, ou seja, presunção relativa que pode ser contestada por terceiros em ação própria, cabendo ao contestante o ônus da prova. Neste sentido nos ensina o artigo 1.231 do Código Civil, quando diz que a propriedade presume-se plena e exclusiva, até prova em contrário. *Disponibilidade*: Este princípio nos traduz que ninguém pode transferir mais direitos do que os constituídos no registro imobiliário. A proprie-

RISCOS NOS NEGÓCIOS IMOBILIÁRIOS **353**

dade e os direitos a ela relativos só se transmite com o registro do título e, para que este seja registrado, necessário será que os direitos constantes dele estejam disponíveis em nome do transmitente. Assim, não poderá o transmitente vender mais área do que constar no registro e nem vender um imóvel gravado com cláusula de inalienabilidade. *Inscrição*: A partir da vigência da Lei Federal 6.015/73, a sistemática do registro foi inovada com a criação da matrícula. O artigo 176 e parágrafos da Lei Federal 6.015/73, definem os requisitos legais e obrigatórios a serem observados e satisfeitos para a efetivação da matrícula, que tem por objetivo cadastrar todos os imóveis do território nacional, cujo controle e exatidão das informações nela contidas darão ao sistema registral brasileiro mais autenticidade, segurança e eficácia. *Territorialidade*: A circunscrição territorial é definida em Lei e ao oficial compete apurar os limites da sua competência. A Lei Federal 6.015/73, no artigo 169, preceitua que o registro deve ser feito no ofício imobiliário da circunscrição territorial a que pertencer o imóvel, estabelecendo exceções nos incisos I e II.

4. RISCOS NA AQUISIÇÃO E CONCENTRAÇÃO DOS ATOS NA MATRÍCULA DO IMÓVEL

Tal como mencionado, à presunção que norteia à aquisição da propriedade no Direito Brasileiro é tipificada como sendo relativa, ou seja, presume-se que a propriedade tenha como titular do domínio, aquele que conste devidamente qualificado no registro imobiliário, mas, se o teor do registro não exprimir à verdade, poderá o prejudicado reclamar que se retifique ou anule, como por exemplo, diante de uma fraude à execução, tal como insta observar no artigo 792 do Código de Processo Civil.

A alienação ou a oneração de bem é considerada fraude à execução: I – quando sobre o bem pender ação fundada em direito real ou com pretensão reipersecutória, desde que a pendência do processo tenha sido averbada no respectivo registro público, se houver; II – quando tiver sido averbada, no registro do bem, a pendência do processo de execução; III – quando tiver sido averbado, no registro do bem, hipoteca judiciária ou outro ato de constrição judicial originário do processo onde foi arguida a fraude; IV – quando, ao tempo da alienação ou da oneração, tramitava contra o devedor ação capaz de reduzi-lo à insolvência; V – nos demais casos expressos em lei.

Ocorre que, para que se fixe a ideia, no Brasil de extensão continental, temos 27 Unidades Federativas, sendo 26 Estados e mais o Distrito Federal (Brasília), cada qual, com o seu Tribunal de Justiça autônomo, acerca dos quais, suas incumbências não estão restritas a jurisdição, mas, também a normatização dos serviços cartorários; nesse diapasão, exemplificamos à Cidade do Rio de

Janeiro, a qual possui 12 (doze) Cartórios de Registros de Imóveis, ficando cada qual, com o mando em face de determinada circunscrição[16] e, dentro das quais, será obtida a certidão de ônus reais, um extrato de todos os atos praticados na matrícula do imóvel.

Com análise da matrícula, iremos obter a especialização do imóvel, a qualificação do proprietário, a existência de gravames tais como, penhora, arresto, sequestro, hipoteca, alienação fiduciária, indisponibilidade, citações de ações reais, de execução ou pessoais reipersecutórias, assim como outros gravames que de alguma forma possam colocar em risco a aquisição. Demais disso, identificaremos se constam registrados Direitos Reais pendentes, tais como os que constam do elenco taxativo do artigo 1.225 do Código Civil.

Se fizesse algum sentido hierarquizar em grau de relevância, não nos furtaríamos em consignar que a certidão da matrícula traduz-se como de acentuada importância, sobretudo em razão do positivismo trazido pelo artigo 54 da Lei 13.097/2015,[17] que instituiu o princípio da concentração dos atos na matrícula do imóvel, observem a norma:

> Art. 54. Os negócios jurídicos que tenham por fim constituir, transferir ou modificar direitos reais sobre imóveis *são eficazes em relação a atos jurídicos precedentes, nas hipóteses em que não tenham sido registradas ou averbadas na matrícula do imóvel as seguintes informações:* I – registro de citação de ações reais ou pessoais reipersecutórias; II – averbação, por solicitação do interessado, de constrição judicial, do ajuizamento de ação de execução ou de fase de cumprimento de sentença; III – averbação de restrição administrativa ou convencional ao gozo de direitos registrados, de indisponibilidade ou de outros ônus quando previstos em lei; e IV – averbação, mediante decisão judicial, da existência de outro tipo de ação cujos resultados ou responsabilidade patrimonial possam reduzir seu proprietário à insolvência,

Para uma melhor análise do artigo, colacionamos a lição de Luiz Guilherme Loureiro, que assim pontificou em sua obra:[18] "os ônus, encargos e gravames reais, decorrentes de atos da vontade ou da lei, não afetam o título do adquirente da propriedade do imóvel ou outro direito real imobiliário *quando não estiverem inscritos no Registro de Imóveis*".

---

16. TRIBUNAL DE JUSTIÇA DO ESTADO DO RIO DE JANEIRO. *Código de Organização Judiciária do Estado do Rio de Janeiro* [em linha]. Rio de Janeiro: Tribunal de Justiça do Estado do Rio de Janeiro, 2017. Disponível em http://www.tjrj.jus.br/documents/10136/31404/codjerj.pdf/095078a7-68b2-4a6c-998c-9bc8b581a0ad?version=1.19. Acesso em: 14 jul. 2024.

17. BRASIL. *Lei 13.097, de 19 de janeiro de 2015* [em linha]. Brasília: Presidência da República, 2015. Disponível em: http://www.planalto.gov.br/ccivil_03/_ato2015-2018/2015/lei/l13097.htm#art168ii. Acesso em: 17 jul. 2024.

18. LOUREIRO, Luiz Guilherme. *Registros Públicos*: Teoria e Prática. 8. ed. rev. atual e ampl. Salvador: JusPodivm, 2017, p. 158.

Esse dispositivo se notabiliza por uma ruptura com o procedimento deveras ortodoxo, ou seja, a regra de outrora era a da Lei 7.433 de 1985,[19] dentro da qual, o seu artigo 1º, § 2º, trazia o seguinte (destaque em negrito nosso):

Artigo 1º Na lavratura de atos notariais, inclusive os relativos a imóveis, além dos documentos de identificação das partes, somente serão apresentados os documentos expressamente determinados nesta Lei. § 2º O Tabelião consignará no ato notarial, a apresentação do documento comprobatório do pagamento do Imposto de Transmissão inter vivos, as certidões fiscais, *feitos ajuizados,* e ônus reais, ficando dispensada sua transcrição.

O fato é que, a Lei 13.097 modificou o § 2º da Lei 7.433, o qual, passou a ter a seguinte redação: "§ 2º O Tabelião consignará no ato notarial a apresentação do documento comprobatório do pagamento do Imposto de Transmissão entre vivos, as certidões fiscais e as certidões de propriedade e de ônus reais, ficando dispensada sua transcrição". Ou seja, *aqui está a nossa questão, afinal passamos a nos deparar com a desnecessidade da apresentação das certidões de feitos ajuizados, sob a ótica de que, ante a possibilidade de concentração dos atos na matrícula, as certidões pessoais deixam de ser obrigatórias, cabendo ao exequente prover à averbação da publicidade da ação de execução na matrícula do imóvel com fito de zelar para com o seu crédito.*

Para se fazer ideia da amplitude da mudança, citaremos o elenco das certidões de pessoa física que permeia à transferência de propriedade imobiliária na cidade do Rio de Janeiro, esclarecendo, no entanto, que, em outras Comarcas, não obstante existirem similitudes das informações contidas nas certidões de feitos ajuizados entre os Estados, a identificação dos cartórios expedidores das certidões será casuisticamente alterada de acordo com o código de organização judiciária de cada Estado.

Isto posto, nos termos da nova redação da Lei 7433 de 1985, quanto as certidões e documentos que continuarão sendo exigidas, teremos então: a) certidão de ônus reais (obtida junto do registro imobiliário da circunscrição do lugar do imóvel); b) certidão de quitação fiscal (essa por sua vez será alcançada perante a Municipalidade, ela conterá anotação de dívidas fiscais, judiciais ou não [esfera administrativa]); c) Certidão do 2º Cartório de distribuição fiscal fazendária (tanto do imóvel como do vendedor); assim como, frise-se a recomendação deste importante item (d): Declaração de quitação de condomínio (quando for o caso), afinal, o artigo 1.345 do Código Civil faz positivar que o adquirente de unidade em condomínio responde pelos débitos do alienante.

---

19. BRASIL. *Lei 7.433, de 18 de dezembro de 1985* [em linha]. Brasília: Presidência da República, 1985. Disponível em http://www.planalto.gov.br/ccivil_03/leis/l7433.htm. Acesso em: 17 jul. 2024.

Ao arrepio de muitos, nos termos das modificações aludidas, a tirar pelo exemplo em comento, deixaram de ser obrigatórias as seguintes certidões: a) Certidões do 1º e 2º Ofícios de Distribuição Forense, relativas às ações de Interdições e Tutelas; b) Certidão do 2º Ofício de Distribuição Forense (Cível); c) Certidão da Justiça Federal e; d) Certidão da Justiça do Trabalho, termos em que, ante o positivismo instalado, ficam dispensadas a apresentação das certidões dos distribuidores judiciais (art. 1º, § 2º, Lei 7433/1985 e art. 54, *caput* e parágrafos, da Lei 13.097/2015.

Quanto as certidões de pessoa jurídica, merece registro que a Certidão Negativa da Dívida Ativa da União (Governo Federal), essa por sua vez, mantém-se como sendo necessária.

Que o propósito de tais certidões, sempre foi instruir o *status* do imóvel e seu vendedor no momento da aquisição, sobretudo no que tange a inocorrência de fraude, especialmente em vista da tipificação contida no mencionado artigo 792 do Código de Processo Civil.

Noutro giro, reafirmamos que, para fins de que se proceda averbação da ação na matrícula do imóvel, o artigo 799 do CPC, determina que caberá ao exequente o ato de averbação da ação e dos atos de constrição realizados; aliás neste particular, parece acertada a norma, que traz para o exequente a incumbência de cuidar dos seus créditos.

Todavia, não obstante o aparato das normas para dispensar a apresentação das certidões dos distribuidores judiciais, optamos por reiterar que as relativas ao imóvel, continuam obrigatórias, ao passo que, as pessoais permanecem imprescindíveis, muito por conta de que: a) não temos uma completa interligação do serviço eletrônico de registros públicos e b) essa alteração da norma é recente, notabilizando que ainda não detemos a certificação da consolidação do entendimento dos Tribunais acerca do princípio da concentração dos atos na matrícula.

Para compreensão da cautela, que a nosso ver ainda precisa ser mantida, o artigo 356, § 1º do recente Código de Normas Extrajudicial do Estado do Rio de Janeiro, recomenda aos Oficiais de Cartórios, que façam constar das Escrituras, que a ausência de certidões pessoais se deu por conta da vontade das partes; desse modo, fica explicito que os cartórios não querem assumir a responsabilidade dessa não apresentação, encravando de incertezas a repercussão da ausência das certidões pessoais dos vendedores.

O fato é que, como um dos critérios de aferição da insolvência é o balanço patrimonial frente ao passivo que tende estar apontado nas certidões, reiteramos como oportuno manter a análise das certidões pessoais para fins de afastar a insolvência.

Neste contexto, deixamos a seguinte indagação: será que os defensores da não apresentação das certidões, atuando em diligência de causa própria, partiriam para aquisição do seu imóvel, no ápice do esforço financeiro de toda uma vida de trabalho, sem se ocupar de obter as certidões do vendedor e, com efeito, afastar-se da previsão contida no mencionado art. 792 do Código de Processo Cível?

Para que se alcance a máxima de que os operadores do mercado e direito imobiliário sejamos elevados ao patamar de um "médico de confiança"; estejamos certos de que esses profissionais da área de saúde, provavelmente não farão uma operação eletiva com análise apenas do obrigatório risco cirúrgico, ao contrário disso, irão requerer para profunda análise, os imprescindíveis exames complementares de sangue, tomografias e ressonâncias. Pois bem, essa analogia ainda que muito distante, nos serve para refletirmos que, as certidões fiscais e da matrícula do imóvel são obrigatórias, tais como o risco cirúrgico da operação na ciência médica, ao passo que as certidões pessoais, assim como os exames complementares na medicina, são imprescindíveis para o sucesso da operação imobiliária, neste contexto, somente agindo com cautela é que alcançaremos a máxima de sermos profissionais de confiança para atuarmos no importante ramo imobiliário.

Noutro giro, ainda merece constar que, contemporaneamente, muito por conta das facilidades advindas com os meio eletrônicos, a obtenção das certidões deixou de ser um suplício; sendo assim, com prudência intrínseca ao costume dos negócios imobiliário, preferimos nos filiar à tese de Bruno Matos e Silva:[20]

"Em larga medida, a situação pessoal do vendedor poderá ser aferida por meio da obtenção e suas certidões pessoais; essas certidões são imprescindíveis para o estudo da segurança jurídica da aquisição e algumas delas são necessárias para lavratura da escritura pública".

5. CONCLUSÃO

A propriedade imobiliária possui uma enorme função social, não por acaso, consta pontificado o direito à propriedade e a moradia nos Pactos Internacionais, tais como a Convenção Europeia dos Direitos do Homem e o Pacto São Jose da Costa Rica, de tal modo que, sendo Portugal e Brasil signatários de tratados Internacionais, eles trouxeram para as suas Constituições o Direito fundamental a propriedade e o direito social a moradia, positivando as normas inerentes em robusta legislação ordinária.

Que em vista de tamanha significação, cuidou o legislador de instituir um positivismo bastante característico com fito de prover os negócios imobiliários

---

20. SILVA, Bruno Matos. Compra de imóveis: aspectos jurídicos cautelas devidas e análise de risco. 15. ed. Barueri [SP]: Atlas, 2023.

com segurança de envergadura compatível a repercussão do negócio, determinando que a transferência de bens imóveis far-se-á essencialmente por meio de escritura pública, a qual servirá de forma, para que se aperfeiçoe o modo de aquisição pelo registro.

Para além disso, a Lei 7.433 de 1985, que serve como balizador do formalismo para a lavratura das escrituras públicas, quando em seu texto originário, determinava apresentação das certidões do imóvel, bem como do seu vendedor, até que, com fito de prover maior simplificação quando da celebração dos negócios imobiliários, a lei 13097 de 2015, trouxe à baila o princípio da concentração dos atos da matrícula.

Neste diapasão, à medida que feitos de jurisdição contenciosa estarão averbados na matrícula do imóvel, por óbvio, a percepção em ato contínuo, veio no sentido de que, se inexiste gravame ou anotações na matrícula, como que também, inexiste executivo fiscal, restará o negócio imobiliário por aperfeiçoado.

Todavia, em que pese essa abrupta busca de ruptura do costume e da norma pela desnecessidade do alcance das certidões pessoais do vendedor, para este momento, ainda preferirmos recomendar a cautela do alcance de tais certidões, até que tenhamos uma melhor uniformização dos julgados acerca da vanguarda do princípio da concentração dos atos na matrícula.

6. REFERÊNCIAS

BRASIL. *Constituição da República Federativa do Brasil*. 31. ed. São Paulo: Saraiva, 2003. ISBN 9788502042575.

BRASIL. *Lei 10.406, de 10 de janeiro de 2002* [em linha]. Brasília: Presidência da República, 2002 Disponível: www.planalto.gov.br/ccivil_03/leis/2002/L10406compilada.htm. Acesso em: 16 jul. 2024.

BRASIL. *Lei 13.097, de 19 de janeiro de 2015* [em linha]. Brasília: Presidência da República, 2015. Disponível em: http://www.planalto.gov.br/ccivil_03/_ato2015-2018/2015/lei/l13097.htm#art168ii. Acesso em: 16 jul. 2024.

BRASIL. *Lei 3.071, de 1º de janeiro de 1916* [em linha]. Rio de Janeiro: Estados Unidos do Brasil, 1916. Disponível: em https://www2.camara.leg.br/legin/fed/lei/1910-1919/lei-3071-1-janeiro-1916-397989-publicacaooriginal-1-pl.html. Acesso em: 16 jul. 2024.

BRASIL. *Lei 6.015, de 31 de dezembro de 1973* [em linha]. Brasília: Presidência da República, 1973 Disponível: http://www.planalto.gov.br/ccivil_03/leis/l6015compilada.htm. Acesso em: 16 jul. 2024.

BRASIL. *Lei 7.433, de 18 de dezembro de 1985* [em linha]. Brasília: Presidência da República, 1985. Disponível em http://www.planalto.gov.br/ccivil_03/leis/l7433.htm. Acesso em: 16 jul. 2024.

CHALHUB, Melhim Namem. *Da incorporação imobiliária*. Rio de Janeiro: Renovar, 2002.

CONFERÊNCIA ESPECIALIZADA INTERAMERICANA SOBRE DIREITOS HUMANOS. *Convenção Americana dos Direitos Humanos (Pacto de San José da Costa Rica)* [em linha]. San

José de Costa Rica: Conferência Especializada Interamericana sobre Direitos Humanos, 1969. Disponível em https://www.conjur.com.br/dl/pacto-san-jose-costa-rica.pdf. Acesso em: 16 jul. 2024.

DINIZ, Maria Helena. *Curso de Direito Civil Brasileiro. Direitos das Coisas.* 24. ed. São Paulo: Saraiva, 2009.

FIGUEIREDO, Luciano; FIGUEIREDO, Roberto. *Direito Civil: Direitos Reais.* 6. ed. Salvador: JusPodivm, 2020, v. 12, Coleção Sinopses para Concursos.

GOMES, Orlando. *Direitos Reais.* 21. ed. rev. e atual. por Luiz Edson Fachin. Rio de Janeiro: Forense, 2012.

GONÇALVES, Carlos Roberto. *Direito Civil Brasileiro.* 10. ed. São Paulo: Saraiva, 2015.

HUNTER, James C. *O Monge e o Executivo*: uma história sobre a essência e a liderança. Rio de Janeiro: Sextante, 2004. ISBN 857-54-2102-6.

LOUREIRO, Luiz Guilherme. *Registros Públicos*: Teoria e Prática. 8. ed. rev. atual e ampl. Salvador: JusPodivm, 2017.

MORENO, Carlos. *Direito das famílias no Brasil como base da sociedade moderna* [em linha]. [*S. l.*]: Jusbrasil, 2017. Disponível em: https://susiquadros.jusbrasil.com.br/modelos-pecas/435850089/direito-das-familias-no-brasil-como-base-da-sociedade-moderna. Acesso em: 16 jul. 2024.

SANTOS, Flauzilino Araújo dos. *Condomínio e incorporações no registro de imóveis*: teoria e prática. São Paulo: Editora Mirante, 2012.

SILVA, Bruno Matos. *Compra de imóveis*: aspectos jurídicos cautelas devidas e análise de risco. 15. ed. Barueri [SP]: Atlas, 2023.

SUPREMO TRIBUNAL FEDERAL [STF]. *Recurso extraordinário Supremo Tribunal Federal 605.709* [em linha]. São Paulo: STF, 2018. Disponível em: https://stf.jusbrasil.com.br/jurisprudencia/22294621/recurso-extraordinario-re-605709-sp-stf. Acesso em: 11 jul. 2024.

TARTUCE, Flávio. *Direitos das Coisas.* São Paulo: Método, 2013.

TARTUCE, Flavio; SIMÃO, José Fernando. *Direito Civil*: direito das coisas. São Paulo: Método, 2012.

TRIBUNAL DE JUSTIÇA DO ESTADO DE SERGIPE. *Princípios Norteadores dos Registros Públicos* [em linha]. Aracaju: Portal do Tribunal de Justiça do Estado de Sergipe, 2020. Disponível em https://www.tjse.jus.br/portal/servicos/judiciais/cartorios/principios-norteadores-dos-registros-publicos. Acesso em: 15 jul. 2024.

TRIBUNAL DE JUSTIÇA DO ESTADO DO RIO DE JANEIRO. *Código de Organização Judiciária do Estado do Rio de Janeiro* [em linha]. Rio de Janeiro: Tribunal de Justiça do Estado do Rio de Janeiro, 2023. Acesso em: 15 jul. 2024.

TRIBUNAL EUROPEU DOS DIREITOS DO HOMEM. *Convenção Europeia dos Direitos do Homem* [em linha]. Roma: Tribunal Europeu dos Direitos do Homem, 1950. Disponível em https://www.echr.coe.int/documents/convention_por.pdf. Acesso em: 08 jul. 2024.

ANOTAÇÕES